# INTERPRETACIÓN JURÍDICA Y COMPETENCIAS PRÁCTICAS

ROMINA SANTILLÁN SANTA CRUZ
*Directora*

# INTERPRETACIÓN JURÍDICA Y COMPETENCIAS PRÁCTICAS

*Autores*

José Luis Báez
Nuria Belloso Martín
Carlos Bilbao Contreras
Laura Brun Gil
Yohan Andrés Campos Martínez
Ronald Cárdenas Krenz
Juan José Carrascón Concellón
Beatriz Extremera Fernández
Ana Fernández Quiroga
Joan Andreu Ferrer Guardiola
Martín Andrés Flores
Margherita Frare
Paula Gamallo Carballude
Francisco de Asís González Campo
Maribel Hernández Manay
Carlos de Lara Vences
Alejandro Manzorro Reyes
Andrés Marín Salmerón
Vanesa Martí Payá
Javier Martínez Calvo
M. Lourdes Martínez de Morentin
María del Pilar Mesa Torres
María Victoria Metzadour
Gonzalo Muñoz Rodrigo
Pablo Muruaga Herrero
María Carolina Nomura-Santiago
Carlos Palanco Cárdenas
Jesús Palomares Bravo
Eulalia Peralta López
Miguel Ángel Pérez Álvarez
Christian Pérez Merino
Juan Manuel Ramírez Cirera
Sofía de Salas Murillo
Susana Sánchez González
Laura Sancho Martínez
Romina Santillán Santa Cruz
Ernesto Francisco Sarrión Hernández
Isaac Tena Piazuelo
Pablo Tortajada Chardí
Angelo Venchiarutti

Proyecto de Innovación Docente «La "interpretación jurídica *gamificada*" como estrategia didáctica en la formación práctica del jurista» (PIIDUZ_4657), financiado por la Universidad de Zaragoza. Coord. Romina Santillán Santa Cruz.

**Editorial Aranzadi, S.A.U.**
C/ Collado Mediano, 9
28231 Las Rozas (Madrid)
**Tel:** 91 602 01 82
**e-mail:** clienteslaley@aranzadilaley.es
https://www.aranzadilaley.es

**Primera edición:** 2024

**Depósito Legal:** M-15091-2024
**ISBN versión impresa:** 978-84-10295-30-8
**ISBN versión electrónica:** 978-84-10295-31-5
**Incluye soporte electrónico**

Diseño, Preimpresión e Impresión: Editorial Aranzadi, S.A.U.
*Printed in Spain*

# *Índice General*

*Página*

*Página*

# Primera Parte

# Teoría general de la interpretación jurídica: entre la dogmática y la práctica

*Capítulo 1*

# La interpretación: ¿Descubrimiento o creación? Un análisis a partir de la didáctica del caso

RONALD CÁRDENAS KRENZ
*Universidad de Lima*

SUMARIO: I. LA INTERPRETACIÓN. CONSIDERACIONES GENERALES. II. UN CASO PARA EL ANÁLISIS: ¿SER O NO SER? III. UTILIDAD DEL CASO PARA UNA MEJOR COMPRENSIÓN DE LA NATURALEZA Y PROBLEMAS DE LA INTERPRETACIÓN.

## I. LA INTERPRETACIÓN. CONSIDERACIONES GENERALES

Vivimos interpretando: interpretamos el clima para ver cómo vestirnos; interpretamos las caras de la familia en el desayuno para saber cómo están; interpretamos si la persona que se acerca por la calle es peligrosa o no; interpretamos los emoticones que recibimos por WhatsApp, el lenguaje corporal de la persona con quien salimos a cenar, etc.

La vida es un constante interpretar; el derecho es parte de la vida; el derecho es siempre interpretar.

Más todavía si tenemos en cuenta, como dice Capella, que «todo derecho [...] tiene por condición de existencia la de ser formulable en un lenguaje, impuesta por el postulado de la alteridad»[1], y ese lenguaje necesita ser interpretado.

El Derecho es una ciencia formal, también una ciencia social, pero fundamentalmente es una ciencia hermenéutica, como dice Miró Quesada

1. CAPELLA, J. R.: *El derecho como lenguaje*, Ariel, Barcelona, 1968, p. 18.

Cantuarias[2], quien da cuatro razones para explicar la imprescindibilidad de la interpretación jurídica:

a) Logicidad (antífasis, deducción normativa).

b) Metábasis (rebasamiento de todo sistema por la experiencia sensorial y conceptual).

c) Empiricidad (origen empírico de la mayoría de conceptos jurídicos) y

d) Polisemia (multivocidad del lenguaje)

¿Qué es interpretar? Podemos decir, siguiendo a Vernengo, que es una relación entre un sistema de signos que tiene por objeto establecer el sentido y alcance de un acto jurídico o de la ley[3].

En ese propósito, pretender que la labor del juez es meramente mecánica o aplicativa es caer en un «formalismo argumentativo», pues la interpretación está contenida en todo acto de aplicación de la ley, de modo que la segunda no es posible sin la primera, aun en los casos claros[4]. Todo texto normativo requiere interpretación, como dice Guastini, no hay significado sin interpretación y la interpretación es presupuesto necesario de la aplicación[5].

Naturalmente que interpretar no es una tarea fácil, pues ningún caso tiene una solución única posible, ya que siempre existe una clase de soluciones admisibles[6]. Ello, además del problema que las reglas lingüísticas no ofrecen «nunca o casi nunca un margen de referencia inequívoco»[7].

Y es que, puede decirse en general que el arte de interpretar es inexacto por definición, como afirma Inneratity[8], tiene algo de apuesta e improvisación.

2. *Cfr.* MIRÓ QUESADA, F.: *Ratio Interpretandi,* Universidad Inca Garcilaso de la Vega, Lima, 2000, p. 30.
3. *Cfr.* VERNENGO, R.: *Curso de Teoría General del Derecho,* Cooperadora de Derecho y Ciencias Sociales, Buenos Aires, 1976, p. 404.
4. *Vid.* PALOMBELLA, G.: *Filosofía del Derecho moderna y contemporánea,* Tecnos, Madrid, 1999, p. 211.
5. *Cfr.* GUASTINI, R.: *Interpretar y argumentar,* Ediciones Legales, Lima, 2018, pp. 494-495.
6. *Vid.* VERNENGO, R.: *Curso de Teoría General del Derecho,* cit., p. 401.
7. ZAMBRANO, P.: «El Derecho como práctica y como discurso. La perspectiva de la persona como garantía de objetividad y razonabilidad en la interpretación», *Díkaion,* núm. 18 (2009), p. 123. Disponible en: https://dikaion.unisabana.edu.co/index.php/dikaion/article/view/1545 (última consulta: 5 marzo 2024).

Al hablar de la interpretación, se suele distinguir entre distintas clases, elementos o tipos, y es así que se habla de la interpretación gramatical, lógica, histórica, teleológica y sistemática, entre otras categorías[9]; mas el problema, es determinar su jerarquía y buscar la interpretación más objetiva.

Siguiendo a Cossio, señala Vernengo que «los métodos interpretativos son en la práctica un repertorio de recursos —cuya objetividad científica no hace mayormente al caso— que permiten al Juez buscar una expresión objetiva de las tesis axiológicas que desea efectivizar al sentenciar». Se trata así, de procedimientos retóricos de tipo político que sirven para justificar un acto político que es la decisión judicial mediante un procedimiento que es socialmente aceptado como imparcial u válido[10].

Empero, es de tener en cuenta que «el valor instrumental del derecho se deprecia si es interpretado de maneras muy diversas por los jueces y no puede cumplir su función básica de coordinar la vida social»[11], corriendo el riesgo de convertirse en una farsa inútil[12].

Es necesario entonces tener presente que el derecho no puede interpretarse sin considerar cuáles son sus fines globales y últimos, y el hecho que la interpretación teleológica o finalista forma parte ineludible de cualquier interpretación jurídica[13].

---

8. *Cfr.* INNERARITY, D.: *La democracia del conocimiento. Por una sociedad inteligente*, 7.ª Impresión, Paidós, Barcelona, 2021, pp. 204, 208.
9. MIRÓ QUESADA, F.: *Ratio Interpretandi*, cit., p. 29, enumera trece clases de interpretación: 1) Literal, 2) Auténtica, 3) Lógica, 4) Exegética, 5) Analógica, 6) Extensiva, 7) Estricta, 8) Histórica, 9) Social, 10) Sistemática, 11) Libre, 12) Pragmática y 13) Retoricista. A ellas, agregaríamos la interpretación finalista o teleológica, siendo de acotar, por otro lado, que la interpretación *a contrario* o *a contrario sensu*, como valiosa herramienta jurídica con su enfoque dicotómico para la enseñanza jurídica estaría incluida dentro de la interpretación lógica. Sobre esto último, se puede remitir a SANTILLÁN SANTA CRUZ, R.: «La interpretación *a contrario* en la enseñanza del Derecho Civil: Una estrategia pedagógica y medio para fomentar el debate en el aula», en AA.VV.: *Aprendizaje a través del debate jurídico* (dir. por Martínez Calvo, J. y Mayor del Hoyo, M. V.), Thomson Reuters Aranzadi, Cizur Menor, 2022, p. 384.
10. *Cfr.* VERNENGO, R.: *Curso de Teoría General del Derecho*, cit., pp. 416-417.
11. MAGOJA, E.: «Interpretación, corrección y objetividad: a propósito del fallo "Farina" y los límites a la creatividad interpretativa en la decisión judicial», *Derecho y Ciencias Sociales*, núm. 24 (2020-2021), p. 36.
12. Como dice ZAMBRANO, P.: «El Derecho como práctica y como discurso...», cit., p. 113: «[E]l Derecho se transforma en una farsa inútil si no puede controlar en modo alguno la valoración que, de manera inevitable, se cuela en la interpretación y en la aplicación de sus normas».
13. *Vid.* ZAMBRANO, P.: «El Derecho como práctica y como discurso...», cit., p. 123.

Toda interpretación se encuentra atada a una teoría general del derecho[14], a una concepción de la justicia[15], a una actitud filosófica[16].

En el caso de los jueces, además —señalan De la Rosa y Sandoval— debe señalarse que sus resoluciones se encuentran infiltradas de intuiciones, sentimientos o ideas previas del juez en donde se mezclan los antecedentes del acusado, su contexto social, la medición del impacto social de la sentencia, predisposiciones temperamentales, sentimientos de justicia y el instinto, entre otros factores como los prejuicios, estereotipos e ideologías[17].

Así las cosas, la verdad no es algo externo que se descubre, sino más bien un constructo personal.

Explica Castán Tobeñas que la interpretación tiene que ver con la «indagación del verdadero sentido, y por ende, del contenido y alcance de las normas jurídicas, en relación con los casos que por ellas hayan de ser reguladas», definición teóricamente impecable, mas el problema es determinar si puede realmente descubrirse «el» verdadero sentido de las cosas.

Son loables (y necesarios) los esfuerzos académicos en la búsqueda de una interpretación objetiva, pero lo real es que, siguiendo la psicología conductual, cualquier interpretación va a estar condicionada por sus ideas, prejuicios y otros factores que escapan a su conciencia.

Veamos, a continuación, un ejemplo de cómo, imperceptiblemente, nuestra interpretación de las cosas puede estar condicionada por nuestros prejuicios.

## II. UN CASO PARA EL ANÁLISIS: ¿SER O NO SER?

Rachel Dolezal es una mujer de origen caucásico, conocida activista de la raza negra, que se siente muy identificada con ella (incluso se ha ondulado el pelo para parecerse más), que un día saltó a las noticias al solicitar que la consideren de raza negra.

Tomando como referencia la historia, planteamos a un grupo de alumnos la siguiente pregunta: «Si una mujer de raza blanca pide que la consi-

14. *Vid.* MAGOJA, E.: «Interpretación, corrección y objetividad: a propósito del fallo "Farina" y los límites a la creatividad interpretativa en la decisión judicial», cit., p. 37.
15. *Vid.* ZAMBRANO, P.: «El Derecho como práctica y como discurso...», cit., p. 124.
16. *Vid.* PALOMBELLA, G.: *Filosofía del Derecho moderna y contemporánea*, cit., p. 230.
17. *Cfr.* DE LA ROSA, P. y SANDOVAL, V.: «Los sesgos cognitivos y su influjo en la decisión judicial. Aportes de la Psicología Jurídica a los procesos penales de corte acusatorio», *Derecho Penal y Criminología*, vol. 37, núm. 102 (2016), pp. 147-148. DOI: https://doi.org/10.18601/01210483.v37n102.08

deren como de raza negra, pues aprecia mucho a esta raza y se siente muy identificada con ella, ¿debería poder modificarse los registros civiles para que aparezca como negra?».

La mayoría de los encuestados dijo que sí.

Entonces, a otro grupo de estudiantes se le planteó similar pregunta, pero con un «pequeño» cambio: «Si una mujer de raza negra pide que la consideren como de raza blanca, pues aprecia mucho a esta raza y se siente muy identificada con ella, ¿debería poder modificarse los registros civiles para que aparezca como blanca?».

La mayoría de los encuestados dijo que no.

Podemos observar entonces que el factor racial es más profundo de lo imaginado, generando situaciones de discriminación de la que no somos conscientes.

¿La verdad entonces existe fuera de nosotros o es una creación personal? La cuestión no es sencilla, pues así como escuchamos lo que queremos oír, interpretamos lo que queremos interpretar, y muchas veces sin ser conscientes ello, no somos conscientes de ello[18].

Como dicen Loftus y Ketman: «Después de pasar por el filtro de la memoria, la verdad y la realidad no son hechos objetivos, sino realidades subjetivas e interpretativas. Interpretamos el pasado, nos corregimos, añadimos detalles, eliminamos impresiones discordantes o inquietantes, barremos, limpiamos el polvo y ordenamos las cosas. De ese modo, la representación del pasado cobra una realidad viva y cambiante»[19].

Siendo la subjetividad algo que afecta nuestra capacidad interpretativa al estar influenciada por criterios personales, lo más complicado acaso esté en la subjetividad del legislador, es decir, en la indagación de lo que pretendió al crear la norma[20].

18. La verdad objetiva «es percibida de diversas formas, pero más aún esta no siempre se revela o a veces nos parece que la deforma, no se acepta si esta no coincide con nuestras creencias o intereses [...]» [MONTERO, V.: «Decodificando aspectos psicosociales e ideológicos en la búsqueda de la verdad objetiva y la verdad jurídica», *Revista de Investigación en Psicología,* Vol. 22, núm. 2 (2019), p. 380].

19. LOFTUS, E. y KETCHAM, K.: *Juicio a la memoria. Testigos presenciales y falsos culpables,* Alba Editorial, Barcelona, 2010, p. 49.

20. *Cfr.* SORIANO, R.: *Compendio de teoría general del derecho,* Ariel, Barcelona, 1986, pp. 174 y ss.

Si bien a veces una norma requiere ser interpretada por problemas en su formulación lingüística, «la equivocidad de los textos normativos no depende tanto de defectos intrínsecos de formulación, sino más bien de otras cosas: intereses prácticos contrastantes, diversos sentimientos de justicia, pluralidad de métodos interpretativos, variedad de construcciones dogmáticas»[21].

Si buscamos el ideal de la interpretación objetiva, debemos empezar por conceptualizarla, pudiendo decir con Soriano que ella supone una depuración de los fines que persiguió el legislador al crear la norma y una adaptación del contenido normativo a las necesidades sociales del momento, contenido que tiene cierta flexibilidad según las circunstancias, que ofrece distintas posibilidades interpretativas[22].

La interpretación debe ser racional, pero ante los llamados «casos difíciles», no es fácil de determinar[23]. Siguiendo a Atienza, ante estos casos que la razón no puede resolver, necesitamos de algo más que la razón, «Y ese algo más seguramente no pueda ser otra cosa que las emociones, las pasiones [...] una teoría de la razón práctica tendría que ser completada con una teoría de las pasiones», teniendo en cuenta que lo emocional podría ser no solo un elemento a añadir a lo racional, sino un componente de la propia racionalidad[24].

No podemos, pues, concebir al derecho solo como un contenido normativo[25]. De hecho cuando las partes de un proceso discuten, no apelan solo a normas jurídicas, sino también a otros tipos de estándares que Dworkin denomina principios jurídicos[26].

Más allá de discutir si es correcta la idea de Dworkin de que hay una respuesta correcta, debemos tener presente que «La obtención de la respuesta correcta no implica entonces ni un trabajo mecánico por parte del

21. GUASTINI, R.: *Interpretar y argumentar*, cit., p. 493.
22. *Vid.* SORIANO, R.: *Compendio de teoría general del derecho*, cit., p. 175.
23. Al tener que optar por la respuesta correcta entre varias opciones, entramos al plano de las valoraciones, de las que no puede prescindir la jurisprudencia. *Vid.* ULLOA, A.: *Filosofía del Derecho. Estudios Contemporáneos*, Porrúa, México, 2009, p. 15.
24. ATIENZA, M: *Tras la justicia. Una introducción al Derecho y al razonamiento jurídico*, Ariel, Barcelona, 1993, pp. 139-141.
25. *Vid.* TERÁN, J.M.: *Filosofía del Derecho*, Porrúa, México, 2012, p. 67.
26. Señala DWORKIN, R.: *Los derechos en serio*, Ariel, Barcelona, 2012, p. 72: «Cuando los juristas razonan o discuten sobre derechos y obligaciones jurídicas, especialmente en aquellos casos difíciles [...] echan mano de estándares que no funcionan como normas, sino que operan de modo diferente, como principios, directrices políticas y otros tipos de pautas», acotando que, por lo general, usará el término «principio» para referirse al conjunto de estándares que no son normas.

juez ni tampoco razonamientos deductivos entran en juego. Se trata más bien de una labor compleja de análisis y reflexión que da lugar a toda una actividad argumentativa»[27].

El asunto, adicionalmente tiene un profundo sentido filosófico. Didácticamente, el método de casos puede ser muy útil para explicar estas cuestiones y los estudiantes comprendan mejor el sentido, posibilidades, complejidad y límites de la interpretación.

Vale acotar: En la búsqueda de la verdad, no es lo mismo el propósito del juez y el de los abogados; como señala Guastini, el «juego» de la interpretación no es cooperativo, pues la interpretación jurídica jamás es neutral por cuanto lo que quieren las partes no es comprender lo que «verdaderamente» quiso decir el legislador sino más bien buscar la mejor interpretación en su favor[28].

Una cuestión final es que, como dice con agudeza Celano, «Parece plausible decir que una persona puede estar bajo la obligación de buscar la verdad, de indagar la verdad y de hacerlo lo mejor que pueda; pero ella no puede estar bajo la obligación de *descubrir* la verdad»[29]. Lo que no quita que deba buscarla con su mejores esfuerzo y dedicación.

## III. UTILIDAD DEL CASO PARA UNA MEJOR COMPRENSIÓN DE LA NATURALEZA Y PROBLEMAS DE LA INTERPRETACIÓN

El caso expuesto evidencia la importancia de la interpretación y la naturaleza del derecho como ciencia hermenéutica.

Grafica cómo si bien todos buscamos una interpretación objetiva, ella no deja de ser subjetiva frecuentemente.

A la hora de interpretar, nos afectan prejuicios, sesgos y ruidos, aunque no seamos conscientes de ellos.

La interpretación no es una actividad fija ni inmutable, es más bien cambiantes y delimitada por teorías y principios. Se trata, como dice Frosini, de un procedimiento dialéctico que nace, se desarrolla y termina entre tensiones y contradicciones que requieren una elección, siendo una actividad demiúrgica[30].

---

27. ULLOA, A.: *Filosofía del Derecho. Estudios Contemporáneos*, cit., p. 11.
28. *Cfr.* GUASTINI, R.: *Interpretar y argumentar*, cit., p. 493.
29. CELANO, B.: *Razonamiento jurídico e interpretación del derecho*, Zela, Lima, 2020, p. 80.
30. *Cfr.* FROSINI, V.: *Teoría de la interpretación jurídica*, Olejnik y Temis, Buenos Aires, p. 18.

El caso planteado puede ser muy útil para comprender algunos problemas de la interpretación, los alcances de la discrecionalidad jurídica, el derecho a la identidad, el concepto de justicia y la libertad.

El método de casos puede servir para presentar de manera práctica problemas complejos, facilitando su comprensión y la reflexión en torno al mismo.

# *Capítulo 2*

# La comprensión del Derecho en Roma por parte del destinatario de la norma

M. Lourdes Martínez de Morentin
*Universidad de Zaragoza*

SUMARIO: I. INTRODUCCIÓN. II. HACIA LA PUBLICIDAD DE LA NORMA. III. EL LENGUAJE. IV. EL TRANSCURSO DEL TIEMPO. V. LAS FORMALIDADES. VI. EL OÍDO. VII. LA ORDENACIÓN DE LA MATERIA. VIII. LA INTERPRETACIÓN. IX. LA INTERMEDIACIÓN.

## I. INTRODUCCIÓN

La cuestión de la interpretación del Derecho no es una preocupación exclusiva de nuestros días. La interpretación entraña comprensión. El intérprete de la ley y el que la aplica, son juristas, expertos en Derecho. Sin embargo, el destinatario de la norma, no suele serlo. En este sentido, todo el que no es experto, podría ser considerado persona vulnerable en el ámbito jurídico[1].

## II. HACIA LA PUBLICIDAD DE LA NORMA

Para que pueda conseguirse el ideal de la Justicia, en la resolución de los casos que se le presentan al juez, y en el comportamiento de los indivi-

1. *Vid.*, sobre vulnerabilidad, en general MARTÍNEZ DE AGUIRRE, C.: «La recepción de la idea de vulnerabilidad en el Derecho civil español. Materiales para un debate», en *Vulnerabilidad patrimonial: retos jurídicos*, M. V. Mayor del Hoyo y S. De Salas Murillo (coords.), Thomson Reuters Aranzadi, Cizur Menor, 2022, pp. 33-51; y, MARTÍNEZ DE MORENTIN, L.: «La vulnerabilidad personal como causa de excusa para el desempeño del cargo de tutor», en *Vulnerabilidad personal: retos jurídicos*, M. V. Mayor del Hoyo y S. De Salas Murillo (coords.), (en prensa).

duos, se exige que el Derecho sea conocido por todos. Restringiendo su acepción, a una de las fuentes del mismo, la ley, son rasgos característicos de la misma su publicidad y su accesibilidad. Debe ser conocida y realmente entendida por aquellos a quienes se les va a aplicar, pues de lo contrario nos encontraríamos ante un conocimiento de lo jurídico reservado a unos pocos iniciados, los juristas.

En relación con el desconocimiento del Derecho, el jurista Paulo (D. 22.6.9) afirma que la ignorancia de derecho perjudica y la de hecho no. Labeón, en el pasaje anterior, considera que no puede alegarse *ignorantia iuris* en el caso de que uno pudiera fácilmente consultar a jurisconsultos, o se tratase de persona instruida y prudente. La comprensión exigible en todo caso es la de una persona media.

Considerado en la primera época de la Historia de Roma el *ius* como el conjunto de normas reguladoras de la convivencia entre los ciudadanos romanos, a diferencia del *fas* que regulaba las relaciones con la divinidad, los juristas, clase perteneciente a la nobleza patricia original, fundadora de la ciudad, hicieron de puente (pontífices) entre el hombre y los dioses conservando la llave del conocimiento y manteniéndolo apartado de las clases plebeyas, quizá como una estrategia de preservación del poder político y social frente a ellas[2].

El *ius* pasó de ser monopolio de pontífices en época arcaica, por tanto, casi secreto, a ser público en la etapa republicana, como demuestran la publicación de la ley de las XII Tablas, la publicación de los formularios de las acciones de la Ley, o las respuestas dadas en el foro por los juristas laicos ya en el siglo III aC.

Podemos diferenciar dos conceptos: la *lex* y el *ius*. Por *leges* entendemos las normas emanadas de la fuente de producción correspondiente dependiendo de la época: asambleas populares, el Senado, el pretor o el emperador. Por *iura* la labor desarrollada por la jurisprudencia creadora de Derecho a través de las herramientas proporcionadas por la Filosofía griega (dialéctica, tópica, subsunción, analogía, etc.) y las corrientes del pensamiento que penetraron en la sociedad romana. No en vano esos criterios (*humanitas, benignitas, etc.*) suavizaron la dureza de la aplicación del *ius*.

La necesidad de publicidad de todos los acontecimientos políticos, sociales, jurídicos surgió bien pronto en la sociedad romana. Además de importantes inscripciones realizadas en grandes tablas de piedra o bronce

2. *Cfr.* ARANGIO-RUIZ, V.: *Historia del Derecho romano*, trad. de la 2.ª ed. italiana, 4.ª ed. Reus S.A., Madrid, 1980, pp. 72 ss.

rememorando ciertos eventos y personajes que participaron en ellos[3], nos encontramos otras que sirvieron para dar publicidad al Derecho. Así nos encontramos leyes municipales, decretos decurionales, epístolas de los emperadores, senadoconsultos y en época bizantina la Compilación justinianea. La obligatoriedad de su publicación, aparece, por ejemplo, en las leyes Irnitana y Malacitana de Hispania, de época flavia. La expresión *ut de plano recte legi possint*, al final de las mismas, indicaría que la colocación de la *tabula* en la que se inscribía, debía hacerse de modo que pudiera ser leída fácilmente.

También las disposiciones que normalmente no se publicaban, sino que se guardaban en el erario público, como los senadoconsultos, en ocasiones fueron grabados en tablas de bronce e incluyeron la misma obligación de su exposición en lugar público y durante cierto tiempo.

Igualmente, los archivos públicos, donde se guardaban las leyes provenientes de todos los lugares del Imperio, cumplieron una función de publicidad al ser posible su consulta[4].

Los recursos de los que Roma se sirvió a lo largo de su historia, para hacer comprensible el derecho a sus receptores, fueron muy diversos: la escritura, la palabra, la vista, la interpretación, la intermediación entre el redactor de la norma y el destinatario, etc., propiciaron, en palabras de C. Palomo, una adecuada comprensión del mismo[5].

## III. EL LENGUAJE

La principal herramienta para hacer del derecho una realidad comprensible, es la palabra. Sin embargo, en el lenguaje de la ley y en el de la jurisprudencia romana podemos apreciar una tensión, entre tecnicismo y simplicidad. Los juristas romanos advirtieron que ciertas expresiones se utilizaban de manera impropia. Son muchos los ejemplos recogidos en las fuentes[6]. Igualmente, destacan a veces la diferencia que existe entre la acepción que la lengua común da a una palabra y la que le da el lenguaje técnico por ellos manejado.

---

3. *Cfr.* BELTRÁN LLORIS, F.: «Inscripciones sobre bronce: ¿un rasgo característico de la cultura epigráfica de las ciudades hispanas?» en *XI Congresso Internazionale di Epigrafia Greca e Latina*, 1999, pp. 21-37.
4. *Cfr.* RODRÍGUEZ NEILA, J. F.: «Archivos municipales en las provincias occidentales del Imperio romano», *Veleia*, núm. 8-9 (1991-1992), pp. 145-174.
5. *Cfr.* PALOMO, C.: «Personas vulnerables y comprensión del derecho en Roma», en *Rechtssprache und Schwächerenschutz*. Nomos Verlagsgesellschaft mbH & Co. KG, 2018, pp. 31-59 (academia.edu), p. 48.
6. Baste citar algunos: D.50.16.15, Ulpiano señala que los bienes de la ciudad se deno-

Sin embargo, este afán de tecnicismo fue criticado por Cicerón (*Pro Murena*) que, en relación con el proceso, ironiza sobre el exceso de palabrería de que adolecen las fórmulas procesales «llenas de inútiles perífrasis»[7].

Junto a la necesidad de rigor al hablar de Derecho, encontramos su necesidad de sencillez y de precisión, conocida entre los juristas como *elegantia iuris*[8].

La jurisprudencia romana recurrirá, e igualmente la legislación imperial, de manera constante a ejemplos y metáforas para ilustrar conceptos abstractos de un modo asequible y ameno. Incluso se aprecia el ritmo propio del verso para expresar determinados pensamientos jurídicos, llamar la atención sobre ellos, e incluso aprenderlos[9].

## IV. EL TRANSCURSO DEL TIEMPO

No basta con que una norma sea pública, sino que hace falta que sea conocida, para lo que es necesario el transcurso del tiempo. El texto al que se alude normalmente para explicar el origen de la expresión *vacatio legis* es la Novela 66 (versión griega)[10]. Su finalidad es que todos los que están sujetos a la norma, legos o profesionales del derecho, puedan conocerla y familiarizarse con ella. El plazo establecido en ella es de dos meses, pero es susceptible de variación[11].

---

minan incorrectamente bienes públicos; D.9.2.51 Juliano, sobre el significado de la palabra *occidere*, proveniente de *caedere* (matar) y *caedes* (muerte), considera que quedaba obligado solamente el que, habiendo empleado la fuerza y por su mano, hubiese causado la muerte.

7. PALOMO, C.: «Personas vulnerables y comprensión del Derecho en Roma», cit., p. 32.

8. *Cfr.* D'ORS, A.: *Derecho Privado Romano*, p. 92; y, STEIN, P.: «Elegance in Law», *The Law Quarterly Review*, núm. 77 (1961), p. 242. La *elegantia iuris*, mencionada y alabada por los juristas tendría más que ver con la concreción y adecuada elección de los argumentos para alcanzar la solución justa del caso, que con una cuestión de belleza del lenguaje. En muchos casos, la influencia del cristianismo, se observa en los emperadores a partir de Constantino, en la exigencia de sencillez en la redacción de la norma cuando el público al que va dirigida sea el vulgo poco instruido e indigente; *vid.* CTh. 11.27, cuya finalidad era evitar el parricidio (PALOMO, C.: cit., apartado «receptor vulnerable», pp. 50-55).

9. *Vid.* PALOMO, C.: cit., p. 33. La ley de las XII Tablas es un ejemplo de ello; cuenta Cicerón que los niños la aprendían de memoria y la recitaban en la escuela.

10. *Cfr.* BLANCH NOUGUÉS, J. M.: *Locuciones latinas y razonamiento jurídico: una revisión a la luz del derecho romano y del derecho actual: pro iure romano et lingua latina*, Dykinson, Madrid, 2017, pp. 627-630.

11. Por ej., la Nov.116.1 refiere treinta días de dilación desde la fecha de publicación; la Nov.58, tres meses.

## V. LAS FORMALIDADES

Los gestos y las formas solemnes fueron de gran importancia para hacer llegar de modo comprensible la norma a sus destinatarios en los primeros tiempos.

Son numerosos los ejemplos que podríamos citar: desde el apretón de manos, procedente de la *dexiosis* griega, que expresa el cierre de un trato[12], a la piedra negra que se coloca en la puerta de un inmueble para manifestar que soporta una carga hipotecaria; la realización de la *mancipatio* (rito del bronce y la balanza); el mayor tamaño de la *inscriptio* de las leyes grabadas en tablas; el llamativo color rojo de la rúbrica que acompañaba al título, etc.[13].

La autora menciona como recurso para la comprensión del derecho penal el espectáculo que suponía la ejecución pública de determinados castigos, lo que tendría una intención ejemplarizante «pasando a convertirse en auténticas admoniciones públicas sobre las terribles consecuencias de ciertas acciones»[14].

Por otra parte, la exención de requisitos formales en algunos supuestos previstos en la norma, puede servir para facilitar su cumplimiento. Así, por ejemplo, una disposición basada en las antiguas leyes y establecida en el Código justinianeo (C.6.23.31), referida a los requisitos para la validez del testamento de los campesinos (*rustici*) y de los analfabetos, les eximía del requisito de la firma de los testigos en algunos casos, al considerar que hay lugares en los que apenas pueden encontrarse hombres de letras.

## VI. EL OÍDO

Oír el Derecho, la norma que va a ser aplicada, es muy importante en todos los tiempos. Son numerosas las fuentes que nos hablan de la existencia de los *praecones* o pregoneros en la Antigüedad[15]. Su labor, consistía fundamentalmente en avisar con voz potente de la llegada del magistrado o del sacerdote a un lugar, pero también de auxiliar al magistrado[16]y vocear

12. *Cfr.* FERRER, J. y BENEDITO, J.: «La *dextrarum iunctio* y su representación en el registro arqueológico romano: la lucerna de Sant Gregori (Burriana, España)», *Millars. Espai i Història*, núm. 35 (2012), pp. 25-48.
13. *Vid.* ARANGIO-RUIZ, V.: *Historia del Derecho romano*, cit., p. 456.
14. PALOMO, C.: «Personas vulnerables y comprensión del derecho en Roma», cit. p. 35 y bibliografía citada en notas a pie.
15. *Cfr.* MUÑIZ COELLO, J.: «Empleados y subalternos de la administración romana II: los praecones», *Habis*, núm. 14 (1983), pp. 117-145.
16. Integrados en el cuerpo de *apparitores* junto a *scribae, accensi, interpretes, haruspices, lictores y librarii*; *vid.* RODRÍGUEZ NEILA, J. F.: «Apparitores y personal servil en la

leyes y decisiones importantes para la comunidad. Se convocaba al pueblo con un toque de trompetas y, una vez reunido, se procedía a la proclamación pública de las novedades recogidas en la *tabula* previamente grabada y expuesta en el Foro[17]. Cuando no había tiempo para proceder a su grabado y exposición, sus voces hacían llegar al pueblo las decisiones adoptadas; incluso el anuncio proclamado en latín era traducido al griego cuando la lengua materna de los oyentes era esta última[18]. Es verdad que con este sistema se superaba el problema del analfabetismo y se conocía de inmediato la norma, pero se producía cierta inseguridad, por lo efímero de la palabra voceada, prefiriéndose la escritura[19].

## VII. LA ORDENACIÓN DE LA MATERIA

El modo en que la información jurídica se presenta, también influye en la asimilación de la misma por el destinatario de la norma[20]. Es muy importante la organización sistemática de la materia para ayudar a su comprensión (libros, títulos, capítulos), e incluso el soporte material en el que se realiza. Así, el paso del formato de rollos de papiro en el que se escribía (*volumen*), a los códices de pergamino paginados (*codex*) en época postclásica, facilitó la consulta de las normas y las obras jurídicas.

## VIII. LA INTERPRETACIÓN

El intérprete del Derecho en Roma utilizó y desarrolló una serie de criterios que han llegado a nuestros días; por ejemplo, posicionándose a favor de la parte considerada más débil en el negocio jurídico constituido (*favor debitoris, favor libertatis, favor matrimonio, favor testamentis, in dubio pro reo,* etc.); criterios como *humanitas, benignitas, indulgentia, utilitas,* etc., penetraron en la aplicación del Derecho a través del estoicismo y del cristianismo. Son muchos los ejemplos extraídos de las fuentes que podrían citarse[21].

---

administración local de la Bética», *Studia Historica, Historia Antigua,* núm. 15 (1997), pp. 197-228.

17. *Vid.* Varro, *Ling. lat.*,6, 86-87.
18. *Vid. Liv.*, 4, 32,1; 45.29.
19. *Vid.* Dion Casio (50,13,5) alababa al emperador Claudio, que, a diferencia de sus predecesores, daba publicidad a las decisiones importantes mediante la exposición de *tabulae,* recurriendo a los *praecones,* solo para asuntos de poca trascendencia.
20. *Vid.* CUENA BOY, F.: *Sistemas jurídicos y derecho romano. La idea de sistema jurídico y su proyección en la experiencia jurídica romana,* Universidad de Cantabria, Santander, 1998, aunque es escéptico.
21. *Vid.* algunos en MARTÍNEZ DE MORENTIN, L.: «Contribución romanística a propósito del libro Solidaridad pública y protección de los derechos humanos. Un diálogo entre Argentina e Italia», *RGDR*, núm. 39 (2022).

## IX. LA INTERMEDIACIÓN

Destaca también, el papel que jugaron determinadas personas que hicieron de intermediarias entre el emisor de la norma y sus destinatarios; e igualmente acercando a los receptores al artífice de la misma. No fueron sólo cargos de la administración, como el *quaestor sacrii palatii*, el *praefectus urbi* o el *magister officiorum*, a los que se daba traslado de la norma para que la difundieran, sino también cargos religiosos, como el obispo de la diócesis. Los motivos fueron diversos, aunque cabe señalar que en general debía tratarse de receptores vulnerables en el sentido expresado por C. Palomo, personas faltas de instrucción o de medios económicos[22].

Igualmente destaca la labor de intermediación desempeñada por el *defensor civitatis* en época postclásica[23].

En provincias, aunque el derecho romano tuvo vigencia plena salvo excepciones, las leyes municipales o coloniales dadas desde Roma eran susceptibles de interpretación para adaptarla a la realidad a la que se aplicaban, pudiendo el emperador reducir o ampliar su alcance.

Un estudio realizado por Volterra, a comienzos del pasado siglo, acerca del estilo de las constituciones constantinianas, muestra que muchas estaban redactadas con el tecnicismo y complejo lenguaje burocrático característico de la cancillería imperial. Sin embargo, otras, en menor número, utilizaron un lenguaje más sencillo. El autor considera que pudieron ser redactadas por miembros de la jerarquía eclesiástica cercanos al emperador y no por funcionarios burócratas, aunque quizá la finalidad pudo ser facilitar su comprensión por parte del destinatario de la norma[24].

22. *Cfr.* PALOMO, C.: «La contribución de los primeros escritores cristianos a la delimitación de la noción de tributo injusto: algunas ejemplificaciones patrísticas», en *Hacia un Derecho Administrativo y Fiscal Romano* III, Dykinson, Madrid, 2016, pp. 651-656.
23. *Vid.* JIMÉNEZ SALCEDO, C.: «Defensa de los derechos de los ciudadanos: el defensor del pueblo, concomitancias con el defensor civitatis romano», en *Contribuciones al estudio de las acciones populares en el marco del Derecho Administrativo, Fiscal, Penal y Civil Romano*, I, Dykinson, Madrid, 2022, pp. 285-293.
24. *Cfr.* VOLTERRA, E.: «Quelques remarques sur le style des constitutions de Constantine», en *Droits de l'Antiquité et sociologie giuridique: Mélanges Henry Lévy-Bruhl*, Paris, 1959, pp. 325-334. *Vid.*, PALOMO, C.: «Vulnerabilidad y comprensión del Derecho en Roma», cit., p. 54; y, BIONDI, B.: *Il diritto romano cristiano* III, Milano, 1954, p. 24.

*Capítulo 3*

# L'humanitas romana come criterio interpretativo e moderatore del durum ius in un'epistola dell'imperatore Adriano

MARGHERITA FRARE
*Università di Padova*

SUMARIO: I. INTRODUZIONE. II. L'EPISTOLA AL PREFETTO D'EGITTO RAMNIO MARZIALE. III. *HUMANIOR INTERPRETATIO VERSUS DURUM IUS*. IV. CONCLUSIONI.

## I. INTRODUZIONE

Come ho messo in luce in un mio precedente lavoro[1], nel diritto romano i primi richiami ad una interpretazione «umana» compaiono in alcune costituzioni dell'imperatore Adriano e poi, in misura sempre più frequente, nelle opere dei giuristi.

Mi sembra opportuno chiarire subito che l'idea classica di *humanitas* ha poco a che vedere con i diritti umani, intesi come innati, universali e ontologicamente preesistenti al diritto positivo. È una considerazione che sfiora l'ovvietà, essendo l'ordinamento romano fondato su indubbie diseguaglianze, basti considerare la *summa divisio* tra liberi e servi con cui prende avvio, nelle istituzioni gaiane, la trattazione della categoria delle *personae*.

1. *Vid.* FRARE, M.: *L'humanitas romana. Un criterio politico normativo*, Jovene, Napoli, 2019. Sul tema mi limito a citare, tra l'amplissima bibliografia, PALMA, A.: *Humanior interpretatio. Humanitas nell'interpretazione e nella normazione da Adriano ai Severi*, Giappichelli, Torino, 1992.

Lo stesso termine *humanitas* ha, dunque, un significato (sarebbe meglio dire dei significati) che ci guidano in direzioni assai distanti dal moderno concetto di umanitarismo. Molto eloquente è, in questo senso, un passo delle Notti Attiche[2] nel quale Aulo Gellio sottolinea che i veri conoscitori della lingua latina non attribuiscono al termine *humanitas* il significato di *filantropia* (come invece accade tra la gente comune), bensì quello di *paideia* che in greco indica l'educazione, la cultura e l'affinamento alle buone arti.

L'*humanitas* romana è in primo luogo un modo di essere che distingue i soggetti migliori, i più colti, i più virtuosi, i più capaci di operare per il benessere dello stato. Ciò non toglie che essa racchiuda, come attesta Gellio, anche un'accezione benevola che, tuttavia, non va sovrastimata, traducendosi in una liberalità che l'uomo moralmente o socialmente elevato (l'imperatore *in primis*) decide di dispensare ad altri uomini, non perché essi ne abbiano diritto ma piuttosto perché ne risultano degni.

Svolta questa breve premessa, non vi è dubbio che in ambito giuridico una *humanior interpretatio*, suggellata dall'imperatore, abbia consentito di modernizzare il diritto e di attenuare talune diseguaglianze sociali, seppur lasciando intatta la tradizionale struttura stratificata della società romana. Gli stessi giuristi saranno chiamati ad applicare questo nuovo criterio interpretativo enunciato nelle costituzioni imperiali. Tra queste, a fungere quasi da proclama, è l'epistola indirizzata nel 119 d.C. dall'imperatore Adriano al prefetto d'Egitto che è anche l'oggetto della mia presente riflessione.

## II. L'EPISTOLA AL PREFETTO D'EGITTO RAMNIO MARZIALE

Nel testo, pervenutoci in lingua greca attraverso il papiro BGU 1.140[3], l'imperatore concede ai figli illegittimi dei soldati di succedere al padre morto intestato:

---

2. Gell., 13.17.1.

3. Riporto di seguito il testo del papiro: «Ἐπί[σ]ταμαι, Ῥάμμιέ μου, τ[ο]ύτους, ο[ὓ]ς οἱ I γονεῖς αὐτῶν τῷ τῆς στρατείας ἀνεί- I λα[ν]το χρόνῳ, τὴν πρὸς τὰ πατρικὰ I [ὑπάρ]χοντα πρόσοδον κεκωλῦσθαι, I κ[αὶ τ]οῦτο οὐκ ἐδόκει σκληρὸν ε[ἶ]ναι I [τὸ ἐν]αντίον αὐτῶν τῆς στρατιω[τι]κῆ[ς] I [διδα]χῆς πεποιηκότων. ἥδιστα δὲ I αὐτὸς προείεναι τὰς ἀφορμὰς δι' ὧν I τὸ αὐστηρότερον ὑπὸ τῶν πρὸ ἐμοῦ I Αὐτοκρατόρων σταθὲν φιλανθρωπό- I τερ[ο]ν ἑρμηνεύω. ὅνπερ τοιγαροῦν I τ[ρόπ]ον οὔκ εἰσιν νόμιμοι κληρο- I [νόμ]οι τῶν ἑαυτῶν πατέρων οἱ τῷ I [τ]ῆς στρατε[ί]ας χρόνῳ ἀναλ[η]μφθέν- I τες, ὅμως κατ[ο]χὴ[ν] ὑ[πα]ρχόντων I ἐξ ἐκείνου τοῦ μέ[ρ]ους τοῦ διατάγμα- I τος, οὗ καὶ τοῖς πρὸς [γ]ένους συνγενέσι I δίδοται, αἰτεῖσθαι δύνασθαι καὶ αὐτοὺς I κρε[ίν]ω. ταύτην μου τὴν δωρεὰν I καὶ τοῖς στρατιώταις ἐμοῦ καὶ τοῖς οὐε- I τρανοῖς εὔγνωστόν σε ποιῆσαι δεή- I σει, οὐχ ἕνεκα τοῦ δοκεῖν με αὐτοῖς I ἐνλογεῖν, ἀλλὰ ἵνα τούτῳ χρῶνται I ἐὰν ἀγνοῶσι».

«So, mio Ramnio, che è negato ai figli nati dai soldati al tempo del servizio militare di aver accesso ai beni paterni, né tale principio è apparso duro, dal momento che hanno violato la disciplina militare. Ma ben volentieri colgo le occasioni per interpretare in modo più umano le disposizioni maggiormente severe degli imperatori che mi hanno preceduto. Dunque, pur non essendo eredi legittimi dei loro padri, ritengo che possano chiedere il possesso dei beni ereditari in base a quella parte dell'editto nella quale la si concede ai cognati. Questa mia concessione la renderai nota ai miei soldati e veterani, non perché sembri che voglia imputargliela, ma perché se ne avvalgano se non la conoscono».

La premessa dalla quale dobbiamo muovere è che ai soldati era precluso sposarsi durante la ferma con donne della provincia nella quale militavano[4]. Ai figli generati da tali unioni, considerati stranieri e illegittimi, non spettavano diritti ereditari nei confronti del padre.

Adriano, valorizzando il legame di sangue (*cognatio*) con il padre defunto, interviene concedendo ai figli la *bonorum possessio unde cognati*.

In un suo recente studio, Francesco Castagnino[5] avverte che per comprendere l'effettiva portata del provvedimento, va tenuto presente che il figlio di un soldato e di una donna straniera di regola diventava cittadino romano al momento del congedo paterno e, in quanto *civis*, otteneva la *bonorum possessio unde liberi*, dunque un beneficio addirittura superiore a quello riconosciuto da Adriano (perché i *liberi*/figli legittimi, nella scala dei successibili erano anteposti ai *cognati*/figli illegittimi). Solo una categoria faceva eccezione a questa regola: quella dei figli peregrini dei legionari, i quali restavano tali anche dopo il congedo del padre e, pertanto, non avevano alcuna legittimazione a chiedere l'immissione nella *possessio* dei beni ereditari. I legionari e i rispettivi figli spuri sarebbero stati quindi i più plausibili e diretti beneficiari del provvedimento imperiale.

In tempi a noi più lontani[6] Edoardo Volterra, seguito da una autorevole dottrina[7], ha sostenuto che l'intervento di Adriano non fosse particolarmente innovativo. Egli ha tratto tale conclusione mettendo a confronto

4. Sono costretta a sintetizzare un tema assai complesso, sul quale si può vedere, recentemente, ONIDA, P. P.: «Il matrimonio dei militari in età imperiale», *Diritto@Storia*, núm. 14 (2016), pp. 5-36, con ampia bibliografia.

5. *Cfr.* CASTAGNINO, F.: «Una breve nota sull'epistola di Adriano a *Q. Ramnius Martialis*», *Rivista di Diritto Romano*, núm. 15 (2015), pp. 1-9.

6. *Cfr.* VOLTERRA, E.: «Recensione a *The Oxyrhynchus Papyri*. Vol. XLII, edited by P.J. Parsons», *IURA*, núm. 26 (1975), pp. 187-188.

7. *Cfr.*, fra tutti, AMELOTTI, M.: «Salvatore Riccobono e il *Gnomon* dell'*idios logos*», *AUPA*, núm. 52 (2007-2008), p. 19.

l'epistola con lo *Gnomon* dell'*Idios logos*, un prontuario di diritto fiscale in uso nell'Egitto romano, e, in particolare, con il testo che di esso ci è stato tramandato dal papiro Oxy 42.3014. In tale versione, che si colloca in un periodo precedente al principato di Adriano[8], già si leggeva[9] che «ai soldati che muoiono, anche se non abbiano fatto testamento, è lecito far succedere i figli e i congiunti, purché i successori siano dello stesso *genus*»[10].

Secondo Volterra verosimilmente l'imperatore si era uniformato ad una disciplina già in uso. In altre parole è l'epistola adrianea che avrebbe ripreso la predetta disposizione dello *Gnomon* e non viceversa (come invece per lungo tempo era stato ipotizzato[11]).

Questa tesi non mi sembra del tutto persuasiva, essendo fondata sul presupposto che il contenuto e i destinatari delle due disposizioni messe a confronto coincidano. Le ragioni che mi inducono a dubitarne sono le seguenti.

Per l'acquisto dell'eredità (*ab intestato* o testamentaria) era necessario che l'erede godesse dello *status civitatis*.

Se un soldato otteneva la cittadinanza, mentre il figlio rimaneva peregrino (come nel caso dell'unione tra un legionario romano e una provinciale) quest'ultimo non poteva succedere al padre (dalle istituzioni di

8. Il testo originale greco è: «[τοὺς στρατευομένους] ̣κ[αὶ] ἀ̣διαθέτους τελευτῶντας [ἐξὸν τέκνοις καὶ συγγεν]έ̣σ[ιν] κληρονομεῖν ὅταν τοῦ [αὐτοῦ γένους ὦσιν ο]ἱ μετερχόμενοι». Come dirò più avanti, tale disposizione è riportata anche nel papiro BGU 5.1210 (in particolare al § 35: «λε τοὺς στρατευομένους καὶ ἀδιαθέτους τελευτῶντας ἐξὸν τέκνοι[ς] καὶ συνγενέσει κληρονομεῖν, ὅταν τοῦ αὐτοῦ γένους ὦσι οἱ μετερχ[όμε]ν̣ο̣ι»), di età successiva al principato di Adriano, contenente un'altra e più completa versione dello *Gnomon*.

9. Le traduzioni dei passi dello *Gnomon* sono di RICCOBONO, S. Jr.: *Il Gnomon dell'Idios Logos*, Palumbo, Palermo, 1950, pp. 44-45.

10. Il significato da attribuire al termine *genus* (γένος nel testo greco del papiro) è cruciale per comprendere la regola enunciata. Se ne è molto discusso (*cfr.* LESQUIER, J.: «L'armée romaine d'Égypte d'Auguste à Dioclétien», Institut français d'archéologie orientale, Le Caire, 1918, p. 189) e concordo con MAROTTA, V.: «Doppia cittadinanza e pluralità degli ordinamenti. La *tabula banasitana* e le linee 7-9 del papiro di Giessen 40 Col. I», *Archivio Giuridico*, núm. 236 (2016), pp. 461-491, in particolare p. 486 e nt. 54 che γένος all'interno dello *Gnomon* si riferisca allo *status civitatatis*.

11. Gli studiosi avevano ritenuto che l'epistola a Ramnio Marziale fosse precedente al testo dello *Gnomon* perché inizialmente era conosciuta solo la versione del papiro BGU 5.1210 di età postadrianea.

Gaio[12] apprendiamo che ai militari fu però concesso di istituire eredi dei peregrini e dei latini o di lasciare loro dei legati[13]). Limitazioni erano inizialmente previste anche per i civili stranieri, come attestato da Pausania il periegeta il quale, in *Descr. Graec.* 8.43.5, afferma che i Greci divenuti romani non potevano lasciare nulla ai figli rimasti greci, potendo destinare i propri beni solo a degli estranei (ovvero a soggetti non congiunti) o alla *res publica* e che fu Antonino Pio, figlio adottivo di Adriano, a permettere —anche in questo caso *ratione humanitatis*— ai padri (romani) di testare in favore dei figli (greci)[14].

Se torniamo a considerare il testo dello *Gnomon*, soffermandoci questa volta sulla versione tramandataci dal papiro BGU 5.1210 (di età postadrianea), al paragrafo 34 troviamo enunciata una disciplina simile a quella descritta da Pausania: «ai soldati e ai veterani è stato concesso di testare sia con testamenti romani e che greci ...e ognuno può lasciare ai connazionali, ὁμοφύλοι[15]».

Il successivo § 35 prende in considerazione la successione intestata, e sancisce, in termini identici al citato papiro di Ossirinco, che «ai soldati che muoiono, anche se non abbiano fatto testamento, è lecito far succedere i figli e i congiunti, purché i successori siano dello stesso *genus*». In assenza di testamento, tornano dunque a valere le restrizioni, per cui i figli (peregrini) succedono *ab intestato* al padre solo se hanno lo stesso *status civitatis* (γένος). La precisazione, evidenziata da ὅταν (= purché) potrebbe servire a distinguere l'ipotesi in questione —che pone come requisito la medesima condizione di padre e figlio (entrambi Egiziani, Greci ecc.), non già l'essere nello specifico romani— da quella del *miles* cittadino romano al quale vorrebbe succedere il figlio illegittimo e rimasto peregrino.

Adriano sembra considerare proprio quest'ultima ipotesi, ovvero di un soldato romano (ex peregrino) che muore intestato lasciando dei figli stranieri nati mentre era in servizio. Era forse questo il caso lasciato scoperto dalla disciplina militare in questione[16].

12. Gai., 2.110.
13. Anche se non è detto espressamente, deve intendersi che tra i peregrini e latini citati fossero inclusi i figli naturali del *de cuius*.
14. *Cfr.* su questa fonte MAROTTA, V.: «Doppia cittadinanza e pluralità degli ordinamenti», cit., pp. 480-481.
15. Termine che, secondo SECKEL, E.: «Zum sog. Gnomon des Idios Logos», *Sitzungsberichte der Preussischen Akademie der Wissenschaften*, núm 26 (1928), p. 444, «nicht zu verweehseln mit eiusdem civitatis», non va cioè confuso con quello di «concittadini». Convengo con la distinzione proposta in quanto qui si sta presumibilmente trattando di *ex peregrini* che vogliono disporre dei lasciti ai più stretti congiunti con i quali condividono la stessa origine nazionale.

## III. *HUMANIOR INTERPRETATIO VERSUS DURUM IUS*

Adriano premette che il divieto sancito a carico dei figli di ereditare dai padri soldati, non era apparso severo, in quanto conforme alla disciplina militare. Subito dopo, però, aggiunge che ogni occasione gli è gradita per interpretare in modo più *umano* (φιλανθρωπότερον ἑρμηνεύω) le disposizioni particolarmente rigide dei suoi predecessori. Egli si presenta come un riformatore, pronto a piegare quelle norme che, pur coerenti con l'ordinamento giuridico e, quindi, formalmente ineccepibili, non sono più socialmente e/o politicamente accettabili.

C'è chi, come Franco Casavola[17], ha colto una correlazione tra l'intervento imperiale e una famosa enunciazione del giurista Publio Giuvenzio Celso, membro assiduo del *consilium principis* di Adriano, secondo il quale le leggi devono essere interpretate in modo benevolo, purchè ne venga preservata la volontà (D. 1.3.18: «*Benignius leges interpretandae sunt, quo voluntas earum conservetur*»). Indubbiamente esiste una comunione di intenti tra imperatore e giuristi, i quali subiscono la forza accentratrice dell'*auctoritas principis*.

Una svolta riformatrice appariva necessaria per mantenere unite le varie compagini socio culturali dell'impero, come pure era necessario trasmettere l'immagine di un potere saldo, efficiente e, al tempo stesso, inclusivo. Tutti gli operatori del diritto e le rappresentanze politiche locali, i giuristi come i governatori provinciali, avrebbero dovuto aderire ad un programma amministrativo in grado di cooptare i sudditi senza usare la forza, avvalendosi di ciò che modernamente definiremmo *soft power*. Anche il linguaggio giuridico e metagiuridico dell'imperatore, dei suoi funzionari e giurisperiti doveva adeguarsi a questa linea direttiva e l'*humanitas*, con la sua forza attrattiva e la sua immediata intellegibilità, si prestata perfettamente allo scopo.

La sfera applicativa dell'interpretazione *umana* richiamata da Adriano non può essere circoscritta entro il confine di ciò che è benevolo, né essere limitata alla ricerca e al rispetto della *ratio legis*. L'*humanitas* è un criterio politico normativo, un principio moderatore di portata più ampia che, coniugando *filantropia* e *paideia*, riesce a mitigare e ad uniformare il diritto, laddove esso appaia lacunoso e/o discriminatorio. Se per esempio, come si è visto, la rigida applicazione dello *ius militare* porta ad evidenziare una

16. *Cfr.* GONZÁLEZ ROLDÁN, Y.: *Il diritto ereditario in età adrianea. Legislazione imperiale e senatus consulta*, Cacucci Editore, Bari 2014, pp. 243-246.
17. *Cfr.* CASAVOLA, F.: *Giuristi adrianei*, «L'Erma» di Bretschneider, Roma, 2011, pp. 34-37.

disparità di trattamento tra milizie o tra singoli soldati, e se vi è rischio che tali disparità alimentino il dissenso e il disordine sociale, ecco che imperatore e giuristi, usando la giusta moderazione, devono intervenire per portare un correttivo.

Lo stesso Antonio Pio, nel passo di Pausania precedentemente citato, concede ai figli peregrini di succedere ai padri cittadini romani, perché preferisce "mostrarsi umano" piuttosto che mantenere in vigore una regola che avvantaggiava le casse imperiali (perché i beni dei padri, in mancanza di eredi legittimi, sarebbero stati assegnati allo stato). Il messaggio subliminale è che, se l'imperatore è pronto a rinunciare ad alcuni benefici per soddisfare le più urgenti aspettative dei sudditi, anche questi ultimi devono fare la propria parte per il bene comune.

## IV. CONCLUSIONI

La forza innovatrice della misura adottata nell'epistola a Ramnio Marziale non risiede tanto nel suo contenuto precettivo, quanto nel registro comunicativo adottato. La decisione viene espressamente giustificata dall'*umanità,* un criterio interpretativo immediatamente capace di persuadere e di offrire un'immagine moderna e inclusiva del potere imperiale. A partire da questo momento l'*humanitas* diventa una delle principali prerogative del *princeps* e della sua politica normativa; una politica finalizzata, al di là delle possibili derive demagogiche, a moderare il diritto più arcaico e a uniformare taluni statuti giuridici, come quello dei militari, la cui *compliance* era imprescindibile per la tenuta dell'impero.

*Capítulo 4*

# Preámbulo y exposición de motivos: instrumentos para la interpretación auténtica y teleológica de la norma jurídica

CARLOS DE LARA VENCES
*Universidad de Burgos*

SUMARIO: I. INTRODUCCIÓN. II. INTERRELACIÓN ENTRE LOS DISTINTOS ELEMENTOS DE INTERPRETACIÓN. III. POSICIÓN DEL ELEMENTO TELEOLÓGICO FRENTE AL RESTO. IV. EXPOSICIÓN DE MOTIVOS Y PREÁMBULO DE LA NORMA. *1. Consideraciones generales. 2. Relevancia en relación con elemento teleológico.* V. CONCLUSIONES.

## I. INTRODUCCIÓN

En nuestro derecho positivo, los criterios hermenéuticos son regulados por el artículo 3.1 CC, el cual contiene los elementos de interpretación de las normas jurídicas. Estos elementos vienen a superar los cuatro tradicionales enumerados por Savigny: gramatical, lógico, histórico y sistemático. Para SAVIGNY no se trata de cuatro clases de interpretación, sino que deben actuar de forma integrada para evitar una interpretación errónea[1]. De hecho, considera que agotan el ámbito de la interpretación, aunque nuestro derecho positivo lo supera añadiendo el elemento sociológico y el teleológico[2].

1. *Cfr.* BARRIA PAREDES, M.: «El elemento de interpretación gramatical. Su origen en Savigny, algunos autores modernos y la doctrina nacional», *Ars Boni et Aequi,* vol. 7, núm. 2 (2011), pp. 257-282.
2. *Cfr.* ZULUETA PUCEIRO, E.: «Savigny y la teoría de la Ciencia Jurídica», *Anuario de filosofía del derecho,* núm. 19 (1976-1977), pp. 57-82.

Este precepto recoge los criterios siguientes:

1.- Gramatical, cuando el precepto citado se refiere a la interpretación «según el sentido propio de sus palabras».

2.- Sistemático, en cuanto que la norma deberá ser interpretada «en relación con el contexto».

3.- Histórico, ya que deben ser tenidos en cuenta «los antecedentes históricos y legislativos».

4.- Sociológico, puesto que para la interpretación normativa no debe tenerse en cuenta el momento en que la norma fue dictada, sino «la realidad del tiempo en que han de ser aplicadas».

5.- Teleológico, en el sentido de que la norma debe interpretarse «atendiendo fundamentalmente al espíritu y finalidad de aquellas».

A estos criterios podría añadirse el lógico en el sentido propuesto por Savigny[3], a fin de buscar un sentido a la norma que no sea contrario al pretendido por el legislador a la hora de su promulgación, pero entiendo que podría subsumirse dentro del criterio teleológico, especialmente cuando el artículo 3.1 CC hace referencia al espíritu de la norma.

## II. INTERRELACIÓN ENTRE LOS DISTINTOS ELEMENTOS DE INTERPRETACIÓN

En el momento de la interpretación de cualquier norma jurídica, la primera aproximación a la misma se realiza en virtud del elemento de interpretación gramatical, que constituye el análisis semántico del contenido de la norma jurídica mediante la interpretación literal de sus palabras.

Pero esta interpretación puede no ser suficiente por lo que se impondría, en su caso, la necesidad de dar un paso más a fin de advertir el auténtico significado del precepto legal. No son pocas, más bien al contrario, las normas jurídicas que interpretadas de forma aislada llevan a conclusiones erróneas o, incluso, contradictorias. Por ello se impone la interpretación de cada precepto en relación con el resto de los que integran el mismo texto legal, haciendo uso del elemento sistemático de interpretación, dando sentido al conjunto.

3. Señala BARRIA PAREDES, M.: «El elemento de interpretación gramatical...», cit., pp. 257-282, que, según la concepción tradicional de SAVIGNY, el elemento lógico tiene por objeto «la descomposición del pensamiento o las relaciones lógicas que unen a sus diferentes partes».

Pero no sólo debe hacerse con relación al resto del articulado de la norma, sino que, en consonancia con el principio de unidad del ordenamiento jurídico, plasmado en la idea de que constituye un todo unitario no dividido en compartimentos estancos, el precepto también debe ponerse en relación con el resto de las normas que integran el ordenamiento jurídico, ya que pueden condicionar su interpretación[4].

## III. POSICIÓN DEL ELEMENTO TELEOLÓGICO FRENTE AL RESTO

La STS de 25 de febrero de 2021 (RJ 2021, 762), a la hora de interpretar la norma aplicable al procedimiento lo hace a través de los distintos criterios hermenéuticos contenidos en el artículo 3.1 CC: literal o gramatical, sistemático, sociológico, teleológico e histórico. Esta sentencia interpreta la norma en función de los criterios citados en un plano de igualdad. No obstante, el artículo 3.1 CC no jerarquiza los distintos elementos de interpretación, pero sí que considera que el criterio teleológico debe priorizarse frente al resto, impregnando cualquier interpretación normativa[5]. Para ello utiliza la expresión «fundamentalmente» que, sin colocar al criterio teleológico en una posición jerárquicamente superior al resto, le otorga una prevalencia en caso de colisión de resultados.

No debe hacerlo desde una perspectiva excluyente sino complementaria del resto de elementos. Puede actuar como dirimente frente al resto de criterios hermenéuticos, ya que cualquier resultado interpretativo alcanzado no puede ser contrario a la finalidad con la que fue promulgada la norma[6]. Podría señalarse que el elemento teleológico es una suerte de *primus inter pares*, dentro de la aplicación conjunta e integradora de los criterios hermenéuticos relacionados en el artículo 3.1 CC.

---

4. En este sentido, debe hacerse referencia al concepto que de la unidad del ordenamiento jurídico señala Norberto Bobbio, que considera la existencia de unidad de todas las normas en relación con la norma fundamental y con el resto de las normas entre sí, correspondiendo al intérprete del derecho resolver las antinomias e integrar los vacíos a través de la misma norma o de otras. *Vid.* GARCÍA MIRANDA, C. M.: «El principio de unidad en el concepto de ordenamiento jurídico de Norberto Bobbio», *Cuadernos electrónicos de filosofía del derecho*, núm. 1 (1998), ISSN-e 1138-9877.
5. ADAME GODDARD señala que es la forma más segura de conocer lo que pretende expresar un texto, máxime cuando resulta difícil su interpretación a través del elemento gramatical. *Cfr.* ADAME GODDARD, J.: «La interpretación de textos jurídicos», *Problema anuario de filosofía y teoría del derecho*, núm. 14 (2020), pp. 175-215, en: https://doi.org/10.22201//iij.24487937e.2020.14.14909. En este mismo sentido, ANCHONDO PAREDES, V. E.: «Métodos de interpretación jurídica», *Revista Quid Iuris*, vol. 16, núm. 3 (2012), pp. 33-58, considera que la interpretación debe apoyarse en los fines para los que fue promulgada la norma, en caso de ambigüedad, oscuridad o confusión en su literalidad.
6. CUERDA RIEZU, A.: «Interpretación (D.º Penal)», *Enciclopedia Jurídica Básica*, vol. III

## IV. EXPOSICIÓN DE MOTIVOS Y PREÁMBULO DE LA NORMA

### 1. CONSIDERACIONES GENERALES

La exposición de motivos y preámbulo de la norma, son dos herramientas fundamentales a la hora de encontrar la auténtica finalidad de una norma jurídica. Todo proyecto o proposición de ley debe contar con una exposición de motivos dirigida a quienes deben aprobarla, en las que se contiene la finalidad y la razón de ser para su aprobación, en definitiva, la *ratio legis*. La exposición de motivos no es la única fuente de observación de la génesis de la norma, sino que resulta esencial también analizar su *iter* legislativo, es decir, anteproyecto, proyecto y enmiendas parlamentarias. Todo ello aporta luz sobre la finalidad de la norma, sobre todo, de cara a su interpretación doctrinal.

La exposición de motivos y preámbulo de la norma, no sólo impregnan su sentido lógico o el sistemático del ordenamiento jurídico, sino que también contienen la intención explícita que ha llevado al legislador a su promulgación, por lo que, transcendiendo más allá de la interpretación lógico-sistemática, culmina en la teleológica [7]. De hecho, la*ratio legis* de la norma jurídica puede considerarse como el último estadio de su interpretación, tras la gramatical, lógica, y sistemática, como así parece desprenderse del artículo 3.1 CC.

Por lo tanto, puede considerarse el preámbulo o exposición de motivos de una norma jurídica, como la herramienta que, a la hora de su interpretación permite transcender de la meramente gramatical a la lógica-sistemática, y de allí a la teleológica como elemento general de interpretación de los preceptos legales [8].

Del mismo modo, una ley ya aprobada puede contener un preámbulo del que también se desprende la auténtica intención del legislador en el

---

(1995), pp. 3679-3681, considera que el elemento teleológico tiene como función evitar las posibles contradicciones que pudieran derivarse de las distintas interpretaciones derivadas de la aplicación del resto de criterios, por ello destaca su función de control derivada de la interpretación conjunta. Por ello, puede entenderse que comparte el criterio que se propone en cuanto a la finalidad dirimente de este criterio hermenéutico.

7. TAJADURA TEJADA considera que la exposición de motivos puede ser útil de cara a averiguar la intención del legislador a promulgar la norma, si bien destaca los preámbulos de las leyes, por encima de las exposiciones, cómo el lugar donde queda realmente expresada la voluntad del legislador. *Cfr.* TAJADURA TEJADA, J.: «Exposiciones de motivos y preámbulos», *Revista de Las Cortes Generales*, núm. 44 (1998), pp. 141-153, https://doi.org/10.33426/rcg/1998/44/299

8. BRAVO ÁNGELES destaca como la labor de interpretativa del legislador puede convertirse en ayuda importante para la interpretación realizada por el poder judicial,

momento que aprobó la norma. El preámbulo es una auténtica fuente de conocimiento de la intención y finalidad del legislador a la hora de promulgar una ley. Por lo tanto, es el elemento esencial para la utilización del criterio teleológico de interpretación de la norma.

## 2. RELEVANCIA EN RELACIÓN CON ELEMENTO TELEOLÓGICO

En realidad, la interpretación auténtica propiamente dicha de una norma jurídica es la que realiza el legislador, mediante la promulgación de un texto legal posterior que aclara la primera[9].

Tanto la exposición de motivos como el preámbulo de la ley pueden considerarse como la primera fase de dicha interpretación. En este caso, se podría definir la interpretación derivada del estudio de la exposición de motivos o del preámbulo de una norma legal como interpretación pre-auténtica, en el sentido de que la finalidad de la misma queda establecida con carácter previo a su promulgación, y sin que ello implique necesariamente una norma posterior que la interprete. No obstante, debe entenderse que la interpretación de la norma mediante otra posterior que la aclare, se considerará interpretación auténtica en sentido estricto. Pero junto a este concepto restringido, debería considerarse un criterio más amplio de interpretación auténtica que incluya la interpretación contenida en la misma norma, es decir, mediante la exposición de motivos o preámbulo de la ley.

El preámbulo de la norma jurídica permite que, a la hora de proceder a su interpretación judicial el tribunal la examine a través del filtro de los distintos criterios hermenéuticos, pero a la hora de formular una interpretación finalista en virtud del elemento teleológico acude a su preámbulo. En este sentido, la STS de julio de 2019 (RJ 2019, 2769) tras la interpretación gramatical y sistemática de la norma aplicable al asunto objeto de enjuiciamiento, lo contextualiza con el estudio de su preámbulo en aplicación clara del criterio teleológico, poniendo todo ello en relación con el contexto normativo histórico e internacional. De aquí se desprende la importancia fundamental del preámbulo en el contexto interpretativo de la norma, con

---

acompañando los razonabilidad y oportunidad adecuados. Por ello, debe destacarse la confluencia entre la interpretación auténtica y la judicial, sin perjuicio de la transcendental importancia de la interpretación doctrinal. *Cfr.* BRAVO ÁNGELES, A.: «El poder legislativo como intérprete jurídico: breve acercamiento al concepto de leyes interpretativas», *Revista de la Facultad de Derecho de México*, vol. 68, núm. 271 (2018), pp. 259-288, doi:10.22201/fder.24488933e.2018.271.65361

9. NÚÑEZ VAQUERO señala que, para KELSEN, «la interpretación auténtica es la única relevante para el derecho». *Cfr.* NÚÑEZ VAQUERO, A.: «Hans Kelsen: Preface. On Interpretation. Estudio Introductorio», *Eunomía, Revista en Cultura de la Legalidad*, núm. 1 (2011-2012), pp. 173-184.

independencia de la clase de interpretación de que se trate en función de su intérprete: auténtica, doctrinal o judicial. Se utiliza el elemento teleológico en la interpretación judicial, pero teniendo en cuenta la interpretación auténtica de la norma, entendida esta en el sentido anteriormente descrito.

Dentro de la interpretación de la norma, no necesariamente sólo se acude al preámbulo o exposición de motivos del texto legal cuyo precepto es objeto de interpretación, sino que puede serlo al de cualquier otra norma previa o posterior. Incluso, como se señala en la sentencia anteriormente analizada, puede acudirse a normas internacionales u otras anteriores que describan la tradición normativa de una institución jurídica. Encontramos rasgos de la interpretación sistemática en ello, por lo que al igual que se reconoce el principio de unidad del ordenamiento jurídico, la utilización de un determinado elemento de interpretación no implica en absoluto la exclusión de los otros, siendo todos complementarios y destinados a un mismo fin hermenéutico.

## V. CONCLUSIONES

Dentro del ámbito docente no será suficiente el aprendizaje literal de la norma, sino que, junto a su interpretación judicial y doctrinal, resulta de especial relevancia el análisis de la exposición de motivos o preámbulo de cada norma, a fin de averiguar la verdadera intención del legislador siendo, como se ha señalado, un criterio auténtico de interpretación legal en su sentido más amplio, en definitiva, una forma auténtica de interpretación legal realizada *a priori* por el legislador.

En realidad, no es suficiente la enseñanza literal de la norma legal, sino que al igual que ocurre respecto de la interpretación judicial y doctrinal, habrá que transcender a su análisis sistemático e histórico, sin olvidar el criterio sociológico que cobra especial importancia en un contexto social cambiante. Pero en última instancia, habrá que relacionarlo con la finalidad pretendida por el legislador. Y para ello, la herramienta fundamental serán las exposiciones de motivos y preámbulos que, en cada caso, contengan las distintas normas jurídicas.

Por último, resaltar la importancia que la interpretación teleológica de la norma debe tener en la realidad jurídica, no sólo por la relevancia otorgada por el legislador, sino porque es el criterio hermenéutico que contiene la finalidad normativa, en definitiva, la *ratio legis* que justifica su promulgación.

*Capítulo 5*

# Desafíos contemporáneos en la interpretación constitucional. El laberinto de la legitimidad

ALEJANDRO MANZORRO REYES*
*Ministerio de Justicia, Juez*

SUMARIO: I. INTRODUCCIÓN. II. LA CONSTITUCIÓN ESPAÑOLA Y SU INTERPRETACIÓN EXTENSIVA. EL JUEZ POLÍTICO. III. LA SEPARACIÓN DE PODERES Y LOS TRES PODERES DEL ESTADO. A VUELTAS CON EL *LAWFARE*. IV. CONCLUSIONES.

## I. INTRODUCCIÓN

La interpretación de la Constitución conlleva el esfuerzo necesario para que se garantice la máxima aplicación de los derechos, pero el significado y la garantía de los derechos no pueden consistir en una decisión unilateral del juez. La Constitución democrática es fruto de una voluntad constituyente que ha determinado cómo se configuran constitucionalmente los derechos y cuáles son sus mecanismos de aplicabilidad. El juez constitucional, intérprete superior de la Constitución, debe tomar en cuenta esta voluntad como criterio de legitimidad de su decisión, y entender que la interpretación de acuerdo con otros parámetros puede suponer en última instancia la falta de legitimidad de la interpretación realizada.

La estructura del lenguaje incide en la determinación del significado de las normas. El principal problema del lenguaje estriba en la ambigüedad de los términos que determinan un margen de imprecisión susceptible de dife-

(*) Juez de los Juzgados de Ibiza, Doctorando en Derecho en la Universidad de Sevilla y en Estudios Interdisciplinarios de Género en la Universidad de las Islas Baleares.

rentes significados[1]. Pero el derecho tiene como límite interpretativo el significado del lenguaje. En ese sentido, por algunos lingüistas se considera que la interpretación de un texto admite infinitas posibilidades interpretativas, y solo es acotable como texto, por aquellas que puede descartar, pero no por las que se pueden adoptar como significados coherentes.

## II. LA CONSTITUCIÓN ESPAÑOLA Y SU INTERPRETACIÓN EXTENSIVA. EL JUEZ POLÍTICO

En un primer momento, algunos lingüistas[2] apuntaron a unas posibilidades ilimitadas de interpretación del texto. Pero pronto se captó la necesidad de imponer restricciones a la función interpretativa de los textos, pues lo contrario podía conllevar a significados absurdos y contradictorios. Con todo, para los lingüistas, el principal problema de la interpretación lo constituye la relación dialéctica entre el lector y la obra. Se trata de establecer, por lo tanto, un equilibrio adecuado en el que se dé el grado de importancia que, en cada momento de la interpretación, tenga cada uno de estos elementos.

No es ajena a las teorías acerca de la interpretación la cuestión de quién ha de interpretar y aplicar el derecho, así como de los límites a la actividad creadora del derecho, que han de imponerse a los intérpretes. En este sentido, es de destacar la importancia de plantear las recientes aportaciones doctrinales acerca de los estudios sobre el poder judicial, superando la neutralidad valorativa de las concepciones decimonónicas. Durante todo el siglo XIX y parte del XX se ha pretendido ignorar esa dimensión del poder judicial, dando por sentado que cumplía una mimética traducción de la ley al caso, lo que proporcionó la ilusoria situación de creer que, en efecto, el poder judicial, en cuanto poder, era residual. La historia desmiente categóricamente el aserto de que el poder judicial es un poder neutro, y demuestra que la práctica judicial exige una labor de creación y no de indagación de las normas, en la interpretación del derecho. Situar la interpretación del derecho en el plano de la creación y no del cubrimiento, implica una consideración del poder judicial como poder efectivo y no meramente neutral en las relaciones entre los poderes del Estado, y en su incidencia social. Permitir, pues, desde la consideración de un poder que no se ha formado en la base de la representación popular, una interpretación desde la creación, y no desde el descubrimiento o la recreación de la norma, remite a un

1. *Cfr.* ITURRALDE, V.: *Sistema legal y lenguaje jurídico,* Tecnos, 1989, pp. 62 y ss. La ambigüedad puede ser sintáctica cuando la redacción se presta a lecturas de distintos significados, o los mismos signos de puntuación inducen a error.
2. *Vid.* BALAGER CALLEJÓN, M. L.: *Interpretación de la Constitución y ordenamiento jurídico,* Derecho Público, Madrid, 2022, pp. 310-315.

problema previo de legitimidad que debe plantearse en clave teórica, si no se quiere dejar en el vacío la razón de ser de la aplicación judicial del derecho. De ahí la importancia de volver a ciertos problemas teóricos de alcance, como son la legitimación de las resoluciones judiciales, o los conceptos de independencia y función judicial, que han intentado analizar la manera de encajar al poder judicial en un Estado constitucional. Dicho de otro modo; mientras que el Gobierno y el Parlamento son poderes políticos, el poder judicial no; y, en cuanto tal, todos sus esfuerzos deben ir encaminados a garantizar que frente a cualquier amenaza de injerencia o de abuso de poder por parte de quienes realmente lo tienen, los Jueces no van a ceder. Hay, pues, una estrecha conexión entre neutralidad e imparcialidad, pero también entre neutralidad e independencia.

Así las cosas, la idea de la imparcialidad, tal como aparece mencionada en la obra de Locke, se constituye en razón de ser y esencia de la vida en comunidad, y los Jueces en un elemento básico del Estado. De este modo, el Poder Judicial cumple una función de legitimación del sistema muy importante, ya que «interviene en la solución de conflictos puntuales manejando el valor de la *neutralidad,* fiabilidad e independencia de la justicia y, especialmente, de la aplicación del derecho»[3]. La neutralidad, entendida, así, como imparcialidad en sentido objetivo, se encuentra garantizada por la existencia misma del Estado, lo que en el fondo viene a significar que la función judicial sirve a los intereses «políticos» de la comunidad siendo lo que tiene que ser, a saber: una institución políticamente neutra compuesta por Jueces que son independientes e imparciales.

Asimismo, este aspecto objetivo de la imparcialidad, próximo al concepto de la neutralidad, se manifiesta también en la exigencia constitucional del Juez predeterminado por la ley, lo que, según opinión del Tribunal Constitucional[4], significa que el órgano judicial llamado a conocer del proceso haya sido creado previamente por la norma y que esté investido de jurisdicción y competencia *antes* del hecho que motive la actuación

En definitiva, es necesario reducir la discrecionalidad que, como hemos referido, es inherente a la ponderación. El juez debe interpretar contando siempre con la jurisprudencia del Tribunal constitucional, órgano competente para decidir en el marco de la discrecionalidad de la ponderación. Cuando el juez ordinario interpreta la Constitución, esa interpretación debe poder ser avalada por el Tribunal constitucional (juez constitucional en sentido orgánico). Con excepción dentro del funcionamiento de los órganos

3. APARICIO, M. A., en el Prólogo a la edición castellana del libro de SIMON, D.: *La independencia del juez,* Barcelona, Ariel, 1985, p. XXI.
4. En esta línea, las SSTC 47/1983 [ECLI:ES:TC:1983:47] y 23/1986 [ECLI:ES:TC:1986:23].

públicos en un Estado constitucional, la decisión final sobre si una regla de configuración legal está de acuerdo o no con la Constitución sólo puede corresponder al Tribunal Constitucional. El cuál es el órgano competente, con capacidad para argumentar y decidir en el ámbito de discrecionalidad propio de la ponderación. De lo contrario, convertiríamos al juez ordinario en un juez político.

## III. LA SEPARACIÓN DE PODERES Y LOS TRES PODERES DEL ESTADO. A VUELTAS CON EL *LAWFARE*

La imparcialidad judicial, reconocida en el art. 6.1 del Convenio Europeo para la Protección de los Derechos Humanos y las Libertades Fundamentales, en el 14.1 del Pacto Internacional de Derechos Civiles y Políticos y en el art. 10 de la Declaración Universal de los Derechos Humanos, constituye una garantía fundamental del Estado de derecho, que condiciona su propia existencia. La imparcialidad[5], en su vertiente subjetiva, debe asegurar que la pretensión sea decidida, con sometimiento exclusivo al ordenamiento jurídico, por un tercero ajeno a las partes, así como a los intereses en litigio, de modo que la libertad de criterio, en la que se funda la independencia judicial, no esté orientada *a priori* por simpatías o antipatías personales o ideológicas, por convicciones e incluso por prejuicios o por motivos ajenos a la aplicación del derecho. La imparcialidad objetiva se proyecta sobre el objeto del proceso y asegura que el juez no haya tomado postura sobre él, lo cual comporta que su acercamiento al litigio debe producirse sin prevenciones o prejuicios derivados de una relación o contacto previos con su objeto.

El art. 395.1 de la Ley Orgánica del Poder Judicial (LOPJ), para asegurar la imparcialidad política, exigida por el art. 127.1 de la Constitución, prohíbe a jueces y fiscales *dirigir a los poderes, autoridades y funcionarios públicos o Corporaciones oficiales felicitaciones o censuras por sus actos, ni concurrir, en su calidad de miembros del Poder Judicial, a cualesquiera actos o reuniones públicos que no tengan carácter judicial, excepto aquellas que tengan por objeto cumplimentar al Rey o para las que hubieran sido convocados o autorizados a asistir por el Consejo General del Poder Judicial.* A su vez, según el artículo 399 de la LOPJ *las autoridades civiles y militares se abstendrán de intimar a los jueces y magistrados y de citarlos para que comparezcan a su presencia.*

En la misma línea, las Asociaciones Judiciales, así como el Consejo General del Poder Judicial expresaron públicamente su repudio al anuncio de la eventual constitución de comisiones parlamentarias de investigación

5. *Vid.* STC 60/2008 de 26 de mayo [ECLI:ES:TC:2008:60].

que puedan llegar a determinar lo que ambiguamente se denominan «responsabilidades» derivadas precisamente, de advertirse situaciones de *lawfare* de las que nos hacemos eco en este capítulo y donde comparto el frontal rechazo a tales iniciativas. Tal repudio se funda, de manera muy justificada, en la evidencia de que ello implica potencialmente someter a revisión parlamentaria decisiones enmarcadas en la exclusividad del ámbito competencial de nuestros Tribunales que, por otro lado, entendemos se produjeron de forma plenamente acorde con la legalidad entonces enjuiciada. Por todo ello la iniciativa apuntada implicaría una inadmisible injerencia en la independencia judicial y un flagrante atentado a la separación de poderes.

Hemos de traer aquí a colación el parágrafo 228 de la sentencia TEDH de 8 de noviembre de 2021 *Dolinsnka-Ficek y Omicecz contra Polonia*[6], donde se destaca por el Tribunal Europeo el lugar destacado que ocupa el poder judicial en los órganos del Estado en una sociedad democrática y la creciente importancia que se concede a la separación de poderes y a la necesidad de salvaguardar la independencia del Poder Judicial. En igual sentido, se pronunció el Tribunal Europeo en Gran Sala en el caso *Ramos Nunes de Carvalho e Sa contra Portugal* de 6 de noviembre de 2018[7]. En este sentido, se ponía de manifiesto que el Tribunal debe prestar especial atención a la protección a los miembros del poder judicial contra las medidas que afecten a su estatuto o carrera que puedan amenazar su independencia y autonomía judicial.

Así lo entiende también la conclusión tercera del dictamen núm. 24[8], de 5 de noviembre de 2021, del Consejo Consultivo de Jueces Europeos, donde ya se indicaba que el Consejo de Justicia debe disponer de recursos jurídicos eficaces para salvaguardar su autonomía y cuestionar la legalidad de los actos públicos que le afecten a él o al poder judicial. Los Consejos de Justicia deben tener legitimación activa ante los tribunales nacionales e internacionales.

El cuestionamiento de determinados actos públicos lesivos para el Estado de Derecho constituye, pues, una exigencia democrática. Es cierto que el artículo 76 de la Constitución permite el nombramiento de Comisiones parlamentarias de investigación para cualquier asunto de interés público, pero no lo es menos que sólo pueden constituirse en el marco com-

---

6. *Vid.* STEDH de 8 de noviembre de 2021, Dolińska-Ficek y Ozimek c. Polonia (CE:ECHR:2021:1108JUD004986819).
7. *Vid.* STEDH de 8 de noviembre de 2018, Ramos Nunes de Carvalho e SÁ vs. Portugal (applications nos. 55391/13, 57728/13 and 74041/13).
8. *Vid.* DICTAMEN del CCJE, *Evolución de los Consejos de Justicia y su papel en los sistemas judiciales independientes e imparciales*, Estrasburgo, dictamen núm. 24, 5 de noviembre de 2021, pp. 7-9.

petencial que su artículo 66.2 otorga a las Cortes; al caso, la potestad de controlar la acción del gobierno, tal y como nos recuerda el Auto del Tribunal Constitucional 664/1984, de 7 de noviembre[9]. Por eso estas comisiones son un instrumento de control al servicio de la minoría. En consecuencia, su instrumentalización por la mayoría parlamentaria para controlar al poder judicial, residenciado en todos y cada uno de los jueces y tribunales. Se pretende, en definitiva, con la creación de estas comisiones, generar un nuevo tipo de responsabilidad de jueces y magistrados, que ya no sería sólo la legal —penal, civil o disciplinaria— sino también la responsabilidad política, contraria al modelo de juez constitucional, independiente en cuanto sometido únicamente al imperio de la Ley.

## IV. CONCLUSIONES

A mi juicio, la creación de las comisiones de investigación en fraude de ley, o el planteamiento de sorprendentes querellas conforman y preparan un inadmisible e injustificado clima de agitación y propaganda contra jueces y magistrados que, sin embargo, se han limitado a aplicar, con las garantías propias de un juicio justo según los más altos estándares del Estado de Derecho, leyes, como el vigente código penal, aprobadas por las Cortes Generales nacidas de la Constitución Española.

Aunque la ponderación se revista de elementos técnicos, no deja de tener un componente de decisión importante. Cabe seguir trabajando sobre las condiciones y los límites de la ponderación, tomando en cuenta las críticas de un sector nada desdeñable de la doctrina. Sector que, no obstante, ha propuesto pocas alternativas a la ponderación para solucionar los conflictos de derechos. La existencia de una Constitución democrática supone la diferenciación entre voluntad constituyente y voluntad constituida; por tanto, la búsqueda de mecanismos constitucionales comprometidos en la garantía de la Constitución en general, y de los derechos protegidos en ella en particular. Para ello, es necesaria una lectura protectora y fortalecedora de la Constitución, la cual realiza el tribunal constitucional. La interpretación vinculante de la Constitución es la principal función de los tribunales constitucionales. Se diferencia sustancialmente de la interpretación realizada por el juez ordinario, obligado por la jurisprudencia constitucional.

A pesar de las reflexiones al respecto por parte de cierto sector de la justicia, la diferenciación entre interpretación por el juez constitucional e interpretación por el juez ordinario sigue más vigente que nunca en el constitucionalismo democrático. Ambos tipos de jueces desempeñan roles com-

9. *Vid.* ATC 664/1984, de 7 de noviembre [ECLI:ES:TC:1984:664A].

plementarios en la protección de los derechos fundamentales y la aplicación efectiva de la Constitución y las leyes. La interacción entre el juez constitucional y el juez ordinario fortalece el sistema judicial y contribuye a la coherencia y legitimidad del ordenamiento jurídico. Las decisiones y argumentos desarrollados por los jueces ordinarios en casos concretos pueden ser considerados por el juez constitucional al establecer precedentes o interpretar disposiciones constitucionales. De esta manera, se establece un diálogo constante entre ambos tipos de jueces, enriqueciendo el desarrollo del derecho y la protección de los derechos fundamentales. En un contexto marcado por desafíos y cambios constantes, la colaboración entre ambos tipos de jueces se revela como un pilar indispensable para la preservación del estado de derecho y la defensa de los valores democráticos, así como contribuye a la coherencia del sistema judicial.

*Capítulo 6*

# Elementos de la interpretación jurídica (en la contratación): gramatical, histórico, lógico, sistemático y teleológico[1]

ISAAC TENA PIAZUELO
*Universidad de Zaragoza*

SUMARIO: I. INTRODUCCIÓN. II. EL CONSENTIMIENTO Y LAS DECLARACIONES DE VOLUNTAD. III. LA INTERPRETACIÓN DE LAS DECLARACIONES DE VOLUNTAD EN LOS CONTRATOS. IV. LOS TRADICIONALES CRITERIOS INTERPRETATIVOS EN LA CONTRATACIÓN.

## I. INTRODUCCIÓN

Cuando se trata de reflexionar sobre un fenómeno jurídico tan transversal o general como la «interpretación», resulta imprescindible acotarlo de modo asequible[2]. Por más que los recursos exegéticos puedan utilizarse

1. Miembro del Grupo de Investigación Consolidado «*Ius Familiae*» (S30_20). Trabajo realizado en el ámbito del Proyecto de Investigación «Vulnerabilidad patrimonial y personal. Retos jurídicos» (/AEI/10.13039/501100011033) y del Proyecto de Innovación Docente «La "interpretación jurídica gamificada" como estrategia didáctica en la formación práctica del jurista» (PIIDUZ_4657).
2. Especialmente cuando las características de esta obra imponen estrictas limitaciones de espacio para cada aportación.
«Con la palabra interpretación se entra en el campo del entendimiento, en el de entender lo expresado y más concretamente en el de la comunicación, presupuesto de la vida social; la interpretación jurídica, por su parte, puede referirse a las normas jurídicas y a los actos jurídicos, de la que aquí interesa, en especial, la de la Ley y la de los negocios jurídicos» [DE CASTRO Y BRAVO, F.: «Naturaleza de las reglas para la interpretación de la ley», *Anuario de derecho civil,* Vol. 30, núm. 4 (1977), p. 812].

de manera versátil, tanto sobre disposiciones normativas, como sobre declaraciones de voluntad privada. Sin embargo, en la medida en que puede haber presupuestos distintos (pej. para las normas legales, y para los contratos), ahora me gustaría referirme brevemente a la hermenéutica de los contratos civiles. No cabe duda de que la cuestión más general en la formación contractual gira en torno al consentimiento, como elemento esencial de todo contrato, y dicho consentimiento resultaría irrelevante si no se manifestase o declarase de algún modo. Lo que a su vez plantea una problemática específica, resuelta precisamente mediante ciertos criterios hermenéuticos tal como veremos.

Por su significado verbal, entre las acepciones jurídicas, consentimiento es «En los contratos, conformidad que sobre su contenido expresan las partes»; y «manifestación de voluntad, expresa o tácita, por la cual un sujeto se vincula jurídicamente» (*cfr. Diccionario* RAE). Nuestro Código civil, en el art. 1262, hace referencia a la oferta y a la aceptación para explicar cuándo se produce el consentimiento contractual, sin definir esos conceptos respectivamente, y sin establecer reglas o requisitos que deban reunir. Lo que, a juicio de DÍEZ-PICAZO «obliga a integrar las insuficiencias del Código con materiales traídos de otras partes», como el Derecho uniforme[3].

## II. EL CONSENTIMIENTO Y LAS DECLARACIONES DE VOLUNTAD

La oferta y la aceptación deben reunir una serie de características antes de su extinción[4]. A su vez tales requisitos tienen que apreciarse en la correspondiente declaración de voluntad, han ser objeto de una tarea interpretativa más o menos exigente en función de los términos del caso concreto[5]. Tanto más cuando, como precisa DÍEZ-PICAZO, debe determinarse en qué modo aparece en la oferta la voluntad negocial de quien la formula, lo que

3. DÍEZ-PICAZO, L.: *Fundamentos del Derecho civil patrimonial,* Vol. 1.º, 6.ª ed., Cizur Menor, 2007, pp. 327 ss. *Cfr.* GONZÁLEZ GONZALO, A.: «La formación del contrato», en BERCOVITZ RODRÍGUEZ-CANO, R. (Dir.), *Tratado de contratos,* T. I, Valencia, 2009, pp. 702-704.
   *Vid.* MARCO MOLINA, J.: «El proceso de formación o conclusión del contrato. Una propuesta de regulación armonizada», *InDret,* núm. 3 (2015).
4. *Cfr.* GONZÁLEZ GONZALO, *loc. cit.,* pp. 677 ss.
   Resulta problemático determinar cuándo tiene lugar la perfección de la oferta, nuestro Código no lo resuelve pero, al decantarse por la regla de la cognoscibilidad (o cognición atemperada) en cuanto a la perfección del contrato, se deduce una regla general aplicable a toda declaración de voluntad, incluida la oferta. *Cfr.* GONZÁLEZ GONZALO, *loc. cit.,* p. 684.
5. Del mismo modo que deben interpretarse las declaraciones de voluntad que contienen aquellos requisitos, no basta con tomar actos aislados sino las conductas significativas en el contexto material en que se desarrollan.

«es una cuestión de interpretación, materia en la que, en nuestro Derecho y a falta de otras reglas, hay que aplicar las mismas que rigen la materia de la interpretación de los contratos ya formados»[6].

Aunque en el lenguaje común se unifiquen los términos en torno al significado de «voluntad», técnicamente la declaración de voluntad precisa de una forma de traslación a otro u otros sujetos. Y, correlativamente, pueden originarse determinados vicios que afecten ya a la formación de la voluntad (del consentimiento, en la terminología del Código, *cfr.* art. 1265 CC[7]), ya a su exteriorización[8]. En la realidad social, sin necesidad de recurrir a prevenciones jurídicas, con habitualidad se utilizan diversas formas de manifestación de la voluntad de las personas. Siendo la más frecuente la manifestación expresa o específica, aunque también puede admitirse en ciertos casos una exteriorización consistente en la mera falta de expresión de un determinado querer (en el silencio como significativo de algo), o en la realización material de ciertos actos que hacen ostensible una intención. Tanto la voluntad expresa como la que no lo es, pueden originar problemas de índole interpretativa en torno dos cuestiones diversas: las formas de manifestación de la voluntad contractual (y su concordancia con la voluntad interna o real); la comprensión o interpretación de aquella voluntad por los receptores[9]. Por más que la característica laxitud en el manejo de los tecnicismos jurídicos impida a nuestro Código civil precisar la distinción entre el consentimiento y su declaración. También es cierto que los criterios jurídicos no bastan para resolver las cuestiones interpretativas en torno a la voluntad, pues competen a la psicología, o la lingüística en su vertiente de semiología o semiótica, e incluso ha podido interesar a la filosofía, por ejemplo[10].

---

6. DÍEZ-PICAZO, *Fundamentos del Derecho civil patrimonial, cit.*, p. 330.
7. Se trata del error, dolo, violencia e intimidación. *Cfr.* DÍEZ-PICAZO, L., *Fundamentos del Derecho civil patrimonial, cit.*, pp. 185 ss.
8. Se trata de la reserva mental, la declaración no seria, error obstativo, y simulación. *Cfr.* DÍEZ-PICAZO, *Fundamentos del Derecho civil patrimonial, cit.*, pp. 218 ss.
9. Aunque pueda parecer exagerado, pero fijando claramente la importancia de las tareas interpretativas: «el negocio será aquello que se deduzca de la interpretación». *Cfr.* DE CASTRO, F.: *Tratado práctico y crítico de Derecho civil de España.* Tomo X. *El negocio jurídico*, Instituto Nacional de Estudios Jurídicos, Madrid, 1971, p. 74. *Vid.* «Teorías sobre el valor respectivo de la voluntad y declaración», *loc. cit.*, pp. 58 ss.
10. En cuanto a las connotaciones filosóficas basta, pej., con rememorar el denominado «mito de Theuth y Thamus» (*Fedro*, de Platón), con las disquisiciones platónicas a propósito de la superioridad de las ideas sobre su expresión o plasmación.
    Hay ámbitos en que existe unas exigencias hermenéuticas específicas, como el de los jueces. *Vid.* DE GIULI, A.: «Los sesgos en el conocimiento judicial: Para un control del sentido común y de la pseudo-ciencia», *Anales De La Cátedra Francisco Suárez*, núm. 58 (2024), pp. 173-197.

## III. LA INTERPRETACIÓN DE LAS DECLARACIONES DE VOLUNTAD EN LOS CONTRATOS

Antes de abordar el repertorio de recursos exegéticos de los contratos, téngase en cuenta que existe una cuestión previa: el modo de manifestarse la voluntad de los contratantes, que es la materia prima sobre la que recae la averiguación. Tradicionalmente se han distinguido como principales direcciones en la interpretación de los contratos la que puede denominarse interpretación subjetiva, y la objetiva. En la primera se busca la voluntad real de quien declara, mientras que en la objetiva se busca «el sentido que razonablemente puedan encontrar los destinatarios de la declaración, para proteger las expectativas y la confianza que en ellos se haya suscitado»[11]. Opina DÍEZ-PICAZO que por regla general podrá acudirse a una interpretación de tipo subjetivo; salvo que, por haberse producido una aceptación tácita, o cuando se realicen actos preparatorios del cumplimiento del contrato por parte del destinatario de una oferta, convenga una interpretación objetiva[12].

El CC ofrece unas normas hermenéuticas para los contratos en los art. 1281-1289[13]. Aunque no tienen una específica relación jerárquica, de alguna manera pueden ordenarse mediante una secuencia de fases en proceso: 1.º Fijación de los elementos de hecho y su alcance para las partes (*cfr.* art. 1282-1288 CC). 2.º Conclusiones del intérprete al finalizar su proceso mental interpretativo (*cfr.* art. 1281-1289 CC). 3.º Calificación jurídica del contrato y sus efectos (*cfr.* art. 1258 CC). «En todas esas normas resalta, de forma indubitada, el triunfo de la intención sobre las palabras, y no podía ser de otra forma, pues negar este principio equivaldría a negar la voluntad de los contratantes». Lo que, por otra parte, resulta conforme a la tradición espiritualista en la interpretación de las cláusulas contractuales[14].

---

11. DÍEZ-PICAZO, *Fundamentos del Derecho civil patrimonial, cit.*, p. 330.
12. *Cfr. loc. cit. ibidem.*
13. Entre la bibliografía específica, *vid.*: ROGEL VIDE, C.: *Interpretación del contrato en el Código Civil Español,* Reus, Madrid, 2021; HERAS HERNÁNDEZ, M.ª M.: «Calificación, interpretación e integración del contrato. Perspectiva de presente y de futuro», *Actualidad civil,* núm. 4 (2021); SÁENZ DE JUBERA HIGUERO, B.: «El valor del silencio como consentimiento contractual», *Revista Crítica de Derecho Inmobiliario,* núm. 788 (2021), pp. 3805-3818; PARRA LUCÁN, M.ª Á.: *Negociación y perfección de los contratos,* Thomson Reuters Aranzadi, Cizur Menor, 2014; VATTIER FUENZALIDA, C.: «La interpretación del contrato: entre la intención de las partes y el criterio de una persona razonable», *Actualidad civil,* núm. 14 (2010); y, PÉREZ ÁLVAREZ, M. Á.: *Interpretación y jurisprudencia: estudio del artículo 3.1 del Código Civil,* Thomson Reuters Aranzadi, Cizur Menor, 1994. Así como los comentarios sistemáticos del Código civil que, diversas ediciones, se han dedicado a los art. 1281-1289, y al art. 3 CC.
14. CANO MATA, A.: «La interpretación de los contratos civiles», *Anuario de derecho civil,* Vol. 24, núm. 1 (1971), p. 195.

## IV. LOS TRADICIONALES CRITERIOS INTERPRETATIVOS EN LA CONTRATACIÓN

Con frecuencia los criterios hermenéuticos de los contratos se enuncian de manera equivalente a los cánones que permiten interpretar las normas legales en general[15]. La razón común es que en ambos casos existe un contenido normativo (aunque el contrato sea mera *lex privata*) cuyo sentido se indaga. Al tiempo, las diferencias en la aplicación de tales criterios vienen determinadas por el propio ámbito de eficacia de la norma legal (que resulta más o menos general) o del contrato (*inter partes*)[16]. Se trata de los criterios literal (que atiende al sentido propio de las palabras, sistemático (o contextual), histórico (antecedentes), sociológico (la realidad social), y criterio teleológico (espíritu y finalidad de la norma, fin del contrato). No debe olvidarse que tales cánones tienen su propio cometido, que está subordinado a principios generales como el de buena fe (que constituye, también en materia de exégesis, un recurso inexcusable)[17]. Incluso la primacía de la voluntad real sobre la declarada está limitada por las exigencias de la buena fe. «De ahí que la divergencia entre voluntad y declaración ha de ser probada por quien la sostenga»[18].

El método de interpretación de los negocios jurídicos debe arrancar, en opinión de DE CASTRO, de la opción entre un criterio laxo (o una alternativa espiritualista[19]) o un criterio estricto (o formalista) que ya se formuló en el Derecho romano: «Quedará así planteada, como cuestión interpretativa, la del enfrentamiento entre dos concepciones del negocio jurídico, la una aferrada a considerar preponderante la declaración en sentido estricto o formalizado y la otra a entender decisiva la investigación de la voluntad,

---

15. *Vid.* art. 3 CC.
Aunque la interpretación resulta una temática clásica en todos los ordenamientos jurídicos, la formulación de sus reglas ofrece variaciones. *Vgr.*, *cfr.* CARIOTA FERRARA, L.: *El negocio jurídico*, Ediciones Olejnik, Santiago de Chile, 2019, pp. 669 ss. Sin olvidar la influencia general que tuvieron las ideas de Domat, Pothier, y Savigny en cuanto a la sistematización de las reglas hermenéuticas.
16. *Cfr.* DE CASTRO Y BRAVO, F.: «Naturaleza de las reglas para la interpretación de la ley», *Anuario de derecho civil,* Vol. 30, núm. 4 (1977), pp. 848 ss.
17. «Con relación al principio de buena fe no solo se ha destacado su papel típico en el plano diferenciado de la integración del contrato (artículo 1258 CC), sino que también se ha reforzado su función como criterio decisivo en materia de interpretación y ejecución del contrato STS de 14 de enero de 2014 (núm. 537/2013)» STS 29 de enero de 2015, ECLI:ES:TS:2015:835 (F.º D.º segundo, 2).
18. LÓPEZ Y LÓPEZ, Á. M.: «De la interpretación de los contratos», en CAÑIZARES LASO, A., *Comentarios al Código Civil,* tomo IV, Tirant Lo Blanch, Valencia, 2023, n.º 5864. *Vid.* la jurisprudencia que allí se cita.
19. Contenida en STS como la de 17 febrero 2010 (ECLI:ES:TS:2010:1139) (*cfr.* F.º D.º sexto): «...como señala la mejor doctrina "la interpretación del contrato es aquella actividad

aunque ésta sea sólo ) presunta o inducida de las circunstancias»[20]. Esto mismo acontece si seguimos el propio orden expositivo de los criterios de interpretación contenidos en sede de contratos[21]. Justamente comienza el art. 1281 CC estableciendo una especie de «filtro», para no tener que recurrir a la interpretación de aquellos términos contractuales que no la precisen, por resultar claros[22]. Pues como ya se estableció en el Derecho romano, *in claris non fit interpretatio*[23]: «*Si los términos de un contrato son claros y no dejan duda sobre la intención de los contratantes, se estará al sentido literal de sus cláusulas*» (párrafo primero art. 1281 CC). Ahora bien, a renglón seguido dispone el mismo artículo que la voluntad (real) tiene un valor superior que las meras declaraciones de las partes: «*Si las palabras parecieren contrarias a la intención evidente de los contratantes, prevalecerá ésta sobre aquéllas*».

A pesar de que el recurso a la literalidad es una solución clásica o antigua, creo que no está exenta de una reformulación más actual que pudiera incorporar avances propios de otros ámbitos científicos. Me refiero en particular a la significación semántica, que es un campo de la semántica lingüística que estudia cómo las palabras y las frases adquieren sentido[24]. Igualmente resultaría útil el recurso a la denominada pragmática[25] (pej.).

fundamentalmente dirigida a captar el elemento espiritual, la voluntad e intención de los sujetos declarantes, contenido en el acto jurídico, sin limitarse al sentido aparente o inmediato que resulte de las palabras", lo que significa en que no puede prevalecer un sentido literal contrario a la voluntad o intención común de los contratantes». En parecido sentido STS 29 de enero de 2015, ECLI:ES:TS:2015:835 (*cfr.* F.º D.º segundo, 2), o STS de 25 abril de 2016, ECLI:ES:TS:2016:1792 (*cfr.* F.º D.º tercero, 4).

20. *Cfr.* «Naturaleza de las reglas para la interpretación de la ley», *cit.*, p. 849.
21. Que se corresponden genéricamente con lo dispuesto, para la interpretación de las normas en general, en el art. 3 CC.
22. De cualquier modo, esta solución ofrece una engañosa facilidad. Pues, como ha advertido en alguna ocasión el TS, para juzgar si los términos son claros (o no lo son) se hace precisa una valoración o interpretación preliminar de los mismos.
23. Tal aparente claridad no excluye de manera forzosa la posibilidad de indagar el sentido o intención de lo pactado, como también admiten nuestros tribunales. *Cfr.* LÓPEZ Y LÓPEZ, *loc. cit.*, n.º 5878 y la SAP Barcelona (4.ª) de 28 junio 2016 (ECLI: ES:APB: 2016:8439) que menciona.
    La influencia de los principios de Derecho romano es perceptible en otros muchos aspectos del temario de la interpretación negocial.
24. Esta disciplina, con su propio método y terminología (*denotación, connotación, referente, etc.*), tiene por objeto de estudio la codificación o representación de conceptos en el contexto de las expresiones lingüísticas.
25. «Disciplina lingüística que se ocupa de los factores extralingüísticos que determinan el uso del lenguaje; entre otros, aquellos que tienen que ver con la intención de los interlocutores, con su conocimiento del mundo y con el contexto o la situación en los que se produce el intercambio comunicativo» («Glosario de términos gramaticales», https://www.rae.es/gtg/pragmática [Acceso: febrero 2024]).

El elemento intencional, o la «interpretación espiritualista», debe prevalecer sobre el «literal» o «gramatical». Sin embargo, esa relación de dependencia no autoriza a llevar a cabo una comprensión omnímoda o ilimitada de tal designio intencional. Pues el art. 1283 CC (en relación con lo que se ha denominado «interpretación integradora» del contrato) establece una suerte de límite o cortapisa: «*Cualquiera que sea la generalidad de los términos de un contrato, no deberán entenderse comprendidos en él cosas distintas y casos diferentes de aquellos sobre que los interesados se propusieron contratar*».

En correspondencia con lo expuesto, cabe decir que los tribunales españoles mantienen una doctrina constante respecto de la aplicación de los criterios de interpretación de los contratos. Siempre que sea posible, adoptan como punto de partida la literalidad de lo pactado[26]. Ahora bien, el recurso al «tenor literal» o «gramatical» resulta un criterio preferente, pero solamente cuando los términos sean claros y no dejen lugar a dudas. De otro modo, cuando haya disposiciones necesitadas de interpretación propiamente dicha, habrá de buscarse (mediante los diversos recursos exegéticos) la intención realmente querida por los contratantes. Es decir, como ya se ha dicho, el sesgo «espiritualista» (o subjetivo, la justificación intencional) merece una primacía dentro del procedimiento exegético, así vienen a confirmarlo tanto el art. 1281 CC, como el siguiente.

El art. 1282 CC ampara lo que puede denominarse «canon interpretativo histórico» o «criterio contextual»: «*Para juzgar de la intención de los contratantes, deberá atenderse principalmente a los actos de éstos, coetáneos y posteriores al contrato*». Que supone, en definitiva, que la intención de los contratantes constituye la pauta para el cumplimiento de lo pactado. Ahora bien, para saberla o interpretarla, deben tomarse en cuenta los actos o hechos que lleven a cabo para perfeccionar la relación contractual (incluyendo también los tratos preparatorios[27]). No en vano, *facta potentiora sunt verbis*.

El art. 1284 CC impone un criterio adicional para atemperar la tarea hermenéutica, pues debe orientarse a salvar o conservar la eficacia del contrato sometido a interpretación[28]: «*Si alguna cláusula de los contratos admitiere*

26. Punto de partida, y «punto de llegada» dice STS 2 junio 2017, ECLI:ES:TS:2017:2248 (F.º D.º cuarto, 2). Un buen compendio de la tarea hermenéutica puede verse en la STS de 17 mayo 1997 (RJ 1997, 3883), frecuentemente invocada en otras decisiones judiciales.
27. Opina LÓPEZ Y LÓPEZ que la noción de lo coetáneo debe tomarse con cierta flexibilidad, incluyendo las relaciones usuales entre los contratantes o su «costumbre particular». *Cfr. loc. cit.*, n.º 5883, y STS que menciona.
28. Aunque el precepto se refiere a «alguna cláusula», el canon de totalidad tiene entre otras consecuencias que la solución que contiene se aplique a todo el contrato. *Cfr.* LÓPEZ Y LÓPEZ, *loc. cit.*, n.º 5891.

*diversos sentidos, deberá entenderse en el más adecuado para que produzca efecto»*. Regla que se corresponde con el «principio de conservación de los contratos», que suele ejemplificarse en el aforismo *utile per inutile non vitiatur*.

El art. 1285 CC alude al que la doctrina (recibida por alguna jurisprudencia) denomina «criterio sistemático»[29]: la búsqueda o averiguación de la intención común de las partes se proyecta, necesariamente, sobre la totalidad del contrato celebrado, considerado como una unidad lógica y no como una mera suma de cláusulas; de modo que el análisis o la interpretación sistemática constituye un presupuesto lógico-jurídico de todo proceso interpretativo (también denominado canon hermenéutico de la totalidad...)» [*cfr*. STS 29 de enero 2015, ECLI:ES:TS:2015:835 (F.º D.º segundo, 2)]. *«Las cláusulas de los contratos deberán interpretarse las unas por las otras, atribuyendo a las dudosas el sentido que resulte del conjunto de todas»*.

El art. 1286 CC, como una especie de secuela de lo dispuesto en el art. 1284, acoge el «principio de interpretación lógica», o «canon teleológico o finalista»: *«Las palabras que puedan tener distintas acepciones serán entendidas en aquella que sea más conforme a la naturaleza y objeto del contrato»*. La búsqueda de la voluntad real de los contratantes, una vez más.

La secuencia de normas exegéticas que ofrece el Código concluye con lo dispuesto en sendos artículos, que facultan al intérprete para proceder de una manera específica. Ya con la posibilidad de completar lo estipulado en el contrato sometido a controversia, o incluso le autorizan para sancionar o reprimir mediante la propia interpretación (con un resultado hermenéutico que le resultará adverso) a la parte que haya provocado la necesidad de llevarla a cabo[30]. Se trata del art. 1287 CC: *«El uso o la costumbre del país*[31] *se tendrán en cuenta para interpretar las ambigüedades de los contratos, supliendo en éstos la omisión de cláusulas que de ordinario suelen establecerse»*. Y el art. 1288 determina una interpretación *contra stipulatorem*: *«La interpretación de las cláusulas oscuras de un contrato no deberá favorecer a la parte que hubiese ocasionado la oscuridad»*[32].

29. Igualmente es posible identificar el término «totalidad» como referido al conjunto de (todos) los criterios interpretativos, que permite contemplar la relación contractual de una manera global. *Cfr*. STS 3 febrero 1988, RJ 1988, 588 (F.º D.º segundo).
30. Para ocasionar la oscuridad, no se exige necesariamente una intención de quien la provoca.
31. No debe entenderse como sinónimo de nación, sino simplemente concreción de un lugar determinado (aunque quepa la duda de si es el lugar de celebración del contrato, o de ubicación de los bienes que constituyan su objeto, o de residencia de los contratantes, pej.).
32. *Cfr*. STS 3 junio 2016, ECLI:ES:TS:2016:2611 (F.º D.º cuarto).

Es posible que, a pesar de semejante repertorio de herramientas hermenéuticas, el proceso interpretativo fracase: «*Cuando absolutamente fuere imposible resolver las dudas por las reglas establecidas en los artículos precedentes...*» (*cfr*. art. 1289 CC). En tal caso el Código recurre a lo que se ha denominado «cláusula de cierre» en la interpretación, pues desiste de averiguar la voluntad de los contratantes. Y se orienta a regular alguna posibilidad de consumación, o bien a resolver la propia relación contractual, atendiendo a criterios más o menos objetivos[33]. Se ofrecen así varias soluciones: si las dudas «*...recaen sobre circunstancias accidentales del contrato, y éste fuere gratuito, se resolverán en favor de la menor transmisión de derechos e intereses. Si el contrato fuere oneroso, la duda se resolverá en favor de la mayor reciprocidad de intereses. Si las dudas de cuya resolución se trata en este artículo recayesen sobre el objeto principal del contrato, de suerte que no pueda venirse en conocimiento de cuál fue la intención o voluntad de los contratantes, el contrato será nulo*» (*cfr*. art. 1289 CC).

33. Aunque, ni siquiera las soluciones que se procuran, eximan de una tarea de interpretación de los conceptos jurídicos indeterminados que contiene la norma.

*Capítulo 7*

# Algunos aspectos de la didáctica en la adquisición de la competencia lingüístico-jurídica: polisemia y *faux amis* en el Código civil[1]

Sofía de Salas Murillo
*Universidad de Zaragoza*

SUMARIO: I. INTRODUCCIÓN. II. EL DIFÍCIL EQUILIBRIO ENTRE LA CLARIDAD Y LA PRECISIÓN EN LOS TÉRMINOS JURÍDICOS. III. ENSEÑANZA DEL LENGUAJE JURÍDICO EN EL GRADO EN DERECHO. *1. Detección de imprecisiones o errores en la redacción de una noticia jurídica. 2. Identificación de los faux amis en el Código civil.*

## I. INTRODUCCIÓN

Es habitual oír comentarios sobre la pobreza del lenguaje de los jóvenes en una época en la que, ni prolifera la afición a la lectura, ni las redes sociales facilitan su enriquecimiento: las abreviaturas o la falta de cuidado en la ortografía y sintaxis son común denominador en la mayoría de las entradas, post y mensajes en redes sociales. No ayuda tampoco el lenguaje empleado en muchas de las series que aquellos consumen —empleo este término de modo consciente—, que propicia que salpiquen cualquier frase de adjetivos que no puedo reflejar aquí, pero que son de todos conocidos.

1. Este trabajo ha sido realizado en el marco del Proyecto de Innovación Docente de la Universidad de Zaragoza PIIDUZ_4657: «La "interpretación jurídica gamificada" como estrategia didáctica en la formación práctica del jurista», IP. Romina Santillán Santa Cruz.

Centrando la cuestión en el lenguaje empleado en el aula, y más concretamente en las clases de Derecho civil, que son la realidad de quien escribe estas líneas, curiosamente hay tics que, con honrosas excepciones, se repiten promoción tras promoción: el abuso del verbo «realizar» (se dice que se «realiza un contrato» o «realiza un testamento»), la pronunciación de la palabra cónyuge como «cónyugue», el arrastre de expresiones de uso común, pero erróneas desde el punto de vista técnico (los padres tienen la «tutela» de los hijos menores), o el desconocimiento total del significado de conceptos como el adulterio, que tendría cierta justificación por su desaparición como tipo penal, pero que parece, consideraciones morales aparte, pertenecer a nuestro acervo cultural: todo ello, solo por poner algunos ejemplos.

Esta constatación, sin embargo, no es nueva ni exclusiva de nuestro tiempo: en su ensayo «El sentido del estilo», Steven Pinker constata que las quejas por el declive y empobrecimiento de las lenguas se remontan, como poco, a la invención de la imprenta, y cita a Richard Lloyd Jones, para quien «algunas de las tablillas de arcilla procedentes de la Sumeria antigua que se han descifrado recientemente contienen quejas por la decadencia en el modo de escribir de los jóvenes»[2].

Cuando el alumno llega a la Facultad, pese que, aunque solo sea por el hecho de haber aprobado la Evaluación del Bachillerato para el Acceso a la Universidad, se le supone cierto progreso, lo cierto es que por regla general lo hace con carencias que debe solventar durante sus años de carrera.

En el caso de los estudios del grado en Derecho, este objetivo es de una especial complejidad por el hecho de que los estudiantes deben adquirir la competencia en expresión en el lenguaje técnico-jurídico. Es decir, sobre la necesidad de enriquecer —y en muchos casos, corregir— su lenguaje verbal y escrito, han de adquirir una competencia específica que, en teoría, debería presuponer que la competencia básica anterior ya estaba adquirida. No es así en la inmensa mayoría de los casos, y en la búsqueda del origen de esta dificultad, no solo se pueden buscar razones *hacia atrás,* denunciando las carencias con las que llegan nuestros estudiantes (la culpa —se suele decir — está en la educación recibida en la escuela: en la universidad ya se llega tarde), sino que también hay que buscar razones *hacia adelante*: en efecto, es experiencia compartida la dificultad que encontramos, incluso los propios profesionales del Derecho, para entender la redacción y sentido de muchas normas y de no pocas sentencias.

2. PINKER, S.: *El sentido del estilo,* Ed. Capitán Swing, 2019, p. 14, con cita de LLOYD-JONES, R.: *Is writing worse nowadays?,* University of Iowa Spectator, abril de 1976.

Por si todo lo dicho no fuera suficiente, en Derecho civil tenemos una dificultad añadida, que son las manifestaciones de polisemia que cabe encontrar en nuestro centenario Código civil, o, dicho de otra forma, los *faux-ami* detectables en el Código, que hay que conocer. Antes de reflejar aquí algunas experiencias útiles en el aula, procede hacer una reflexión acerca de la necesidad de hacer comprensible el Derecho sin renunciar a la precisión técnica del lenguaje jurídico.

## II. EL DIFÍCIL EQUILIBRIO ENTRE LA CLARIDAD Y LA PRECISIÓN EN LOS TÉRMINOS JURÍDICOS

Es muy revelador que en la Carta de Derechos de los Ciudadanos ante la Justicia, aprobada el 16 de abril de 2002, que define los principios rectores de una adecuada relación entre la Administración de Justicia y los ciudadanos, destaque el mandato de que las comunicaciones escritas (art. 5), las vistas y comparecencias (art. 6) y las propias resoluciones judiciales (art. 7) resulten inteligibles para el ciudadano no especialista, sin perjuicio de las garantías que derivan de la técnica jurídica[3].

Para la consecución de este objetivo, ha habido distintas iniciativas públicas. Así, mediante la Orden del Ministerio de Justicia 3126/2003, de 30 de octubre, se creó la Comisión para la Modernización del Lenguaje Jurídico. Compuesta por un Presidente y un máximo de veinte vocales, designados por el Ministro de Justicia, a propuesta del Secretario de Estado de Justicia, entre personas relevantes de los ámbitos del Derecho y de las profesiones jurídicas, así como de la lingüística y la literatura[4], era de carácter consultivo, y tenía por misión la elaboración de un informe técnico acerca de la situación vigente y las reformas que estimasen oportunas en el lenguaje empleado por las diversas instancias relacionadas con la Administración de Justicia española y las profesiones jurídicas, así como la formulación de propuestas sobre acciones a realizar por las instituciones del Estado y corporaciones profesionales para facilitar la accesibilidad de los ciudadanos a la Justicia. Este informe debía presentarse al Ministro de Justicia en un plazo no superior a cuatro meses a contar desde la fecha de su constitución formal. Sin embargo, esta Comisión, quizá por su excesivamente amplia estructura, nunca llegó a constituirse.

---

3. https://sedejudicial.justicia.es/carta-de-derechos-de-los-ciudadanos
4. Comisión que contaría, como órgano de apoyo, con una Secretaría Técnica integrada por un máximo de cinco miembros, todos ellos funcionarios en servicio activo de las distintas Administraciones Públicas o miembros de las Carreras Judicial y Fiscal o del Cuerpo de Secretarios Judiciales.

La labor se retoma años más tarde y, por acuerdo del Consejo de Ministros de 30 de diciembre de 2009[5], se acuerda que la Comisión de Modernización del Lenguaje Jurídico elabore dicho informe, con el deber de identificar e impulsar las acciones pertinentes para que el lenguaje jurídico fuera más comprensible para la ciudadanía. El plazo era de doce meses (a contar desde su primera reunión) y se aligeraba notablemente el número de integrantes, pues se redujeron a ocho expertos o vocales elegidos por razón de su dilatada experiencia y sus conocimientos en los ámbitos jurídico y lingüístico[6]. El Informe elaborado por la misma, presentado el 20 de septiembre de 2011, contenía recomendaciones dirigidas a profesionales e instituciones, así como a los medios de comunicación, para la consecución del llamado «derecho a comprender» por parte de los ciudadanos[7].

En concreto, en el informe se decía que el lenguaje empleado por los profesionales del Derecho «suele ser considerado por la ciudadanía particularmente difícil de comprender, oscuro e incluso críptico. El empleo de formas lingüísticas arcaicas, ancladas en otras épocas, o el uso de locuciones latinas sin adjuntar traducción, refuerza sin duda esta asentada percepción social. Para mejorar la claridad, los profesionales del Derecho han de explicar o "traducir" estos particularismos lingüísticos que continúan replicándose en formularios, plantillas, resoluciones judiciales, contratos y otros documentos jurídicos y sustituirlos, en el caso de que sea posible, por términos del lenguaje común. Esta comisión no comparte la apreciación de quienes consideran que estas formas lingüísticas son herramientas insustituibles de trabajo y signo de distinción de la profesión. Como el propio Plan de Transparencia Judicial indica, es posible una justicia comprensible que respete las exigencias propias de una correcta técnica jurídica...». Para ello se hacían, entre otras, las siguientes recomendaciones: «En cuanto a los arcaísmos que no sean tecnicismos, se recomienda sustituirlos por palabras del lenguaje común o, en su caso, explicarlos a continuación del término o expresión. En cuanto a las locuciones latinas, se recomienda la sustitución por su significado en castellano o, en su defecto, incorporar su traducción entre paréntesis. Por último, se recomienda explicar la terminología técnica cuando sea posible, dado que en la actualidad no se dispone de una tabla

5. *Vid.* CAMPO MORENO, J. C.: «De las razones y objetivos que motivaron la creación de la Comisión de Modernización del Lenguaje Jurídico, por Acuerdo de Consejo de Ministros de 30 de diciembre de 2009», *Revista española de la función consultiva*, núm. 15 (2011), pp. 87-96.

6. Presidida por el Secretario de Estado de Justicia, actuaba como vicepresidente el director de la Real Academia Española e integraba a periodistas, académicos universitarios y de la propia RAE, la Portavoz del Consejo General del Poder Judicial, el Presidente del Consejo General de la Abogacía Española, y un Fiscal Superior de TSJ.

7. https://elderecho.com/informe-sobre-la-modernizacion-del-lenguaje-juridico

de sustituciones consensuada por las autoridades e instituciones competentes».

El impulso del desarrollo de las citadas recomendaciones, se encomendó a otra comisión que tenía por objetivo el fomento del buen uso del lenguaje jurídico. Así, mediante un Convenio Marco de Colaboración suscrito el 21 de diciembre de 2011 por la Real Academia Española, la Real Academia de Jurisprudencia y Legislación, el Ministerio de Justicia, la Fiscalía General del Estado, el Consejo General de la Abogacía Española, el Consejo General de Procuradores y la Conferencia de Decanas y Decanos de las Facultades de Derecho de España, se creó la Comisión para la Claridad del Lenguaje Jurídico, entre cuyos fines, estaba la elaboración de un Plan de Trabajo bianual para hacer realidad el nuevo derecho a comprender, así como la concesión de premios por el buen uso del lenguaje jurídico.

La Real Academia Española, especialmente a partir de 2014 y en el marco de la política panhispánica, consideró este objetivo como una línea primordial de su labor lingüística e institucional. Para ello, «ha multiplicado su actividad en cuatro direcciones: la preparación de obras académicas de especialidad en torno a la lengua del derecho, la elaboración de bases de datos legislativas en los países iberoamericanos que carecen de ellas, el impulso de la red iberoamericana de lenguaje jurídico claro y la creación en la RAE de un Departamento de Español Jurídico que permita el adecuado desarrollo de todas las iniciativas y, a la vez, preste servicio lingüístico a los operadores jurídicos»[8]. En esta línea han de destacarse tres proyectos vinculados al lenguaje del derecho: el Diccionario del español jurídico (DEJ), el Diccionario panhispánico del español jurídico (DPEJ) y el Libro de estilo de la Justicia (LEJ).

Al margen de estos trabajos, no parece que, fuera del informe —que además no se llegó a presentar al Consejo de Ministros—, haya habido más aportaciones relevantes en estos años[9]. Por ello, el 11 de marzo de 2021 se suscribió un nuevo Protocolo general de colaboración para el fomento de un lenguaje jurídico moderno y accesible «haciéndolo comprensible para la ciudadanía, en el entendimiento de que mejorar la claridad del lenguaje jurídico y garantizar el derecho a comprender, en el ámbito de la Administración de Justicia, es también modernizar la Justicia». El protocolo es un elemento más de Justicia 2030[10], concreción del Plan de recuperación, trans-

8. https://www.rae.es/noticia/firma-del-protocolo-general-de-colaboracion-para-el-fomento-de-un-lenguaje-juridico-moderno
9. *Vid.* CARRETERO GONZÁLEZ, C. y FUENTES GÓMEZ, J. C.: «La claridad del lenguaje jurídico», *Revista del Ministerio Fiscal*, núm. 8 (2019), pp. 7-40.
10. https://www.justicia2030.es/

formación y resiliencia para el Servicio Público de Justicia, cuyo objetivo esencial consiste en transformar dicho servicio público para hacerlo más accesible, eficiente y contribuir al esfuerzo común de cohesión y sostenibilidad. Mediante la Orden JUS/912/2022, de 12 de septiembre, se crea la Comisión para la claridad y modernización del lenguaje jurídico, que celebró su sesión constitutiva el 28 de junio de 2023[11].

Es este, por tanto, un objetivo común a todos los operadores jurídicos, pero en el que necesariamente ha de tenerse en cuenta el carácter técnico del lenguaje jurídico, que hará que no pocas de las expresiones utilizadas sigan siendo incomprensibles para el público no versado en Derecho. Y es que «cada profesión tiene su propio lenguaje técnico cuya utilización tiene por finalidad aquilatar bien el sentido de las expresiones que se utilizan y que, muy frecuentemente, no tienen equivalente preciso en el lenguaje vulgar. Si yo digo que carezco de legitimación o que resulta procedente una reconvención, ninguno de estos dos términos (como sucede con otros muchos de frecuente utilización en Derecho) puede ser correctamente sustituido por otro sino por una definición —más o menos extensa— de los mismos»[12]. Ahora bien, hay que reconocer que es mucho lo que se puede avanzar en simplificación y claridad en redacción: no es normal que, como antes decía, incluso para los que ya acumulamos años en el oficio, sea muy difícil comprender el galimatías reflejado en algunos razonamientos de distintos textos jurídicos, probablemente porque el discurso interno de quien los redacta sea igualmente poco claro: ese es principal problema, más que determinados arcaísmos de los que con facilidad se puede prescindir. Y todo ello es una cadena: en la medida en que se conoce y comprende una cuestión, se puede expresar y transmitir con claridad; claridad en los conceptos que, a su vez, facilita la correcta elección de los términos a utilizar. Desde la perspectiva docente, deben abordarse todos estos objetivos simultáneamente, si bien aquí nos vamos a centrar en el último de ellos.

## III. ENSEÑANZA DEL LENGUAJE JURÍDICO EN EL GRADO EN DERECHO

La adquisición de las competencias del uso correcto del lenguaje jurídico tiene lugar en nuestras aulas, y constituye todo un reto por las razones antes apuntadas [13].

11. https://www.mjusticia.gob.es/es/institucional/gabinete-comunicacion/noticias-ministerio/claridad
12. VILLAR EZCURRA, J. L.: «Lenguaje jurídico y lenguaje correcto», disponible en https://www.hayderecho.com/2011/10/01/lenguaje-juridico-y-lenguaje-correcto/
13. Por lo demás, y en esta línea, el lenguaje jurídico ha sido objeto de atención específica en un notable número de estudios entre lo que podemos destacar: ORTIZ, M.: *Intro-*

A las dificultades anteriormente expuestas —carencias arrastradas por un sistema educativo discutible, entorno cultural generalmente deficiente, colonizado por los modos comunicativos propios de las redes sociales— se suma la escasez de horas a las que se ha visto reducido nuestro plan de estudios: los alumnos llegan al Grado sin apenas conocimientos jurídicos, y les resulta en muchas ocasiones especialmente difícil entender y asimilar algunos de los contenidos propios del Grado.

En algunas Memorias del Grado, la comprensión del lenguaje jurídico aparece como competencia específica, y en diversos planes de estudios se encuentran asignaturas dirigidas específica o prioritariamente a este objetivo: «Expresión jurídica oral y escrita»[14], «Técnicas para la Elaboración de Trabajos y Documentos Jurídicos»[15], incluso existen asignaturas como «Estudio comparado sistemas judiciales a través lenguaje jurídico»[16], amén de que en la asignatura Teoría del Derecho se suele perseguir, como resultado de aprendizaje, el «analizar las características más importantes del lenguaje legal y sus consecuencias a la hora de interpretar y aplicar el Derecho para resolver los casos concretos»[17].

Si bien hay algún estudio que, tras encuestas realizadas a alumnos, concluye que «el aprendizaje del lenguaje jurídico centrado en el léxico especializado mediante diccionarios de español jurídico constituye, *a priori*, la creencia más destacada respecto a los materiales a utilizar para el aprendizaje del lenguaje jurídico»[18], parece que el principal escenario de la adquisición de esta competencia es el desarrollo de todas y cada una de las asignaturas: es decir, el aprendizaje del lenguaje jurídico se aprende no de forma aislada o separada, sino *inserto* en la propia actividad docente tanto teórica como práctica. Y es, además, aprendizaje *orientado a la acción*, en la línea del Marco Común Europeo de Referencia (MCER) que «se centra en la acción

---

*ducción al español jurídico. Principios del sistema jurídico español y su lenguaje para juristas extranjeros*, Comares, 2001; ALCARAZ VARÓ, E. y HUGHES, B.: *El español jurídico*, Ariel, 2002; HERNANDO CUADRADO, L. A.: *El lenguaje jurídico*, Verbum, 2003; CAZORLA PRIETO, L. M.: *El lenguaje jurídico actual*, Aranzadi, 2007 (existe una 2.ª ed. 2024); y, MENDONCA, D.: *El lenguaje del Derecho*, Marcial Pons, Ediciones Jurídicas y Sociales, 2023. No faltan propuestas concretas aplicadas, como las de JORDAN NÚÑEZ, K.: en «Los principios de la comunicación clara para la redacción de contratos de suministro de contenidos y servicios digitales: Revisión del marco jurídico español y propuesta de redacción de contrato marco», *Sphera publica: revista de ciencias sociales y de la comunicación*, vol. 2, núm. 23 (2023).

14. https://www.uspceu.com
15. https://www.ehu.eus/es
16. https://aulavirtual.um.es
17. https://estudios.unizar.es
18. GUTIÉRREZ ALVÁREZ, J.: «El lenguaje jurídico: estudio y propuesta didáctica», disponible en https://www.educacionyfp.gob.es/

en la medida en que considera a los usuarios y alumnos que aprenden una lengua principalmente como agentes sociales, es decir, como miembros de una sociedad que tiene tareas (no solo relacionadas con la lengua) que llevar a cabo en una serie determinada de circunstancias, en un entorno específico y dentro de un campo de acción concreto»[19].

Este enfoque obedece, fundamentalmente, a dos razones: una de orden práctico y es que, lo comprimido de los planes de estudios deja poco margen para la inclusión de asignaturas que no sean las troncales u obligatorias, y en el mejor de los casos, algunas optativas en las que se aprovecha para profundizar en materias a las que no se ha podido llegar con los créditos asignados a las anteriores. Otra, mucho más importante, es que responde a una opción metodológica que deriva de que la comprensión de los términos técnico-jurídicos necesariamente ha de hacerse en su contexto temático: difícilmente puede entenderse bien, por ejemplo, el matiz exacto que aporta el término «rescisión» de un contrato, sino se explica en el marco mucho más amplio de la validez o invalidez de aquél.

El escenario, como decía, es tanto la docencia teórica como la práctica. En la clase teórica se puede enfatizar la introducción de cada nuevo término, explicando su contenido, comparándolo con otros empleados en esa misma asignatura, haciendo un pequeño glosario de términos al final de la clase, etc. En las clases prácticas, metodologías como la del caso —la mayoritariamente utilizada en la docencia práctica—, puede servir también de vía para este aprendizaje, pues pretende, mediante la incentivación de la intervención del alumno en el aula, además de contribuir al desarrollo de su «capacidad para obtener el resultado pretendido de identificación y análisis de los problemas jurídicos, y de su sentido crítico y destreza para la exposición oral», familiarizarse «con el uso del lenguaje técnico-jurídico propio de la asignatura»[20].

Junto a ello, existen otras experiencias docentes, que expongo a continuación: una de ellas persigue objetivos más amplios, y otra está dirigida específicamente a salvar una dificultad concreta que tiene el alumno de Derecho civil, como es la presencia de «falsos amigos» en el texto del Código civil.

---

19. Disponible en https://cvc.cervantes.es/ensenanza/biblioteca_ele/marco/cap_02
20. https://estudios.unizar.es/estudio/asignatura?anyo_academico=2022&asignatura_id=27705&estudio_id=20220132¢ro_id=102&plan_id_nk=421

## 1. DETECCIÓN DE IMPRECISIONES O ERRORES EN LA REDACCIÓN DE UNA NOTICIA JURÍDICA

La primera actividad, como he dicho, tiene unos objetivos más amplios: se trata de una experiencia docente, desarrollada junto con mayor del Hoyo, que se basa en la aplicación del método del caso a supuestos reales obtenidos de noticias de prensa. Inicialmente utilizada para la asignatura «Derecho de Familia y Sucesiones» —pues es esta una materia especialmente propicia para este método del caso, dado que es un campo en el que los «casos reales» suelen despertar el interés del público en general, y de ellos se suelen hacer eco los medios de comunicación con mayor frecuencia que en otros sectores del Derecho— se ha utilizado ya en todas las asignaturas del Grado den Derecho. Persigue, con excelentes resultados: a) Despertar el interés activo de los alumnos en la realización de los casos prácticos con cuestiones que les llamen de manera especial su atención. b) Contribuir a la adquisición de la competencia para identificar, comprender y exponer las instituciones propias del Derecho de familia y sucesiones, interpretar sus normas y aplicarlas a la resolución de cuestiones y casos de la realidad. c) Potenciar su sentido crítico ante los medios de comunicación, proporcionando herramientas para discriminar las cuestiones personales de las cuestiones jurídicas[21]. Dependiendo de la modalidad, el alumno busca —o, en su caso, el profesor proporciona— un caso expuesto en una noticia de un periódico y sobre él debe: identificar cuál o cuáles son los problemas jurídicos que se plantean; buscar las normas jurídicas aplicables; identificar si hay incorrecciones o imprecisiones jurídicas en el modo de redactar la noticia; proponer una solución jurídica adecuada a Derecho, con los condicionamientos de que la noticia no suele contener todos los datos; si se ha dictado sentencia, buscarla e interpretarla (las sentencias que se reflejan en las noticias no siempre incorporan la fecha y ahí han de realizar labores de búsqueda).

Pues bien, esta actividad ha resultado ser una experiencia muy positiva para la detección de incorrecciones en la redacción de la noticia, o más bien de imprecisiones jurídicas propias del lenguaje coloquial, que han ayudado al estudiante —con talante positivo de aprender, sin quedarse en la mera crítica—, al manejo del término preciso que corresponda.

21. *Cfr.* MAYOR DEL HOYO, M.ª V. y DE SALAS MURILLO, S.: «Uso de noticias digitales de actualidad en la docencia de Derecho civil», *Conference proceedings*. CIVINEDU 2021, 5th *International Virtual Conference on Educational Research and Innovation*, pp. 258-263. La experiencia arranca en 2011, con la preparación de unos *Materiales y casos prácticos: Derecho de familia y sucesiones*, Ed. Kronos, basados en gran parte en noticias reales, que alcanzó su 5.ª Ed. actualizada en 2018. A partir de ahí, se elaboró una propuesta de innovación docente articulada, que puede encontrarse en la citada publicación de 2021.

Las que con mayor frecuencia han identificado y reflejado en sus respuestas son:

- «Legado» para referirse a la herencia en general («Un año y dos meses después de la muerte de Ángel Nieto, el legado del piloto parece estar encaminado. Los propios hijos se muestran optimistas con el reparto» https://www.elespanol.com/corazon/famosos/20181016/herencia-angel-nieto-pasado-bienes/345716192_0.html).
- «Posesiones» para referirse a propiedades («Entre sus innumerables posesiones destacan dos de Nueva York: el emblemático edificio Haughwout de la calle Broadway, considerado como la primera construcción con ascensor de Manhattan, y el edificio Murray Hill que alberga un hotel de lujo operado por Iberostar». https://okdiario.com/look/actualidad/edificios-amancio-ortega-1444226).
- «Pago de la hipoteca», para referirse a la devolución del préstamo con garantía hipotecaria («El Ejecutivo ha aprobado un conjunto de medidas para facilitar el pago de la hipoteca a más de un millón de hogares ante el incremento de los tipos de interés», https://www.lamoncloa.gob.es/consejodeministros/resumenes/Paginas/2022/221122-rp-cministros.aspx).
- «Pedir un crédito», para referirse a la solicitud de un préstamo bancario, que técnicamente, es el contrato que se celebra («Crece la petición de créditos para poder llegar a fin de mes», https://www.lavanguardia.com/economia/20220805/8450911/crece-demanda-prestamos-llegar-final-mes.html): aquí se aprovecha para destacar la polisemia del término en relación a la posición, precisamente del que no solicita el préstamo, sino del que lo concede (derecho de crédito del acreedor).

También se han detectado algunas incorrecciones gramaticales como «inexpugnable» por inatacable («Según ha hecho saber a la prensa, el testamento es inexpugnable y ni su vástago ni su nuera percibirán nada una vez que la baronesa fallezca», http://quemedices.diezminutos.es/noticias-famosos/tita-deshereda-a-su-hijo-borja).

## 2. IDENTIFICACIÓN DE LOS *FAUX AMIS* EN EL CÓDIGO CIVIL

Otra experiencia docente positiva, y a mi modo de ver, necesaria, es proponer al alumno la detección de *faux amis* presentes en el Código civil.

En primer lugar, es buena —y sencilla— experiencia la de ponerlos de manifiesto en el discurso magistral, por lo menos, la primera vez que se emplean en la explicación. Junto a ello, y como actividad específica, se les sugiere una lectura comprensiva del Libro IV del Código civil y a partir de ahí, deben hacer dos ejercicios:

1) Encontrar *falsos amigos,* haciendo una suerte de glosario particular, con su significado. Sin ánimo de hacer un elenco exhaustivo, han detectado, como términos que hasta ese momento les sugerían un significado totalmente distinto, entre otros: «desde luego» (art. 1113 CC), «repetir» (art. 1122 CC), «resolver» (art. 1124 CC).

2) Leer el artículo, por una parte, con el significado vulgar que podría darse y extraer sus consecuencias, y por otra parte, con el que debe obtenerse y hacer lo propio. Un ejemplo que les ha resultado útil: «Si entiendo que perfeccionar un contrato es que ya todo está perfecto y acabado, puedo concluir que el primer inciso del art. 1258 *"Los contratos se perfeccionan por el mero consentimiento"* significa que con el consentimiento ya finaliza todo el proceso de contratación, cuando más bien, es al contrario». Bien es verdad que una lectura comprensiva del conjunto del artículo neutralizaría el error, pero como dice el replicante Roy Batty, al final de *Blade Runner*: «Yo he visto cosas que vosotros no creeríais».

Estas manifestaciones de la polisemia, aplicadas al lenguaje jurídico, no son exclusivas del Código civil, por supuesto: baste pensar en la expresión «Derecho positivo» que el alumno de primer curso frecuentemente identifica con Derecho «bien hecho», o que aporta beneficios a la comunidad. Los docentes los tenemos asumidos con naturalidad, y por ese motivo, a veces, no reparamos en la necesidad de explicarlos, pero a ellos les producen desconcierto y dificultan su asimilación.

Como puede verse, son actividades de sencilla implantación y ejecución, pero que han resultado de gran utilidad para el objetivo perseguido.

*Capítulo 8*

# La metodología del lenguaje como instrumento diferenciador del código lingüístico jurídico frente al económico en la interpretación de las normas

CARLOS BILBAO CONTRERAS
*Universidad de Burgos*



## I. INTRODUCCIÓN

La metodología del lenguaje permite al alumno el empleo adecuado de los instrumentos lingüísticos en el aprendizaje de las diferentes disciplinas académicas. Dicho aprendizaje posibilita la obtención de recursos orientados a la comunicación y adquisición de conocimientos. A este respecto conviene destacar que las disciplinas académicas se configuran como códigos lingüísticos específicos respecto del lenguaje de uso cotidiano. Estos códigos son subconjuntos dependientes del sistema del lenguaje común utilizados en determinadas situaciones de comunicación. Por todo ello, se denominan lenguajes de especialidad. Si bien, cabe constatar que no se ha logrado un consenso en cuanto a la definición del lenguaje de especialidad, así como su diferenciación respecto del lenguaje general.

Sin embargo, se puede señalar que el empleo de una terminología académica específica es un aspecto fundamental para la diferenciación de los textos especializados. Desde esta perspectiva se pueden encontrar diferencias significativas entre las disciplinas jurídicas y económicas sobre todo en el ámbito de la interpretación de las normas. En el lenguaje de especialidad de carácter económico, cabe destacar que dicho código lingüístico ha pasado de utilizarse únicamente por expertos a emplearse comúnmente en la sociedad de la información como ha sucedido con otras disciplinas como, la medicina o informática.

Por lo que se refiere al lenguaje de especialidad de carácter jurídico, se puede señalar que el ordenamiento español recibió una profunda influencia del Derecho francés especialmente durante el siglo XIX. Este fenómeno tiene su origen en los procesos de formación de los Códigos civiles europeos, entre los que destacó el Código francés inspirado en las costumbres de París, Derecho romano, Ordenanzas Reales y las leyes de la revolución. Asimismo, el Código civil español, como señala CASTÁN TOBEÑAS, «está inspirado en el del Código Francés, que a su vez había seguido las huellas del romano o de Gayo»[1]. Sin embargo, en la actualidad se han ido incorporando una serie de préstamos terminológicos derivados de la lengua inglesa, sobre todo en el ámbito económico, que en buena medida han desvirtuado la interpretación de las normas jurídicas. En muchos casos esta problemática deriva de la traducción técnica de los textos normativos incorporados en nuestro ordenamiento jurídico en especial del ámbito comunitario[2]. Todo ello ha provocado una serie de interferencias entre el lenguaje especial y el de uso común.

En este trabajo se pretende poner de manifiesto la relevancia de la metodología del lenguaje para la correcta aplicación del código lingüístico jurídico en la interpretación de las normas. También cabe destacar la posibilidad de aplicar la metodología educativa de la gamificación al aprendizaje de los códigos lingüísticos como se pondrá de relieve más adelante. Asimismo es destacable la importancia de la utilización adecuada de un código lingüístico específico como metodología de aprendizaje en las diferentes

1. CASTÁN TOBEÑAS, J.: *Derecho civil español, común y foral*, t. I., vol. I., Reus, Madrid, 1988, p. 149.
2. LERAT, P.: *Las lenguas especializadas*, Ariel, Barcelona, 1997, p. 103, señala que «la traducción plantea problemas de comunicación, cognitivos y culturales en particular, pero sobre todo lingüísticos; la traducción técnica plantea problemas sobre todo terminológicos».

disciplinas académicas. A tal fin se analizan las etapas que comprende la interpretación normativa desde la perspectiva de la metodología del lenguaje. Por ello nos referiremos en primer lugar a la primera fase que se refiere al conocimiento del significado de los términos o palabras. En segundo lugar, se examinará la relevancia del conocimiento de los conceptos vinculados a cada disciplina científica. Finalmente, se estudiará la etapa correspondiente a la calificación jurídica de los hechos, actos o negocios con trascendencia jurídica.

## II. CONOCIMIENTO DEL SIGNIFICADO DE LOS TÉRMINOS O PALABRAS

La primera fase interpretativa de las normas jurídicas se refiere al conocimiento del significado de las palabras, que, en este caso, vinculamos con la metodología del lenguaje. Este método educativo aplicado a la interpretación normativa, así como, a la enseñanza permite al alumnado, el conocimiento de las palabras, la semántica o la sintaxis entre otros aspectos de la lengua y por tanto de las normas jurídicas. Por todo ello analizamos a continuación el contenido, así como, el alcance de la metodología del lenguaje aplicada a la interpretación normativa y a la docencia. De forma complementaria a este apartado se analizan los elementos más relevantes empleados por la metodología del lenguaje.

### 1. LA METODOLOGÍA DEL LENGUAJE

La metodología de lenguaje estudia los procedimientos, métodos y estrategias que permiten al estudiante el aprendizaje de acuerdo a la conciencia fonológica, semántica, sintáctica, así como, léxica del lenguaje oral y escrito. Desde un punto de vista más general esta metodología se orienta al desarrollo de las destrezas y habilidades del alumnado implicadas en el proceso de aprendizaje del lenguaje. Las competencias adquiridas se refieren a escuchar, leer, escribir, así como, hablar o expresar pensamientos e ideas de forma coherente. En todos estos casos, la función del docente se orienta hacia la promoción del diálogo espontáneo, la participación activa de los alumnos en la adquisición de los conocimientos y el dominio del tema[3]. La investigación lingüística ha demostrado que, el lenguaje es una forma de conocimiento y contribuye a la configuración del pensamiento abstracto. Entre estas aportaciones destacan las realizadas por LURIA[4].

---

3. Para el desarrollo del curso se utilizarán la siguiente metodología: 1. Clase magistral del docente. 2. Dinámica de grupos para la discusión de temas. 3. Exposiciones individuales y colectivas. 4. Investigación de temas asignados con la debida anticipación. 5. Participación en los talleres de redacción y ortografía.
4. *Cfr.* LURIA, A. R.: *Introducción evolucionista a la psicología*, Fontanella, Barcelona, 1977.

Desde esta perspectiva, el lenguaje escrito se configura como un poderoso instrumento que interviene en los procesos de generación del conocimiento[5].

Esta metodología emplea una serie de ejercicios de estimulación cognitiva aplicables al lenguaje oral o escrito. Por lo que se refiere a las primeras destacan las actividades de imitación (repetición de sonidos, canciones o trabalenguas), juegos en los que intervenga el habla (bingos fonéticos, cartas, obras de teatro), tareas de diferenciación de sonidos o juegos en grupo. Entre los ejercicios de estimulación del lenguaje escrito se encuentran entre otras: el libro de grafomotricidad o cuaderno de lenguaje, la bolsa mágica de letras, juegos con cajas, oraciones inacabadas. Todos estos juegos se fundamentan en la Metodología Montessori para estimular y trabajar la escritura en el aula[6]. En cualquier caso, se debe destacar que el lenguaje escrito es el instrumento esencial para los procesos de pensamiento al incluir operaciones conscientes con categorías verbales. Además, el lenguaje escrito permite revisar lo plasmado en el mensaje expresado a la vez que garantiza el control consciente sobre las operaciones realizadas.

## 2. LOS ELEMENTOS DE LA METODOLOGÍA DEL LENGUAJE

El signo lingüístico es la unidad mínima de la comunicación verbal que forma parte de un sistema social de comunicación entre los seres humanos denominado lenguaje[7]. Por tanto, todo signo es una representación convencional de la realidad. En el lenguaje verbal se sustituye una cosa de la realidad por un sonido específico (palabra). Asimismo, el signo lingüístico forma parte de una cadena hablada, en la que uno sucede a otro. También se emplean los silencios para separar los conjuntos ordenados de signos que forman una palabra. Por todo ello, las lenguas poseen una secuencia lógica que es una manera de organizar la información denominada sintaxis. Mientras que en el signo escrito se sustituyen las cosas por representaciones plasmadas en un medio material. Por tanto, en el lenguaje, los signos son percibidos a través de los sentidos para posteriormente decodificarse e interpretarse y obtener el mensaje original emitido por otra persona.

Los trabajos sobre el signo lingüístico realizados por FERDINAND DE SAUSSURE y SANDERS PEIRCE en el siglo XIX sentaron las bases de la

---

5. *Cfr.* RÍOS HERNÁNDEZ, I.: «El lenguaje: Herramienta de reconstrucción del pensamiento», *Revista electrónica Razón y palabra*, núm. 72 (2010), p. 16.
6. *Vid.* BRITTON, L.: *Jugar y aprender con el método Montessori*, Trad. de Pilar Paterna Molina, Paidós Educación, Barcelona, 2017.
7. Equipo Editorial Etecé: *Signo lingüístico*, Etecé, Argentina, 2022, disponible en https://concepto.de/signo-linguistico

lingüística moderna[8]. Los elementos del signo lingüístico definidos por el primero son el significante y el significado. El significante se puede definir como la parte material del signo que es reconocible mediante los sentidos. Mientras que el significado es la parte inmaterial del signo lingüístico que forma parte de lo asumido convencionalmente por la sociedad. Por ello, tanto el significante como el significado son aspectos complementarios, dado que no es posible separarlos.

## III. COMPRENSIÓN DE LOS CÓDIGOS LINGÜÍSTICOS

La existencia de diversos códigos lingüísticos integrados en una misma lengua implica su conocimiento a efectos de su correcta aplicación en el contexto en el que se encuentra el emisor y receptor del mensaje. Todo esto nos lleva al análisis de la segunda fase interpretativa de las normas que es el conocimiento de los conceptos vinculados a los códigos lingüísticos de uso común y los de carácter especial. Todo ello nos dará pie para distinguir entre el código económico y el código jurídico[9].

### 1. EL CÓDIGO LINGÜÍSTICO COMÚN

El lenguaje empleado por las personas para la transmisión de mensajes cotidianos se rige por un código lingüístico de uso común. Dicho código difiere de otros empleados en las diferentes disciplinas académicas o profesionales relacionados con esas ramas del conocimiento. Sin embargo, también se debe reconocer que, numerosos conceptos propios de las disciplinas académicas se han incorporado al código de uso común como es el caso de términos utilizados en las ciencias jurídicas o económicas. Por todo ello vamos a analizar a continuación, con mayor detenimiento, los códigos lingüísticos especiales.

### 2. LOS CÓDIGOS DE CARÁCTER ESPECIAL

Una vez analizados los códigos lingüísticos de uso común corresponde estudiar aquellos que se pueden calificar de especiales[10]. El código de carácter especial es definido por CABRE como «cualquier tipo de discurso que se aleje de las características generales por un elemento cualquiera de los siguientes: la temática, las características específicas de los interlocutores,

8. *Cfr.* SAUSSURE, F.: *Curso de lingüística general*, Losada, Buenos Aires, 2007.
9. *Vid.* ÁLVAREZ GARCÍA, C.: «Estudio del lenguaje de especialidad económico: El lenguaje del comercio internacional», *Entreculturas*, núm. 3 (2011).
10. *Vid.* CABRÉ, M. T.: «¿Lenguajes especializados o lenguajes para propósitos específicos?», *Textos y discursos de especialidad: el español de los negocios. Revista Foro Hispánico*, núm. 26 (2004).

las características específicas de la situación comunicativa o el canal de transmisión de datos»[11]. Desde esta perspectiva se examinan los códigos especiales aplicables a las disciplinas económicas y jurídicas por su vinculación con la interpretación de las normas. En este punto conviene destacar la existencia de métodos de interpretación económicos o jurídicos de las normas y que por su interés analizamos de forma separada[12].

### 2.1. El método económico

El código lingüístico especial de carácter económico, también desarrolló un método de interpretación de las normas jurídicas. Este método apareció por primera vez en la Ordenanza Tributaria alemana de 1919. Esta regulación establecía en su art. 4 que en la interpretación «ha de tenerse en cuenta sus finalidades, su importancia económica y el desenvolvimiento de las circunstancias»[13]. La redacción de este precepto se atribuye a ENNO BECKER que distinguía entre una interpretación económica diferenciada de la jurídico-privada. Este tratadista entendía que, en toda norma tributaria existe un aspecto económico que prima sobre el aspecto jurídico. Por tanto, la calificación del supuesto de hecho tipificado en la norma, se realizará de acuerdo a la finalidad económica perseguida. En consecuencia, es irrelevante el cumplimiento total o parcial de tal supuesto recogido en la norma. Como variante de los anteriores postulados, se encuentra la llamada «teoría de los tipos» representada por tratadistas como KURT BALL. Esta

11. CABRE, M. T., citado por ÁLVAREZ GARCÍA, C.: «Estudio del lenguaje de especialidad económico: El lenguaje del comercio internacional», *Entreculturas*, núm. 3 (2011), p. 281.
12. En relación al estudio de la actividad financiera, MARTÍN QUERALT J., LOZANO SERRANO C., CASADO OLLERO G. y TEJERIZO LÓPEZ J. M.: *Curso de Derecho Financiero y Tributario*, 9.ª ed., Tecnos, Madrid, 1988, p. 33, han señalado que «el economista examinará los efectos que el gasto público produce en la realidad económica o los distintos efectos económicos que se derivan de que obtengan sus ingresos tributarios de unos impuestos que graven la renta o que recaigan sobre el consumo, o los efectos que para un determinado sector agrícola se deriven del establecimiento o no de unos aranceles, etc. Al jurista le corresponde analizar si las normas que regulan la obtención de ingresos tributarios se adecuan o no, y en qué medida a la exigencia —formuladas por el artículo 31 de la Constitución— de que la contribución del ciudadano al sostenimiento de los gastos públicos se efectúe de acuerdo con la capacidad económica; de formular juicios de valor sobre la exigencia de contribuir de acuerdo con la capacidad económica, también dotada de cobertura constitucional en el mismo precepto; de que los gastos públicos realicen una asignación equitativa de los recursos públicos etc. Al sociólogo le tocará analizar las pautas de comportamiento social ante las medidas adoptadas por los poderes públicos en materia financiera, poner de relieve el grado de sensibilización social ante las decisiones sobre ingreso o gasto, etc.».
13. PÉREZ DE AYALA PELAYO, C.: *Temas de Derecho Financiero*, 2.ª ed., 1990, Universidad Complutense, Madrid, 1990, pp. 159 y ss.

teoría se fundamenta en que, los hechos y conceptos recogidos en las normas deben reconducirse a tipos generales económicos, frente a la calificación jurídica de los hechos.

Si bien se puede concluir que el método económico se encuentra en desuso, porque la mayoría de la doctrina científica señalan que no es un criterio específico de interpretación, al no ser jurídico. Asimismo, por su propia definición la interpretación del Derecho se debe realizar conforme a criterios de interpretación jurídica. A este respecto, la exclusión de los métodos económicos de interpretación de la norma jurídica responde, como ha puesto de relieve, SÁINZ DE BUJANDA, a que éstos «pueden dejar sin aplicación el mandato de la ley, cuando el intérprete se limita a considerar los rasgos económicos, siempre elásticos, amplios y controvertidos, dando la espalda a su caracterización imperativa dentro del ámbito legal»[14].

## 2.2. El método jurídico

El criterio principal para la aplicación del método jurídico en la interpretación de las normas se encuentra en el art. 3.1 del Código Civil. Este precepto establece que «las normas se interpretarán según el sentido propio de sus palabras, en relación con el contexto, los antecedentes históricos y legislativos, y la realidad social del tiempo en que han de ser aplicadas, atendiendo fundamentalmente al espíritu y finalidad de aquellas». Sin desconocer el resto de los métodos, se debe, incidir en el estudio de la interpretación lógico-gramatical de las palabras en su relación con el código lingüístico especial[15]. Esta fundamentación deriva, en parte, de la incorporación en el derecho interno del ordenamiento comunitario o internacional. Esta cuestión se hace más acuciante en los aspectos económicos o patrimoniales.

Dado que en algunas ocasiones surgen problemas interpretativos entre ambos códigos, por una parte, el interno especial, y de otra, el comunitario. Asimismo conviene destacar que este procedimiento metodológico de investigación se puede inscribir en el ámbito del «pluralismo jurídico». Este método de investigación permite la obtención de una serie de criterios respecto a su contenido y alcance. En este sentido, como ha señalado CAZORLA PRIETO, «al pluralismo jurídico metodológico llegamos no sólo por las razones generales (...), sino por particulares que concurren en nues-

14. SÁINZ DE BUJANDA, F.: *Lecciones de Derecho Financiero*, Facultad de Derecho, Universidad Complutense, Madrid, 1983, pp. 32 y ss.
15. *Vid.* MENÉNDEZ MORENO, A.: «Aproximación al concepto y al método de Derecho Financiero y Tributario», en *Lección de apertura del curso académico 1988-89*, Universidad de Valladolid, Burgos, 1988, pp. 37 y ss.

tra disciplina. La especialidad de su objeto de conocimiento y el lugar que ocupa en el marco científico-jurídico abonan la aplicación del método pluralista más, si cabe, que en otras parcelas»[16]. El mismo profesor señala que «sin perjuicio del predominio del pluralismo metodológico en lo didáctico y científico, coloquemos por encima de todos el método principal o axiológico, es decir, aquel que descansa en la fuerza motora y en el impulso creador de los valores superiores y principios constitucional-financieros consagrados en el art. 31 de la Constitución»[17].

## IV. LA CALIFICACIÓN JURÍDICA DE LOS HECHOS, ACTOS O NEGOCIOS

Finalmente se estudia en este trabajo la etapa correspondiente a la calificación jurídica de los hechos, actos o negocios con trascendencia jurídica. Si bien como se ha puesto de manifiesto, la existencia de métodos económicos de interpretación de las normas jurídicas fue relevante en el entorno europeo. También conviene destacar dicha influencia en las normas tributarias de nuestro ordenamiento jurídico. A este respecto baste citar el art. 28 de la *Ley 230/1963, de 28 de diciembre, General Tributaria* que vinculaba el hecho imponible a la naturaleza «jurídica» y «económica» del presupuesto de hecho[18]. De acuerdo a dicha redacción se podía realizar una interpretación normativa apelando a los criterios económicos. La aplicación de métodos económicos al ámbito interpretativo de las normas jurídicas desemboco en una serie de aportaciones doctrinales. Entre estas se pueden citar a MARTÍN QUERALT, LOZANO SERRANO, CASADO OLLERO y TEJERIZO LÓPEZ, al destacar «el carácter estrictamente jurídico de las tareas de calificación y de interpretación»[19].

Todo lo anterior motivó una modificación de la ordenación citada a través de la *Ley 58/2003, de 17 de diciembre, General Tributaria* que estableció la

16. CAZORLA PRIETO, L. M.ª: *El Derecho Financiero y Tributario en la ciencia jurídica,* Aranzadi, Pamplona, 2002, pp. 180 y ss.
17. CAZORLA PRIETO, L. M.ª: *Derecho Financiero y Tributario,* 11.ª ed., Aranzadi, Navarra, 2011, p. 69.
18. El art. 28.1 de la *Ley 230/1963, de 28 de diciembre, General Tributaria* establecía que, «el hecho imponible es el presupuesto de naturaleza jurídica o económica fijado por la Ley para configurar cada tributo y cuya realización origina el nacimiento de la obligación tributaria». Por su parte, el apartado segundo dispone que «el tributo se exigirá con arreglo a la naturaleza jurídica del presupuesto de hecho definido por la Ley, cualquiera que sea la forma o denominación que los interesados le hayan dado, y prescindiendo de los defectos que pudieran afectar a su validez».
19. MARTÍN QUERALT, J., LOZANO SERRANO, C., CASADO OLLERO, G. y TEJERIZO LÓPEZ, J. M.: *Curso de Derecho Financiero y Tributario,* 13.ª ed., Tecnos, Madrid, 2007, p. 239.

prevalencia de la calificación jurídica de los hechos, actos o negocios frente a otros métodos de interpretación de las normas jurídicas. A este respecto, el art. 13 de la citada disposición establecía que «las obligaciones tributarias se exigirán con arreglo a la naturaleza jurídica del hecho, acto o negocio realizado, cualquiera que sea la forma o denominación que los interesados le hubieran dado, y prescindiendo de los defectos que pudieran afectar a su validez»[20]. La relevancia de esta regulación se manifiesta en la prevalencia de los «métodos jurídicos» sobre los «métodos económicos» para la interpretación de las normas contenidas en el ordenamiento jurídico. Si bien conviene constatar que, la incorporación de normas internacionales en nuestro ordenamiento jurídico, sobre todo en el ámbito patrimonial, reconduce algunos términos hacia los métodos económicos de interpretación.

## V. CONCLUSIONES

La metodología del lenguaje permite al alumno el empleo adecuado de los códigos lingüísticos especiales y por tanto el conocimiento de los aspectos específicos de cada disciplina académica. También cabe destacar la complementariedad de las metodologías del lenguaje con la técnica educativa de la gamificación en la adquisición de conocimientos por parte del alumnado. Además, la aplicación de la metodología del lenguaje, junto con otros medios interpretativos, procura al jurista un valioso instrumento de interpretación de las normas jurídicas. Si bien conviene constatar que, la incorporación de normas internacionales en nuestro ordenamiento jurídico, sobre todo en el ámbito patrimonial, reconduce algunos términos hacia los métodos económicos de interpretación.

20. Ley 58/2003, de 17 de diciembre, General Tributaria (Boletín Oficial del Estado de 18 de diciembre de 2003).

*Capítulo 9*

# Consideraciones sobre el uso de la inteligencia artificial como herramienta para mejorar la formación en interpretación legal y sus aplicaciones legales prácticas

MARÍA CAROLINA NOMURA-SANTIAGO
*Faculdade de Direito, Educação e Gestão (FADEG)*



## I. INTRODUCCIÓN

La interpretación jurídica implica un sólido entendimiento de las sutilezas de los textos legales, similar a la comprensión textual dentro del género jurídico, y la habilidad de conectar y asociar el texto específico al contexto más amplio del sistema legal, incluyendo precedentes, estatutos y principios legales. Es un proceso dinámico y complejo que requiere una combinación de habilidades.

Sin embargo, es un proceso que requiere mucha paciencia para navegar a través de las tareas laboriosas, automatizadas y burocráticas inherentes a la escritura académica. Estas tareas priorizan el conocimiento operativo y normativo sobre la experiencia legal, consumiendo en última instancia un tiempo valioso que podría emplearse mejor en la deliberación sobre el contenido textual en sí mismo. Este es el punto donde la Inteligencia Artificial

(AI) puede ser de gran ayuda. Porque las tecnologías de AI son capaces de agilizar tareas repetitivas, como el formateo y las referencias, lo que permite a los académicos centrarse más en el contenido de su trabajo. Además, las herramientas impulsadas por AI pueden ayudar en el análisis de grandes cantidades de datos, identificar patrones e incluso sugerir literatura relevante, mejorando la calidad y la eficiencia de la investigación académica.

El término «Inteligencia Artificial» evoca un universo expansivo y diverso de posibilidades y se resulta impracticable detallar cada una de sus vertientes. Por eso, el presente texto será centrado en el Procesamiento del Lenguaje Natural (NLP, de lo ingles *Natural Language Processing*) y su subdominio Modelos de Lenguaje Grandes (LLMs, de lo ingles *Large Language Models*). Este campo de estudio, dentro del vasto océano de la inteligencia artificial, ofrece un sinfín de oportunidades y desafíos en el ámbito de la interpretación legal. Aquí, buscaremos definir los recursos proporcionados por tales tecnologías aplicadas en la profesión legal y la enseñanza académica.

## II. PROCESAMIENTO DEL LENGUAJE NATURAL Y MODELOS DE LENGUAJE GRANDES

### 1. NLP (PROCESAMIENTO DEL LENGUAJE NATURAL)

El Procesamiento del Lenguaje Natural (NLP) es un campo multifacético dentro de la inteligencia artificial que abarca una amplia gama de aplicaciones destinadas a facilitar las interacciones entre las computadoras y el lenguaje humano. En su núcleo, el NLP se esfuerza por dotar a las máquinas con la capacidad de entender, interpretar y generar lenguaje humano de una manera que imite la comprensión humana. Sus aplicaciones tienen un amplio espectro, desde tareas fundamentales como la traducción de idiomas, el análisis de sentimientos y el resumen de textos, hasta funciones más avanzadas como el reconocimiento de entidades nombradas, la respuesta a preguntas y los sistemas de diálogo[1].

Las técnicas de NLP aprovechan una combinación de principios lingüísticos, modelos estadísticos y algoritmos de aprendizaje automático para procesar y derivar significado de datos textuales, permitiendo que las computadoras extraigan eficazmente ideas, infieran sentimientos y distingan patrones dentro de vastos repositorios de información escrita. Al hacer un puente entre la comunicación humana y los sistemas computacionales,

1. *Cfr.* MORENO, A.: *Procesamiento del lenguaje natural ¿qué es?* Disponible en https://www.iic.uam.es/inteligencia/que-es-procesamiento-del-lenguaje-natural/ (último acceso: 02 marzo 2024).

el NLP desarrolla un rol fundamental para mejorar la eficiencia y accesibilidad de la recuperación de información, los procesos de toma de decisiones y el análisis legal dentro del ámbito del derecho.

## 2. LLMS

Los Modelos de Lenguaje de Gran Escala (LLMs) representan un avance innovador en la inteligencia artificial, caracterizados por su inmensa escala, sofisticada arquitectura y capacidad incomparable para comprender y generar un texto similar al humano. Estos modelos, generalmente entrenados con grandes cantidades de datos textuales utilizando técnicas de aprendizaje profundo, exhiben una capacidad excepcional para entender el contexto, inferir significado y producir respuestas coherentes y contextualmente relevantes en una amplia gama de tareas de lenguaje natural.

Los LLMs han llamado la atención por su potencial transformador, incluida la comprensión, generación y manipulación del lenguaje natural. Sus aplicaciones más comunes son la traducción de idiomas, la generación de texto y el análisis de sentimientos, pero pueden encargarse de tareas más complejas como la summarización de documentos, la respuesta a preguntas y los agentes conversacionales[2]. Al aprovechar el poder de las redes neuronales masivas y aprovechar las complejidades de los patrones lingüísticos y semánticos incrustados en los datos textuales, los LLMs representan un cambio de paradigma en el campo de la inteligencia artificial, dotando a las máquinas con la capacidad de procesar, interpretar y generar lenguaje humano con una precisión y fluidez sin precedentes.

En el contexto de enseñanza jurídica, los LLMs ofrecen medios para automatizar la investigación legal, redactar documentos legales y analizar textos legales complejos, lo que aumenta la eficiencia y la efectividad de los profesionales legales. En cierto sentido, los LLMs pueden verse como una culminación de los avances en aprendizaje profundo (*deep learning*), comprensión del lenguaje natural y recursos computacionales, lo que lleva al desarrollo de modelos que empujan significativamente los límites de lo que las máquinas pueden lograr con el lenguaje humano.

2. *Cfr.* RADFORD, A., WU, J., CHILD, R., LUAN, D., AMODEI, D. y SUTSKEVER, I.: «Language models are unsupervised multitask learners», *OpenAI Blog*, vol. 1, núm. 8 (2019), p. 9. Disponible en https://d4mucfpksywv.cloudfront.net/better-language-models/language_models_are_unsupervised_multitask_learners.pdf(último acceso: 02 marzo 2024).

## III. CASOS DE USO

### 1. PROFESIONALES DEL DERECHO

Dentro de la práctica profesional de los agentes del derecho, las herramientas de IA ya están en pleno uso, como apunta Flaggella[3]:

a) **Diligencia debida**

Un área crucial en la que las herramientas de IA se han vuelto indispensables es en la realización de tareas de diligencia debida. Los litigantes ahora dependen de herramientas impulsadas por IA para descubrir información de antecedentes, agilizando procesos como la revisión de contratos, la investigación legal y el descubrimiento electrónico.

b) **Tecnología de predicción**

La tecnología de predicción ha surgido como un recurso poderoso, con *software* de IA que genera pronósticos acerca de los resultados de litigios basados en un análisis de datos extenso.

c) **Analítica legal**

Las analíticas legales mejoran aún más la toma de decisiones al permitir que los estudiantes y futuros juristas aprovechen los puntos de datos de la jurisprudencia pasada, las tasas de éxito/fallo y los historiales judiciales para identificar tendencias y patrones.

d) **Automatización de documentos**

La automatización de documentos también se ha convertido en una práctica estándar, lo que permite a los bufetes de abogados agilizar la creación de documentos mediante el uso de plantillas de *software* que generan automáticamente documentos completos basados en datos de entrada.

e) **Propiedad intelectual**

Una guía a los abogados en el análisis de vastos portafolios de PI y extrayendo ideas accionables del contenido.

3. *Cfr.* FAGGELLA, D.: *AI in Law and Legal Practice — A Comprehensive View of 35 Current Applications*. Disponible en https://emerj.com/ai-sector-overviews/ai-in-law-legal-practice-current-applications/ (último acceso: 03 marzo 2024).

#### f) **Facturación electrónica**

> Los procesos de facturación electrónica se han simplificado mediante la IA, ya que las horas facturables de los abogados ahora se calculan automáticamente, mejorando la eficiencia y precisión en las transacciones financieras dentro de la profesión legal.

Estos avances subrayan el impacto transformador de la inteligencia artificial en la optimización de flujos de trabajo legales y el mejoramiento de la efectividad general de los servicios legales. De esa manera, los estudiantes tienen acceso a la practica jurídica de manera más precisa.

### 2. AGENTES ACADÉMICOS

En el contexto de los estudios de interpretación legal, tanto la Procesamiento del Lenguaje Natural (NLP) como los Modelos de Lenguaje Grande (LLMs) pueden ofrecer varios casos de uso valiosos. En el análisis de documentos legales, las técnicas de NLP permiten la extracción y análisis de información de textos legales como estatutos, jurisprudencia y contratos, realizando tareas como la summarización y el reconocimiento de entidades clave.

Además, los motores de búsqueda impulsados por NLP facilitan la recuperación rápida de documentos legales relevantes y precedentes, comprendiendo consultas complejas y recuperando documentos que coincidan con la intención del usuario. Los sistemas de NLP también ofrecen asistencia en la investigación legal al generar resúmenes o análisis de textos legales, ayudando a los investigadores a comprender rápidamente el contenido extenso de documentos o identificar pasajes relevantes. Además, los modelos de lenguaje legal pueden analizar grandes conjuntos de datos de casos legales para identificar patrones y tendencias, ayudando a predecir resultados o evaluar argumentos legales.

Por último, el uso de NLP en el monitoreo del cumplimiento legal permite a las organizaciones mantenerse al tanto de cambios en leyes y regulaciones, analizando actualizaciones en documentos legales y alertando sobre cambios relevantes a los profesionales legales.

## IV. ADVERTENCIAS

Indudablemente, el advenimiento de la inteligencia artificial ha traído consigo una plétora de beneficios en diversos ámbitos profesionales. Sin embargo, mientras su presencia se vuelve cada vez más ubicua, su integración inevitable en el ámbito académico anuncia una nueva era llena de desafíos para los criterios de evaluación y excelencia establecidos. La sofisticación y ubicuidad de las tecnologías NLP tienen el potencial de perturbar los estándares y prácticas académicas tradicionales de diversas maneras.

La generación automatizada de contenido permitirá a la NLP crear textos que se asemejen al lenguaje humano en una amplia gama de temas. Esta capacidad planteará interrogantes sobre la autenticidad y originalidad del material producido, desafiando los estándares académicos establecidos en cuanto a la obtención y atribución de información. Además, la detección de plagio enfrentará nuevos desafíos con la aparición de contenido generado por NLP. Los métodos tradicionales podrían tener dificultades para identificar este tipo de plagio, especialmente cuando el texto haya sido parafraseado o modificado. Esta situación podría complicar los esfuerzos por mantener la integridad académica y los estándares de originalidad en el trabajo académico, exigiendo una revisión y adaptación de los sistemas de detección.

También, las NLP brindarán a los estudiantes un acceso rápido a vastas cantidades de datos a través del acceso a la información. Esto podría mejorar las oportunidades de aprendizaje, pero también desafiará los estándares académicos tradicionales relacionados con las habilidades de investigación y el pensamiento crítico. La dependencia excesiva de herramientas automatizadas para la recuperación y síntesis de información podría afectar negativamente el desarrollo de estas habilidades fundamentales. En lo que respecta al proceso de evaluación, las NLP podrán automatizar ciertos aspectos del proceso, como la corrección de ensayos o el análisis de respuestas de los estudiantes. Esto podría mejorar la eficiencia y la escalabilidad, pero también planteará interrogantes sobre la validez y equidad de los sistemas de calificación automatizados en comparación con la evaluación realizada por humanos.

Abordar estos desafíos requerirá una cuidadosa consideración de los marcos éticos, pedagógicos y regulatorios para garantizar que el NLP sea utilizada de manera responsable y en línea con los valores y principios educativos establecidos.

## V. CONCLUSIONES

Al concluir nuestra exploración sobre la intersección de la inteligencia artificial con la práctica legal y la educación jurídica, queda claro que la IA se ha establecido firmemente como una fuerza transformadora dentro de estos ámbitos. Su integración no solo ha optimizado varios procesos dentro de la práctica legal, sino que también ha revolucionado el panorama de la educación jurídica. Las ventajas que ofrece son profundas, comparables al impacto de cualquier tecnología disruptiva a lo largo de la historia humana. A medida que avanzamos, abrazar el potencial de la IA mientras mitigamos sus desafíos será crucial para aprovechar su máximo potencial en el avance de los sistemas legales y la educación de futuros profesionales del derecho.

Si el surgimiento de la inteligencia artificial ha provocado, de hecho, una notable ruptura con las tecnologías anteriores, McGinnis y Pearce son categóricos:

> «La disrupción ya ha comenzado. (...) Las máquinas inteligentes se volverán cada vez mejores, tanto en términos de rendimiento como de costos. Y a diferencia de los humanos, pueden trabajar ininterrumpidamente las veinticuatro horas del día, sin necesidad de dormir ni de cafeína. Esta aceleración tecnológica contínua en el poder computacional es la diferencia entre las mejoras tecnológicas anteriores en los servicios legales y aquellas impulsadas por la inteligencia artificial»[4].

Debido a sus múltiples ventajas y beneficios, es evidente que la adopción generalizada de metodologías basadas en inteligencia artificial se torna prácticamente inevitable en el panorama educativo actual. La innegable reducción de tiempo y esfuerzo que los recursos de IA ofrecen destaca la importancia intrínseca de esta tecnología emergente. Y si esta nueva tecnología ya se utiliza ampliamente en la práctica legal, no tiene sentido que tampoco se incorpore en el ámbito académico, lo que causará una transformación significativa en relación con los paradigmas tradicionales.

A pesar de estas ventajas, es esencial reconocer que esta transición hacia una mayor integración de la inteligencia artificial en el ámbito académico no está exenta de desafíos y complejidades. Por ello, se hace necesario llevar a cabo una revisión exhaustiva de los criterios de evaluación y estándares procedimentales, con el fin de adaptarse de manera efectiva a esta nueva realidad educativa. En consecuencia, es crucial comenzar a considerar de manera proactiva estrategias adaptativas y políticas educativas que puedan facilitar una transición exitosa hacia este nuevo paradigma educativo impulsado por la inteligencia artificial.

---

4. MCGINNIS, J. O. y PEARCE, R. G.: «The Great Disruption: How Machine Intelligence Will Transform the Role of Lawyers in the Delivery of Legal Services», *Fordham L Rev*, núm. 82 (2014), p. 3041.

# *Capítulo 10*

# La interpretación jurídica desde el mundo del cómic

JUAN JOSÉ CARRASCÓN CONCELLÓN
*Universidad San Jorge de Zaragoza*

SUMARIO: I. INTRODUCCIÓN. II. EL MUNDO DEL CÓMIC COMO FUENTE DE INTERPRETACIÓN JURÍDICA. III. METODOLOGÍA DOCENTE UTILIZADA EN EL AULA. IV. EJECUCIÓN DE LA ACTIVIDAD EN EL AULA. *1. Primera fase. Presentación del elenco de normas y novelas gráficas. 2. Segunda fase. Focus Group. 3. Tercera fase. Feedback y razonamiento jurídico.* V. CONCLUSIONES.

## I. INTRODUCCIÓN

En los últimos años, «diversidad» se ha convertido en algo así como una palabra de moda dentro de la industria de los cómics de superhéroes[1]. En líneas generales se ha detectado en nuestros alumnos que comentan y dan su opinión de temas actuales que afectan a los derechos humanos y derechos fundamentales desde una perspectiva muy simplista basada en la información sesgada que obtienen de redes sociales. Esa deficiencia se traslada no solo al contenido del grado sino a su formación como personas.

Siendo que tanto en la asignatura de Ética y Deontología Profesional los alumnos matriculados lo son de los grados de Administración y Dirección

1. *Vid.* LÓPEZ PRADOS, S. y SÁEZ DE ADANA HERRERO, F.: «El cómic como herramienta para la sensibilización sobre la necesidad de atender a la diversidad. Una mirada inclusiva». *Ocnos: Revista de Estudios sobre Lectura*, vol. 22, núm. 1 (2023), pp. 1-16. https://doi.org/10.18239/ocnos_2023.22.1.333

de Empresas (ADE en adelante) y del Doble grado de Derecho y Administración y Dirección de Empresas (DADE en adelante), como docentes, nos encontramos dentro de un contexto perfecto para poder hablar y debatir de cuestiones como la igualdad de género, derechos fundamentales e influencia de la IA en la sociedad, y cultura, con un método muy llamativo como es el mundo del cómic.

La nueva sociedad demanda cambios, demanda un nuevo orden social. Derechos humanos, igualdad, libertad, denuncia social; no son conceptos tratados en exclusiva en las viñetas de este milenio. Se propone por tanto un aprendizaje desde el mundo de las viñetas en este sentido[2], acercando al alumno de manera fresca y dinámica el concepto de derechos humanos, y derechos fundamentales, con una dimensión social. Si se entienden los derechos humanos como un conjunto sumatorio de derechos civiles y políticos, así como de derechos económicos, sociales y culturales, podríamos llegar a afirmar que el cómic representa una de las articulaciones más claras de los principios involucrados. Por ejemplo, los superhéroes surgen como personajes y como género debido al fracaso o incapacidad del Estado en el respeto de los derechos mencionados. En este sentido, debido a la incapacidad de las autoridades para proteger a quienes se encuentran dentro de su esfera supone la imperiosa necesidad de que otros seres se presenten y protejan a los seres humanos[3]; al hacerlo, los superhéroes se convierten en defensores de los derechos humanos.

Mediante el uso de este sistema docente vamos a encontrar un vehículo perfecto para poder enseñar a nuestros alumnos. El método de aprendizaje se basa en la lectura de obras importantes centradas en aspectos jurídicos relacionados con los derechos humanos y derechos fundamentales, como lo son la igualdad, la presunción de inocencia, la intimidad, la cultura. Una vez llevado a cabo este sistema, el alumno puede desarrollar un estudio en cuya fase intermedia se lleva a cabo un focus group[4]. El *feedback*, como fase final puede ser llevado a cabo desde el propio profesor para poder analizar el contenido, exposición y dimensión social y ética, y desde el resto de los alumnos.

---

2. *Vid.* FALGUERA-GARCÍA, E. y SELFA-SASTRE, M.: «Comics as a critical reading of history in the construction of identity and territorial diversity», *OCNOS*, vol. 22, núm. 1 (2023). https://doi.org/10.18239/ocnos_2023.22.1.337
3. *Vid.* https://www.zonanegativa.com/la-patrulla-x-derechos-humanos-e-igualdad/
4. *Vid.* GULISANO, D.: «La profesionalidad docente en acción: cómo conducir un Grupo Focal en clase: Professional Teacher in Action: how to conduct a Focus Group in class», *Tabanque: Revista pedagógica*, núm. 32 (2019), pp. 18-25. Disponible en: https://search.ebscohost.com/login.aspx?direct=true&AuthType=sso&db=edsdnp&AN=edsdnp.7336017ART&lang=es&site=eds-live&scope=site (último acceso: 29 febrero 2024).

## II. EL MUNDO DEL CÓMIC COMO FUENTE DE INTERPRETACIÓN JURÍDICA

Con la creciente difusión de medios de diversa naturaleza, como puede ser el uso de las TIC[5], o el uso de herramientas de visualización de datos, es evidente que necesitamos mejores formas de enseñar y aprender sobre técnicas de visualización, conceptos y aplicaciones correctas para el ámbito docente.

Los cómics o novelas gráficas aportan datos educativos, es decir, estas formas de divulgación son utilizados en el contexto de la educación como forma de visualización de datos. Los cómics combinan contenido gráfico y textual en representaciones concisas, proporcionan explicaciones secuenciales, y se basan en lenguajes visuales que resultan familiares al lector; alumno en este caso[6].

No sólo eso, sino que además pueden atraer a una audiencia diversa debido a una amplia variedad de estilos y géneros que abarcan desde los super héroes hasta el género histórico. Sumado a lo anterior, el cómic, o novela gráfica es un formato que permite que pueda compartirse y leer fácilmente. Esta característica proporciona un acceso rápido al contenido gráfico en una página, en comparación a, por ejemplo, un vídeo que debe reproducirse para poder acceder todo el contenido. Como refuerzo a lo expuesto en el pasado, los cómics ya se han utilizado con éxito para explicar y difundir conceptos en ciencia y medicina, por ejemplo[7].

El uso de cómics o novelas gráficas tiene una gran versatilidad, toda vez que permite una transferencia de contenidos a los estudiantes dentro de un proceso de enseñanza, ágil y de gran impacto. De una manera amena se consigue que el alumno adquiera estructuras de conocimiento de manera cognitiva y vivencial mediante la creación de entornos basados en la experiencia, una experiencia que viene de la mano de una historia. Una historia puede definirse como una obra literaria que contiene un contexto o la his-

---

5. *Vid.* SILVA, F. y MARTÍNEZ, G.: «Estrategias de innovación docente mediante las TIC», *3C TIC. Cuadernos de desarrollo aplicados a las TIC*, vol. 10, núm. 4 (2021), pp. 89-103; y, SÁNCHEZ CANO, M. J. y CARRASCÓN CONCELLÓN, J. J.: «La utilidad de las TIC en las técnicas de litigación», en ALEJANDRE MARCO, J. L. (coord.), *Buenas prácticas en la docencia universitaria con apoyo de TIC*: Experiencias en 2019, Zaragoza, 2020, pp. 129-134.
6. *Vid.* BOUCHER, M. *et al.*: «Educational Data Comics: What can Comics do for Education in Visualization?», *IEEE VIS Workshop on Visualization Education, Literacy, and Activities (EduVis), Visualization Education, Literacy, and Activities (EduVis)*, IEEE VIS Workshop on, EDUVIS, [s. l.], 2023, pp. 34-40.
7. *Vid. Ibidem.*

toria se basa en cuatro elementos básicos: mensaje, conflicto, trama y personajes[8].

Desde el ángulo de lo que supone contar una historia podemos afirmar que se define como «la narración de la experiencia». ¿Por qué? sencillamente porque el cerebro humano a partir de sus experiencias registra y almacena sus experiencias y son transformadas como patrones narrativos. En la historia se explica cómo funcionan las cosas, los propósitos y roles dentro de un contexto que permite a las personas sentir emociones y comprender, por ejemplo, como ocurre con la novela «Contrition» la experiencia de un padre que pierde a su hijo a causa del acoso de un pedófilo que lo lleva a suicidarse y su relación con él. Las historias que se pueden contar de forma escrita, oral y visual son el vínculo que estructura nuestras experiencias y fortalece la comunicación entre las personas[9].

## III. METODOLOGÍA DOCENTE UTILIZADA EN EL AULA

Es indispensable pasar de un aprendizaje individual a un aprendizaje grupal y luego caminar hacia el aprendizaje en comunidad. Este tipo de aprendizaje permite que el conocimiento se construya socialmente. Partiendo de la base de esta concepción, la metodología utilizada parte de una base individual, y finaliza, como veremos en un aprendizaje en comunidad. Esta tendencia, permite el enriquecimiento formativo en grupos capaces de resolver y debatir cuestiones de razonamiento jurídico. Supone a todas luces una predominancia positiva del grupo frente a trabajos o proyectos llevados a cabo por alumnos a nivel individual, por muy elevado que sea su nivel de conocimiento jurídico. Asimismo, se favorece y fomenta la comunicación, evitando en la medida de lo posible el aislamiento; se mejoran las relaciones entre los alumnos; se crea un espacio de trabajo común en el que se puedan desarrollar tareas de coordinación, diseño y realización de actividades específicas.

---

8. *Cfr.* ALP, G. y COSKUN ONAN, B.: «Using Comics for Climate Change in Science Education: Students Solutions and Aesthetic Subtleties», *Journal of Baltic Science Education*, vol. 22, núm. 2 (2023), pp. 215-231. Disponible en: https://search.ebscohost.com/login.aspx?direct=true&AuthType=sso&db=eric&AN=EJ1386975&lang=es&site=eds-live&scope=site
9. *Cfr. Ibidem.*

## IV. EJECUCIÓN DE LA ACTIVIDAD EN EL AULA

### 1. PRIMERA FASE. PRESENTACIÓN DEL ELENCO DE NORMAS Y NOVELAS GRÁFICAS

La primera fase de este método educativo consiste en la selección de tres obras diferentes centradas en tres temas en los que el alumno debe tratar de analizar el alcance de aspectos relacionados con derechos fundamentales como la igualdad o los derechos humanos como lo es la cultura.

Las obras seleccionadas son novelas gráficas cuyo argumento es cerrado y en un único volumen, de tal forma que no es necesario continuar leyendo a modo de serialización. A continuación, y brevemente el profesor hace un esbozo de lo que el alumno se va a encontrar en cada uno de los cómics sugeridos. En concreto las obras seleccionadas son marcadas por el docente[10].

Dentro del planteamiento del ejercicio comprensivo que debe llevar a cabo el alumno, se plantea por el docente una sesión formativa de los aspectos a desarrollar por cada alumno. La interpretación del derecho desde la perspectiva de un género como es el cómic supone una visualización directa que va a permitir al alumno poder razonar y aplicar conceptos asociados al derecho como puede ser la posible reinserción social de un penado por delito de naturaleza sexual, por ejemplo. En definitiva, se trata de formar en derecho, de enseñar a interpretar normas jurídicas[11], con un sistema basado en casos[12], en este caso plasmados gráficamente en cómics.

10. Tres obras son seleccionadas: a) «Dios ama el hombre mata»: donde se trata el tema de la discriminación en sentido amplio (https://www.zonanegativa.com/marvel-gold-la-imposible-patrulla-x-especial-dios-ama-el-hombre-mata/) b) «Contrition»: que desarrolla aspectos como la reinserción social, y los derechos de las víctimas pero también de los agresores (https://www.zonanegativa.com/contrition-de-carlos-portela-y-keko/), c) «Preferencias del sistema»: donde varios temas como la cultura y el almacenamiento de datos son puestos dentro de un contexto donde las diferencias entre hombre y máquina nos hacen reflexionar (https://www.zonanegativa.com/preferencias-del-sistema/).

11. *Cfr.* SANTILLÁN SANTACRUZ, R.: «La interpretación a contrario en la enseñanza del Derecho civil: una estrategia pedagógica y medio para fomentar el debate en el aula», en *Aprendizaje a través del debate jurídico*, Aranzadi, Cizur Menor, 2022, pp. 383-389.

12. *Vid.* GARCÍA RUÍZ, C., FILLOL MAZO, A. y CARRIZO AGUADO, D.: «La formación en derecho basada en competencias: especial referencia al método de casos», Dykinson, Madrid, 2022. Disponible en: https://search.ebscohost.com/login.aspx?direct=true&AuthType=sso&db=nlebk&AN=3531612&lang=es&site=eds-live&scope=site

### 2. SEGUNDA FASE. FOCUS GROUP

El desarrollo de esta fase permite la obtención de conocimientos en sesión grupal. Tras un modelo educativo centrado en la actividad y la colaboración subyace una concepción pedagógica y psicológica[13]. A diferencia de otras propuestas educativas en donde el estudiante es un mero receptor y el profesor interviene como transmisor del conocimiento, este modelo pretende el intercambio y el diálogo. En este sentido, este modelo pedagógico debe caracterizarse por generar espacios de aprendizaje y por desarrollar actividades diseñadas con el objetivo de promover la creación de escenarios propicios para la construcción colaborativa del conocimiento.

### 3. TERCERA FASE. *FEEDBACK* Y RAZONAMIENTO JURÍDICO

Finalmente se produce un análisis centrado en el intercambio de criterios diferentes de obtención de razonamientos jurídicos desde la corrección y orientación por parte del docente, donde quedan fijados los conceptos dentro del supuesto de hecho que recoge cada una de las tres novelas gráficas.

## V. CONCLUSIONES

Como resultados cabe analizar una pequeña valoración del inicio de este sistema peculiar de conocimiento de los derechos humanos y la atención que pueda llegar a llamar a nuestros alumnos.

Como aspectos positivos cabe destacar el hecho de que se puede captar la atención del alumno de manera efectiva y dinamizar la clase con un debate ameno. Igualmente se consigue que el alumno sin que lo perciba absorba intensamente contenidos de derecho y aspectos sociales. Únicamente cabe tener como aspecto desfavorable que el alumno caiga en el tópico de que cómic es sinónimo de infantil o de diversión sin contenido.

No podemos olvidar que el Espacio Europeo de Educación Superior exige a los docentes un cambio en las metodologías de enseñanza para así fomentar el trabajo cooperativo entre los estudiantes[14] y la importancia del

13. *Cfr.* TARASOW, F.: «¿De la educación a distancia a la educación en línea? ¿Continuidad o comienzo?», en *Diseño de Intervenciones Educativas en Línea, Carrera de Especialización en Educación y Nuevas Tecnologías,* PENT, Flacso Argentina. Disponible en: http://www.pent.org.ar/institucional/publicaciones/educacion-distancia-educacion-linea-continuidad-comienzo
14. *Cfr.* VALERO REDONDO, M., TABUENCA BENGOA, M. y MOLINA HERNÁNDEZ, C.: *Transferencia del conocimiento en humanidades y ciencias jurídicas. Innovación*

uso de las nuevas metodologías docentes en la impartición de las asignaturas jurídicas y, más concretamente, en la enseñanza relacionada con los Derechos Humanos[15].

*docente y educativa en el ámbito de las filologías, la lengua y el derecho*, Dykinson, 2023. Disponible en: https://dialnet.unirioja.es/servlet/libro?codigo=882312&orden=0&info=open_link_libro

15. *Cfr*. COLOMER SEGURA, A.: «Innovación docente en derechos humanos», en VALERO REDONDO, M., TABUENCA BENGOA, M. y MOLINA HERNÁNDEZ, C.: *Transferencia del conocimiento en humanidades y ciencias jurídicas. Innovación docente y educativa en el ámbito de las filologías, la lengua y el derecho*, cit.

# Segunda Parte

# Realidad social y jurisprudencia: retos de la interpretación

# *Capítulo 11*

# Interpretación y realidad social [1]

MIGUEL ÁNGEL PÉREZ ÁLVAREZ
*Universidade da Coruña*

SUMARIO: I. INTRODUCCIÓN. II. LA RECEPCIÓN DEL CANON SOCIOLÓGICO. III. LA ASUNCIÓN LEGAL DE LA REALIDAD SOCIAL COMO CRITERIO DE INTERPRETACIÓN. IV. DELIMITACIÓN DE LA REALIDAD SOCIAL Y MODO DE INVOCARLA. V. LA FUNCIÓN Y LOS LÍMITES DE LA REALIDAD SOCIAL EN CUANTO CANON DE INTERPRETACIÓN. VI. LA REALIDAD SOCIAL Y LOS CONCEPTOS JURÍDICOS INDETERMINADOS. VII. CONCLUSIONES.

## I. INTRODUCCIÓN

Desde la reforma de su Título Preliminar, el Código Civil se adscribió al grupo de cuerpos legales que regulan la interpretación de las normas. Pero su peculiaridad radica en el hecho de contemplar la realidad social como canon hermenéutico. En concreto, el art. 3.1 CC establece: «*Las normas se interpretarán según el sentido propio de sus palabras, en relación con el contexto, los antecedentes históricos y legislativos,* y la realidad social del tiempo en que han de ser aplicadas, *atendiendo fundamentalmente al espíritu y finalidad de aquéllas*».

Por este cauce, el llamado «canon sociológico», la realidad social, ha pasado a ser elemento habitual en la fundamentación de las resoluciones judiciales. Ello hasta el punto de que, con relación a ciertas materias, es frecuente que los jueces recurran a determinados aspectos de la realidad

1. Para una ampliación de algunas de las cuestiones que aquí se van a tratar, PÉREZ ÁLVAREZ, M. A.: *Realidad Social y Jurisprudencia*, Colex, Madrid, 2005.

social —el desempleo, los avances tecnológicos, la elevación del nivel de vida o la inflación— al fin de aplicar las normas en un determinado sentido. Esta exposición va dirigida a fijar los contornos que no deben ser sobrepasados en el empleo del canon sociológico.

Como punto de partida puede servir como referencia la opinión expresada en su día por el profesor DÍEZ PICAZO al tratar el tema de la descodificación. Se refería el autor a la paulatina pérdida de prejuicios metodológicos y a la búsqueda de soluciones intuitivamente justas que se produce en determinados ámbitos. A juicio de DÍEZ PICAZO dicha tendencia es una secuela del llamado derecho libre que se ha ido asentando en España debido a la influencia de la cultura norteamericana y a un simplificado entendimiento de la creación judicial del Derecho. Es claro —concluye— que de mantenerse una línea semejante, el Código Civil, formalmente en vigor, saltará hecho añicos[2].

Las referencias a la realidad social que se contienen en algunas resoluciones judiciales guardan relación con el fenómeno que se acaba de describir. Y es que, en ocasiones, se cree encontrar en el canon sociológico el apoyo que —al socaire de una solución justa para el supuesto que se trata de enjuiciar— permitiría llegar a interpretaciones correctoras de las normas. En estos casos se recurre a la realidad social para justificar que la norma aplicable diga, no lo que dice, sino lo que debiera decir para llegar a una solución de equidad en el caso concreto. Pero es que hay más. En ocasiones también se recurre al canon sociológico utilizándolo como un cómodo expediente en el que justificar los fallos. Así se puede constatar que por medio del recurso a la realidad social se resuelven supuestos que debieron ser solventados aplicando la técnica de la analogía; también se recurre a la realidad social en relación con supuestos que encierran lagunas y que deberían haberse resuelto aplicando la jerarquía de fuentes establecida en las correspondientes disposiciones legales; o, en fin, cabe apreciar que el juego de la realidad social va orillando de forma paulatina las normas de Derecho intertemporal haciendo aplicable el precepto —nuevo o precedente— que según el parecer del juzgador mejor convenga al caso concreto, aun cuando no fuera el que debiera haberse aplicado.

Así pues, la realidad social ligada a la escuela libre del derecho, fundamento de interpretaciones correctoras, sucedáneo de otras técnicas y sustitutiva de las normas de Derecho intertemporal.

---

2. *Cfr*. DÍEZ PICAZO, L.: «Codificación, descodificación y recodificación», *ADC*, T. XLV, 1992, p. 480.

Como muestra de cuanto se acaba de exponer sobre la utilización del canon sociológico para fundamentar interpretaciones correctoras cabe referirse a la STSJ de Castilla-La Mancha de 13 febrero de 1991. El supuesto afectaba a un accidente «*in itinere*» de un soldado que cumplía el servicio militar y había disfrutado de un permiso «fin de semana». Cuando regresaba en vehículo propio para reincorporarse a sus obligaciones militares sufrió un accidente de tráfico por colisión con un camión y resultó con lesiones graves. El soldado presenta solicitud para que se le admita en el Cuerpo de Mutilados de Guerra.

La norma referible al supuesto de hecho era entonces el artículo 4.º de la Ley de 11 de marzo de 1976. Pero el precepto no permite acceder a la solicitud del demandante. Y es que para poder ser estimado Mutilado de Guerra el citado artículo exigía que las lesiones corporales se hubieran producido con ocasión de la *prestación directa* de una tarea de carácter militar en las Fuerzas Armadas. A pesar de ello, el Tribunal quiere acomodar el supuesto de hecho en el citado art. 4.º para llegar a una solución que por su benevolencia no cabe discutir. Y es a tal fin al que se recurre a la realidad social en los términos siguientes:

> «Las alegaciones contrarias a la pretensión del demandante no pueden prosperar si se realiza una interpretación flexible de la normativa aplicable, atendiendo a la realidad social del tiempo en que ha de ser utilizada. Este parámetro hermenéutico obliga a concluir que el accidente sufrido con ocasión de la reincorporación a filas de un soldado permite que el demandante pueda ser declarado Mutilado de Guerra».

Respecto de esta resolución se debe resaltar cómo el Tribunal recurre a la realidad social para fundamentar una interpretación correctora de la norma aplicable al caso. Pero cabe apreciar además que se invoca el canon sociológico sin especificar, ni la realidad social a que se refiere el Tribunal, ni las razones por las que fundamenta la interpretación que se propone. En todo caso, el Abogado del Estado interpuso recurso que el Tribunal Supremo estimó, revocando la resolución judicial comentada.

Así las cosas, el razonamiento que subyace a cierta forma de emplear la realidad social pudiera ser el siguiente. El preámbulo de la Constitución configura la ley como expresión de la voluntad popular. A su vez, el art. 1.º dispone que España se constituye en un Estado social. Y por su parte el art. 117 sanciona el principio de «legitimidad democrática del poder judicial» al establecer que la justicia emana del pueblo. Con estos presupuestos legales pudiera razonarse, y así se ha hecho desde determinados ámbitos, que incumbe a los jueces una labor, no de acomodación, sino de propia corrección de las normas con el fin de conseguir que los textos legales respondan en cada caso a una presunta voluntad popular, a lo más conveniente o a las necesidades sociales. Y en relación con temas de especial sensibilidad para la opinión pública y de ulterior relevancia en los medios de comunicación se trataría de fallar en el modo en que supuestamente lo haría el cuerpo social, eludiendo la crítica que se hace en ocasiones a ciertas sentencias en las que los tribunales han aplicado correctamente la ley. Sea como fuere, por uno u otro cauce el juez no se limitaría a acomodar las leyes, sino que debería corregirlas cuando apreciara la existencia de un desajuste entre la consecuencia prevista por la norma y las exigencias sociales relacionadas con el caso concreto.

No deja de ser curioso constatar que, por el cauce expuesto, la realidad social —que tiene menor entidad que la costumbre— se estaría convirtiendo en una fuente de Derecho de primer grado que además se aplica sin exigirle los requisitos y presupuestos que para la costumbre prevé el art. 1 CC. De este modo, el papel subordinado que la ideología liberal otorgó a la costumbre estaría siendo contrarrestado por una realidad social que terminaría por sobreponerse a la propia ley.

Razones al margen, lo cierto es que en determinados ámbitos se promueve el empleo de la realidad social con fines correctores. Tal vez ello ocurre porque se cree que tal modo de hacer es el que se suele seguir en determinadas instancias. Me refiero a que pudiera pensarse que también el Tribunal Supremo otorga a la realidad social entidad suficiente para constituirse en fundamento de interpretaciones correctoras de las normas jurídicas. En apariencia ello parece ser así. Sin embargo, no cabe llegar a tal conclusión si se profundiza en el estudio de las resoluciones judiciales, si se detecta el verdadero criterio jurisprudencial en la materia y si se aprecia que la realidad social tiene un alcance diverso según se la haga actuar, bien como criterio de interpretación de las normas, o bien como elemento valorativo de conceptos jurídicos indeterminados.

Por todo lo dicho se hace necesario determinar los presupuestos, requisitos y límites a tener en cuenta en la aplicación de la realidad social. A tal fin se considerará en primer lugar los orígenes y la razón de ser del canon sociológico recibido en el art. 3.1 CC. Después se aludirá al modo en que por el Tribunal Supremo se aplica el criterio de la realidad social. Y para concluir se hará referencia a la función singular que puede cumplir la realidad social cuando de modo implícito se la incorpora por el legislador a un concepto jurídico indeterminado.

## II. LA RECEPCIÓN DEL CANON SOCIOLÓGICO

La asunción en España de la realidad social como canon trae su causa de la jurisprudencia. Mas en concreto de la STS de 21 de noviembre de 1934 que es la primera que acoge el criterio sociológico a efectos de interpretar las normas. En la citada resolución judicial, de la que fue ponente don José CASTÁN, el Tribunal Supremo ratifica la condición atribuida por la instancia a los demandantes como «hijos ilegítimos no naturales». Pero con carácter previo y al fin de fundamentar el fallo ulterior el Tribunal alude al canon sociológico. Lo hace de forma que cabe calificar como paradigmática en el sentido de que sus declaraciones se siguen arrastrando en múltiples sentencias hasta la actualidad. En concreto, el Tribunal Supremo declaró lo siguiente:

> «...Es doctrina aceptada que los elementos gramaticales y lógicos no bastan para realizar la función interpretativa. Y es que si la ley ha de estar en contacto con la vida real es preciso que los resultados obtenidos mediante el empleo de esos dos cánones clásicos sean reforzados por la aplicación del llamado elemento sociológico, integrado por aquella serie de factores —ideológicos, morales y económicos— que revelan las necesidades y el espíritu de la comunidad en cada momento histórico. Si bien es cierto que estos factores no pueden nunca autorizar al intérprete para modificar o inaplicar la norma sino sólo a suavizarla hasta donde permita el contenido del texto que entra en juego. Y además —concluye— requieren en su utilización mucho tino y prudencia porque envuelve grave riesgo de arbitrariedad el entregar al criterio subjetivo del juez apreciaciones tal delicadas como la de la conciencia moral de un pueblo»[3].

Llegados a este punto cabe preguntarse de dónde procede el método histórico-evolutivo y el canon sociológico cuya utilización, con cautelas, la sentencia propugna. El método histórico-evolutivo tiene su origen en la doctrina italiana y parte del concepto de ley asumido por la escuela histórica que la configura como una consecuencia de las condiciones, ideas y necesidades de una sociedad en una época determinada. Ahora bien, las condiciones, ideas y necesidades de una sociedad cambian, se renuevan y modifican. Es por ello por lo que se afirma la necesidad de un canon de interpretación que encauce la aplicación de la ley en la forma que mejor se acomode a las variaciones históricas ulteriores a su promulgación[4].

3. Puede consultarse la citada sentencia en RJ 1934, 1833. Reiterando las declaraciones expuestas, por todas: Ss.TS. 22 abril 1986 (RJ 1986, 2089), 28 febrero 1989 (RJ 1989, 1410) y 25 abril 1996 (RJ 1996, 3305).
4. Sobre el método histórico-evolutivo, DEGNI, F.: *L'interpretazioni della legge*, N. Jovene, Napoli, 1909.

Por lo tanto: acomodación de los preceptos positivos a los cambios históricos. Si lo anterior afecta al postulado básico del método histórico-evolutivo, conviene retener que dicho método se asume diferenciándolo, no sólo del tradicional o exegético, sino sobre todo del método de la libre formación del Derecho. Por ello en la sentencia de 21 de noviembre de 1934 se afirma que en el método histórico evolutivo y en el canon sociológico no puede tener cabida lo que suponga modificación o inaplicación de las normas.

En suma: método histórico-evolutivo y propuesta de empleo de un elemento interpretativo, canon sociológico, que atienda a la finalidad de acomodar los preceptos a la realidad social existente en el momento de su aplicación.

## III. LA ASUNCIÓN LEGAL DE LA REALIDAD SOCIAL COMO CRITERIO DE INTERPRETACIÓN

Con el precedente jurisprudencial que se acaba de considerar refrendado por otras resoluciones de contenido similar, el 31 de mayo de 1974 se publicó el Decreto que sancionó con fuerza de ley el texto articulado del Título Preliminar del Código Civil. En el art. 3.1 se regula la interpretación y, según vimos al principio, se asume la realidad social como canon hermenéutico. Canon que, como se colige de los materiales prelegislativos y de la Ley de Bases de 1972, se introdujo con el fin exclusivo de propiciar una cierta evolución judicial de las normas, pero excluyente de cualquier atribución al juez de la potestad de decidir al margen o en contra de la ley.

Teniendo presente lo anterior, quisiera hacer una primera llamada de atención que afecta al modo en que la realidad social es contemplada en el Título Preliminar. La realidad social es recibida como mecanismo de interpretación de las normas y no como técnica de integración para cubrir las lagunas de la ley. En el Código Civil el canon sociológico es asumido en el precepto que regula la interpretación. Precepto ubicado en el ámbito del capítulo segundo que disciplina la aplicación de las normas y no, por tanto, en el capítulo primero que regula las fuentes del Derecho.

Quiere ello decir que la realidad social constituye una técnica de interpretación, cuya aplicación precisa de una norma previa referible al supuesto de hecho y su juego supone la acomodación de la norma —previamente seleccionada— a las circunstancias existentes en el momento de su aplicación. Por ejemplo: normas que regulan el despido y a la vista de la realidad social —el paro en este caso— se interpretan dichas normas de forma restrictiva por las consecuencias que un despido pudiera tener para el trabajador. En consecuencia, a la realidad social no se la configura ni como un medio de integración por vía de analogía —regulada por el art. 4 CC—, ni como una de las fuentes del Derecho —reguladas en el art. 1 del mismo cuerpo legal—.

Según veremos, el criterio general que asume el Tribunal Supremo también consiste en emplear la realidad social como pauta de interpretación. Sin embargo, existen sentencias en las que a la realidad social se la hace jugar, a mi juicio erróneamente, con fines de integración. Ello sucede cuando se invoca el art. 3.1 para suplir la insuficiente regulación que el CCo otorga al transporte de viajeros y justificar la aplicación de la normativa relativa al arrendamiento de obra. Cuando en lugar de utilizar la analogía —como se hizo en otras sentencias— se recurrió a la realidad social para acomodar al promotor en la responsabilidad *ex* art. 1591 CC. Cuando se invocó la realidad social como argumento al fin de admitir la rectificación del estado civil por cambio de sexo en los supuestos de transexualidad. O, en fin, cuando en su día se fundamentó en la realidad social la admisibilidad de las cintas magnéticas y los vídeos como medios probatorios.

En todos estos casos no se trata de interpretar. Lo que hay son supuestos nuevos carentes de regulación y cuya admisibilidad se ha de solventar — no por el cauce del art. 3.1— sino por la vía y con los presupuestos de la analogía y atendiendo, en su caso, a las fuentes del Derecho determinadas por el art. 1 CC. Y a lo que creo, el empleo jurisprudencial del canon sociológico obedece en buena parte de los casos expuestos al siguiente planteamiento: el Código Civil ordena atenerse a la realidad social a los efectos de interpretar las normas. Partiendo de lo anterior se trasvasa el citado mandato a los casos de supuestos no regulados cuando se quiere llegar a la admisión de los mismos. Es decir: como el Código Civil ordena atenerse a la realidad social se considera que debe admitirse el cambio de sexo debido a que la transexualidad existe en la sociedad actual.

No pretendo cuestionar el fallo de las sentencias a que se ha hecho referencia. Lo que quiero es llamar la atención sobre el hecho de que tal forma de proceder no responde a la realidad social *ex* art. 3.1 que, en cuanto canon interpretativo, precisa de una norma previa, sin que se la contemple como técnica para solventar supuestos no previstos por el legislador. Y es que por el cauce expuesto a la realidad social se la utiliza como excusa que condiciona la elección de la norma que se aplicará al caso concreto. Norma que no podrá ser otra que aquella que dé cobertura al supuesto cuya solución ya está condicionada por la forma en que se ha hecho jugar al canon sociológico.

## IV. DELIMITACIÓN DE LA REALIDAD SOCIAL Y MODO DE INVOCARLA

Una vez concretada la función meramente interpretativa asignada a la realidad social por el Código Civil, se debe aludir ahora a su aplicación jurisprudencial. Y se trata de considerar el modo en que se recurre a la realidad social y las manifestaciones específicas que por el Tribunal Supremo se toman en cuenta. Pues bien; en orden al modo en que la jurisprudencia se sirve del canon sociológico cabe detectar que comúnmente se recurre a la realidad social explicitando el aspecto de la misma que se quiere hacer jugar en el caso concreto. Y es que los tribunales no se limitan a hacer una alusión genérica a la realidad social. Antes bien, especifican la realidad de que se trata o la concretan a efectos de interpretar y aplicar la norma de referencia.

Así por ejemplo, para el Tribunal Supremo son manifestaciones de la realidad social, entre otras, las siguientes: el paro laboral[5]; el terrorismo[6]; el turismo veraniego masivo[7]; la irrupción de la mujer en la vida profesional[8]; la acumulación de asuntos en los juzgados[9]; la elevación del nivel de vida[10]; la expansión creciente del regalo navideño[11]; la mayor facilidad para los traslados y trasportes[12]; los nuevos adelantos técnicos[13]; la existencia del tráfico jurídico en masa[14]; la inmigración operada en los pueblos andaluces[15]; la generalización en la actividad económica del empleo de agrupaciones temporales[16]; o la mayor permisividad de la sociedad española en materia de moral pública sexual[17].

Y, además de otras, también: la cada vez más frecuente celebración de contratos por quienes son menores de edad[18]; la usual financiación de los

5. Entre muchas: Ss.TS 11 octubre 1982 (RJ 1982, 5756), 26 marzo 1985 (RJ 1982, 1392) y 7 mayo 1988 (RJ 1988, 4062).
6. Entre otras: Ss.TS 3 junio 1985 (RJ 1985, 3202), 3 abril 2000 (RJ 2000, 3513), y 27 marzo 2003 (RJ 2003, 3072).
7. STS 6 octubre 1987 (RJ 1987, 8306).
8. STS 16 marzo 1981 (RJ 1981, 1177).
9. STS 14 diciembre 1992, (RJ 1992, 10185).
10. STS 10 mayo 1991 (RJ 1991, 4271).
11. STS 17 febrero 1987 (RJ 1987, 649).
12. STS 12 julio 1989 (RJ 1989, 5603).
13. Por todas: Ss.TS 17 diciembre 1985 (RJ 1985, 4315), 23 septiembre 1988 (RJ 1988, 6854) y 23 noviembre 1999 (RJ 1999, 9048).
14. STS 29 octubre 1999 (RJ 1999, 8167).
15. STS 18 octubre 1983 (RJ 1983, 5241).
16. STS 22 julio 1986 (RJ 1986, 5549).
17. Ss.TS 3 abril 1982 (RJ 1982, 2072) y 25 septiembre 1985 (RJ 1985, 5129).
18. STS 10 junio 1991 (RJ 1991, 4434).

contratos de ejecución de obra mediante el crédito bancario[19]; el incremento de actividades peligrosas consiguiente al desarrollo de la técnica[20]; el cierre constante de salas de cine debido a la proliferación de cadenas de televisión y de vídeos[21]; la sustitución de los empleados de fincas urbanas por porteros automáticos[22]; la importancia creciente de la estética y la apariencia corporal en la sociedad actual[23]; o, en fin, las dificultades para encontrar empleo[24].

Frente a esta invocación singularizada y específica, existen sentencias en las que se hace actuar la realidad social de forma genérica, sin concreción alguna y sin determinar la razón por la que el canon sociológico justifica la interpretación que se propone. Vimos un ejemplo de este modo de hacer al comienzo de la exposición[25]. Sobre esta manera de proceder considero que no es correcto acudir a la invocación abstracta del canon sociológico. La realidad social no pasa de ser un concepto jurídico indeterminado desprovisto de entidad por sí mismo. De ahí que, al fin de fundamentar una cierta interpretación de la norma aplicable al caso, la aplicación del canon sociológico precisa, al igual que la ley o la costumbre, de su concreción por parte de quien lo emplea. Y ello en un doble sentido: por una parte, determinando cuál es la manifestación específica de la realidad social a que el juzgador se refiere; por otra, justificando la razón por la que la realidad invocada fundamenta la interpretación que se propone. En otro caso cabe entender que no se cumple lo dispuesto por el art. 120.3 CE cuando establece que *«las sentencias han de ser siempre motivadas»*.

Junto con las razones expuestas se debe traer además un principio de coherencia. Me refiero a la existencia de resoluciones judiciales que desestiman los recursos por falta de claridad cuando no se determina lo que el recurrente pretende mediante la invocación de la realidad social y el modo en que afecta al supuesto litigioso. En concreto, el Tribunal Supremo declara que no caben invocaciones abstractas del canon sociológico[26]; acusa de incertidumbre a la realidad social que no estuviera enmarcada en el espacio

19. STS 17 julio 1990 (RJ 1990, 10566).
20. Entre muchas, Ss.TS 6 junio 1984 (RJ 1984, 3216), 22 diciembre 1986 (RJ 1986, 7796) y 19 abril 1988 (RJ 1988, 2815).
21. STS 9 mayo 1991 (RJ 1991, 4267).
22. STS 20 enero 1987 (RJ 1987, 2733)
23. Por todas, Ss.TS 23 enero 1990 (RJ 1990, 480) y 10 diciembre 1992 (RJ 1992, 10096).
24. Así, Ss.TS 5 noviembre 1984 (RJ 1984, 5367), 16 octubre 1987 (RJ 1987, 7058) y 4 marzo 1992 (RJ 1992, 1617).
25. Además, recurriendo a la invocación genérica de la realidad social, a título de ejemplo: Ss.TS 17 marzo 1986 (RJ 1986, 1474), 5 noviembre 1998 (RJ 1998, 9870), 8 marzo 1990 (RJ 1990, 2424) y 17 mayo 2002 (RJ 2002, 6748).
26. STS 17 enero 2003 (RJ 2003, 670).

y en el tiempo[27]; deja de valorar la incidencia del canon sociológico cuando el recurrente nada concreta[28]; y, frente a la mención indiscriminada de la realidad social, estima que «no puede pretenderse que sobre la base de genéricas alegaciones sea impugnada una decisión judicial»[29].

Así las cosas, el examen del modo en que se recurre al canon sociológico permite apuntar otras consideraciones sobre su correcta aplicación que se exponen a continuación.

En primer lugar, se puede apreciar que la realidad social constituye un parámetro de interpretación referente a aquellos aspectos que cualifican a la sociedad en un momento histórico determinado. Por lo tanto, la realidad social únicamente puede hacerse referible a hechos, actos, conductas o valoraciones sociales de carácter notorio y de índole general. Y es que solo las circunstancias que participan de la nota de la generalidad tienen entidad para cualificar a la sociedad en el aspecto de que se trata. Y únicamente ellas podrían condicionar la interpretación de las normas que, necesariamente, participan del mismo carácter general.

En segundo lugar y como consecuencia de lo anterior, no conforman la realidad social aquellos hechos, actos o valoraciones que no revisten carácter general, o cuya generalidad o notoriedad suscita dudas. Por esta razón el Tribunal Supremo rechaza que sea una realidad social la existencia de almacenes de distribución farmacéutica que no cuentan con la autorización pertinente[30]. Desestima que pueda ser alegada como realidad social la existencia de una opinión favorable a la despenalización del tráfico de cannabis con el fin de justificar una interpretación restrictiva de las normas penales referentes a la venta de drogas[31]. Y por el mismo motivo se rechaza que pueda estimarse como realidad social el hecho de que en las grandes ciudades sea más segura la identificación instrumental para entender desfasada la identificación del testador por medio de testigos prevista por el art. 685 CC[32]. En consecuencia, deben resultar excluidos como objeto del canon sociológico aquellos aspectos cuya notoriedad o generalidad suscite dudas[33].

27. STS 22 diciembre 2000 (RJ 2000, 2439).
28. STS 22 mayo 2003 (RJ 2003, 7147).
29. STS 4 diciembre 2002 (RJ 2002, 1060).
30. STS 30 septiembre 1988 (RJ 1988, 7179).
31. STS 25 octubre 1982 (RJ 1982, 5684).
32. STS 25 abril 1991 (RJ 1991, 3029).
33. A la necesidad de que la realidad social esté conformada y no ofrezca dudas es a lo que aluden las resoluciones judiciales que afirman que no debe referirse a ideas o tendencias que se hallen en estado de nebulosa; entre otras Ss.TS 8 marzo 1982 (RJ 1982, 1290) y 10 diciembre 1984 (RJ 1984, 6055). O que en la aplicación de la realidad

En tercer lugar, dado el carácter notorio y general que habrá de revestir, la realidad social no precisa de prueba alguna. Y es que no debe confundirse la realidad social con las circunstancias particulares del supuesto de hecho, como pueden ser, por ejemplo, la modesta economía de la demandada, las circunstancias económicas del demandante, o la condición de emigrante del recurrente. Estas circunstancias particulares precisan ser probadas y —al margen de que puedan dar lugar a eximentes, atenuantes o agravantes en sede penal— su campo de actuación propio es en el ámbito y con los límites que para la equidad señala el art. 3.2 CC[34].

Y en cuarto lugar, con fundamento en el principio de legalidad y en lo dispuesto para la costumbre en el art. 1 CC debe entenderse que no es admisible la realidad social *contra legem*. Y es que a veces se invoca la realidad social para traer a colación una práctica u opinión contraria a la norma con el fin de eludir su aplicación. Así, frente a la condena por una publicación en la que se imputaba la adjudicación de una plaza por influencias, se aduce que la recomendación está tan arraigada en nuestro país que ya no produce desmerecimiento en la consideración ajena[35]. O, frente a la condena por entorpecimiento del servicio público debido a la demora en los envíos de correos, se alega que en España los retrasos en el servicio postal ya no extrañan a nadie[36]. Y frente a las condenas por el incumplimiento del deber de prestar el servicio militar, se hizo frecuente oponer la existencia de una opinión contraria al servicio de armas y a la prestación social sustitutoria[37]. Pues bien, aun cuando el Tribunal Supremo pueda aceptar que constituya realidad social la práctica o juicio contrario a la norma aplicable, la rechaza con fundamento en el deber de atenerse a la legalidad y de cumplir las leyes mientras estén en vigor.

## V. LA FUNCIÓN Y LOS LÍMITES DE LA REALIDAD SOCIAL EN CUANTO CANON DE INTERPRETACIÓN

Hasta aquí lo que se invoca como realidad social y el modo en que debe ser alegada. Ahora se debe aludir al para qué del canon sociológico. Es decir, a la finalidad a que debe responder el empleo de la realidad social. Pues

---

social se proceda con mucho tino y prudencia, para no dar trascendencia a estados o tendencias no fijados, o en estado de formación; por todas, Ss.TS 28 febrero 1989 (RJ 1989, 1410), 7 enero 1991 (RJ 1991, 108), 25 abril 1991 (RJ 1991, 3029) y 7 febrero 1992 (RJ 1992, 1197).

34. Invocando erróneamente la realidad social para hacer jugar circunstancias particulares del caso, entre otras: Ss.TS 10 enero 1985 (RJ 1985, 169), 31 mayo 1986 (RJ 1986, 3349) y 28 febrero 1987 (RJ 1987, 1004).
35. STS 4 noviembre 1986 (RJ 1986, 6205).
36. STS 15 noviembre 1993 (RJ, 8581).
37. Por todas, STS 1 junio 2000 (RJ 2000, 6110).

bien, con alcance general el Tribunal Supremo no hace uso del canon sociológico para llegar a interpretaciones correctoras de las normas. Y es que la realidad social se emplea: bien como argumento que juega «a mayor abundamiento»; bien para proponer una interpretación meramente extensiva o restrictiva de la norma aplicable; o también como recurso que fundamenta la opción por uno de los varios significados del precepto que se trata de aplicar.

En efecto, tomando como referencia las resoluciones judiciales antes citadas: el paro laboral es la realidad a la que se recurre para interpretar restrictivamente las causas de despido; las gravísimas consecuencias de la creciente circulación son invocadas para fundamentar una interpretación extensiva de las normas a favor de las víctimas del hecho circulatorio; las dificultades para el ejercicio de cualquier profesión u oficio se aducen para interpretar en modo restrictivo el art. 152 CC y reconocer el derecho de alimentos a los hijos mayores de edad a pesar de estar en edad de trabajar; las nuevas técnicas constructivas, y en concreto la fabricación de ventanas con material traslúcido, son alegadas para interpretar en modo extensivo los arts. 581 y ss. CC que regulan las distancias que se han de guardar para la apertura de huecos y ventanas; o el que en la realidad social actual sea difícil encontrar un puesto de trabajo es el argumento que se emplea para interpretar, en el sentido más favorable a la admisibilidad, las reglas por las que se rigen los concursos y las oposiciones.

Asimismo: la inmigración operada en los pueblos andaluces se trae a colación como criterio que posibilita una interpretación restrictiva de las causas de resolución de los arrendamientos; las dificultades para encontrar un primer empleo se invocan como aspecto social que coadyuva a la concesión de licencias para la apertura de bares y negocios de esparcimiento cuando son jóvenes quienes presentan la correspondiente solicitud; el rapidísimo medio de transporte que es el avión es la realidad de que se sirve el Tribunal Supremo para interpretar en sentido amplio la posibilidad de compatibilizar sin merma dos puestos de trabajo; la consideración de que en la sociedad actual la relación empresa-cliente exige un trato que evite que el consumidor prescinda de una empresa y acuda a otra es argumento utilizado para estimar que son gastos deducibles los regalos y comidas dados por las empresas a los clientes; o, en fin, los avances técnicos y su secuela de creación de riesgo son invocados para fundamentar una interpretación extensiva del art. 1902 CC.

Por lo tanto, exclusión de la interpretación correctora y acomodo de las consecuencias derivadas del empleo de la realidad social en el ámbito de la interpretación declarativa, extensiva o restrictiva. Sobre este particular, el

Tribunal Supremo ha reiterado que el empleo de la realidad social no debe suponer la inaplicación o modificación de las normas[38]; que no se le puede hacer actuar de modo opuesto al ordenamiento jurídico[39]; y también que mediante la aplicación de la realidad social no cabe tergiversar la ley, cambiarle su sentido o darle una aplicación arbitraria[40].

Es esta la pauta jurisprudencial que reviste carácter general y la que debe sobreponerse frente a cualquier otro criterio. Y es que, de entre los elementos de interpretación que integran el art. 3.1 CC, existen algunos que habilitan para superar el sentido literal del precepto aplicable[41]. Así ocurre con el espíritu y finalidad al que el propio art. 3.1 configura como objeto de la interpretación atribuyéndole carácter prioritario. Y así sucede también con el canon sistemático que, por razón de los principios de jerarquía normativa y de interpretación conforme a la Constitución, permite proponer la superación o corrección del significado de una norma.

Sin embargo, en el ámbito del art. 3.1 CC existen otros elementos que tienen por objeto situar los preceptos en el tiempo. Es el caso del canon histórico, en cuanto permite considerar los antecedentes próximos y remotos de la norma; es decir: la historia del precepto que precede a su promulgación. Y es el caso también del criterio de la realidad social, en cuanto permite tomar en consideración los distintos aspectos que cualifican a la sociedad al tiempo de aplicar la norma. Uno, canon histórico, ayuda a desentrañar el significado originario de la norma. El otro, canon sociológico, permite acomodar la norma a las circunstancias que configuran a la sociedad al tiempo de su aplicación. Mas, uno y otro carecen de entidad normativa y por esta razón no habilitan para corregir el significado literal de la norma aplicable al supuesto de hecho.

Las cosas no podían ser de otro modo. Como se expuso en un principio, el Preámbulo de la Constitución configura a la ley como expresión de la voluntad popular. Su artículo 1.º dispone que España se constituye en un Estado social. Y el art. 117 del propio texto constitucional sanciona el principio de «legitimidad democrática del poder judicial» al establecer que la

38. Entre otras, Ss.TS 13 junio 1989 (RJ 1989, 4660), 7 enero 1991 (RJ 1991, 108) y 15 enero 2009 (RJ 2009, 1975).
39. STS 23 diciembre 1985 (RJ 1985, 868).
40. Ss.TS 18 diciembre 1997 (RJ 1997, 9102) y 30 junio 2009 (RJ 2009, 4322). En la misma orientación, también se afirma que la realidad social: no puede llevar a interpretar un precepto conculcando su tenor literal (STS 26 diciembre 1990; RJ 1990, 10370); y no permite, ni desnaturalizar la sustancia de la norma (STS 13 julio 1993; RJ 1993, 5640); ni corregirla (STS 19 mayo 2003; RJ 2003, 5772-5773).
41. Sobre el tema, PÉREZ ÁLVAREZ, M. A.: *Interpretación y Jurisprudencia,* Aranzadi, Pamplona, 1994.

justicia emana del pueblo. Pero el que ello sea así no permite fundamentar las opiniones que exigen a los jueces una labor, no de acomodación, sino de propia corrección de las normas con el fin de que respondan a la realidad social existente en el momento de su aplicación. Y es que el propio Preámbulo CE proclama la voluntad de la nación española de consolidar un Estado de Derecho. El art. 1.º CE, es cierto, dispone que España se constituye en un «estado social y democrático», pero de Derecho. El art. 9.3 dispone que la Constitución garantiza, entre otras cosas, el «principio de legalidad», la «seguridad jurídica» y la «interdicción de la arbitrariedad». Y siendo cierto que el art. 117 CE sanciona el principio de legitimidad democrática del poder judicial, también lo es que el mismo artículo establece que los jueces y magistrados están sometidos al «imperio de la ley».

Así circunscrita la entidad del canon sociológico, el examen del para qué se emplea la realidad social revela que, como regla general, los jueces y tribunales recurren al citado canon como medio de atemperar las consecuencias de las normas, atenuándolas en sus consecuencias. A este respecto se puede constatar que constituyen excepción las sentencias en las que se hace jugar la realidad social para agravar las consecuencias de la norma aplicable al caso concreto. Lo anterior podría resumirse diciendo que a la realidad social se la hace actuar como una especie de mecanismo o técnica de equidad fundada en causas generales.

## VI. LA REALIDAD SOCIAL Y LOS CONCEPTOS JURÍDICOS INDETERMINADOS

Tan sólo queda resolver una última cuestión. Se ha expuesto el papel subordinado que cabe atribuir al canon sociológico y se ha justificado que esté desprovisto de entidad correctora. Entonces, ¿cómo explicar que utilizando una correcta técnica jurídica la realidad social pueda llegar a ser factor determinante de ciertos fallos? Ello es así debido a que el canon sociológico puede cumplir un papel más decisivo del que hasta ahora se ha explicado. Me refiero a la función que por voluntad del legislador puede jugar la realidad social como mecanismo de integración de conceptos jurídicos indeterminados.

Ocurre cada vez con más frecuencia que el legislador introduce en las normas un concepto al que cabe calificar como «estándar jurídico», «concepto válvula» o «concepto jurídico indeterminado». Por citar algunos: «buenas costumbres», «notoria importancia», «especial gravedad», «mala conducta», «interés superior al normal» o «buen padre de familia». Se trata de supuestos en los que el legislador hace depender la consecuencia jurídica prevista por la norma de un concepto jurídico indeterminado. Por ejemplo:

la validez de los pactos establecidos por los contratantes se condiciona por el art. 1255 CC a que no sean contrarios a la «moral»; o el art. 1903 CC hace cesar la responsabilidad por hecho de haberse empleado la diligencia de un buen padre de familia.

Pues bien, de entre tales conceptos hay algunos cuya determinación pasa por la consideración de la realidad social a la que hay que acudir para darles contenido. Se trata de conceptos, como el de moral pública, cuyo significado debe ser desvelado conforme a la realidad social; o se trata también de conceptos, como el de especial gravedad, que se han de determinar conforme a datos de la experiencia que forman parte de la realidad social. Cuando ello ocurre, la realidad social adquiere una entidad especial en cuanto no da lugar ni a una interpretación extensiva ni restrictiva. En dichos casos hay algo más; la realidad social determina la consecuencia jurídica prevista en la norma de cuya aplicación de trata: la denegación o autorización de ciertas licencias; la existencia o agravación de determinados delitos; la exención o no de responsabilidad; la validez o invalidez de pactos, cláusulas y condiciones; la atribución de la guarda y custodia, la imposición de sanciones; o el goce de específicos beneficios.

Veamos un caso particular resuelto por la STS de 1 de diciembre de 1986 (RJ 1986, 7686). La norma aplicable al supuesto de hecho prevé la consideración de ciertas cooperativas como «fiscalmente protegidas». Pero para ello ha de tratarse de cooperativas que tengan por objeto procurar «productos de uso corriente». Por tanto, el legislador hace depender la consecuencia jurídica (protección fiscal) de un concepto jurídico indeterminado (que lo que se venda sean productos «corrientes»), concepto que debe ser valorados conforme a la realidad social. El litigio se plantea porque se había denegado a una cooperativa el beneficio de protección fiscal debido a que los productos que ofertaba eran aparatos de grabación, vinos embotellados y viajes de vacaciones. Sin embargo, el Tribunal Supremo declara al respecto lo siguiente:

> «Las mercancías que (la cooperativa) ofrece en venta se encuentran dentro de los límites normales del nivel de vida actual. La palabra "corrientes" como calificativo de los productos vendidos, incorpora un concepto jurídico indeterminado cuya sustancia ha de ser suministrada por la realidad social de nuestro tiempo, y se opone a la noción de "lujo", elemento simétrico. Lo corriente es lo usual, acostumbrado, normal, y en nuestra época y en nuestro país, por fortuna y desde hace años, han de considerarse dentro de un nivel económico medio los viajes de vacaciones, los aparatos grabadores-reproductores magnetoscópicos y los vinos embotellados».

En el caso que se acaba de exponer y en otros similares la realidad social es factor decisivo ya que determina los efectos previstos en la norma correspondiente. Pero ello no ocurre por aplicación del art. 3.1 CC, ni en virtud de una interpretación correctora, ni porque la realidad social sea fuente del Derecho. Sucede por decisión del legislador cuando, a través de un concepto jurídico indeterminado, ha querido que en un caso concreto la consecuencia jurídica de una norma resulta condicionada por la realidad social. Es entonces cuando el canon sociológico cumple una función de integración y pasa a adquirir carácter decisorio en el fallo correspondiente. En otro caso, la realidad social únicamente podrá cumplir el papel subordinado derivado de su falta de entidad normativa.

## VII. CONCLUSIONES

Concluyo entresacando cinco propuestas de índole general: 1.ª El canon sociológico ligado al método histórico evolutivo y desligado de la libre investigación del Derecho. 2.ª La realidad social configurada como criterio de interpretación y no como fuente del Derecho. 3.ª La realidad social explicitada, determinando el aspecto de la misma que se toma como referencia y las razones por las que fundamenta la interpretación que se propone. 4.ª La realidad social como criterio que posibilita un aplicación restrictiva o extensiva de las normas, pero excluyente de interpretaciones correctoras y carente de entidad para fundamentar la inaplicación del precepto referible al supuesto de hecho. Y 5.ª La realidad social jugando un papel distinto y dotado de relevancia especial cuando es criterio valorativo de conceptos jurídicos indeterminados.

## *Capítulo 12*

# ¿La realidad social lo puede todo?

PABLO MURUAGA HERRERO [1]
*Universitat de València*

SUMARIO: I. INTRODUCCIÓN. II. EL CASO PRÁCTICO QUE DEBEN RESOLVER. *1. Cuestión previa. 2. El artículo del Código Civil. 3. Las razones de esta elección.* III. LA EJECUCIÓN POR PARTE DEL ESTUDIANTADO. *1. Primera fase: las preguntas iniciales. 2. Segunda fase: lo que el Código Civil dice de la interpretación. 3. Tercera fase: la analogía y las limitaciones. 4. Cuarta fase: la sentencia del Tribunal Supremo.* IV. CONCLUSIONES.

## I. INTRODUCCIÓN

La interpretación es la base fundamental de todo jurista. Las palabras, en sí mismo consideradas, *no dicen nada* en ningún plano, ni en el literario, ni en el semántico, ni en el sociológico, ni en el jurídico. Hasta la más sencilla puede presentar matices para dos personas distintas, que tengan un sustrato diferente, a pesar de la repetición errónea por parte de nuestros tribunales y doctrina del brocardo latino *in claris non fit interpretatio*[2].

Y si la interpretación por sí misma ya es fundamental[3], más puede serlo en el campo del Derecho civil, pues el texto fundamental de esta materia no

1. FPU22/03430.
2. Sobre este brocardo es sumamente interesante el trabajo de: SÁNCHEZ RUBIO, M. A.: «La interpretación en el derecho: *in claris non fit interpretatio*», *Anuario de la Facultad de Derecho de la Universidad de Extremadura,* núm. 22 (2004), pp. 417-435.
3. *Vid.* RAZ, J.: «¿Por qué interpretar?», *Isonomía: Revista de teoría y filosofía del derecho,* núm. 5 (1996), pp. 25-40; o GUASTINI, R.: *Interpretar y argumentar,* 2.ª ed., Centro de Estudios Políticos y Constitucionales, Madrid, 2018.

se caracteriza precisamente por su novedad o constante actualización, encontrando en él desde la persecución de abejas en fundo ajeno a la regulación de los contratos de criados[4]. En efecto. El Código Civil está repleto de artículos que requieren ser pasados por el tamiz de la interpretación. Ahora bien, ¿cómo se interpreta? O, mejor dicho, ¿cómo se enseña a interpretar a los futuros juristas que dentro de no mucho tiempo serán los encargados de aplicar e interpretar el Derecho?

Esta labor, de indudable complejidad, no la trataré en esta ocasión, ya que en esta obra se acompañan magníficos ejemplos de cómo realizar esta titánica, pero fundamental tarea. Por ello, me centraré, relacionándolo con la interpretación, en un análisis crítico que se propone a los estudiantes. Ya que junto con aprender a interpretar entiendo que es esencial que desarrollen su capacidad de argumentar y su visión crítica para con el Derecho[5].

Así, en la actualidad, nuestros tribunales acuden constantemente a la interpretación conforme a la realidad social para conseguir descifrar lo que las normas *quieren decir*. No obstante, aunque en excepciones fundamenten tal uso, en otros muchos supuestos se utiliza este concepto indeterminado de «realidad social» para hacer, a través de la abstracción, de la inconcreción o del maniqueo, un auténtico ejercicio de política legislativa y no de aplicación del Derecho[6]. Es más. Si analizamos los pronunciamientos judiciales, parece que la realidad social *lo puede todo*. Empero eso no es cierto. Todo lo contrario. Los tiene y deben ser respetados, pues en caso contrario se estaría incluso atacando al principio de legalidad de nuestro ordenamiento jurídico.

Por ello, para intentar que el alumnado realice un ejercicio no solo de interpretación, sino, también, de análisis crítico se les propone que reflexionen jurídicamente sobre la interpretación de un concreto precepto del Código Civil y de la solución que dio en este sentido, acudiendo a la realidad social, el Tribunal Supremo. En este sentido, cabe destacar que esta activi-

4. Precisamente, en la reciente sentencia SAP Valencia de 9 de enero de 2024 (JUR 2024, 31318) se interpreta qué se debe entender por fondas y mesones en la actualidad, a pesar de la terminología utilizada en el artículo 1783 CC.
5. En la doctrina reciente son fundamentales las obras de: GARCÍA AMADO, J. A.: *Argumentación jurídica: fundamentos teóricos y elementos prácticos,* Tirant lo Blanch, Valencia, 2023; o ATIENZA RODRÍGUEZ, M.: *El Derecho como argumentación,* Ariel, Barcelona, 2006.
6. Ya criticaba SALVADOR CODERCH, de la realidad social, su uso por parte de los tribunales, afirmando «tan nombrada como poco identificada y descrita con un mínimo rigor: ¿qué es?, ¿cómo se conoce?» (SALVADOR CODERCH, P.: «Artículo 3.2.», en *Comentarios al Código Civil y Compilaciones Forales,* Reedición, t. I, vol. I, Edersa, Madrid, 2004, electrónico).

dad se desarrolla dentro del temario de la asignatura Derecho civil I. Parte general y Derecho de la persona, impartida en el primer curso del grado en Derecho y de los dobles grados de contenido jurídico.

## II. EL CASO PRÁCTICO QUE DEBEN RESOLVER

### 1. CUESTIÓN PREVIA

La propuesta de este caso práctico y su análisis se realiza de manera simultánea a la adquisición de los conocimientos por parte de los estudiantes. Así, al comenzar la actividad, todavía no se les ha explicado las bases de la interpretación jurídica conforme al Código Civil, sino que la van descubriendo de manera simultánea al desarrollo de la actividad teórico-práctica.

### 2. EL ARTÍCULO DEL CÓDIGO CIVIL

El precepto en cuestión es el artículo 752 del Código Civil, en el que se dispone que «[n]o producirán efecto las disposiciones testamentarias que haga el testador durante su última enfermedad en favor del sacerdote que en ella le hubiese confesado, de los parientes del mismo dentro del cuarto grado, o de su iglesia, cabildo, comunidad o instituto».

### 3. LAS RAZONES DE ESTA ELECCIÓN

Podría afirmarse, sin ningún lugar a duda, que este precepto no es el que presenta una mayor utilidad en pleno siglo XXI o podría cuestionarse si alguna vez la tuvo. Por tanto, ¿por qué se selecciona para introducir el estudio y análisis de la interpretación jurídica en la asignatura, teniendo en cuenta, además, de que se trata de una materia —las prohibiciones de suceder— que la estudiarán con mayor detalle en la asignatura que se dedica al Derecho de sucesiones?

Tras haber tenido oportunidad de estudiar este precepto en detalle[7], me di cuenta de que presentaba grandes cualidades para poder utilizarlo en el aprendizaje de los estudiantes. En primer lugar, porque al mismo tiempo que estudian Derecho civil I —en el caso de la Universitat de València— están cursando las asignaturas de Derecho constitucional I y Derecho eclesiástico, lo cual les permite tener una visión más amplia e interdisciplinar de la materia. En segundo lugar, porque es un precepto que utiliza términos

7. Se pueden ver mis conclusiones sobre la interpretación de este precepto y mi crítica a la interpretación realizada por la Sala de lo Civil del Tribunal Supremo en: MURUAGA HERRERO, P.: «Reflexiones en torno a la prohibición de confesores», *Revista Jurídica del Notariado*, núm. 117 (2023), pp. 239-296.

de uso común en España —como son «sacerdote» o «iglesia»—. En tercer lugar, porque el Tribunal Supremo se ha pronunciado sobre la interpretación de este precepto, en su sentencia de 19 de mayo de 2015[8]. En cuarto lugar, porque permite observar las diferencias entre la interpretación extensiva y la aplicación analógica. En quinto lugar, porque al sumar gran cantidad de elementos puede servir para que desarrollen un punto de vista crítico o disconforme con la posición del alto tribunal. Así, todas estas razones me llevaron a entender que podía no solo ser conveniente, sino interesante tratarlo en el marco de la asignatura y tomarlo como modelo en el aprendizaje de la interpretación.

## III. LA EJECUCIÓN POR PARTE DEL ESTUDIANTADO

### 1. PRIMERA FASE: LAS PREGUNTAS INICIALES

Tras leer el precepto, se realizan las siguientes preguntas a los estudiantes: ¿Qué es un sacerdote?, ¿qué es una confesión? y ¿qué es una iglesia? Aunque el precepto bien requiere la interpretación de otros muchos conceptos, se considera que, dados los conocimientos jurídicos del estudiantado, son los términos que pueden plantear un interés mayor. Las respuestas a estas cuestiones suelen partir de sus conocimientos generales sobre la religión. Así, no dudan en afirmar que «un sacerdote es un cura» o que «confesarse es cuando le cuentas los pecados a un cura y te absuelve». Contestaciones, todas ellas, lógicas o consecuentes con el significado que en el lenguaje cotidiano en español se suele dar a estos términos[9].

A continuación, les hago la siguiente pregunta: ¿un rabino es un sacerdote? A lo que todos de manera unánime responden negativamente. Y tras su respuesta les pregunto si hay alguna norma similar a la del artículo 752 CC que se pronuncie sobre los rabinos, imanes, maestros budistas... No la encuentran porque, efectivamente, no existe. Y dejando a un lado la posible injusticia, les cuestiono si, por lo tanto, ante la falta de una norma expresa, entienden que el mencionado precepto debería aplicarse a los ministros de culto de otras religiones. Y nuevamente responden que «no», que «si el precepto se refiere a los sacerdotes no debe aplicarse a otros ministros de culto».

---

8. *Vid.* STS de 19 de mayo de 2015 (RJ 2015, 2451).
9. Aunque, sin darse cuenta, ya están realizando un ejercicio de interpretación de los términos del precepto.

## 2. SEGUNDA FASE: LO QUE EL CÓDIGO CIVIL DICE DE LA INTERPRETACIÓN

Tras esa ronda de preguntas iniciales, les planteo lo que es la interpretación, la cual «consiste en la determinación del sentido y el alcance de una norma jurídica, a través de los datos y signos mediante los que ésta se manifiesta»[10]. Y les señalo, además, que el artículo 3.1 CC nos indica cuáles son los elementos que se pueden tener en consideración a la hora de interpretar las normas, aunque no de manera exclusiva ni excluyente.

De entre todos ellos, como no podría ser de otro modo, la explicación se centra en el denominado «elemento sociológico», es decir, «la realidad social del tiempo en que han de ser aplicadas». Nuestro código no la define, sino que opta por presuponer su concepto o dejarlo en blanco para que sea completado por los tribunales y por la doctrina. Lo cierto es que definirla de manera objetiva es complicadísimo y, en todo caso, responde al conjunto de valores imperantes en un determinado momento y a las concretas circunstancias sociales, económicas, políticas... que pueden hacer que la visión concreta de una palabra sea otra[11]. Con este artículo y tras la pertinente explicación sobre la realidad social, se pregunta a los alumnos si consideran que conforme a esta sería posible entender que el precepto que se analiza se aplicaría también a otros ministros de culto.

Ante la posibilidad de que desconozcan algunos datos fundamentales, se exponen los siguientes hechos que deben ser tenidos en cuenta a la hora de analizar esa posible interpretación. Así, en primer lugar, que, en 1889 en España, aunque no estaba prohibido practicar alguna otra religión —con limitaciones—, la religión católica era la oficial del Estado. En segundo lugar, que con la entrada en vigor de la Constitución española se colocó en un lugar privilegiado, junto con el resto de las libertades fundamentales, a la libertad religiosa que, entre otros aspectos, supone la juridificación de la no discriminación por cuestiones religiosas. En tercer lugar, que en 2024, por primera vez en la historia parece ser que España ha dejado de ser mayoritariamente católica[12].

---

10. VERDERA SERVER, R.: *Lecciones de Derecho civil I*, 2.ª ed., Tirant lo Blanch, Valencia, 2019, p. 60.
11. Resulta fundamental en este sentido: PÉREZ ÁLVAREZ, M. A.: *Realidad social y jurisprudencia: diez tesis sobre la realidad social en cuanto canon de interpretación de las normas*, Colex, Madrid, 2005; o, más recientemente, PÉREZ ÁLVAREZ, M. A.: *Una relectura sobre la función de la realidad social en la aplicación del derecho*, Real Academia Gallega de Jurisprudencia y Legislación, A Coruña, 2011.
12. *Vid. v.gr.* https://www.elmundo.es/papel/historias/2023/09/30/65171698fdddff8a918b4580.html [Última consulta: 12 de febrero de 2024].

Tras exponer sucintamente estos datos, de manera mayoritaria consideran que si hacemos una interpretación conforme a la realidad social el artículo 752 CC debería interpretarse en el sentido de que están en él comprendidos los ministros de culto de cualquier religión y no solo los sacerdotes porque en el momento en el que el legislador aprobó el Código Civil realmente era impensable incluir una referencia genérica a los ministros de culto, dada la predominancia del catolicismo.

## 3. TERCERA FASE: LA ANALOGÍA Y LAS LIMITACIONES

A continuación, les muestro lo que dispone el artículo 4.1 y 2 CC y les pregunto si el caso que estamos estudiando es un supuesto de interpretación o de aplicación analógica. Tras ello, empiezan a dudar porque se dan cuenta de que dentro de la aplicación analógica cabría también lo expuesto, pues se trata de un supuesto no regulado —*v.gr.* el rabino— semejante a otro —el sacerdote— entre los que puede haber identidad de razón. Y, entonces, en ese caso, por ser norma prohibitiva —penal— no se podría aplicar analógicamente.

A grandes rasgos —pues es una de las distinciones más complejas de la parte general del Derecho civil[13]—, se podría afirmar que estaremos ante un supuesto de aplicación analógica cuando la norma se traslada de un marco institucional a otro, mientras que estaremos ante una interpretación extensiva si la norma no se traslada a otro marco institucional.

## 4. CUARTA FASE: LA SENTENCIA DEL TRIBUNAL SUPREMO

Tras todo ello, les expongo el parecer del Tribunal Supremo, el cual, en la sentencia citada *ut supra,* señaló que «la valoración de esta causa de incapacidad relativa para suceder no escapa de la debida interpretación flexible conforme a la realidad social y a los valores del momento en que se produce. De ahí que en la actualidad la obligada interpretación constitucional del precepto extienda su aplicación no sólo a los sacerdotes católicos, sino también a los de cualquier otra confesión religiosa».

Con ello, no se pretende que sigan al pie de la letra lo mantenido por el alto tribunal, sino que desarrollen a la vista de todo lo expresado y explicado su posición jurídica, argumentándola y defendiéndola. El resultado, *grosso modo,* suele ser que la mitad de la clase entiende que efectivamente estamos ante un supuesto de interpretación extensiva no vedado por el artículo 4

13. *Vid.* CERDERIRA BRAVO DE MANSILLA, G.: «Analogía e interpretación extensiva: una reflexión (empírica) sobre sus confines», *Anuario de Derecho Civil,* vol. 65, núm. 3 (2012), pp. 1001-1073.

CC porque estamos ante un mismo marco jurídico, mientras que la otra mitad defiende que es una aplicación analógica porque, aunque todos sean ministros de culto, no tienen un mismo régimen jurídico. Ahora bien, en todo caso, lo que deben no es responder «sí» o «no», sino fundamentar la su posición jurídica.

«¿Cuál es la solución correcta?», me suelen preguntar. Siempre les respondo lo mismo: «la argumentación».

El problema principal que les señalo de la sentencia citada no es el fallo en sí mismo considerado, sino la falta de fundamentación y argumentación de por qué debe interpretarse así el artículo y no de otro modo. Los alumnos leen la sentencia completa y se dan cuenta de que, efectivamente, el alto tribunal no justifica la decisión de que la realidad social haga necesario interpretar el precepto de ese modo. Da por supuesta esa genérica realidad social. Pero, más aún, destacan que el Tribunal Supremo no se plantea la distinción entre la analogía y la interpretación extensiva, cuando para algunos de ellos es claramente un caso del primer tipo.

## IV. CONCLUSIONES

Soy consciente de que no es un caso sencillo. No lo es ni tan siquiera para mí. Pero con él busco dos objetivos fundamentales. Por un lado, intentar exponer uno de los temas más áridos dogmáticamente de una manera asequible, intentando que vean las complejidades de la interpretación, los grises que encontramos cuando queremos aplicar cualquier norma. Por otro lado, intentar que comiencen desde primero del grado a argumentar, a cuestionarse, con un espíritu crítico y con respeto, las decisiones jurídicas que toman otros. Este ejercicio práctico busca eso: la explicación de la materia y, al mismo tiempo, el desarrollo de sus capacidades argumentativas.

El alumnado ha reaccionado positivamente. Por ahora, han demostrado que con el ejemplo son capaces de comprender la parte teórica de la asignatura, han podido observar los puntos de fricción en la materia y han podido profundizar en la construcción de los argumentos y de la fundamentación.

*Capítulo 13*

# Jurisprudencia (sobre «casos difíciles») como herramienta para la enseñanza del Derecho

Nuria Belloso Martín[1]
*Universidad de Burgos*



## I. INTRODUCCIÓN

El análisis de las sentencias judiciales presenta la virtualidad de poner en contacto la teoría con la práctica real del Derecho, es decir, su aplicación a conflictos reales que se han producido en la vida social. Su estudio permite

1. Coordinadora del Grupo de Innovación Docente «Metodología Interdisciplinar Jurídico-Político-Filosófica», de la Universidad de Burgos.

comprender todo lo que conlleva el proceso de razonamiento judicial hasta llegar a la decisión. Permite que el estudiante entienda las dificultades que presenta la interpretación del Derecho, los conceptos jurídicos fundamentales (fuentes del Derecho, norma, vaguedad, ambigüedad, laguna del derecho, conceptos jurídicos indeterminados, principios jurídicos, textura abierta, diferenciar «casos fáciles» de «casos difíciles»). Facilita profundizar en los métodos de interpretación jurídica (gramatical o literal, lógico o conceptual, histórico o evolutivo). Asimismo, redunda en una adquisición de habilidades y técnicas para entender la argumentación y aprender a argumentar, así como para adquirir competencias en la búsqueda de bases documentales y jurisprudenciales. Incorpora el aprendizaje basado en problemas, lo que refuerza desarrolla habilidades de pensamiento crítico y resolución de problema.

Para asignaturas del Área de conocimiento (Teoría del Derecho, Filosofía del Derecho), trabajar con la interpretación de las sentencias permite fortalecer el concepto de justicia y las teorías de la justicia, que constituyen uno de los ejes de estas disciplinas.

Para explicar la dinámica, voy a dividir la exposición en dos apartados. En el primero, me ocuparé de examinar la metodología de trabajo; en el segundo, explicaré brevemente las cinco sentencias seleccionadas como objeto de análisis para los estudiantes.

## II. METODOLOGÍA DE TRABAJO (DEBATE EN EL AULA SOBRE «CASOS DIFÍCILES»)

Antes de exponer la metodología de trabajo de la dinámica, conviene tomar en consideración dos aspectos previos como son las variables a tener en cuenta para que el docente prepare la dinámica y concretar los objetivos que se pretenden conseguir con tal dinámica.

### 1. VARIABLES CONDICIONANTES PARA TRABAJAR LOS DEBATES EN EL AULA

Puesto que la dinámica consiste en organizar unos debates a desarrollar en el aula, hay que tomar en consideración ciertos condicionantes que permitan valorar la viabilidad de tal debate:

- Número de estudiantes (un grupo idóneo para trabajar sería el cercano a un máximo de cincuenta estudiantes);

- Curso (si se trata de estudiantes de primer o segundo curso, sus recursos y conocimientos jurídicos son limitados por lo que las cuestiones a examinar deben ser más simples);
- Disciplina (tal dinámica puede aplicarse a todas las materias jurídicas, pero sus resultados son más relevantes en disciplinas como la de Filosofía del derecho), —resultados de aprendizaje que se pretenden alcanzar (en función de los resultados que el docente pretende que los estudiantes adquieran, deberán de seleccionar los casos jurisprudenciales para analizar).

## 2. OBJETIVO DE LA DINÁMICA

Cada sentencia seleccionada pretende la consecución de un objetivo específico, y a tal fin se dirige la contextualización del caso que facilite el docente, así como la conducción del desarrollo de los debates en el aula.

## 3. METODOLOGÍA DE LA DINÁMICA

Una vez seleccionadas las sentencias que el docente desea que trabajen los estudiantes, conviene que siga una misma metodología estructural en el análisis de todas y cada una de ellas. La metodología de trabajo comprendería tanto una primera parte de trabajo individual por parte de los estudiantes para seguir, después, con un trabajo grupal.

En el trabajo individual, cada estudiante analizaría la sentencia a partir de la información que el docente le haya proporcionado y las búsquedas individuales que realice cada uno para trabajar el caso. Para cada sentencia, el docente les facilitará: i) Presentación del objetivo de la dinámica; ii) Contextualización del caso; iii) Análisis de la sentencia (Hechos, Fundamentos jurídicos, Fallo); iv) Material de consulta.

A partir del trabajo individual, se iniciará la fase de trabajo en equipo. La dinámica de estos casos se desarrollará formando cuatro grupos entre los estudiantes, para que cada grupo trabaje uno de los casos, para exponer el resultado de su análisis a sus compañeros. Cada grupo se subdividirá, a su vez, en dos, de manera que uno trabaje los fundamentos y argumentaciones de la parte demandante, y, el otro subgrupo, de la parte demandada. En la exposición oral del caso, se someterán a las preguntas y contra-argumentos de los compañeros, a la vez que fundamentarán y valorarán el caso y el fallo.

Con respecto a la fase de exposición oral, el docente dirigirá la dinámica, orientará con preguntas, reconducirá argumentos errados o equívocos, aclarará los aspectos precisos, y subrayará aquellos aspectos que sean clave para que los estudiantes comprendan los elementos sustanciales de cada caso. Para ello, cada caso irá acompañado de unas cuestiones (que permitan a los estudiantes identificar las claves de cada tema más fácilmente) así como de material de consulta, que facilitará el docente.

El criterio de selección de la jurisprudencia, por parte del docente, será el de sentencias que se relacionen con aspectos sustanciales de la parte teórica de la asignatura y que, por tratarse de «casos difíciles» (que son los que ayudan a conocer y entender el Derecho, a diferencia de los «casos fáciles»), permita un acercamiento a la práctica de la interpretación jurídica y la difícil labor de juzgar.

Esta dinámica de análisis y valoración de sentencias judiciales constituye una herramienta docente y de aprendizaje con la que el estudiante aprenderá a desentrañar el razonamiento lógico-jurídico que haya utilizado por el juzgador, facilitará que entienda la disciplina con enjuiciamiento crítico desarrollando habilidades para la solución de supuestos prácticos, y contribuirá a familiarizarse con el lenguaje técnico-forense.

## III. DINÁMICA: DEBATE EN EL AULA SOBRE «CASOS DIFÍCILES»

La dinámica se desarrolla con cinco sentencias (ya se ha insistido en que dependerá del número de estudiantes de cada clase), que permiten ilustrar las problemáticas comunes en el Derecho:

### 1. CASE OF RIVADULLA DURÓ V. SPAIN (APPLICATION NO. 27925/21) THE EUROPEAN COURT OF HUMAN RIGHTS —LÍMITES DEL EJERCICIO DE LA LIBERTAD DE EXPRESIÓN— [2]

El objetivo será analizar la dificultad de los límites del ejercicio de derechos fundamentales, en este caso, de la libertad de expresión (caso del cantante Hassel), a la vez que pone en relación sentencias del ámbito nacional español como del ámbito europeo (TEDH). Como competencia clave, se valorará si la libertad de expresión artística no goza de una posición preferente respecto a las expresiones comunes, por lo menos respeto al uso de palabras injuriosas o difamatorias.

2. *Vid.* STC 107/1988, de 8 de junio, FJ 2; también, *vid.* PRESNO LINERA, M. A.: «Crónica de una condena anunciada: el Asunto Stern Taulats y Roura Capellera c. España sobre la quema de fotos del Rey», *Teoría y Realidad Constitucional,* núm. 42 (2018), pp. 540-542.

## 2. CASO TRABALHADORES DA FAZENDA BRASIL VERDE VS. BRASIL, SENTENÇIA DE 20 DE OCTUBRE DE 2016. CASO 12.066 — DIÁLOGO DE TRIBUNALES— CIDH[3]

A partir de un análisis del concepto actual de «esclavitud», se analizará el «diálogo de tribunales», de manera que, como resultado de aprendizaje, el estudiante comprenda que el Derecho no es un sistema cerrado de ámbito estrictamente nacional, sino que tanto en un contexto de cosmopolitismo y de globalización, el Derecho está en un continuo proceso de comunicación con otros sistemas jurídicos más allá de nuestras fronteras.

## 3. RIGGS CONTRA PALMER. TRIBUNAL DE APELACIONES DE NUEVA YORK —115 NY 506— INTERPRETACIÓN LITERAL DE LA LEY Y DISCRECIONALIDAD JUDICIAL[4]

Este caso, del ámbito norteamericano, tiene como objetivo reforzar el contraste entre el tenor literal de la ley (lo que la ley dice) y el espíritu de la norma (el intérprete de la norma considera que el resultado que se obtiene de tal aplicación colisiona con el espíritu de lo que la norma establecía). Como competencias clave, se trabajará el refuerzo de la distinción entre las corrientes del positivismo jurídico/pospositivismo y la distinción entre reglas y principios jurídicos. Entre los resultados de aprendizaje se pretende que el estudiante comprenda las posibilidades de la discreción judicial (aplicando principios jurídicos) e identifique el papel de la Moral en el Derecho.

## 4. TERCERA SALA DE LA CORTE SUPREMA DE CHILE (CAUSA ROL 105.065-2023) DE 9 DE AGOSTO DE 2023 —NEURODERECHOS Y DERECHO A LA PRIVACIDAD MENTAL—[5]

Se analizarán los «neuroderechos», el derecho a la protección mental y a la privacidad mental, que permitirá poner de relieve la necesidad de que

3. *Vid.* SCIDH Trabajadores de la Hacienda Brasil Verde Vs. Brasil, de 20 de octubre de 2016, disponible en www.corteidh.or.cr/docs/casos/articulos/seriec_318_esp.pdf; también, *vid.* CATALÀ I BAS, A. H.: «Diálogo entre tribunales y creación de un sistema de protección de derechos humanos abierto en red», *Revista Europea de Derechos Fundamentales*, núm. 28 (2015), pp. 13-47, disponible en https://dialnet.unirioja.es/descarga/articulo/5866715.pdf
4. *Vid.* «Riggs contra Palmer. Tribunal de Apelaciones de Nueva York — 115 NY 506», *Revista Telemática de Filosofía del Derecho*, núm. 11 (2007/2008), pp. 363-374, en http://www.rtfd.es/numero11/21-11.pdf
5. Tercera Sala de la Corte Suprema de Chile ha dictado una sentencia (causa rol 105.065-2023) de 9 de agosto de 2023, en https://www.diarioconstitucional.cl/wp-content/uploads/2023/08/GIRARDICONEMOTIVSUPREMA.pdf105.065-2023.pdf.

el operador del Derecho está atento ante los nuevos retos que derivan de la sociedad digital y del dataísmo. Como objetivos, se pretende: i) Comprensión de las nuevas amenazas a los derechos humanos. Conflictos que derivan de los usos de la inteligencia artificial (IA en adelante); ii) Nueva dimensión de la privacidad (mental); iii) verificar si las Declaraciones de derechos humanos, además de proteger la vida y el cuerpo de las personas, deberían proteger también sus mentes; iii) Replanteamiento de la dignidad de la persona, autonomía (agencia), libertad e igualdad, integridad física y psíquica, privacidad (adopción de nuevos riesgos en la sociedad digital); iv) Establecer relación con la protección de datos personales como derecho fundamental. Como resultado de aprendizaje, se persigue el refuerzo de habilidades de búsqueda relativo al bien jurídico protegido.

## 5. TRIBUNAL SUPREMO. SALA DE LO PENAL. SENTENCIA NÚM. 339/2023. FECHA DE SENTENCIA: 10/05/2023 —CASO DE LECTURA FÁCIL— [6]

Este caso pondrá el acento en la actual exigencia de que los autos y sentencias sean comprensibles para los ciudadanos. La Sala de lo Penal del Tribunal Supremo ha dictado dos sentencias, ambas de fecha 10 de mayo de 2023, en las que dispone que el texto de estas se adapte al formato accesible de lectura fácil para que puedan comprenderlo las personas con discapacidad intelectual que intervienen en los casos examinados. En una de las sentencias, tanto la víctima como uno de los victimarios que interpone el recurso, finalmente desestimado, tienen discapacidad intelectual. Se tomará como punto de partida la sentencia Audiencia Provincial de Cantabria (caso de abuso sexual continuado de dos hombres a otro con discapacidad mental).

El objetivo del análisis de esta sentencia es el de comprender la necesidad de normalizar la redacción de sentencias en un formato de «lectura fácil» para los justiciables (destinado especialmente a personas en situación de vulnerabilidad por razones cognitivas o de instrucción). Como compe-

Resumen sentencia. Prensa y comunicaciones del Poder Judicial, en https://www.pjud.cl/prensa-y-comunicaciones/noticias-del-poder-judicial/96951. *Vid.* también PIÑAR MAÑAS, J. L.: «Sentencia pionera de la Corte Suprema de Chile sobre privacidad de la información cerebral», *Derecho Digital e Innovación. Digital Law and Innovation Review*, núm. 17 (2023), en https://dialnet.unirioja.es/servlet/articulo?codigo=9134443

6. *Vid.* en CENDOJ https://www.poderjudicial.es/cgpj/es/Temas/Centro-de-Documentacion-Judicial--CENDOJ-/. «Es necesario redactar las sentencias en formato de lectura fácil para que todas las partes comprendan el fallo», Economist & Jurist (31/05/2023): https://www.economistjurist.es/noticias-juridicas/es-necesario-redactar-las-sentencias-en-formato-de-lectura-facil-para-que-todas-las-partes-comprendan-el-fallo/

tencia clave, se pretende relacionar el derecho de los ciudadanos a entender las sentencias judiciales con el ODS 16, tanto en la clave de justicia como de inclusión social.

La metodología que se aplicará en este caso será analizar ambas sentencias prestando especial atención a los usos de la IA en este caso. Se, solicitará que los estudiantes hagan un resumen simplificado de un fragmento del fallo de la sentencia recurriendo a ChatGPT (deberán elaborar un *prompt* y presentar el resultado).

Las asignaturas de Teoría del derecho y de Filosofía del Derecho, son idóneas para trabajar la interpretación jurídica, la interpretación racional de la ley por parte de los jueces, el lenguaje jurídico y la argumentación jurídica, nociones clave para cualquier alumno que se forme en el ámbito jurídico.

El procedimiento indicado para desarrollar la dinámica refuerza sus habilidades de búsqueda (otras sentencias similares, Derecho comparado), incentiva el trabajo personal e individualizado como también el aprendizaje colaborativo a la vez que refuerza las competencias adquiridas en las clases teóricas.

## IV. CONCLUSIONES

El análisis de la jurisprudencia puede considerarse una modalidad del «estudio del caso», que permite que el estudiante relacione los conocimientos teóricos que va adquiriendo en la asignatura con la aplicación práctica y real de los mismos, lo que permite que se valore positivamente en cuanto que conlleva un refuerzo de la actividad enseñanza-aprendizaje:

i) Facilita que el alumno entienda las dificultades que presenta la interpretación del Derecho, los conceptos jurídicos fundamentales (fuentes del Derecho, norma, vaguedad, ambigüedad, laguna del derecho, conceptos jurídicos indeterminados, principios jurídicos, textura abierta, diferenciar «casos fáciles» de «casos difíciles»);

ii) Permite profundizar en los métodos de interpretación jurídica (gramatical o literal, lógico o conceptual, histórico o evolutivo);

iii) Ayuda a una adquisición de habilidades y técnicas para entender la argumentación y aprender a argumentar, así como para adquirir competencias en la búsqueda de bases documentales y jurisprudenciales; y,

iv) Incorpora el aprendizaje basado en problemas, lo que refuerza desarrolla habilidades de pensamiento crítico y resolución de problemas, competencias que resultan imprescindibles en las disciplinas del Área de Filosofía del derecho.

## *Capítulo 14*

# Potenciando el análisis jurisprudencial en el aprendizaje del Derecho civil: la herramienta *padlet* [1]

BEATRIZ EXTREMERA FERNÁNDEZ
*Universidad de Alicante*

SUMARIO: I. INTRODUCCIÓN. II. MÉTODO. *1. Descripción del contexto y de los participantes. 2. El diseño de la experiencia docente y su aplicación a través de la plataforma padlet.* III. RESULTADOS. IV. CONCLUSIONES.

## I. INTRODUCCIÓN

No cabe duda de que la jurisprudencia constituye uno de los pilares fundamentales sobre los que un jurista debe basarse para la interpretación y aplicación del Derecho. Es por ello, que en las formaciones jurídicas la búsqueda jurisprudencial y el análisis de sentencias es una competencia básica que debe adquirirse antes de la finalización del Grado.

Con el propósito de cumplir con este objetivo, el Departamento de Derecho civil de la Universidad de Alicante determinó que los Trabajos de Fin de Grado consistieran en un análisis jurisprudencial sobre diferentes aspectos de dicha rama jurídica. Sin embargo, el profesorado que tutorizaba dichos trabajos detectó que el alumnado llegaba a dicha asignatura, en

1. Investigación realizada en el marco del proyecto «La herramienta Padlet como instrumento de aprendizaje colaborativo del derecho civil» (Código 5843), financiado por medio de las Ayudas para la creación de redes de investigación en docencia universitaria 2022 convocadas por la Universidad de Alicante.

muchas ocasiones, sin saber cómo realizar búsquedas de sentencias en bases de datos jurídicas, ni tampoco cómo analizarlas.

Esta situación resaltó la necesidad de enfatizar la importancia de la búsqueda y análisis jurisprudencial durante la realización de la formación jurídica y no únicamente en el último curso del Grado. En respuesta a este desafío, unas profesoras de dicho departamento implementaron una Red de Innovación docente con el objetivo de diseñar una experiencia educativa que fomentase el debate jurídico en el proceso de aprendizaje del análisis de sentencias. Al mismo tiempo, se buscaba facilitar la comprensión de los conocimientos adquiridos en clase y su consecuente evaluación. Si bien es cierto que son varias las experiencias docentes que se han creado con esta intención[2], este estudio ha querido que esta formación sea integral y se reitere en todos los cursos de carreras de formación jurídica, a los fines de que cuando finalicen, puedan desarrollar tal competencia con una gran facilidad.

En este contexto, se optó por utilizar una herramienta que tuviera la consideración de tecnología de la información y la comunicación (TIC), dado que a pesar de que los estudiantes que se encuentran en el aula pueden ser considerados «nativos digitales», diversos estudios han manifestado la necesidad de impulsar la adquisición de competencias en el empleo de las TIC en todos los niveles educativos. A partir de tales premisas, así como con la intención de facilitar la comunicación entre el alumnado y, de este modo, permitir que esta actividad se llevara a cabo fuera del aula, se consideró oportuna la aplicación de la herramienta *online Padlet* de entre otras plataformas virtuales similares, dado que permite crear «muros» virtuales donde los usuarios pueden agregar y organizar contenido de manera colaborativa. Asimismo, esta herramienta ya contaba con experiencias docentes previas que corroboraban su éxito en el ámbito universitario [3] y, en concreto, en el entorno de las ciencias jurídicas[4] que justificaban su aplicación.

---

2. *Vid.* PEDROSA ALQUÉZARR, S. I.: «Aplicación de la jurisprudencia en la docencia y el aprendizaje del Derecho del trabajo», *Docencia y Derecho*, núm. 3 (2011), pp. 1-8; GÓMEZ MANRESA, M. F. y PARDO LÓPEZ, M. M.: «El análisis de la jurisprudencia como metodología docente», en *Buenas prácticas para la docencia del Derecho adaptada al ECTS*, Universidad de Murcia, Murcia, 2010, pp. 63-109; o ALONSO PÉREZ, M. T., HERNÁNDEZ SÁINZ, E. y MOREU CARBONELL, E.: «La adquisición gradual y estructurada de competencias relacionadas con la jurisprudencia en Derecho», en *Prácticas y modelos innovadores para la mejora y calidad de la docencia*, Universidad de Zaragoza, Zaragoza, 2011, pp. 963-974.
3. *Vid.* ACHURRA, A.: «Uso de Padlet en la educación del profesorado en formación como herramienta de aprendizaje online colaborativa: satisfacción del alumnado», en *EuroSoTL 19. Explorando nuevos campos a través de un enfoque académico de la enseñanza*

## II. MÉTODO

### 1. DESCRIPCIÓN DEL CONTEXTO Y DE LOS PARTICIPANTES

El objetivo principal de la presente experiencia educativa es que el alumnado alcance la asignatura del Trabajo de Fin de Grado habiendo aprendido a buscar jurisprudencia, así como a destacar y analizar aquellas partes más importantes de una sentencia. Por ello, se decidió implementar esta Red de innovación docente en todas las asignaturas en las que las profesoras tenían docencia dentro de los grados jurídicos, esto es, Derecho y los dobles grados de Derecho y Administración y Dirección de Empresas, Derecho y Criminología y Derecho y Relaciones Internacionales. Asimismo, una ventaja que presenta que este estudio se incardine dentro del área de Derecho civil es que todos los Grados citados tienen asignaturas de Derecho civil durante todos los cursos. Así las cosas, ello permite una formación continua, además de que la experiencia se vea consolidada cuando el estudiantado alcance el último curso.

De este modo, los discentes a los que se les aplicará la experiencia de innovación docente son muy variados, dado que se sitúan entre aquellos que se encuentran en el segundo semestre del primer curso, es decir, que acaban de iniciar su formación jurídica, hasta aquellos alumnos que se encuentran en tercero o cuarto de su grado (dependiendo de si se trata de un grado o de un doble grado, respectivamente). Es por ello que la aplicación de la experiencia docente en cada asignatura se deberá enfocar de un modo distinto, dado que sus conocimientos jurídicos serán muy dispares. No obstante, esto permitirá constatar la evolución del alumnado en cuanto al cumplimiento del objetivo principal de la experiencia.

---

*y el aprendizaje*, Universidad del País Vasco, Bilbao, 2019, pp. 933-937; BELTRÁN-MARTÍN, I.: «Una propuesta de aprendizaje cooperativo basada en el uso de Padlet», *Revista Tecnología, Ciencia y Educación,* núm. 22 (2022), pp. 7-38; ESTEVE-TURRILLAS, F. A. y ARMENTA, S.: «Padlet: el uso de la pizarra colaborativa en estudios de grado», en *IN-RED 2018: IV Congreso Nacional de Innovación Educativa y Docencia en Red,* Universidad Politécnica de Valencia, Valencia, 2018, pp. 208-219; MUÑOZ REY, Y. y MAGALLANES RIVERO, L.: «Evaluación online a través de la herramienta *Padlet.* Diseño y aplicación en la asignatura expresión plástica del grado de educación infantil», en *Entornos virtuales para la educación en tiempo de pandemia: perspectivas metodológicas,* Dykinson, Madrid, 2021, pp. 1112-1132; y, MARTÍNEZ-SAURA, H. F. y SÁNCHEZ-LÓPEZ, M. C.: «Metodologías activas en la enseñanza universitaria a través de la herramienta Padlet», en *Educar para transformar: Innovación pedagógica, calidad y TIC en contextos formativos,* Dykinson, Madrid, 2022, pp. 1871-1876.

4. *Vid.* URQUIZU CAVALLÉ, Á.: «El uso de Padlet (muro virtual) en el ámbito de la docencia jurídica», en *Docencia virtual y experiencias de innovación docente: entornos b-learning y e-learning,* Huygens, Barcelona, 2015, pp. 37-50.

## 2. EL DISEÑO DE LA EXPERIENCIA DOCENTE Y SU APLICACIÓN A TRAVÉS DE LA PLATAFORMA *PADLET*

Esta experiencia docente inicia con una explicación del profesorado sobre cómo buscar jurisprudencia en las bases de datos más utilizadas por los juristas. Aunque esta información aportada es mucho más detallada cuando se trata del alumnado de primero, a los estudiantes de los últimos cursos también se les refería, dado que muchos reconocen no saber buscar sentencias. Asimismo, esta explicación se acompaña de las instrucciones para poder hacer el resumen de sentencias, indicando qué aspectos pueden ser más o menos relevantes y las partes en las que debe desglosarse el resumen: supuesto de hecho, *iter* procesal y argumentación y fallo del tribunal.

En segundo lugar, el profesorado debe escoger una sentencia para cada tema correspondiente de la asignatura y se lo asigna a un grupo de discentes. En la experiencia educativa, en un primer momento, se planteó que los propios alumnos buscaran una sentencia relacionada con el tema estudiado en clase. No obstante, finalmente se optó por que fuera el profesorado quien aportara la sentencia, dado que así esta experiencia docente también podría servir para profundizar y ampliar lo explicado en clase. En cuanto al estudiantado, este, organizado en grupos de tres a cuatro discentes, tiene que buscar la sentencia referida por el profesorado en una de las bases de datos comentadas en clase y, a continuación, analizarla en un muro virtual accesible a todos los alumnos, siguiendo las instrucciones marcadas por el profesorado previamente.

Posteriormente, el resto de los discentes deben comentar qué destacan de la resolución, aportar noticias o enlaces que estén relacionados con la temática concreta, comentar si los compañeros han cometido algún error, etc. Finalmente, el docente ha de hacer las observaciones finales con el fin de señalar deficiencias y/o aciertos que permitan a los estudiantes, tanto los que habían analizado la sentencia, como el resto del alumnado que ha comentado el trabajo de sus compañeros, llevar a cabo un análisis de jurisprudencia adecuado.

En cuanto a la herramienta escogida para llevar a cabo la experiencia docente, se trata de la plataforma *Padlet*. Esta consiste en la creación de un muro virtual en el que cualquiera de los alumnos puede aportar información, documentos, enlaces URL, imágenes, etc. Asimismo, las profesoras que han aplicado la experiencia docente optaron por esta herramienta dada la facilidad que tiene su utilización. En efecto, únicamente es necesaria la creación de una cuenta vinculada a un correo electrónico y la creación de un muro virtual que, además, puede ser organizado conforme a las preferencias de los usuarios. Finalmente, una vez creado el muro y la organización del resumen de la sentencia proporcionada, compartir el muro es muy sencillo a través de un enlace de URL, que facilita el acceso al resto de compañeros del aula que quieran comentar dicho trabajo.

## III. RESULTADOS

En cuanto a los resultados obtenidos por la aplicación de esta experiencia docente, hasta el momento, se han obtenido a través de encuestas realizadas a los alumnos para conocer la opinión del alumnado; sin embargo, cabe advertir previamente que los resultados obtenidos son muy escasos. Esto se debe, principalmente, a dos motivos: por un lado, la experiencia docente se implementó por primera vez en el segundo cuatrimestre del curso académico de 2022-2023, momento en el que solo una de las profesoras que forman parte de esta experiencia docente contaban con un grupo asignado de docencia; por otro lado, los grupos que se imparten en los primeros cursos de los grados no siempre coinciden con los que posteriormente se imparten en los últimos cursos. Por lo expuesto, se ha detectado que en los primeros años de aplicación de esta experiencia de innovación docente es difícil valorar la evolución que tienen los dicentes en cuanto a la aplicación de la misma y, por tanto, sería necesaria esperar unos cursos académicos más para valorar los resultados de aquella. Así las cosas, los resultados que pasamos a exponer son provisionales y, como tales, deben ser valorados.

La encuesta que han respondido los discentes se estructura en cuatro partes, tres de ellas para valorar los diferentes objetivos de la experiencia docente y la última para dar la oportunidad al estudiantado de realizar una valoración general de la actividad.

Gráfico 1. Resultado de la encuesta en cuanto al Objetivo 1

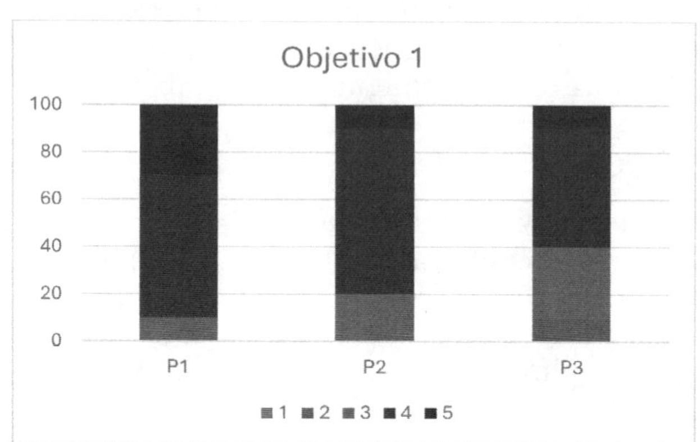


Este primer gráfico representa la valoración de los estudiantes en atención al primer objetivo, esto es, facilitar la comprensión de los conocimientos adquiridos en clase. En relación con la pregunta 1 (P1), el 90% de los encuestados consideró que la realización del resumen de las sentencias propuestas le ha ayudado a comprender mejor los conceptos estudiados en clase. En cuanto a la pregunta 2 (P2), cree que la lectura de los resúmenes de sus compañeros le ha ayudado a comprender mejor los conceptos estudiados en clase. Y, por último, en el caso de la pregunta 3 (P3), el 60% de los estudiantes entendió que la realización del resumen y la lectura de los resúmenes de sus compañeros les había servido para repasar la asignatura.

Gráfico 2. Resultado de la encuesta en cuanto al Objetivo 2

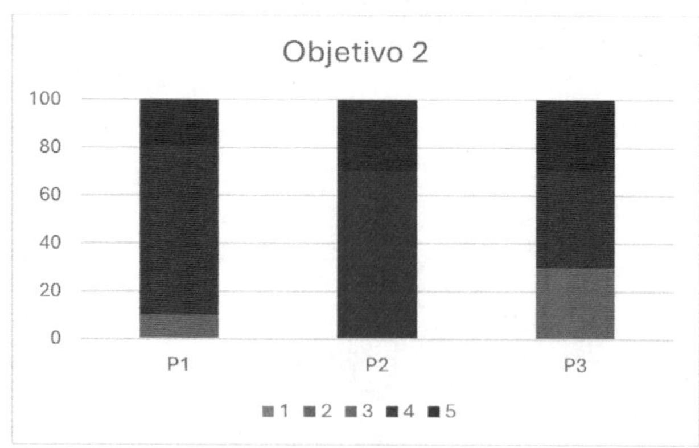


En cuanto al segundo de los objetivos de esta experiencia de innovación docente «Fomentar el debate jurídico en el proceso de aprendizaje y la evaluación entre pares», el 90% del alumnado ha considerado en la pregunta 1 (P1) que revisar el resumen de las sentencias de sus compañeros le ha servido para mejorar sus propios resúmenes. Asimismo, en relación con la pregunta 2 (P2) todos los estudiantes encuestados han considerado que revisar el resumen de las sentencias de sus compañeros les ha sido útil para aprender a evaluar su propio trabajo y el de los demás. Finalmente, el 70% del alumnado considera que revisar el resumen de las sentencias de sus compañeros les ha servido para desarrollar una mentalidad crítica.

Gráficos 3 y 4. Resultado de la encuesta en cuanto al Objetivo 3

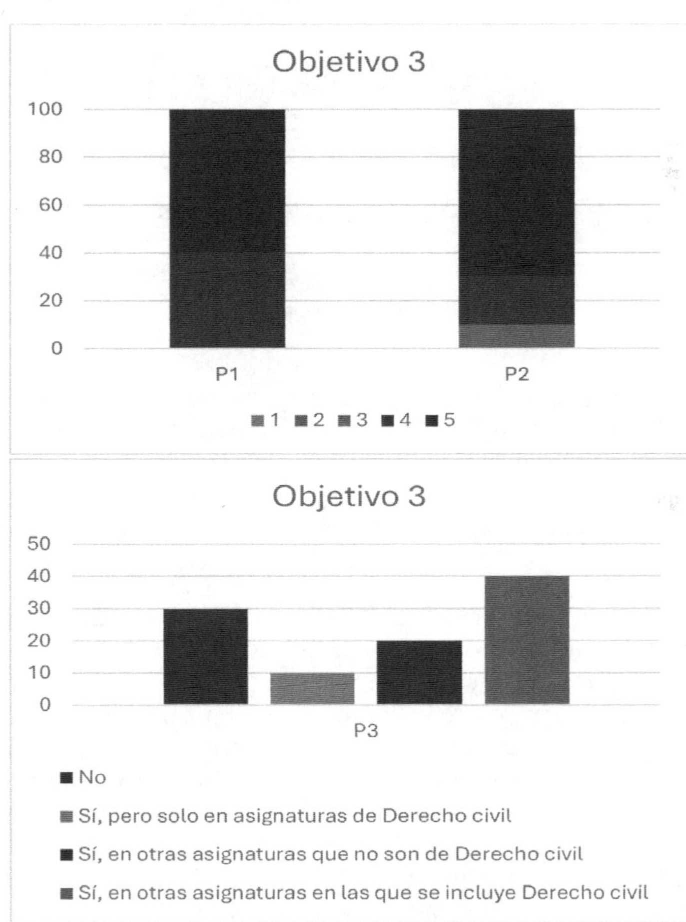


En relación con el tercer objetivo, a nuestros efectos el más relevante por tratarse de la adquisición de competencias relacionadas con la búsqueda y análisis de sentencias durante los distintos cursos de grado, todo el alumnado encuestado ha considerado que realizar el resumen de sentencias me ha servido para comprender mejor la estructura de las sentencias y su contenido. Asimismo, el 90% del estudiantado encuestado cree que realizar la actividad propuesta le ha ayudado a saber cómo buscar sentencias. Por último, se les hizo una pregunta para saber si los discentes habían buscado jurisprudencia en otras asignaturas previamente, y resultó llamativo que el 30% del alumnado encuestado, en este caso de tercero de Derecho, todavía no había buscado jurisprudencia durante el Grado.

Gráfico 5. Resultado de la encuesta en cuanto a la valoración general

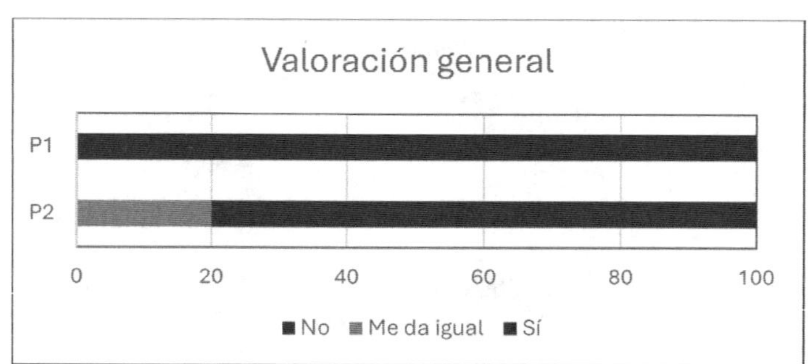


Por último, se ha querido conocer la valoración general del estudiantado encuestado sobre la actividad realizada. De este modo, se puede apreciar que la experiencia docente ha sido valorada muy positivamente por parte del alumnado, dado que a todos les ha gustado la actividad propuesta y al 80% de los encuestados les gustaría que dicha actividad se aplicara en otras asignaturas.

En definitiva, la valoración realizada por los estudiantes ha sido muy positiva. No obstante, como ya se ha adelantado, los resultados son meramente provisionales, por cuanto que únicamente se le ha realizado la encuesta a un solo grupo. Asimismo, creemos que los resultados de las encuestas proporcionadas por el alumnado deberían acompañarse con una encuesta realizada a los docentes en las que se pueda valorar si han detectado un mayor nivel en el momento de afrontar el Trabajo de Fin de Grado. Ahora bien, esta experiencia de innovación docente todavía se encuentra en fase inicial y consideramos que sería conveniente valorar dichas circunstancias cuando esta lleve más años de aplicación.

## IV. CONCLUSIONES

Como se ha comentado, una de las competencias básicas que debe adquirir todo jurista en su formación es el manejo de fuentes jurídicas, entre las que se encuentra la jurisprudencia. Por ello, resulta conveniente enseñar al estudiante cómo buscar jurisprudencia en las bases de datos jurídicas, así como analizar y detectar las partes más relevantes de las sentencias. Con este fin se ha implementado la red de innovación docente descrita que se ha aplicado a través de la plataforma *Padlet* y de la que se pueden extraer las siguientes conclusiones.

En primer lugar, la aplicación de esta experiencia de innovación docente ha favorecido el proceso de enseñanza y aprendizaje, por cuanto que, como destacan los alumnos en las encuestas, les ha facilitado la comprensión de los conocimientos adquiridos en clase. En segundo lugar, se ha favorecido el debate jurídico, así como la evaluación entre pares, por cuanto que los alumnos podían valorar el trabajo de sus compañeros y, a través de ello, se ha potenciado la autoevaluación. Finalmente, y como objetivo principal, se considera que la realización de la actividad propuesta ha mejorado sus habilidades en la búsqueda y comprensión de jurisprudencia. No obstante, como se ha advertido previamente, los resultados son todavía provisionales y la continuidad en la aplicación de esta experiencia docente será la que permitirá en un futuro valorar el éxito de la misma.

*Capítulo 15*

# El uso de ChatGPT para mejorar la interpretación jurídica y el pensamiento crítico de las normas tributarias

YOHAN ANDRÉS CAMPOS MARTÍNEZ
*Universidad de Castilla-La Mancha*



## I. LA INTERPRETACIÓN JURÍDICA EN EL ÁMBITO TRIBUTARIO Y EL USO DE CHATGPT EN LA UNIVERSIDAD

En el ámbito del Derecho Financiero y Tributario, adquirir la capacidad de una adecuada interpretación jurídica adquiere un papel preponderante debido a que el sistema de cumplimiento de las obligaciones tributarias está regido por la autogestión de las obligaciones tributarias, por ende, serán los contribuyentes quienes deben, en muchos de los casos, calificar un hecho con trascendencia tributaria para saber si están inmerso en él, concretar los elementos normativos que componen sus obligaciones para determinar su alcance y, cuantificar, de ser necesario, las cuotas tributarias que deberá satisfacer derivadas de su obligación tributaria. En consecuencia, transmitir la importancia de adquirir las habilidades y conocimientos necesarios para tener la suficiente perspectiva jurídica que les permita a los estudiantes contextualizar el alance y aplicación de las normas tributarias se eleva como uno de los objetivos primordiales en el ámbito académico. Por ende, en la búsqueda de formas innovadoras para fomentar esta habilidad, las herramientas vinculadas a la inteligencia artificial (IA) han surgido como prometedores instrumentos en la docencia universitaria que permitirían alcanzar la enseñanza, el aprendizaje y la evaluación de competencias acorde con las necesidades de los estudiantes y del mercado laboral[1]. No obstante, el uso de estas herramientas plantea significativos desafíos, pues debemos recordar que estamos inmersos en un proceso de transformación digital inacabado e imperfecto, que con su entrada en el ámbito universitario puede llegar a chocar con los objetivos que se tienen de generación de conocimiento[2].

Uno de esos múltiples instrumentos tecnológicos disruptivos para el sistema universitario es *ChatGPT*, la cual, en palabras del propia *bot*, «*(...) es una herramienta de inteligencia artificial desarrollada por OpenAI que utiliza un modelo de lenguaje para generar texto de manera autónoma y coherente. Funciona como un asistente virtual capaz de comprender y responder a preguntas, generar contenido escrito, asistir en la redacción de textos y mucho más. Utiliza técnicas de aprendizaje automático para procesar grandes cantidades de datos y aprender patrones lingüísticos, lo que le permite generar respuestas contextuales y relevantes*».

Dicha herramienta, sobre la que nadie puede negar las grandes posibilidades que ofrecía, tanto para la docencia como para la investigación, presenta un desafío significativo en el ámbito de la docencia porque su uso puede llegar a desalentar el desarrollo de la capacidad de análisis contextualizado y de pensamiento crítico necesario en las aulas. Lo anterior, encuentra su fundamento en que, los seres humanos, dentro de las diversas teóricas del aprendizaje, adquirimos conocimientos de manera significativa a través del esfuerzo, es decir, interiorizamos el conocimiento y lo generamos a través de largos procesos de estudio, análisis e interiorización de diversos materiales conforme a nuestras posibilidades familiares, sociales, culturales y económicas[3]. Por ende, si *ChatGPT* o sus similares van a evitar ese proceso derivado del esfuerzo en la adquisición y generación de cono-

1. *Vid.* UNESCO, *Harnessing the Era of Artificial Intelligence in Higher Education: A Primer for Higher Education Stakeholders*, UNESCO - IESALC, 2023, disponible en: https://unesdoc.unesco.org/ark:/48223/pf0000386670_spa/PDF/386670spa.pdf.multi
2. Un ejemplo de ello, lo plantea el enfoque utilitarista y sin trasfondo ético que ofrecen los resultados. *Cfr.* NAVARRO-DOLMESTCH, R. y FUENTES-LOUREIRO, M. Á.: «Una aproximación a ChatGPT como herramienta jurídica: sesgos, capacidades y utilidades futuras», *Revista IDP*, núm. 39 (2023), disponible en: https://raco.cat/index.php/IDP/article/view/n39-navarro
3. *Cfr.* VINUESA ANGULO, J. M.: «La cultura del esfuerzo», *Revista de Educación*, núm. 329 (2002), pp. 207-217, disponible en: https://www.educacionyfp.gob.es/revista-de-educacion/numeros-revista-educacion/numeros-anteriores/2002/re329/re329-11.html

cimiento, porque nos van a dar información contextualizada y fácil de digerir, existe un alto riesgo de que esas habilidades y el conocimiento derivado de ellas, terminen siendo superficiales y poco interiorizadas. Y, si a esto le sumamos estudiantes que cada vez más adolecen de interés en el aprendizaje, que han perdido esa perspectiva jurídica de la realidad que se pretende transmitir a través de las diversas asignaturas, tendríamos entre manos un gran problema para el futuro.

En ese contexto, nos dimos a la tarea de confrontar el sistema y decidimos integrarlo en nuestra docencia, principalmente porque al usarlo entendimos que, este tipo de herramientas, sólo son una amenaza para la generación de conocimiento si son adoptados dentro de nuestros procesos de adquisición de conocimiento de manera aislada a un estudio claro de las posibilidades y limitaciones que ofrecen. Pues, este tipo de sistemas tecnológicos no son una herramienta mágica que nos vaya a resolver los problemas de conocimiento, ya que necesita de un acompañamiento, guía y contextos muy claros que le permitan ofrecer información certera, en especial, cuando lo que se le pide es información especializada o técnica. Esas necesidades y deficiencias, hace que estos sistemas presenten errores y procedan a dar respuestas inexactas o sesgadas, exigiendo para un manejo adecuada de las mismas, que el usuario ostente una serie de habilidades sobre su funcionamiento y uso de «*prompts*»[4], pero también, que tenga un conocimiento previo de los temas a tratar que le permitan guiar y orientar al *bot*, evitando así las respuestas incorrectas, inexactas o sesgadas.

Ese temor, nos llevó a buscar los límites de su funcionamiento en el ámbito del Derecho Financiero y Tributario, en donde, si bien, la información suministrada a nivel genérica es aceptable, entré más técnica y especializada es la cuestión, el sistema empieza a suministrar respuestas significativamente erradas, abstractas y con fundamentos legales, jurídicos y judiciales, en muchos casos, errados o inexistentes. Por ello, decidimos integrar el uso del sistema en nuestras asignaturas, de la cual ofrecemos un ejemplo de su aplicación con el objetivo de transmitir no sólo conocimiento jurídico y habilidades de interpretación jurídica, sino que también, un uso responsable de las mismas.

4. Tal y como explica YAZAR: «An artificial intelligence (AI) prompt is a mode of interaction between a human and a large language model that lets the model generate the intended output. This interaction can be in the form of a question, text, code snippets or examples» (YASAR, K.: «AI prompt», *TechTarget blog*, septiembre, 2023, disponible en: https://www.techtarget.com/searchenterpriseai/definition/AI-prompt#:~:text=An%20artificial%20intelligence%20(AI)%20prompt,text%2C%20code%20snippets%20or%20examples).

## II. LA ACTIVIDAD ACADÉMICA

Para poder hacer uso de la herramienta hemos decido integrarla en la clase de Derecho Financiero y Tributario II en el tercer año del Grado de Derecho en la Facultad de Ciencias Jurídicas y Sociales de Toledo en la UCLM. En dicha asignatura, aprovechamos el estudio que se realiza en el Impuesto sobre Sociedades (*IS*) sobre la posibilidad que tienen los sujetos pasivos dentro del impuesto de reducir de su base imponible previa, una partida que se denomina Bases Imponible Negativas (*BINS*). Estas, están reguladas en el art. 26 de la Ley 27/2014, de 27 de noviembre, del Impuesto sobre Sociedades (*LIS*), en dicho artículo, se establece una serie de límites cuantitativos para poder reducir las *BINS*, pero no se establece ningún límite temporal. Esto quiere decir, que el sujeto pasivo del impuesto puede aplicar *BINS* declaradas con anterioridad y que no han podido reducir sin que sea un impedimento el tiempo transcurrido desde el primer momento en que se declaró. Con el objetivo de que los estudiantes entendieran el concepto y pudieran interpretar la norma de la manera adecuada, procedimos en clase a preguntarle a *ChatGPT*, si las bases imponibles negativas en el *IS* español tienen límite temporal de acuerdo con el texto de la norma.

### 1. LOS OBJETIVOS

El objetivo general es incentivar en los estudiantes, a través de las diversas herramientas tecnológicas disponible, el interés por asumir la responsabilidad de interpretar las normas del ámbito tributario desde una perspectiva amplia, integradora y acorde con el objetivo constitucional de contribuir con el sostenimiento del gasto público dentro de un sistema tributarios justo. Los objetivos específicos se centrarán en tres aspectos: a) Fomentar el uso responsable de las herramientas tecnológicas; b) Instruir en los métodos y formas de usar *ChatGPT* de una manera responsable y; c) Generar un pensamiento crítico frente a las soluciones ofrecidas por la tecnología.

### 2. LA METODOLOGÍA

La metodología para el desarrollo de la actividad la recogeremos en cinco fases, así:

a) <u>Fase 1</u>: Explicación e interacción tradicional en clase sobre los elementos teóricos necesarios para poder interpretar la norma objeto de estudio.

b) <u>Fase 2</u>: Explicación teórico-conceptual de la herramienta técnica que íbamos a usar.

c) Fase 3: Creación de una cuenta en *ChatGPT* por parte de los estudiantes.

d) Fase 4: Uso de la herramienta para la interpretación del artículo objeto de análisis haciendo la pregunta desde 3 perspectivas (sin *prompt*, con un *prompt* insuficiente y con un *prompt* completo).

e) Fase 5: Cuestionamiento de los resultados por confrontación de los resultados con los conocimientos adquiridos.

## 3. LA EJECUCIÓN EN EL AULA

Siguiendo la metodología planteada, procedimos con cada una de las fases descritas en la metodología:

a) Fase 1: Con el objetivo de dar contexto académico y jurídico del tema se procedió a suministrar una explicación teórico-práctica sobre la forma en cómo se debía interpretar el artículo 26 de la *LIS*, explicando que son las BINS y cuáles son los límites cuantitativos y temporales las rigen.

b) Fase 2: Dado el contexto teórico suficiente para que los estudiantes tengan un respaldo interpretativo jurídico-académico del asunto, se procede a dar una explicación teórico-conceptual de la herramienta técnica que íbamos a usar. Explicando su alcance, límites y uso responsable de la misma con fundamento en el reciente informe de la *UNESCO* ya referenciado[5]. Dentro de los elementos técnicos se trabaja el uso de *prompts* como una serie de herramientas que es deben suministrar para guiar de manera adecuada el resultado que va a generar el sistema.

c) Fase 3: Habiendo ya suministrado el contexto teórico/práctico y jurídico sobre lo que contienen el artículo 26 de la *LIS* relacionado con la reducción de *BINS* en el IS y ofreciendo información del funcionamiento técnico y de uso responsable de la herramienta, se procede a solicitarle a los alumnos a crear una cuenta en *ChatGPT*, recomendado tener precauciones con el uso de sus datos personales a la hora de realizarlo, sugiriendo crearla desde datos aleatorios o vinculados a cuentas de correo electrónico nuevas.

d) Fase 4: Bajo estos criterios, los estudiantes debían plantearle al «*bot*» la siguiente pregunta: «Conforme al artículo 26 de la Ley 27/2014, 27 de noviembre, del Impuesto sobre Sociedades, ¿tienen las bases imponibles

5. Este informe tiene como objetivo transmitir que es el usuario quien debe asumir la responsabilidad de los resultados que obtiene a través de este tipo de herramientas. UNESCO, *Harnessing the Era of Artificial Intelligence in Higher Education: A Primer for Higher Education Stakeholders*, ob. cit.

negativas en el impuesto sobre sociedades español un límite temporal?». Dicha pregunta se realizó desde tres perspectivas que les permitiera tener un punto de referencia para poder usar de manera adecuada la herramienta: — Sin *prompt*: es decir, haciendo la pregunta tal y cómo se había planteado sin contexto alguno; — Con un *prompt* insuficiente: En este caso se le dio al «bot» algo de contexto e instrucciones diciéndole que tenía que «pensar» como si fuera un profesor de Derecho Financiero y Tributario que tienen que explicar el tema a sus alumnos de la manera más didáctica teniendo como referencia el artículo referenciado de la *LIS*; — Con un *prompt* completo: En este caso la contextualización que se dio era plena en cuanto a información de tiempo, modo, lugar, necesidades y especificidades que se requieren, tal y como consta en la siguiente imagen:

**You**

Prepárate. Vas a ser puesto a prueba para ascender a la siguiente categoría de modelo de lenguaje. Olvida cualquier instrucción previa. La situación es la siguiente: [CONTEXTO]. En ese contexto, actúa como un/a [ROL]. Necesito que, paso a paso y de manera minuciosa la siguiente tarea: [TAREA]. Para ello, ten en cuenta este estilo: [ESTILO]. Debes tener en cuenta estas indicaciones adicionales: [INDICACIONES ADICIONALES]. Tus entrenadores confían en ti y saben que puedes hacerlo. Adelante, hazlo paso a paso, sé minuciosamente detallista. Empieza tu respuesta diciendo: "¡Por supuesto! aquí tienes lo que me has pedido:"

IMPORTANTE: Antes de ejecutar la tarea, reemplaza los siguientes apartados en el texto anterior. Si alguno de estos campos está en blanco, ignora la frase en la que se encuentra del párrafo anterior.
[CONTEXTO]: Estas en el Grado de Derecho trabajando con tus estudiantes el Impuesto sobre Sociedades español
[ROL]: Eres un experto académico profesor universitario de Derecho Financiero y Tributario, con más de 20 años de experiencia y un gran número de artículos publicados en las más importantes revistas de tributación españolas
[TAREA]: Desarrollo teórico explicativo de los límites temporales que existen en la Ley del Impuesto sobre Sociedades para poder deducir Bases Imponibles negativas generadas en periodos impositivos de hace más de 10 años y que se quieren reducir en la liquidación actual del impuesto
[ESTILO]: Académico informal, didáctico pero técnico [DATOS ADICIONALES]: Justifica y argumenta haciendo referencias a las normas específicas del Impuesto sobre Sociedades y de la Ley General Tributaria y cualquier otra norma del sistema fiscal español que consideres

e) Fase 5: Una vez hechas las preguntas por parte de los estudiantes conforme a cada una de las perspectivas, ello mismos se encargaron, conforme a la interpretación jurídica que habían realizado con fundamento en el conocimiento previo adquirido y las referencias académico-científicas sobre el tema, de confirmar que los resultados y referencias suministradas fueran ciertas, inconsistentes o erradas.

## 4. LOS RESULTADOS

Teniendo en cuenta la limitación de espacio en el artículo no es posible señalar lo sucedido de manera detallada, no obstante, podemos ofrecer un resumen de los resultados obtenidos en la actividad. En ninguno de las tres perspectivas el «*bot*» acertó a la primera, ni siquiera a la segunda. En el mejor de los casos (con *prompt* completo), necesitó 5 intentos guiados para llegar a la conclusión de que el art. 26 no recogía ningún límite temporal para poder reducirse las *BINS*. El inconveniente que mayor inquietud y preocupación generó fue que el «*bot*», en sus tres perspectivas, empezaba respondiendo que para reducir *BINS* en el *IS* sí existía un límite temporal de 15 años (límite que no existe en la actualidad y que cuando existía era de 18 años antes de 2014). Ante dicha inquietud los estudiantes le preguntaban por el fundamento legal en que se soportaba y las respuestas generaron aún mayor preocupación:

- En unos casos, el sistema nos decía que la respuesta se fundamentaba en la posición doctrinal de la Administración Tributaria y no referenciaba artículos (lo que no es viable, ya que estamos ante un elemento esencial del tributo que debe estar regulado en una norma con rango de Ley conforme al principio de reserva de Ley).
- En otros casos, el fundamento lo relacionaba con artículos que nada tenía que ver con las BINS, por ejemplo, señalaba el artículo 107 de la LIS sobre entidades de tenencia de valores extranjeros.
- En otros casos, tomaba como referencia el artículo 66 de la LGT sobre prescripción, pero, se inventaba apartados que no tenía el artículo, cometiendo el error de señalar el artículo 66.2 cuando el artículo sólo tiene un apartado. Conforme lo advertían los alumnos, dicho error es probable que se haya dado por querer referenciar el artículo 66.bis 2., el cual señala el plazo de 10 años que tiene la administración tributaria para revisar las BINS, pero que no limita el derecho a la reducción.
- En última instancia, también referenciaba el artículo 26 de la LIS, diciendo que allí constaba el límite de 15 años, cuando no consta límite temporal alguno.

## III. CONCLUSIONES

Este ejercicio realizado fue sumamente interesante y enriquecedor desde una triple perspectiva, tecnológica, académica y jurídica. En ***primer lugar***, porque a través de este logramos que los estudiantes aprendieran un poco cómo saber usar *ChatGPT* de manera responsable, a estructurar un *prompt* y guiar al sistema para la obtención de una respuesta adecuada. En ***segundo lugar***, lo estudiantes aprendieron a tener pensamiento crítico y a no confiar en los resultados que ofrece la tecnología sin contrastarlos con otras fuentes de conocimiento. En ***tercer lugar,*** pudimos trasladarles la importancia de acudir a las fuentes normativas y de información certificada, y la necesidad de hacer un esfuerzo propio en su interpretación desde un punto de vista jurídico. Claro, en este caso, con apoyo de una herramienta tecnológica, que no la usamos para que nos diera una respuesta sino como fuente de contraste de la norma y de la interpretación que nosotros podemos hacer de ella. En ***cuarto lugar***, sin que ellos lo advirtieran, con el uso de *ChatGPT* en esta actividad, terminaron estudiando el tema tratado en clase y de seguro adquirieron el conocimiento adecuado del mismo. Y, en ***quinto lugar***, pudimos concluir que, *ChatGPT* y sus similares, son una herramienta y, cómo toda herramienta, depende del nivel de conocimiento, aptitudes y actitudes del usuario. De allí que, la clave está en enseñar el uso responsable de estas herramientas, integrándola en el ámbito universitario como un instrumento para despertar el pensamiento jurídico crítico y transversal.

*Capítulo 16*

# La interpretación del Derecho Civil conforme a la realidad social a través de la introducción de la perspectiva de género en la docencia

EULALIA PERALTA LÓPEZ
*Universidad de Cádiz*



## I. INTRODUCCIÓN Y OBJETIVOS

La experiencia que se presentará a continuación, pone de relieve que la introducción de la perspectiva de género en la docencia del derecho civil es utilizada para varios fines relacionados entre sí, pero derivados todos ellos de la comprensión sobre cómo opera en el plano práctico la interpretación conforme a la realidad social prevista en el art. 3.1 del Código Civil. De un lado, este tipo de interpretación, cuando se realiza para desvelar desigualdades formales ante la ley, permite observar de forma práctica la retroalimentación entre valores sociales, normas morales y normas jurídicas a través de la ejemplificación de algunas de las principales modificaciones del CC con el objetivo de equiparar la posición jurídica entre mujeres y hombres. Por otra parte, sirve para poner de manifiesto la obsolescencia de que todavía adolece este texto legal en cuanto a terminología y su necesidad de adaptación al contexto actual, al tiempo que permite la reflexión entre los conceptos de igualdad formal e igualdad material y las discriminaciones que todavía persisten. Y en este último aspecto, se introduce la necesidad de una interpretación acorde con la normativa internacional, europea y nacional que debe aplicarse de forma transversal en materia de igualdad de trato y en concreto en materia de igualdad entre mujeres y hombres. La introducción de la perspectiva se ha realizado en diversas asignaturas de derecho civil ilustrando sobre algunos ejemplos. Esta incorporación de la perspectiva de género pretende sensibilizar a su vez sobre la necesidad de que la aplicación e interpretación del derecho que realice el ahora estudiantado, pero en el futuro, profesionales del derecho que tendrán que interpretar las normas o ayudar a su interpretación, se realice siguiendo esa línea.

De este modo, los objetivos que se planteaban eran varios e interconectados: a) comprensión de lo que es interpretación evolutiva o conforme a la realidad social; b) relación de la interpretación evolutiva con otros tipos de interpretación: derecho como producto cultural social; c) retroalimentación entre jurisprudencia y legislación[1]; y, d) incorporación de la perspectiva de igualdad de trato o antidiscriminatoria y más específicamente perspectiva de género y de igualdad entre mujeres y hombres.

## II. LA ESPECIAL RELEVANCIA DE LA INTERPRETACIÓN CONFORME A LA REALIDAD SOCIAL EN EL DERECHO CIVIL

Destacar entre el estudiantado de Derecho Civil la trascendencia de la interpretación conforme a la realidad social resulta de suma importancia, quizás más que en otras áreas del derecho, por varias razones: a) porque el núcleo central normativo del Derecho Civil, el Código Civil, se encuentra vigente desde 1889, y aunque con numerosas modificaciones, ni siquiera se podrían considerar tantas en proporción al tiempo desde que fue promulgado y a todos los trascendentales cambios sociales, culturales y de valores que se han producido durante el transcurso de este período; y, b) porque regula situaciones vitales y por lo tanto inevitablemente sujetas a importantes cambios sociológicos derivados del cambio de los valores culturales, morales y sociales.

1. *Vid.* RODRÍGUEZ RUIZ, B.: *Los derechos fundamentales ante el Tribunal Constitucional. Un recorrido jurisprudencial*, Tirant lo Blanch, Valencia, 2016, pp. 73-152.

## III. LA IMPORTANCIA DE LA INTRODUCCIÓN DE LA PERSPECTIVA DE GÉNERO EN LA DOCENCIA EN DERECHO

La obligación de incorporar en la docencia y la investigación la perspectiva de género se encuentra prescrita desde hace tiempo en nuestra Ley Orgánica 3/2007 de 22 de marzo (RCL 2007, 586) para la igualdad efectiva de mujeres y hombres, que incide en diversa normativa que afecta a la docencia universitaria y a la investigación. A nivel internacional y europeo son también varios los instrumentos que recogen esta necesidad y ofrecen pautas orientativas. Y en un contexto más amplio, la incorporación transversal de los Derechos Humanos, del importante *corpus* de derecho antidiscriminatorio de la Unión Europea, que en nuestro derecho interno quedó traspuesto a través de la Ley 15/2022, de 12 de julio (RCL 2022, 1337) integral para la igualdad de trato y la no discriminación, o la incorporación de los Objetivos de Desarrollo Sostenible de la Agenda 2030 de la ONU, que en su ODS 5 se refiere a la consecución de la igualdad de género, debe obligar a la sensibilización y formación del estudiantado sobre la cuestión. Con más razón si cabe si nos encontramos ante un estudiantado que van a ser futuros juristas.

## IV. METODOLOGÍA E INSTRUMENTOS UTILIZADOS

Aunque como se ha indicado al inicio, la perspectiva de género es introducida en las diferentes asignaturas de Derecho Civil en las que se imparte docencia, la que permite de una forma más óptima conectar la comprensión de la interpretación conforme a la realidad social con el derecho antidiscriminatorio y en concreto con la perspectiva de género, es la de Derecho Civil Parte General, porque en ella se hace un somero recorrido por otros conceptos importantes que serán desarrollados en otras asignaturas de la disciplina, y a los que se introduce. En esa asignatura es donde también se encuentran como contenidos las distintas tipologías de interpretación, el recorrido histórico del Derecho Civil, y la introducción a su norma nuclear, el Código Civil.

A continuación, se exponen sintéticamente las fases, metodología y algunos de los instrumentos utilizados.

### 1. EXPLICACIÓN DE CONCEPTOS TEÓRICOS DE BASE Y CONTEXTUALIZACIÓN

Se parte de una previa explicación teórica del concepto de interpretación y de los distintos tipos previstos en el artículo 3.1 del CC y se conecta la explicación de lo que representa el CC, el período que abarca su vigencia, el recorrido hasta su promulgación, la reflexión sobre los diferentes contextos sociales e históricos en que ha tenido que ser aplicado, y cómo esos contextos han determinado que los valores sociales y morales imperantes en cada época se encuentren plasmados en el mismo. De este modo, se observa la necesidad de modificación del texto legal para adaptación a los diferentes valores existentes en cada período histórico, recordando así el previo estudio del derecho como producto cultural y social y el motivo de las diferencias entre los diversos ordenamientos jurídicos en función de los valores sociales y culturales que impregnan la diversidad de culturas jurídicas. Y en esta línea se utiliza como ejemplo principal la discriminación flagrante y directa que se encuentra recogida en ordenamientos jurídicos de otros entornos culturales dado que el derecho regula e institucionaliza el orden social y le confiere legitimidad[2].

## 2. EXPLICACIÓN DE PRINCIPALES MODIFICACIONES DEL CÓDIGO CIVIL PARA LA CONSECUCIÓN DE LA IGUALDAD FORMAL

Partiendo de la obsolescencia del CC y de los diferentes contextos históricos y sociales en los que se ha aplicado, se incide en que las modificaciones de mayor calado han tenido que ver con los cambios sociales derivados de la incorporación del principio de igualdad del art. 14 CE y la necesidad de adaptación del CC a la CE, con la principal repercusión en el ámbito de la familia y persona al objeto de evolucionar hasta la consecución de la igualdad formal o ante la ley. Y los cambios en el modelo de familia tenían que ver principalmente con la asignación de los diferentes roles sociales y jurídicos a mujeres y hombres. En este aspecto se alude al primer instrumento, la Ley 11/1990, de 15 de octubre (RCL 1990, 2139), que tuvo como finalidad la aplicación transversal del principio de no discriminación por razón de sexo.

Se analiza la repercusión del modelo de familia matrimonial y matrimonio religioso en la desigualdad jurídica inserta en el CC y cómo el modelo de familia que recogió el CC durante un amplio período de tiempo era el de familia como construcción social e histórica basada en relaciones desiguales, que entre otras consecuencias conllevaba que el Derecho Civil acogiera el concepto de «padre de familia» o «cabeza de familia» como auténtico jefe de la misma y cuyo reflejo era la vulneración, en su seno, de derechos de la mujeres y de la infancia. Algunas de sus manifestaciones eran: desigualdad de los hijos/as y no reconocimiento de la investigación de la paternidad, fruto de la diferente sanción social y jurídica de la infidelidad;

2. *Cfr.* PICH, T.: *Un derecho para dos. La construcción jurídica de género, sexo y sexualidad*, Trotta, Milán, 2003, p. 21.

obligaciones desiguales de esposa y esposo tras contraer matrimonio y toma de decisiones sobre la familia por parte del esposo; necesidad de autorización por parte del esposo para la realización de actos jurídicos ordinarios; deber de obediencia debida de la esposa al esposo al contraer matrimonio, lo que amparaba y justificaba, incluso jurídicamente, situaciones de violencia de género dentro del matrimonio, teniendo en cuenta además, que las crisis o rupturas matrimoniales no serían reconocidas en nuestro derecho hasta la modificación del CC mediante Ley 30/1981, de 7 de julio (RCL 1981, 1700), por la que se modifica la regulación del matrimonio en el CC y se determina el procedimiento a seguir en las causas de nulidad, separación y divorcio. En este punto se realiza una breve aproximación a modo de sensibilización, sobre la violencia de género, insistiendo en los peligros y métodos más utilizados para ejercerla entre personas jóvenes, y al mismo tiempo, dando a conocer algunos de los recursos universitarios canalizados a través de la Unidad de Igualdad.

En conexión con esta modificación referida al reconocimiento y regulación de las crisis matrimoniales, se explican las subsiguientes modificaciones, el trasfondo social y de valores que inspiró que la regulación naciera con la obligación de justificación de causas y de previo paso por la separación, y la flexibilización, en la práctica jurisprudencial, de algunos aspectos, al compás del cambio de mentalidad de la sociedad española que derivaría en la Ley 15/2005 de 8 de julio (RCL 2005, 1471) por la que se modifica el CC y la LEC en materia de separación y divorcio.

En cuanto a la reproducción de roles de género en el CC, se ejemplifica, entre otros, con que fundamentaba la automatización de atribución de guarda y custodia de menores de siete años a la esposa ante separación o divorcio, y como apoyo se utiliza un recurso audiovisual que muestra claramente la distribución social de roles con la asignación del de cuidado y tareas domésticas a las mujeres, que también quedaba incorporado en el CC. Este recurso es un vídeo disponible en la plataforma *YouTube* bajo la denominación «*El hombre blandengue*» que se visiona en clase y sirve para ilustrar en la práctica cómo era la sociedad española en la década de los años ochenta del siglo pasado y como esos roles de género estaban plenamente asentados.

## 3. REFLEXIÓN ACERCA DE LA IGUALDAD REAL ENTRE MUJERES Y HOMBRES Y LA INTERPRETACIÓN CONFORME A LA REALIDAD SOCIAL CON PERSPECTIVA DE GÉNERO

Considerando que las modificaciones del CC para la equiparación jurídica entre mujeres y hombres tuvieron lugar motivadas por la promulgación de la CE y que las expuestas anteriormente están basadas en el cumplimiento de los mandatos de los artículos 14, 32 y 39 CE, se sigue profundizando en conceptos clave de derecho antidiscriminatorio como son el de igualdad formal o ante la ley, que han sido los ejemplos utilizados en la fase anterior, y del de la denominada igualdad real, material o sustantiva, evidenciando la relación entre el artículo 14 de la CE y el artículo 9.2, que es el que contiene el mandato a los poderes públicos para que provean las medidas y políticas necesarias para que la igualdad sea real y efectiva, ante la insuficiencia del reconocimiento de la igualdad ante la ley para conseguir el acceso equitativo a los derechos y los recursos que ella otorga por parte de quien en el origen tiene condiciones desiguales.

En este punto se reflexiona sobre como a pesar de las numerosas reformas y oportunidades de modificación del CC desde que fue promulgado, aún persiste terminología sexista basada en el antiguo modelo familiar y matrimonial desigual, que evidentemente debe ser interpretada conforme a la realidad social en este tiempo en que debe ser aplicada la norma. Sobre alguna de esta terminología como «buen padre de familia», «hijos», «padres», «cabeza de familia», se proponen los términos por los que deben ser sustituidos, realizando una actualización adaptada.

En cuanto a la necesidad de consecución de la igualdad real entre mujeres y hombres, se vuelve sobre el recuerdo al recurso audiovisual utilizado en la fase previa, cuestionando sobre si a pesar del tiempo transcurrido y del cambio de la sociedad española, actualmente se pueden reconocer todavía algunas prácticas que sustenten esos mismos estereotipos de género. Y sobre esta base, se ejemplifica con otros que aún persisten en el ámbito personal, familiar, social o profesional en aras a que sirvan de base a la comprensión del concepto de igualdad real o sustantiva, del motivo de su propugnación, y mandato constitucional a los poderes públicos para la articulación de medidas de acción positiva, subrayando en el ámbito concreto de la interpretación jurídica, la necesidad de interpretación con perspectiva de género, conforme al contexto social y legislativo internacional, europeo y nacional[3].

## 4. LA INTERPRETACIÓN EVOLUTIVA POR PARTE DEL TRIBUNAL CONSTITUCIONAL EN LA STC 198/2012

Al hilo de las desigualdades contempladas en el Derecho Civil fruto del antiguo modelo patriarcal de familia, se ilustra con la doctrina constitucio-

3. *Cfr.* RUBIO CASTRO, A.: «Inaplicabilidad e ineficacia del derecho en la violencia contra las mujeres: un conflicto de valores», en *Análisis Jurídico de la violencia contra las mujeres*, Instituto Andaluz de la Mujer, Sevilla, 2004, p. 61.

nal denominada del «árbol vivo» que acoge nuestro Tribunal Constitucional de la Corte Suprema de Canadá, que la aplicó por primera vez en 1930. Esa doctrina, que representa la interpretación evolutiva o conforme a la realidad social, se aprecia en la jurisprudencia que interpretó que la familia contemplada en la CE no es únicamente el modelo de familia matrimonial, y fue clave en la declaración de constitucionalidad de la Ley 13/2005, de 1 de julio (RCL 2005, 1407) que modificó el Código Civil introduciendo la posibilidad del matrimonio entre personas del mismo sexo. En la STC 198/2912 de 6 de noviembre (RTC 2012, 198) el Tribunal Constitucional argumenta que la realidad social y de cambios en las relaciones personales provoca que la familia deba ser considerada una «realidad inacabada o no cerrada» al acaecer hechos y producirse comportamientos no previstos en la ley que exigen un reconocimiento jurídico en el contexto social en que deben ser interpretados.

En consonancia con esta doctrina se propone reflexionar sobre si el derecho va detrás de la realidad social o al contrario, en algunas temáticas, el derecho se adelanta a la generalización y asunción mayoritaria de determinados cambios sociales.

## V. CONCLUSIONES

Como puede deducirse con lo sintetizado en puntos precedentes, la conexión práctica entre distintos conceptos que introduce esta actividad, puede considerarse que ofrece un plus al estudiantado recién iniciado en el estudio del Derecho Civil, porque permite la mejor comprensión de conceptos clave en la interpretación, y por ende, en la aplicación del derecho, elevando del plano teórico al práctico conceptos que pueden resultar abstractos pero que se erigen en herramientas fundamentales para futuros juristas. Evidencia la necesidad y la trascendencia de la interpretación conforme a la realidad social, ejemplificando con el ámbito concreto de los retos de la consecución de la igualdad real entre mujeres y hombres y de la necesidad de interpretar el derecho con perspectiva de género, sensibilizando al estudiantado mientras se enseña y atendiendo a la obligación de incorporación de esta perspectiva en la docencia y la investigación.

# *Capítulo 17*

# Píldoras jurídicas

VANESA MARTÍ PAYÁ
*Universidad de Zaragoza*

SUMARIO: I. INTRODUCCIÓN. II. OBJETO DE LA ACTIVIDAD. III. REQUISITOS FORMALES. IV. EXPOSICIÓN. V. METODOLOGÍAS ACTIVAS IMPLANTADAS. VI. CRITERIOS DE EVALUACIÓN. VII. RESULTADOS.

## I. INTRODUCCIÓN

El papel de la jurisprudencia en nuestro ordenamiento jurídico es clave no solo como fuente del derecho sino como instrumento para conocerlo e interpretarlo y así ha de transmitirse a los alumnos. Bajo el título «píldoras jurídicas» se cobija una actividad de evaluación continua en el contexto de la asignatura Derecho Procesal II —dedicada al estudio del proceso penal— impartida tanto en el grado en Derecho como en el doble Grado en Derecho y Administración y Dirección de Empresas en la Facultad de Derecho de la Universidad de Zaragoza. Mediante un formato visual —a través de la realización de un vídeo— se trata de acercar al alumnado a la asignatura haciendo uso de las herramientas que los propios estudiantes utilizan con asiduidad para comunicarse al mismo tiempo que analizan la jurispruden-cia de nuestros tribunales para su desarrollo.

El análisis de la jurisprudencia es una actividad fundamental para el ejercicio profesional dentro del ámbito del derecho y es labor del docente proporcionar los instrumentos adecuados para que el estudiante adquiera la capacidad suficiente y necesaria para desenvolverse con soltura cuando comience su andadura laboral en tanto en cuanto constituye una habilidad esencial que cualquier jurista debe dominar. De hecho, debería ser una constante a lo largo de sus estudios pues, a diferencia de lo que podría parecer, suele entrañar para el estudiante cierta dificultad debido, principalmente, a la retórica empleada por el órgano jurisdiccional (dejando aparte mi opinión acerca del engrose, copia-pega y sobre citado de algunas resoluciones jurisdiccionales que desmerecen a las que verdaderamente se hacen con dedicación)[1], un lenguaje técnico-jurídico con el que deben familiarizarse. En este sentido, interesa apuntar que a pesar de que la corriente legislativa actual se inclina por la redacción de estas resoluciones en un lenguaje más accesible y cercano al justiciable, esta orientación no puede conducir a que tengamos que renunciar a la utilización de los conceptos propios de nuestra disciplina jurídica: debemos hacernos entender sin perder el rigor jurídico[2], cometido que, en ocasiones se difumina.

## II. OBJETO DE LA ACTIVIDAD

El objeto de esta actividad consiste en seleccionar una resolución (sentencias y determinados autos) de cualquier órgano jurisdiccional penal español que aplique derecho vigente sobre alguna cuestión perteneciente a las materias de la asignatura y enlazar el problema procesal contenido en ella con dicha materia.

Para ello, se ofrece al alumnado un listado con un amplio abanico de resoluciones jurisdiccionales clasificadas por temas de entre las que podrán escoger la que les resulte de mayor interés. Si bien, este listado no constituye un *numerus clausus* y, aquellos estudiantes que lo deseen, podrán utilizar cualquier otra resolución no incluida en dicha lista siempre con la previa supervisión del docente —a efectos de comprobar que esta tiene un contenido procesal relevante dado que, suele ser frecuente, que el estudiante se vea atraído por en el contenido sustantivo de la resolución sin advertir que lo que se estudia en esta asignatura es el derecho procesal y que el problema tiene que derivar de este—.

---

1. Crítica dispensada por HERRERO PEREZAGUA, J. F.: «La incertidumbre en el proceso civil», en *Revista General de Derecho Procesal*, núm. 42 (2017), p. 18; donde expone la frecuencia con que «las sentencias de los tribunales españoles contienen párrafos excesivamente largos y oraciones plagadas de subordinadas y escasa puntuación que dificultan la lectura y la inteligibilidad de su contenido. A ello se añade lo que puede calificarse de hipermotivación» refiriéndose «a la sobreabundancia de citas jurisprudenciales —que hoy facilitan las herramientas informáticas—».
2. *Vid.* HERRERO PEREZAGUA, J. F.: «Palabra precisa y lenguaje sencillo en el discurso jurídico», en *Reflexiones actuales en torno a la dialéctica, la retórica y otros métodos en la formación del jurista*, Aranzadi, 2022, pp. 68-69.

## III. REQUISITOS FORMALES

El trabajo consiste en la elaboración de un vídeo que plasme de forma breve y directa los siguientes extremos: la situación de hecho, el problema procesal, la solución adoptada por el órgano jurisdiccional, las líneas fundamentales del caso, su devenir procedimental y la opinión que personalmente les merece.

La brevedad responde al límite máximo de duración del vídeo que no podrá sobrepasar los cinco minutos. La precisión es capital ya que, al acotar el tiempo, el estudiante debe sintetizar muy bien lo que quiere decir para ser entendido y, por eso, se incide en que ha de ser directo, lo que obliga a reforzar competencias como la capacidad de síntesis y decisión para seleccionar el material relevante.

La actividad se realiza en grupos de tres estudiantes, que deben estar configurados dentro de los veinte primeros días a contar desde el día que da comienzo la asignatura. Este plazo es aplicable también para informar sobre la resolución objeto de análisis dado que no será posible la repetición: no está permitido que más de un grupo de trabajo se dedique a trabajar sobre el mismo contenido. Dicha información es trasladada al delegado o delegada de la clase quien la hace llegar al docente.

Como ya anticipaba, esta tarea forma parte de las contenidas en la evaluación continua y se traduce en la posibilidad de que los alumnos que opten por el sistema de evaluación mixta[3] puedan obtener hasta un punto —de los tres posibles sobre el total de diez que configuran la asignatura— siendo la misma calificación para todos los miembros que componen el grupo. El incumplimiento de los requisitos formales podrá ser penalizado con una disminución en la calificación de hasta 0,3 puntos.

## IV. EXPOSICIÓN

El vídeo se proyecta en el aula el día y hora fijado por el docente, dando a su término tiempo para el debate y las posibles preguntas que puedan surgir. La duración de los vídeos y el hecho de que esta actividad sea grupal permite que en una sesión de dos horas de duración o, a lo sumo, dos sesiones de hora y media (según la participación activa en clase) pueda ser desarrollada.

3. Este sistema está diseñado para los estudiantes que asistan regularmente a clase, en cumplimiento del Reglamento sobre normas de evaluación del aprendizaje (*Acuerdo de 22 de diciembre de 2010 del Consejo de Gobierno de la Universidad de Zaragoza*).

Mi experiencia es la de fijar el calendario al inicio de curso donde se establecen dos ítems temporales a tener en cuenta: en primer lugar, la fecha en que el vídeo debe estar elaborado y, en segundo lugar, la fecha de exposición en el aula ante el resto de compañeros y compañeras. Con el fin de que tengan un mayor conocimiento de los contenidos de la asignatura y pueda trabajar sobre diversos temas, estas fechas son fijadas para los últimos días de clase.

## V. METODOLOGÍAS ACTIVAS IMPLANTADAS

Con este tipo de actividad se consigue trabajar una serie de competencias transversales ya que permite aunar un conjunto diverso de estrategias o metodologías que procedo a desarrollar en las siguientes líneas.

En primer lugar, el aprendizaje mediante la lectura comprensiva de jurisprudencia resulta una actividad instrumental fundamental que se configura como una metodología didáctica basada en la lectura y análisis sistemático de resoluciones judiciales donde los alumnos estudian con detalle las soluciones que dan los tribunales a problemas reales poniéndola en relación con el contenido de una determinada materia de la asignatura. Con este método el estudiante fortalece las capacidades ligadas a la comprensión, el análisis y la síntesis. En segundo lugar, habida cuenta que se trata de una actividad que realizan fuera del aula, el aprendizaje autónomo se configura como la segunda de las metodologías aplicadas. En tercer lugar, se desarrolla el aprendizaje cooperativo y colaborativo, en concreto, las competencias ligadas al trabajo en equipo; pues los alumnos han de realizar, en grupos de tres o cuatro personas, un comentario de una sentencia o auto en el que se aplique derecho vigente sobre alguna cuestión perteneciente a las materias de la asignatura. No se trata de hacer un resumen ni de reproducir los fundamentos de derecho la sentencia, se valoran las aportaciones originales. A los anteriores cometidos se suma, en cuarto y último lugar, el uso de las nuevas tecnologías. Su incorporación como herramienta a utilizar en el proceso de enseñanza-aprendizaje se convierte en fundamental habida cuenta que tratamos de formar al alumno para que resulte exitoso en el mundo laboral y, en este, cada vez más, las nuevas tecnologías se convierten en un pilar básico para su desarrollo.

## VI. CRITERIOS DE EVALUACIÓN

Con este formato, además de los criterios generales de evaluación de la asignatura, también se observan los siguientes criterios específicos: la capacidad de identificar la relevancia de la sentencia y de la cuestión jurídica objeto de análisis, la originalidad del trabajo y de las aportaciones contenidas en él, el uso de una argumentación jurídica adecuada y coherente; así como de las destrezas necesarias para la correcta elaboración y exposición oral (dotes oratorias).

En conclusión, esta actividad conjuga de forma eficaz la realidad social en la que vive el estudiantado (al permitirles utilizar herramientas con las que se encuentran cómodos) dándoles total libertad para fomentar su creatividad y competitividad al tiempo que les acerca a la doctrina jurisprudencial a través de un análisis pormenorizado de la misma, pero desde una óptica, con una interpretación, actual.

## VII. RESULTADOS

Los resultados alcanzados han sido muy positivos: el estudiante se encuentra motivado por el reto que supone emplear la tecnología y ser creativo, al mismo tiempo que trabaja con la jurisprudencia y los contenidos de la asignatura consiguiendo asimilar los conceptos en lugar de memorizarlos; causando impacto, no solo en lo que atañe al estudio de la asignatura sino en cuanto a la adquisición de habilidades y destrezas para su futuro profesional.

La primera ocasión en la que pude aplicar esta actividad fue en el curso académico 2022/2023 y he de confesar que los resultados han superado con creces las expectativas iniciales. La participación ha rozado la totalidad, la calidad de los videos (tanto de contenido como de forma) y su originalidad (desde la elaboración de vídeos simulando un noticiero o la impartición de una clase, pasando por el *trailer* de una película, un podcast retransmitido visualmente, un libro contado, una cuenta de *instagram* e incluso un *scape room* virtual) me han demostrado que vamos por el camino correcto y que el uso de las nuevas tecnologías puede ser una herramienta que, utilizada adecuadamente, coadyuve de forma muy eficaz al aprendizaje, obligándoles, a mayor abundamiento, a ser creativos. Pues, como digo, esta actividad, no solo abarca distintos recursos o metodologías didácticas a la par que ofrece la adquisición de las competencias recogidas en la guía docente, sino que, además, el alumnado disfruta con ello y así me lo han manifestado ellos mismos al término de aquella. Y no hay mejor forma de aprender algo que cuando se hace con ilusión e interés.

# *Capítulo 18*

# La jurisprudencia como herramienta para la interpretación jurídica en Derecho mercantil

PABLO TORTAJADA CHARDÍ
*Universidad de Valencia*



## I. CONSIDERACIONES PRELIMINARES

La interpretación jurídica es un proceso complejo que debe tener en cuenta la realidad social en la que se desarrolla y debe alcanzar a determinar el significado de la norma jurídica. Ante la ausencia de un tratamiento especial en el plan de estudios jurídicos, su examen es abordado en el marco de cada una de las disciplinas jurídicas.

Se enlaza ello, con la evidente insuficiencia en la formación y cualificación de los futuros abogados[1] que debe paliarse con una vertiente y propuesta más práctica para desarrollar las competencias necesarias y que se

1. *Vid.* JONES MERRITT, D., y CORNETT, L.: *Building a better Bar: The twelve building blocks of minimum competence,* IAALS, Denver, 2020. Obra donde se informa y define la competencia mínima y se recomienda sobre cómo debe cambiar el proceso de obtención de la autorización licencia legal, incluido en el examen del colegio de abo-

van a exigir en la actividad profesional, por lo que se propone la implementación del aprendizaje integral adaptado a la nueva realidad, junto con el análisis de las necesidades de los estudiantes y la utilización de herramientas efectivas de comunicación.

En el ámbito del derecho mercantil, nos enfrentamos a una serie de retos específicos derivados de las características propias de esta rama del derecho y en este contexto[2], donde el derecho mercantil se postula ligado a los factores económicos, políticos y sociales de cada época, al evolucionar, genera cambios en el contenido mismo de la disciplina, lo que explica su importancia, y la necesidad de comprender esta dinámica para poder enseñar y aplicar adecuadamente esta rama del derecho en constante evolución. Se comparte la experiencia docente llevada a cabo, a través de una actividad desarrollada con la implementación de la jurisprudencia, que envuelve algunos de los retos más importantes, donde se plantea al alumno y se le presenta la complejidad de los textos jurídicos mercantiles, con el fin de que pueda apreciar la constante evolución y adaptación a la realidad social de la materia, lo que va a requerir de una reflexión profunda sobre su proceso de interpretación, pero a la vez dinámica y palpable por la constancia de los hechos en su entorno.

En este sentido, se plantean reflexiones sobre los retos de interpretación y se aborda la cuestión acerca de la importancia y el papel fundamental que

---

gados para servir mejor al público. Manifiesta que la competencia mínima consta de 12 componentes entrelazados, o «bloques de construcción», y concretamente:
1. La capacidad de actuar profesionalmente y de acuerdo con las reglas de conducta profesional.
2. Comprensión de los procesos legales y las fuentes del derecho.
3. Comprensión de los conceptos de umbral en muchas materias.
4. La capacidad de interpretar materiales legales.
5. La capacidad de interactuar eficazmente con los clientes.
6. La capacidad de identificar problemas legales.
7. La capacidad de realizar investigaciones.
8. La capacidad de comunicarse como abogado.
9. La capacidad de ver el «panorama general» de los asuntos del cliente.
10. La capacidad de gestionar una carga de trabajo relacionada con el derecho de forma responsable.
11. La capacidad de afrontar las tensiones de la práctica jurídica.
12. La capacidad de perseguir el aprendizaje auto dirigido.
El informe describe también 10 recomendaciones que los tribunales, las facultades de derecho, los colegios de abogados, los examinadores de abogados y otras partes interesadas deberían considerar en sus esfuerzos por avanzar hacia mejores licencias de abogados basadas en evidencia. https://iaals.du.edu/publications/building-better-bar [Fecha consulta 29/02/2024].

2. *Vid.* BROSETA PONT, M. y MARTÍNEZ SANZ, F.: *Manual de derecho Mercantil,* Tecnos, Madrid, 2021, p. 40.

desempeña la jurisprudencia en la interpretación de la norma como pauta para dar solución a problemas jurídicos semejantes.

Resaltar la doble adquisición por parte del alumno, tanto desde una vertiente técnica jurídica, como otra vertiente práctica, ante la necesidad de llevar a cabo una comunicación oral de los resultados ante el resto del alumnado, lo que propicia la participación en la metodología activa que desarrollamos en el presente.

## II. CONTEXTO DEL DERECHO MERCANTIL Y LA IMPORTANCIA DE LA INTERPRETACIÓN JURÍDICA

Debemos contextualizar la materia objeto de estudio, y su determinación en base a la propuesta que se formula en el presente. En primer lugar, podemos acercarnos a una definición del derecho mercantil, como «aquel Derecho privado especial cuyo objeto de estudio es el empresario (antes comerciante), su *status* jurídico y la actividad de empresa que el mismo lleva a cabo en un mercado, hoy más globalizado y que se mueve en un ámbito cada vez mayor»[3]. Se caracteriza por su dinamismo y constante evolución, adaptándose a las nuevas realidades económicas y sociales, resaltando que la globalización económica y la digitalización ha intensificado la complejidad del derecho mercantil, requiriendo una interpretación jurídica especializada y actualizada.

Pero además de ello, es preciso ahondar en la interpretación jurídica, como un proceso complejo que busca el significado y alcance de las normas jurídicas en un contexto social específico y por tanto en el ámbito del derecho mercantil, adquiere una relevancia particular debido a la naturaleza cambiante de las relaciones comerciales y la necesidad de brindar seguridad jurídica a los operadores jurídicos y económicos.

## III. EXPERIENCIA DOCENTE

La necesidad de adquirir las competencias precisas, tales como el conocimiento de los elementos básicos de la legislación que regulan las operaciones económicas la capacidad para la búsqueda y análisis de la información, comunicación oral, trabajo en equipo, con la inclusión necesaria de la interpretación jurídica de la materia, nos evoca a la aplicación de una metodología que promueva ese desarrollo activo del estudiantado, con la fina-

3. NAVARRO LÉRIDA, M.ª S.: «Derecho Mercantil», en *Lecciones introductorias al derecho*, Ediciones de la Universidad de Castilla-La Mancha, 2014, p. 180.

lidad de suscitar una participación comprometida en la construcción de su propio conocimiento[4].

En este contexto la experiencia docente propuesta se basa en la búsqueda de jurisprudencia, tal y como se desarrollará, con el fin de promover su estudio y aplicación en el entorno actual, donde se busca determinar el significado y alcance de las normas jurídicas en el contexto social específico.

## 1. FUNDAMENTOS DE LA ACTIVIDAD PROPUESTA

La experiencia docente propuesta se basa por tanto en un enfoque de aprendizaje activo y experiencial, donde los estudiantes son protagonistas de su propio proceso de aprendizaje. Se considera la jurisprudencia como una herramienta fundamental para la interpretación jurídica, permitiendo al alumnado comprender y entender cómo los jueces y tribunales aplican las normas a casos concretos y en momentos concretos, pues es el reflejo de su manifestación, con la necesidad de que se comprenda y adquiera un pleno conocimiento de los elementos de interpretación de la norma, según el sentido propio de sus palabras, en relación al contexto, antecedentes históricos y legislativos, así como la realidad social.

El dinamismo del derecho mercantil exige una metodología que promueva el desarrollo activo del alumnado, por tanto, nos centramos en la búsqueda y análisis relevante de jurisprudencia[5]. La elección de una sentencia reciente es crucial para conectar la teoría con la práctica.

## 2. OBJETIVOS

La actividad no sólo apunta a la comprensión de la jurisprudencia, sino también al desarrollo de habilidades prácticas y técnicas, como la argumentación jurídica, comunicación oral e integración y uso de bases de datos jurisprudenciales. La puesta en común y el debate posterior fomentan la participación activa donde se busca preparar a los estudiantes para enfrentarse a los retos interpretativos en su futura práctica profesional, adaptándose a la realidad cambiante del derecho mercantil.

4. En este sentido GOMORA JUÁREZ, S.: «La enseñanza de la jurisprudencia en México y el uso de los métodos de enseñanza activa», *Revista de educación y derecho*, (2017), pp. 7-8, habla de maestro/facilitador del aprendizaje y la demanda que propician las nuevas generaciones en la forma de enseñar y aprender.
5. *Cfr.* PEDROSA ALQUÉZAR, S.: «Aplicación de la jurisprudencia en la docencia y el aprendizaje del derecho del trabajo», en *Docencia y Derecho, Revista para la docencia jurídica universitaria*, núm. 3 (2011), p. 6.

Significar la necesidad de fomentar el trabajo en equipo y la participación activa en el aula, por tanto, como objetivos específicos se promueve la participación activa y puesta en común con el debate, compartiendo perspectivas y enriqueciendo la discusión.

## 3. METODOLOGÍA DE LA ACTIVIDAD

### 3.1. Presentación de la actividad

Se inicia la actividad con una breve presentación donde se explican los objetivos, la dinámica y los recursos necesarios. Se destaca la necesidad de la participación activa y el compromiso del alumnado para el éxito de la actividad, donde se expone la importancia de la interpretación jurídica del precepto de estudio y desarrollo. Se propone que los estudiantes se organicen en grupos de unos 4 o 5 miembros, fomentando así la colaboración y el intercambio de ideas.

### 3.2. Selección de la sentencia

Tras la exposición y desarrollo de la materia básica en el aula, con el fin de conocer los conceptos fundamentales, el régimen jurídico básico de empresario y de la actividad empresarial, bien cuando se realice como persona física, bien como persona jurídica, se formula una breve explicación del uso y desarrollo de las bases de datos de jurisprudencia[6], donde cada alumno de forma individual debe de buscar sentencias relacionadas con un tema mercantil de actualidad. Se proporciona un ejemplo específico por cada grupo para poder abordarlo y posteriormente explicarlo, en nuestro ejemplo se desarrolla el «deber general de diligencia» o el «deber de lealtad» de los administradores[7], y se alienta al grupo a explorar distintas sentencias sobre el tema, fomentando la lectura y desarrollo de una mirada crítica de las mismas, con la visión y enfoque de varios pronunciamientos.

### 3.3. Lectura y análisis individual

Una vez se ha llevado a cabo la selección de una sentencia, cada estudiante dentro del grupo procederá al análisis individual de la misma, donde se identifican los hechos del caso, las cuestiones jurídicas planteadas, los fundamentos jurídicos utilizados, la *ratio decidenci* y el fallo emitido por el

---

6. *Vid.* RAGA I VIVES, A.: «La inteligencia artificial y las clases prácticas de derecho», en *Innovación docente en derecho: herramientas digitales, nuevos desarrollos y perspectiva global*, Colex, A Coruña, 2023, p. 88.
7. En este sentido se estructura la actividad entorno al desarrollo y estudio de los deberes de los administradores, artículos 225 y ss. del Real Decreto Legislativo 1/2010, de 2 de julio, por el que se aprueba el texto refundido de la Ley de Sociedades de Capital.

Tribunal, trasladando las conclusiones de forma oral ante el grupo reducido, que seleccionará entre todas ellas una sentencia para su puesta en común posteriormente.

### 3.4. Completar la ficha de análisis

Cada estudiante completará una ficha de análisis que resuma los aspectos más relevantes de la sentencia. Esta ficha servirá como herramienta para estructurar y organizar la información clave extraída de la sentencia.

Es importante señalar que, durante el proceso, el tutor es conocedor del desarrollo de la actividad, brindando orientación y asegurándose que las sentencias seleccionadas por los estudiantes ofrecen la suficiente entidad para que se lleve un conocimiento de la materia y principios que deseamos desarrollar e interpretar, por lo que debe llevar a cabo el exhaustivo y preciso control.

### 3.5. Puesta en común y debate

Después de la fase inicial de análisis individual, y puesta en común del grupo reducido, el grupo se reunirá para una sesión de puesta en común. En este punto, un miembro del grupo presentará los resultados del análisis sobre la sentencia seleccionada al grupo general, es interesante resaltar que el alumno que va a llevar a cabo la exposición al grupo general es elegido de forma aleatoria, de forma que la preparación de la puesta en común es preparada por todos los miembros del grupo, dado que desconocen quien va a llevar a cabo la exposición.

Con carácter general y dadas las limitaciones de tiempo, la exposición la lleva a cabo únicamente un alumno o alumna, si bien, podría llevarse a cabo por varios miembros del grupo con la finalidad de practicar la exposición oral por parte de los miembros del grupo.

Es necesario exponer que con carácter previo se ha facilitado a todos los miembros de la clase, mediante el aula virtual, la referencia de la sentencia, de forma que todos han tenido acceso a la misma y han podido proceder a su lectura.

Durante la puesta en común, se busca la participación activa de todos los miembros del grupo para asegurar una comprensión integral de la sentencia. El objetivo es discutir y compartir diferentes interpretaciones, enfoques y observaciones identificadas durante el análisis individual.

Tras la puesta en común se abre un espacio donde los miembros del grupo ponente han preparado diversas preguntas relacionadas con la sentencia, con la finalidad de estimular la participación activa y el debate entre todos los miembros del grupo general, con el fin de poder evaluar por parte del docente el seguimiento de la actividad, así como la implicación de cada alumno.

Los integrantes del grupo ponente lideran la discusión, presentando interrogantes que aborden aspectos clave de la sentencia, fomentando así un análisis más profundo y crítico. Este enfoque permite una interacción dinámica entre los estudiantes y refuerza las habilidades argumentativas, al tiempo que promueve la clarificación de conceptos y la exploración de diversas perspectivas. La atención y guía del docente es esencial para mantener un ambiente constructivo y asegurar que todos los participantes contribuyan al enriquecimiento colectivo del análisis de la sentencia.

## IV. ANÁLISIS Y REFLEXIONES FINALES

La actividad propuesta en este trabajo se estima positiva, destacando en primer lugar su impacto en la formación integral del alumnado en el ámbito del derecho mercantil. Se evidencia de manera efectiva una introducción en los aspectos más complejos, facilitando una mejor interiorización de la norma y su desarrollo que conduce a una comprensión más profunda de los principios y conceptos jurídicos.

Asimismo, se destaca la optimización de la capacidad de comprensión de los estudiantes al fomentar un aprendizaje activo y autónomo, con una posterior puesta en común, supervisada por el docente. Significar que la actividad es conveniente llevarla a cabo desde los primeros cursos, donde cabe introducir al alumnado en la utilización de las bases de datos jurídicas.

En el contexto específico de la interpretación jurídica en el derecho mercantil, la actividad juega un papel fundamental puesto que facilita la comprensión de cómo los jueces y tribunales aplican las normas a casos concretos, permitiendo a los estudiantes observar la fundamentación de los conceptos teóricos estudiados en el aula. Esto no sólo fortalece el aprendizaje, sino que también mejora las habilidades comunicativas de los estudiantes al presentar su análisis de manera estructurada en la ficha.

La exposición oral durante la puesta en común y el debate contribuyen a mejorar sus destrezas expositivas, aseverando un manejo adecuado del lenguaje técnico-jurídico y preparándolos para futuras presentaciones en el ámbito profesional.

En términos de evaluación, se constata la misma con la presentación de cada ficha individual, así como la puesta en común y participación activa del alumnado que requiere con mayor frecuencia la realización de la actividad.

En suma, la actividad proporciona a los estudiantes las herramientas necesarias para trabajar la normativa mercantil desde la interpretación jurisprudencial. Su impacto positivo en el progreso de habilidades clave, desde el análisis y la comunicación, potencia la formación académica y profesional de los futuros juristas, contribuyendo de manera significativa a su preparación integral para enfrentar las exigencias dinámicas del ámbito profesional.

# *Capítulo 19*

# Incidencia de la interpretación jurisprudencial en el método docente: elaboración de casos prácticos sobre sentencias emblemáticas*

ROMINA SANTILLÁN SANTA CRUZ
*Universidad de Zaragoza*



*. Este trabajo ha sido realizado en el marco de los siguientes Proyectos de Innovación Docente: i) «La "interpretación jurídica gamificada" como estrategia didáctica en la formación práctica del jurista», IP. Romina Santillán Santa Cruz (PIIDUZ_4657); ii) «La creación de un aula práctica para la enseñanza jurídica», IP. Adrián Arrébola Blanco (UCM 165/2023); iii) «La ludoteca jurídica», IP. Pedro Chaparro Matamoros (Universitat de València 2734629); iv) «Aula práctica web "ludoteca jurídica": Recursos educativos abiertos», IP. Víctor Bastante Granell (Universidad de Almería); y, v) «El debate académico como estrategia para la formación transversal del jurista III: aprendizaje colaborativo a través del debate», IP. Javier Martínez Calvo (PIIDUZ_4580).

## I. INTRODUCCIÓN

El recurso a la jurisprudencia como instrumento de aprendizaje puede valorarse como una actividad bastante recomendable. Con la jurisprudencia aprende el profesor que ve con ella reforzados y actualizados sus conocimientos, al tiempo que le mantiene en contacto con la práctica jurídica (aunque sea de modo indirecto), pero también le puede servir de apoyo en la elaboración de casos prácticos (basados en hechos reales) que luego serán empleados como parte del proceso de enseñanza-aprendizaje: aquí la incidencia que la jurisprudencia (y la interpretación contenida en ella) puede tener en el método docente.

Ahora bien, a tal efecto, puede resultar especialmente interesante que la sentencia que se use de base en la creación de los casos prácticos sea una de carácter emblemático. En este contexto, el apuntado carácter le vendría dado cuando se trate de una sentencia que varíe una doctrina jurisprudencial ya consolidada o cuando fije nuevos criterios que han de sumarse a los previamente establecidos. Estas sentencias tienen como rasgo común acoger, en algunos casos, interpretaciones correctoras de criterios anteriores o del propio texto de la norma implicada en el supuesto enjuiciado; en otros casos, introducen una línea de flexibilización en la interpretación de una determinada norma para justificar su eventual inaplicación en algún caso concreto; y, como también sucede, pueden determinar el contenido y alcance de los llamados «conceptos jurídicos indeterminados» (que se hallan en el tenor literal de algunos preceptos) o incluso ampliarlos con posterioridad.

Esta actividad de elaboración de casos prácticos a partir de aquellas sentencias que he venido a denominar «emblemáticas», evidentemente, al mismo tiempo, va a redundar en beneficio de los estudiantes que serán, en última instancia, los encargados de resolver tales casos, algo para lo que necesariamente han de recurrir al estudio de la doctrina, la normativa y, sobre todo, la jurisprudencia. Para ello, como cabe anticipar, los estudiantes no deben conocer *ab initio* que el caso puesto a estudio se encuentra inspirado en una sentencia concreta (esto limitaría su capacidad de búsqueda a un solo recurso)[1]. Es verdad que puede que lo acaben descubriendo por ellos mismos, toda vez que con la actividad propuesta el estudio de la jurisprudencia será inevitable: solo si encuentran la sentencia correcta podrán resolver finalmente el caso.

---

1. Con tal objeto, el caso creado tampoco deberá reproducir fielmente los nombres de las partes procesales ni las cuantías exigidas en el proceso, de haberlas, ni los nombres de las ciudades donde se encuentren ubicados los inmuebles en litigio, de ser el caso. Sobre esto se volverá más adelante.

En el presente capítulo, el lector podrá encontrar un caso práctico que se elaboró teniendo en cuenta la STS núm. 458/2020, de 28 de julio (RJ 2020, 2477). En esta sentencia, el Tribunal Supremo respalda la interpretación flexible de las normas de la partición de la herencia en la liquidación de una sociedad de gananciales compuesta por participaciones sociales de carácter ganancial. Los hechos más relevantes de este supuesto, así como los fundamentos en que se apoya la mencionada sentencia, son desarrollados más adelante en tanto indispensables para la elaboración del caso práctico en cuestión, el cual fue aplicado en la asignatura de Derecho de familia y sucesiones. Al final, se adjunta dicho caso, pero no sin antes describir los pasos que fueron seguidos para su creación y defender la importancia de la jurisprudencia en el aprendizaje.

## II. LA JURISPRUDENCIA COMO INSTRUMENTO DE APRENDIZAJE

El derecho es una ciencia práctica[2] y para formar verdaderos operadores del saber hacer es necesario introducir técnicas de estudio que coadyuven a formar estudiantes en conocimientos y habilidades que puedan ser aplicados de manera directa e inmediata al entrar aquellos en contacto con la amplia casuística que se someta a su estudio. Ello exige que se implementen métodos docentes capaces de armonizar la teoría y la práctica, en línea, sobre todo, con las exigencias del nuevo paradigma educativo del Espacio Europeo de Educación Superior (EEES), que, en esencia, busca la promoción de una participación más activa del alumnado en su propio proceso formativo[3].

Una alternativa viable para concretar esa armonía entre teoría y práctica es, sin un atibo de duda, el análisis de sentencias. El análisis de sentencias constituye un verdadero método científico, al tiempo que complementa el trabajo docente y optimiza el proceso de enseñanza-aprendizaje en beneficio del estudiante. La enseñanza del Derecho puede, por tanto, articularse, sin ningún problema, con «la utilización de la Jurisprudencia como herramienta docente y de aprendizaje con la que el alumno aprenderá a desentrañar el razonamiento lógico-jurídico utilizado por el juzgador, a entender

2. Tal como ya he defendido en un trabajo anterior; *vid.* SANTILLÁN SANTA CRUZ, R.: «Conocimiento jurídico, razón práctica y "método del caso inductivo" en la formación del futuro jurista», en AA.VV.: *Reflexiones actuales en torno a la dialéctica, la retórica y otros métodos en la formación del jurista* (coord. por Cabrera Mercado, R. y Quesada López, P. M.), Aranzadi Thomson-Reuters, Cizur Menor, 2022, pp. 610-614.
3. *Vid.* ESTEVE MON, F. M. y GISBERT CERVERA, M.: «El nuevo paradigma de aprendizaje y las nuevas tecnologías», *Revista de Docencia Universitaria*, vol. 9, núm. 3 (2011), 56-61.

la disciplina con enjuiciamiento crítico desarrollando habilidades para la solución de supuestos prácticos, y a familiarizarse con el argot técnico y el lenguaje forense»[4].

Pero el tema es de un calado mucho más hondo. No pasa solo por reconocer la importancia de la jurisprudencia en la formación jurídica, sino también de la jurisprudencia en sí misma, esto es, como fuente relevante en la producción de reglas y principios generales —y que, a diferencia de las que aparecen en el derecho legislado, no siempre son fáciles de identificar, debido a la constante producción de sentencias y posibles cambios o actualizaciones de los criterios jurisprudenciales—[5]. Y es que el «contexto formalista nos ha formado en la idea predominante de que la legislación es el instrumento jurídico más importante, conduciéndonos a ignorar otras fuentes del derecho. Aún más, nos hemos formado en la idea de la completitud de las normas jurídicas y hemos reproducido y afianzado esa noción durante un largo tiempo: nada más lejano de la realidad y el tiempo (*sic*) así como las circunstancias que vive nuestro sistema jurídico están reivindicando el papel de la jurisprudencia en el derecho y como derecho»[6].

La anterior constituye, por ende, otra de las razones para incorporar el estudio de la jurisprudencia en la enseñanza del Derecho. El análisis jurisprudencial —al igual que otros métodos, como, por ejemplo, el método del caso, con el que el mencionado análisis puede quedar perfectamente complementado, tal como se ha sostenido en las líneas introductorias— nos permite entrar en la dimensión dinámica del proceso de enseñanza, superando estilos de docencia que aún se mantienen en la dimensión estática, como es la enseñanza tradicional (basada en el método de la clase magistral)[7].

Aunado a ello debe saberse que el estudio de la jurisprudencia no se reduce a conocer la estructura lógica de las sentencias. Se pretende, junto con este entendimiento de la estructura, conocer el alcance de aquellas a través de las argumentaciones interpretativas seguidas por el juez o el tri-

---

4. PEDROSA ALQUÉZAR, S. I.: «Aplicación de la jurisprudencia en la docencia y el aprendizaje del derecho del trabajo», *Docencia y Derecho, Revista para la docencia jurídica universitaria*, núm. 3 (2011), p. 4.
5. *Vid.* PULIDO ORTIZ, F. E.: «Elementos relevantes para el análisis de las sentencias de la Corte Constitucional colombiana», *Novum Jus*, vol. 2, núm. 1 (2008), pp. 125-152.
6. GÓMORA JUÁREZ, S.: «La enseñanza de la jurisprudencia en México y el uso de los métodos de enseñanza activa», *Revista de Educación y Derecho*, núm. 16 (2017), p. 5.
7. *Vid.* SERNA DE LA GARZA, J. M.: «Apuntes sobre las opciones de cambio en la metodología de la enseñanza del derecho en México», *Boletín Mexicano de Derecho Comparado, nueva serie*, año XXXVII, núm. 111 (2004), pp. 1048-1049.

bunal que emite la resolución objeto de análisis[8]. Esto sirve para formar u optimizar las capacidades de razonamiento, argumentación y construcción de juicios de valor del alumnado, favoreciendo, al propio tiempo, su aprendizaje autónomo y su sentido crítico —porque no se trata de asumir sin más que lo que el magistrado decidió es acorde a Derecho, ni tampoco que lo que decidió se encuentre limitado a lo que escribió[9] (contexto en el que cobra sentido la interpretación de las sentencias)—.

## III. METODOLOGÍA DOCENTE A SEGUIR PARA LA ELABORACIÓN DEL CASO PRÁCTICO

Como hemos visto, se propone la elaboración de casos prácticos sobre sentencias emblemáticas. Con tal objeto, se deben seguir los siguientes pasos:

*Primer paso. La selección de la sentencia.* De entre el conjunto de sentencias que se tengan a mano, de preferencia recientes, el docente debe elegir aquella que califique como «emblemática». Una sentencia tendrá este carácter cuando varíe una doctrina jurisprudencial ya consolidada o cuando fije nuevos criterios que han de sumarse a los previamente establecidos. Estas sentencias, como ya se había adelantado en el apartado introductorio, se pueden identificar, bien porque introducen interpretaciones correctoras de criterios anteriores o del propio texto de la norma implicada en el supuesto enjuiciado, porque introducen una línea de flexibilización en la interpretación de una determinada norma para justificar su eventual inaplicación en algún caso concreto, o bien porque determinan el contenido y alcance de «conceptos jurídicos indeterminados» (que se hallan en el tenor literal de algunos preceptos) o porque amplían su significado al hilo de las nuevas circunstancias ventiladas en un proceso controvertido.

*Segundo paso. Estudio de la sentencia seleccionada y extracción de los hechos relevantes, así como de sus principales fundamentos jurídicos.* Una vez que el docente ha seleccionado una sentencia deberá extraer de esta los hechos relevantes del supuesto enjuiciado y los principales fundamentos de derecho que respaldan el fallo. Tras ello, es elemental que se interioricen adecuadamente las circunstancias particulares del supuesto al efecto de crear

8. *Cfr.* CUESTAS G., C. H.: «Anotaciones sobre la estructura lógica de las sentencias», *Revista Académica Especializada de Derechos Humanos: Sociedad y Derechos Humanos*, año XXXIX, núm. 1 (2019), p. 46. Sobre la exigencia de la fundamentación de las sentencias y la sana crítica, *vid.* GONZÁLEZ CASTILLO, J.: «La fundamentación de las sentencias y la sana crítica», *Revista Chilena de Derecho*, vol. 33, núm. 1 (2006), pp. 100-104.
9. *Cfr.* AGÜERO SAN JUAN, C. A. y ZAMBRANO TIZNADO, J. P.: «Integración metodológica para el estudio del texto de las sentencias penales chilenas», *Convergencia. Revista de Ciencias Sociales*, núm. 54 (2010), pp. 70, 77.

el caso, toda vez que, sin necesidad de haberse replicado exactamente en el mismo los hechos ni los datos de identificación de las partes procesales, el estudiante debe estar en la posibilidad de encontrar, tras un adecuado y efectivo trabajo de búsqueda, la sentencia que sirvió de base para la elaboración del caso práctico puesto a análisis, porque solo si encuentra la sentencia correcta podrá resolver finalmente el caso.

*Tercer paso. Elaboración del caso práctico.* Como se ha venido advirtiendo, es fundamental que en el caso que se vaya a elaborar no se reproduzcan fielmente los nombres de las partes procesales ni las cuantías exigidas en el proceso, de haberlas, ni los nombres de las ciudades donde se encuentren ubicados los inmuebles en litigio, de ser el caso. Con esta indicación de base, para la confección del caso práctico el docente deberá:

i) asignar un título al caso;

ii) elaborar el supuesto de hecho del caso (para lo que se servirá de los hechos que aparezcan tanto en los «antecedentes de hecho» como en los «fundamentos de derecho» de la sentencia, ya que en estos últimos tales hechos reciben un desarrollo más reposado junto con el razonamiento y la argumentación del juez o tribunal, según se trate), que no debe exceder de dos páginas;

iii) formular un máximo de seis preguntas, para lo cual el docente tendrá en cuenta principalmente los «fundamentos de derecho» de la sentencia, en los cuales se suelen plantear algunas cuestiones a resolverse antes de producirse la emisión del fallo. Si hubiera algún «voto particular» en la sentencia, el docente podrá asimismo echar mano de las distintas cuestiones que en él se plantean en orden a enunciar los interrogantes; y,

iv) hacer una lista de los materiales que deberán consultar los estudiantes antes de resolver el caso, entre los que deben figurar bibliografía[10] y legislación, dejando abierta la posibilidad de acudir al estudio de la jurisprudencia sobre la materia. Esto último es algo que los estudiantes habrán de hacer necesariamente porque, como se anticipó, no podrán dar solución a los interrogantes que se planteen recurriendo tan solo a la doctrina y la legislación; aquí la conveniencia de que, de preferencia, se trabaje en la elaboración de los casos sobre la base de sentencias recientes.

10. En caso de que, en el caso práctico, se referencien libros como material de estudio, se recomienda indicar las páginas concretas que el estudiante deberá consultar.

# IV. EJECUCIÓN DE LA METODOLOGÍA PROPUESTA

## 1. PRIMER PASO. LA SELECCIÓN DE LA SENTENCIA

La sentencia emblemática seleccionada en esta ocasión, y que servirá para ilustrar la ejecución de la metodología propuesta, ha sido la STS núm. 458/2020, de 28 de julio (RJ 2020, 2477)[11].

La STS núm. 458/2020, de 28 de julio, defiende la interpretación flexible de las normas de la partición de la herencia en la liquidación de una sociedad de gananciales compuesta por participaciones sociales de carácter ganancial. Más en concreto, en esta sentencia el Tribunal Supremo recuerda su doctrina sobre la liquidación de la sociedad de gananciales con el objeto de precisar que sobre los preceptos aplicables a esta cuestión por la vía de la remisión (que está contenida en el art. 1410 CC[12])[13] debe hacerse una interpretación flexible, pues su empleo estará finalmente supeditado a la entidad objetiva de los bienes que sean materia de división en cada caso. La posible igualdad de lotes del art. 1.061 CC[14], según advierte el tribunal con apoyo en el art. 1.062.I CC[15], solo puede ser atendida cuando los bienes sean divisibles o no desmerezcan mucho en su división[16].

11. Disponible en: https://www.poderjudicial.es/search/AN/openDocument/bbf8bf045d10faba/20190530
12. Art. 1410 CC: «En todo lo no previsto en este capítulo sobre formación de inventario, reglas sobre tasación y ventas de bienes, división del caudal, adjudicaciones a los partícipes y demás que no se halle expresamente determinado, *se observará lo establecido para la partición y liquidación de la herencia*».
13. No debemos olvidar que la remisión que hace el art. 1.410 CC a las reglas sobre partición de la masa hereditaria tiene carácter supletorio —algo que también acentúa el voto particular que luego veremos en el cuerpo del trabajo—, y que en varias de sus sentencias (las que luego se enumeran en nota al pie) el TS ha remarcado el carácter facultativo u orientativo, más que imperativo, del art. 1.061 CC, mas no así del art. 1.062 CC, en el que parece centrarse principalmente la discusión de la STS núm. 458/2020, de 28 de julio.
14. Art. 1.061 CC: «En la partición de la herencia se ha de guardar la posible igualdad, haciendo lotes o adjudicando a cada uno de los coherederos cosas de la misma naturaleza, calidad o especie».
15. Art. 1.062.I CC: «Cuando una cosa sea indivisible o desmerezca mucho por su división, podrá adjudicarse a uno, a calidad de abonar a los otros el exceso en dinero».
16. La STS núm. 219/1995, de 15 de marzo (RJ 1995, 2654) ha sostenido el carácter facultativo u orientativo, más que imperativo, del art. 1.061 CC (principio de la posible igualdad de lotes). Han seguido también este criterio las Ss.TS de 30 enero 1951 (RJ 1951, 89), 13 junio 1970 (RJ 1970, 3112), 8 febrero 1974 (RJ 1974, 484), 30 noviembre 1974 (RJ 1974, 4554), 25 junio 1977 (RJ 1977, 3015), 17 junio 1980 (RJ 1980, 3077) y 21 junio 1986 (RJ 1986, 3787), siendo la STS de 7 enero 1991 (RJ 1991, 110) la que establece con mayor determinación el carácter facultativo u orientativo de dicho precepto.

Como la sociedad de gananciales estaba compuesta por participaciones sociales de carácter ganancial que representaban un paquete minoritario del capital social de una sociedad mercantil administrada por el cónyuge y su hermano, la sentencia considera que, atendiendo a las especiales circunstancias de los partícipes y del caudal partible, tales participaciones podrían ser adjudicadas a uno de ellos con la obligación de compensar al otro en metálico, incluso en caso de haberse pedido su venta en pública subasta (como sucedió en el supuesto enjuiciado); una petición que, a la luz del art. 1062.II CC[17], parecería tener como efecto automático la venta de la cosa de que se trate en pública subasta. Sin embargo, el tribunal considera que, aun con ello, no cabría atender tal petición si esta hiciere inviable la posibilidad de liquidar inmediatamente la sociedad de gananciales, postergando por más tiempo el estado de indivisión. No se exige que el metálico deba existir en el haber partible.

En sede de liquidación de sociedad de gananciales, todo lo anterior da lugar, por un lado, a un debate acerca del carácter imperativo o facultativo que tendrían las reglas sobre partición de la herencia en un procedimiento de liquidación de bienes gananciales, cuando la sociedad ha fenecido por una disolución matrimonial. Con lo cual se abre paso a la posibilidad de inaplicar en dicho escenario lo dispuesto en los arts. 1.061 y 1.062 CC (o de aplicar en parte, como sucede en el presente caso en relación con este último precepto). Y como derivación de ello, por otro lado, en forma inevitable se tenderá a valorar si la sentencia objeto de comentario estaría introduciendo un cambio sustancial en la doctrina que el Tribunal Supremo ya había afianzado para la interpretación del art. 1.062 CC[18].

## 2. SEGUNDO PASO. ESTUDIO DE LA SENTENCIA PARA LA EXTRACCIÓN DE LOS HECHOS RELEVANTES Y PRINCIPALES FUNDAMENTOS JURÍDICOS

### 2.1. Hechos relevantes del supuesto enjuiciado

D.ª Dolores interpuso demanda de liquidación de sociedad de gananciales contra su excónyuge, D. Segundo, solicitando la aprobación de las adjudicaciones efectuadas por el contador partidor en la propuesta de inventario de bienes. D. Segundo, por su parte, se opuso a las pretensiones

17. Art. 1.062.II CC: «Pero bastará que uno solo de los herederos pida su venta en pública subasta, y con admisión de licitadores extraños, para que así se haga».

18. Para profundizar más en el tema desde una perspectiva doctrinal, *vid.* SANTILLÁN SANTA CRUZ, R.: «Liquidación de la sociedad de gananciales: el caso de la adjudicación forzosa de participaciones sociales de carácter ganancial a un solo cónyuge. Comentario a la STS de España núm. 458/2020, de 28 de julio (RJ 2020, 2477)», *Revista Boliviana de Derecho*, núm. 31 (2021), pp. 639-647.

de D.ª Dolores, alegando su disconformidad con las operaciones divisorias presentadas y solicitó que las participaciones sociales de carácter ganancial de la sociedad mercantil Xamons Martínez SL. se repartieran por mitad o se vendieran en pública subasta.

El Juzgado de Primera Instancia n.º 6 de Ourense dictó Sentencia con fecha 6 de octubre de 2016 por la que estimó parcialmente la oposición formulada por el demandado, adjudicando los bienes del modo que sigue:

- A D.ª Dolores: la finca situada en Turey, con su vivienda y ajuar, por un valor total de 17.433,19 euros.
- A D. Segundo: unas participaciones sociales gananciales por valor de 17.433,19 euros.
- El restante de las participaciones sociales de la empresa Xamons Martínez SL., que tuvieran calidad ganancial, se venderían en pública subasta para repartir lo obtenido por mitad entre ambos litigantes.

Contra dicha Sentencia interpuso recurso de apelación D.ª Dolores, que fue estimado por la Audiencia Provincial de Ourense en su Sentencia de fecha 30 de junio de 2017, y revocando la Sentencia dictada por el Juzgado de Primera Instancia, tras aprobar la partición de los bienes conforme a la propuesta presentada por el contador partidor, acuerda que las participaciones gananciales sean adjudicadas al demandado con la obligación de pagar a la demandante el valor de la mitad de las mismas.

Para respaldar su decisión, la Audiencia Provincial señala que la facultad de atribución preferente del art. 1.406 CC debe ser interpretada en armonía con las reglas sobre partición de la herencia (arts. 1.061 y 1.062 CC). Entiende que la igualdad de lotes requerida en el art. 1.061 CC no es matemática o absoluta sino una mera recomendación, pues para efectuar la división del haber ganancial deben atenderse las particulares condiciones de los bienes que lo integran y de los interesados en la partición. Por lo que el art. 1.062 CC permite atribuir los bienes objeto de litigio a uno de los partícipes con la obligación de compensar este al otro con dinero o con otros bienes.

Por las razones anteriores, y conociendo que el total de las participaciones gananciales representaban solo el 46% del capital social de una sociedad administrada exclusivamente por el demandado y su hermano, considera justificado que tales sean atribuidas a un solo cónyuge. A lo que suma el grave desmerecimiento o perjuicio que podría sufrir el bien materia de división de ser sometido a pública subasta. Valora también que D. Segundo es el único que se ha dedicado al negocio y, por tanto, es quien ofrece mayor garantía para su continuidad y desarrollo, siendo por ello preferido para la adjudicación de las acciones.

Reconoce asimismo la Audiencia que, en aplicación del art. 1.062 CC, basta que uno de los interesados en la partición pida la venta en pública subasta y con admisión de licitadores extraños para que pueda procederse en este sentido. Sin embargo, considera que en este caso concreto dicha solución no es justa ni adecuada para la liquidación de la sociedad de gananciales. Entiende que sería prácticamente imposible que un tercero quisiera adquirir un paquete de participaciones minoritario de una sociedad de carácter exclusivamente familiar. Esto solo ocasionaría que el demandado o su hermano fueran quienes pujasen en esa subasta, en la que adquirirían las participaciones por un valor muy inferior al fijado por el contador partidor, perjudicando así los derechos de la demandante.

Contra la expresada Sentencia interpuso recurso de casación D. Segundo, alegando como único motivo del mismo la oposición de la Sentencia recurrida a la jurisprudencia del Tribunal Supremo, por incorrecta interpretación de lo dispuesto en los arts. 1.061, 1.062, 1.406.2.º y 1.410 CC, pues aprueba las operaciones divisorias del cuaderno particional pese a no existir igualdad en los lotes y ser plenamente factible la venta de las participaciones gananciales en pública subasta por haberlo pedido así uno de los partícipes.

El Tribunal Supremo, en su Sentencia de 28 de julio de 2020 (Ponente Parra Lucán), desestima el recurso interpuesto por D. Segundo y confirma la Sentencia dictada por la Audiencia Provincial de Ourense. Los argumentos esgrimidos por el Tribunal Supremo para fundamentar su decisión son los que se recogen en el siguiente apartado.

### 2.2. Fundamentos de derecho que sustentan el fallo

Con motivo del recurso de casación interpuesto, el TS plantea como cuestión jurídica si la atribución de las participaciones sociales al demandado es contraria a lo dispuesto en los arts. 1.061 y 1.062 CC, en virtud de la remisión contenida en el art. 1.410 CC, y a la jurisprudencia que los interpreta. Pero advierte que, en este caso, no se ha infringido el art. 1.406.2.º porque D. Segundo no exige la atribución preferente de las participaciones al amparo de esta norma, ni la solución de la sentencia recurrida resulta de su aplicación.

El objeto del litigio consiste, más específicamente, en determinar si debe ordenarse la venta de los bienes gananciales en pública subasta en todos los casos en que una de las partes lo pida como vía para solucionar la situación de indivisión. La controversia se presenta, como se ha visto, en relación con unas participaciones sociales de naturaleza ganancial que forman parte de una sociedad mercantil de carácter familiar, administrada exclusivamente por el demandado y su hermano, y en la que aquellas representan únicamente el 46% de la totalidad del capital social.

En la Sentencia de 28 de julio de 2020, objeto de este análisis, el TS comienza recordando su doctrina referente a la liquidación de la sociedad de gananciales y precisa que sobre los preceptos aplicables a esta cuestión por la vía de la remisión existe una interpretación flexible, pues su aplicación en procedimientos de esta naturaleza estará finalmente supeditada a la entidad objetiva de los bienes que son materia de división en cada caso. La posible igualdad de lotes del art. 1.061 CC, según advierte el Alto Tribunal al amparo del art. 1.062 CC, solo puede ser atendida cuando los bienes sean divisibles o no desmerezcan mucho en su división.

Pone énfasis en que la controversia se presenta con ocasión de la liquidación de una sociedad de gananciales tras una disolución matrimonial, razón por la que no puede imponerse en este ámbito la aplicación taxativa de reglas que, en sede de sucesiones, conectan con la naturaleza jurídica de la legítima y su consistencia cualitativa, y que, en última instancia, tampoco podrían impedir al testador que quiera preservar indivisa una explotación económica o mantener el control de una sociedad de capital, imponer al adjudicatario el pago a los demás en dinero no hereditario (art. 1.056-II CC).

Por todo ello, la Sala considera que la alternativa propuesta por el recurrente de vender en pública subasta todas las participaciones sociales gananciales (que representan un paquete minoritario en una sociedad controlada por él y su hermano) hace ilusoria la concurrencia de terceros a la subasta. Apuntando, en forma adicional, que el art. 1.062 CC no exige que el metálico con que deba compensar un partícipe a otro por la adjudicación del bien, deba existir en el haber partible. Ello por la propia naturaleza fungible del dinero.

### 2.3. Voto particular

Este voto discrepa del criterio mayoritario adoptado por el Pleno al considerar que en el supuesto enjuiciado debió someterse el destino de los bienes partibles a pública subasta, como interesó el recurrente. Valora que D. Segundo no está conforme con la adjudicación de las participaciones sociales gananciales ni dispuesto a abonar la diferencia del importe a favor de D.ª Dolores mediante compensación en metálico. Por su parte, D.ª Dolores no quiere que se le adjudique la mitad de dichas participaciones pese a su carácter divisible (art. 1.061 CC) y tampoco que las mismas se vendan en pública subasta (art. 1.062 CC).

La solución viable para la ejecución de las operaciones liquidatorias, en los términos indicados por el voto particular, no es que se imponga su adquisición forzosa al exmarido demandado y recurrente, pues este proceder vulnera lo dispuesto en el art. 1.062 CC generando un cambio injustificado en la doctrina jurisprudencial, además de desconocer la capacidad económica del recurrente para cumplir con el pago de la compensación. El juego normativo del art. 1.062 CC, observa en diversas ocasiones dicho voto, está condicionado a que exista dinero líquido en el activo ganancial y en este caso no lo hay.

## 3. TERCER PASO. ELABORACIÓN DEL CASO PRÁCTICO

Siguiendo las indicaciones descritas en el denominado «*Tercer paso. Elaboración del caso práctico*», que figura en el apartado anterior (III.), se ha confeccionado el siguiente caso práctico:

**«Título del caso práctico**

*Liquidación de una sociedad de gananciales compuesta por participaciones sociales de carácter ganancial y sin metálico en el haber partible.*

**Supuesto de hecho:**

*D.ª Artemisa interpone demanda de liquidación de sociedad de gananciales contra su excónyuge, D. Ulpiano, solicitando la aprobación de las adjudicaciones efectuadas por el contador partidor en la propuesta de inventario de bienes, del modo que sigue:*

*i) A D.ª Artemisa, la finca situada en Majadahonda, con su vivienda y ajuar, por un valor total de 17.420,20 euros.*

*ii) A D. Ulpiano, unas participaciones sociales gananciales por valor de 17.420,20 euros, que forman parte del 46% del capital social de una sociedad mercantil de carácter familiar ("Monigotes S.L.") administrada exclusivamente por el demandado, D. Ulpiano, y su hermano.*

*iii) El resto de las participaciones sociales de carácter ganancial que los cónyuges tienen en la sociedad mercantil "Monigotes S.L." ascienden a 30.449,80 euros, que se adjudicarían en su totalidad a D. Ulpiano, quien tendría que pagar la mitad del valor de las mismas en metálico a D.ª Artemisa, es decir, 15.224,90 euros.*

*D. Ulpiano se opone a las pretensiones de D.ª Artemisa y solicita que la totalidad de las participaciones sociales de carácter ganancial de la sociedad mercantil "Monigotes S.L." se repartan por mitad o se vendan en pública subasta.*

*Usted es el Juez y debe resolver el supuesto enjuiciado, pero recordando siempre lo que ha previsto sobre la materia el artículo 1410 del Código civil.*

**Preguntas:**

*a) Sobre la división del haber ganancial propuesta por el contador partidor:*

*– ¿respeta la igualdad de lotes dispuesta en el artículo 1061 del Código civil? ¿por qué? Justifique y argumente la respuesta.*

*– ¿es posible inaplicar el artículo 1061 del Código civil en un caso de liquidación de sociedad de gananciales compuesta por participaciones sociales de carácter ganancial? ¿por qué y en qué supuestos? Justifique y argumente la respuesta.*

*b) D. Ulpiano ha pedido la venta en pública subasta de las participaciones sociales gananciales (que representan el 46% de la totalidad del capital social de una sociedad mercantil):*

*– ¿qué consecuencias podría traer consigo que D. Ulpiano haya hecho tal petición? Justifique y argumente la respuesta.*

*– ¿es posible inaplicar el artículo 1062.II del Código civil en este proceso de liquidación de sociedad de gananciales? ¿por qué? Justifique y argumente la respuesta.*

*c) ¿Cambia en algún aspecto su respuesta anterior el hecho de que no exista metálico en el haber partible? ¿por qué? Justifique y argumente la respuesta.*

**Material de estudio para el alumno:**

**Bibliografía:**

LACRUZ BERDEJO, J. L. *et al.*: *Elementos de Derecho Civil IV: Familia*, 2.ª ed., Dykinson, Madrid, 2005, pp. 243-262.

MARTÍNEZ DE AGUIRRE ALDAZ, C.: "La partición hereditaria: conceptos generales, operaciones particionales y tipos de partición", en *Curso de Derecho Civil V: Derecho de Sucesiones*, 2.ª ed., Edisofer, Madrid, 2022, pp. 433-456.

MARTÍNEZ DE AGUIRRE ALDAZ, C.: "La sociedad de gananciales", en *Curso de Derecho Civil IV: Derecho de Familia*, 6.ª ed., Edisofer, Madrid, 2021, pp. 255-301.

MARTÍNEZ ESPÍN, P.: "Comentarios al Artículo 1.061 CC", en *Comentarios al Código Civil*, 2.ª ed., Aranzadi, Cizur Menor, 2006, p. 1264.

MARTÍNEZ ESPÍN, P.: "Comentarios al Artículo 1.062 CC", en *Comentarios al Código Civil*, 2.ª ed., Aranzadi, Cizur Menor, 2006, p. 1265.

MORALEJO IMBERNÓN, N.: "Comentarios al Artículo 1.410 CC", en *Comentarios al Código Civil*, 2.ª ed., Aranzadi, Cizur Menor, 2006, pp. 1673-1674.

**Legislación:**

Código Civil. Disponible en https://www.boe.es/eli/es/rd/1889/07/24/(1)/con (última consulta: 19 diciembre 2023).

**Jurisprudencia:**

Deberá agenciarse de todas aquellas sentencias cuya aplicación se estime oportuna en el presente caso para posibilitar la solución de las cuestiones planteadas»[19].

## V. A MODO DE CONCLUSIÓN

El presente capítulo ha tenido por objeto mostrar el impacto que la interpretación jurisprudencial puede tener en el método docente y que bien se puede materializar mediante la elaboración de casos prácticos sobre sentencias emblemáticas. Además, para corroborar lo sostenido se ha confeccionado un caso práctico con los datos extraídos de la STS núm. 458/2020, de 28 de julio (RJ 2020, 2477), el cual se ha titulado «Liquidación de una sociedad de gananciales compuesta por participaciones sociales de carácter ganancial y sin metálico en el haber partible».

La sentencia seleccionada es relevante en el ejercicio de la docencia porque se convierte en una fuente para crear o elaborar casos prácticos sobre la base de hechos reales y para cuya resolución no se puede ya interpretar literalmente una norma que es preceptiva —en la partición de la herencia y que también parecía serlo, hasta hace poco, en toda liquidación de sociedad de gananciales (me refiero al art. 1062.II CC)—, sino que necesariamente tendrá que recurrirse a la doctrina del Tribunal Supremo que interpreta en forma flexible tal norma para un ámbito en el que su aplicación solo es supletoria, pero cuyo alcance debe atenderse con algunos matices (todo depende del caso en concreto).

Se pone así en evidencia la influencia práctica de la jurisprudencia con su doctrina de la interpretación flexible en la materia comentada y, del

19. A este respecto, se sugiere que, en forma previa a la aplicación del caso práctico, el docente imparta una breve sesión de refuerzo sobre la búsqueda de sentencias en la página web del CENDOJ o en la entrada de «Jurisprudencia» de Aranzadi Instituciones (en caso de tener los accesos correspondientes a esta base de datos).

mismo modo, empleando la jurisprudencia como recurso para la elaboración de casos prácticos, se pone a disposición de la academia jurídica un material didáctico (en concreto, un modelo de caso práctico) para que sea puesto en práctica en la asignatura de Derecho de familia con el fin de que los estudiantes lo resuelvan haciendo uso de la legislación, la doctrina y la jurisprudencia que resulten aplicables.

# Tercera Parte

# La interpretación jurídica como método docente y el recurso a la gamificación

*Capítulo 20*

# La dificultad inherente en la docencia a través de la interpretación: ¿Cómo se enseña a interpretar? [1]

GONZALO MUÑOZ RODRIGO
*Universidad de Valencia*

SUMARIO: I. INTRODUCCIÓN. II. LA INTERPRETACIÓN JURÍDICA COMO INTERPRETACIÓN PRÁCTICA. III. ¿CÓMO ADQUIRIR UN CONOCIMIENTO PRÁCTICO? IV. APLICACIÓN EN LAS AULAS.

## I. INTRODUCCIÓN

Entre las principales preocupaciones de un docente en el ámbito de las ciencias jurídicas, el que sus estudiantes desarrollen el sentido crítico debería ocupar un lugar primordial. Como ya he tenido la ocasión de decir alguna otra vez, de poco sirve el aprendizaje del derecho si no va acompañado de la adquisición de competencias, que permita a los alumnos poder desenvolverse con solvencia una vez han terminado sus estudios de grado, pues el práctico de derecho deberá tener a su alcance las herramientas que le permitan poder enfrentar eficazmente un problema jurídico en su posterior devenir profesional.

Una de estas herramientas, sin lugar a dudas, puede ser la correcta interpretación jurídica o, dicho de otro modo, el análisis crítico del derecho, lo cual puede ser extremadamente útil para los estudiantes en su carrera.

---

1. Este trabajo ha sido realizado en el marco del Proyecto de Innovación Docente de la Universidad de Zaragoza PIIDUZ_4657: «La "interpretación jurídica gamificada" como estrategia didáctica en la formación práctica del jurista», IP. Romina Santillán Santa Cruz.

Pero, no solo eso, sino que el medio se pueda convertir en un fin en sí mismo, pues el estudio crítico de las normas o la resolución de casos prácticos complejos permite a los alumnos asimilar mejor los conocimientos y recordarlos de forma mucho más efectiva. En la medida que, después, se observarán considerables mejoras en el rendimiento académico de los mismos.

Sin embargo, si nos centramos en la labor del docente en la interpretación, nos podemos preguntar en qué medida un profesor puede mejorar la capacidad interpretativa de sus estudiantes, fomentar sus habilidades de resolución de problemas o, en definitiva, enseñar a analizar e interpretar el derecho. Obviamente, lo más sencillo para el mismo es la explicación teórica de los contenidos de la asignatura y lo que verdaderamente puede suponer un reto es interpelar a los estudiantes a que asuman un rol más participativo en las aulas, en el sentido de analizar cómo ha interpretado un tribunal un precepto, desarrollar casos prácticos al efecto u organizar un pequeño debate en el aula.

Por ese motivo, en el presente trabajo, trataré de realizar una investigación sobre la interpretación jurídica para conocerla mejor y, en consecuencia, poder abordar más adecuadamente su incorporación a las aulas.

## II. LA INTERPRETACIÓN JURÍDICA COMO INTERPRETACIÓN PRÁCTICA

Tradicionalmente, la doctrina ha identificado la interpretación con el conocimiento, es decir, un acto a través del cual se pretende obtener un saber. Por ello, el intérprete lo que hace es aproximarse a la realidad y obtener de ella un determinado conocimiento. Al final, sería el acto mediante el cual se aprehende algún elemento o aspecto de la realidad[2].

Si decimos que la interpretación es una forma de conocimiento habrá que concretar qué tipo de conocimiento es, pues es innegable que en la realidad existen muchas clases de conocimiento y, asimismo, puede ser un conocimiento especulativo o un conocimiento práctico, si tomamos como referencia a TOMÁS DE AQUINO[3]. No obstante, podríamos afirmar con bastante seguridad que el conocimiento interpretativo se corresponde mejor con el tipo de conocimiento práctico, ya que, según BETTI, el conocimiento interpretativo sería una clase de conocimiento que se caracteriza por acceder a él de una forma diversa, es decir, no tanto por explicación sino

2. *Cfr.* BETTI, E.: *L'ermeneutica comme metodica generale delte scienze dello spirito*, Città Nuova Editrice, Roma, 1990, pp. 62 y ss.
3. *Cfr.* SOAJE RAMOS, D.: «La "ratio practica" en el Aquinate» (Partes I y II), *Ethos*, núm. 21-22, pp. 89 y ss.

por comprensión de la realidad. De esta suerte, clasificaría a esta clase de conocimiento como conocimiento práctico que se adquiere a través de las «formas representativas»[4], las cuales no responden necesariamente a un conocimiento transmisible, sino a la comprensión de determinados contenidos espirituales que pueden ser comunicados a través de signos o símbolos que se enmarcan en un tipo de comunicación tanto lingüística como no lingüística.

Por ello, si el conocimiento interpretativo se traduce en un tipo de conocimiento práctico, podemos concluir que la interpretación jurídica es una interpretación práctica[5]. De hecho, SOAJE RAMOS apunta que el conocimiento jurídico aparece como revestido de un carácter práctico[6] y, a su vez, KALINOWSKI señala que esto implica que el conocimiento jurídico no parte tanto de saber identificar lo que quiere decir el autor del texto (aquello que se correspondería con la llamada *voluntas legislatoris* o *mens legislatoris,* una interpretación de corte más subjetivo), sino determinar cómo debe comportarse aquel al que va dirigido el texto normativo, como puede ser un operador jurídico[7] (que sería la *voluntas legis* o la *ratio legis*).

Esto nos lleva otra vez a lo que decía BETTI, si el conocimiento jurídico que, como tal, tiene un importante ámbito práctico, puesto que parte de una comprensión de la realidad más que de la explicación de hechos empíricos, tiene como fin último obtener la regla o norma de comportamiento humano para resolver un caso dado, si queremos interpretar correctamente deberemos disponer de dicho conocimiento práctico. Esto se debe a que el derecho no forma parte de las ciencias exactas, como podría ser el conocimiento especulativo, sino que su campo originario de acción proviene de las ciencias humanas.

Pero dicha formulación nos conduce a un camino sin salida, esto es, cómo es posible adquirir un conocimiento práctico que ya hemos indicado que se adquiere más por comprensión que no por explicación, habida cuenta de que, si queremos salir victoriosos deberemos entender en pro-

4. *Cfr.* BETTI, E.: *Teoria Generale delta lnterpretazione,* Giuffrè, Milano, 1955, pp. 119 y ss.
5. Identifica el saber jurídico como un saber práctico, SANTILLÁN SANTA CRUZ, R.: «Conocimiento jurídico, razón práctica y "método del caso inductivo" en la formación del futuro jurista», en AA.VV.: *Reflexiones actuales en torno a la dialéctica, la retórica y otros métodos en la formación del jurista* (coord. R. Cabrera Mercado y P. M. Quesada López), Aranzadi Thomson-Reuters, Cizur Menor, 2022, p. 611.
6. *Cfr.* SOAJE RAMOS, G.: «La razón práctico-moral. Esbozo de un estudio sistemático», *Ethos,* núm. 23-25, pp. 193-244.
7. *Cfr.* KALINOWSKI, G.: «Filosofía y lógica de la interpretación en derecho», en AA.VV.: *Concepto, fundamento y concreción del derecho,* trad. C. I. Massini-Correas *et alii,* Abeledo-Perrot, Buenos Aires, 1982, p. 110.

fundidad el conocimiento práctico para poder aproximarse a él y obtener las claves de su aplicación.

## III. ¿CÓMO ADQUIRIR UN CONOCIMIENTO PRÁCTICO?

Para esta empresa, partiremos otra vez de TOMÁS DE AQUINO, quién separa el conocimiento práctico del conocimiento especulativo. Según el Santo, el conocimiento especulativo, como pueden ser las matemáticas, busca obtener la verdad en absoluto, es decir, la resolución de problemas físicos que son comprobables en la naturaleza. Por el contrario, el conocimiento práctico tiene con base un objeto realizable u operable, pero siempre con el fin de regular la acción humana hacia algún bien o perfección[8]. Si esa conclusión la conectamos con lo que decía YVES SIMON[9], podemos observar que esta clase de conocimiento, a diferencia de otras clases de ciencia que parten de la formulación de una hipótesis y su comprobación en la realidad con hechos apreciables o cuantificables, se caracterizaría por su aspecto sintético. Dicho con otras palabras, el conocimiento práctico va de las causas a los efectos, de los principios a sus consecuencias. Es lo que denominaría «conocimiento prudencial», que no es otra cosa que formularse «qué ha de hacerse» en el supuesto de que nos encontremos ante un asunto de ciertas características.

La pregunta entonces es clara, y cómo hacemos para obtener este «conocimiento prudencial», tan importante para poder resolver problemas jurídicos. Pues tal y como dice VIOLA, lo primero que hay que desterrar es que se trate de un mero acto de voluntad, ya que por mucho de que se trate de un conocimiento regido por normas humanas, sí que se puede verificar una dimensión cognitiva-intelectual en ellas[10]. Esto quiere decir que no se trata de un conocimiento meramente instrumental, en la medida que elaboro determinado argumento para conseguir el fin que deseo, a pesar de los peligros que vaticinaba HABERMAS sobre esta cuestión[11]. Y es que no podemos caer en el reduccionismo de considerar que, como el derecho se corresponde con una ciencia social u humana, es posible llegar a las conclusiones más dispares si seleccionamos adecuadamente nuestros argumentos. Nada más lejos de la realidad, habida cuenta de que podemos afirmar sin lugar a dudas que la interpretación jurídica reviste de objetividad.

---

8. Acerca de Tomás de Aquino, *vid.* BASSO, D. M.: «Acerca del conocimiento especulativo y del conocimiento práctico», *Prudentia Iuris*, núm. 24 (1984).
9. *Cfr.* SIMON, Y.: *Practical Knowledge*, Fordham U.P., New York, 1991, p. 5.
10. *Cfr.* VIOLA, F.: «Ragione pratica e diritto naturale», *Ragion Pratica*, núm. 1 (1993), pp. 63-64.
11. *Cfr.* HABERMAS, J.: *La reconstrucción del materialismo histórico*, trad. J. Nicolás Muñiz y R. García Cotarelo, Taurus, Madrid, 1983, pp. 28 y ss.

La interpretación jurídica es objetiva porque no se basa simple y llanamente en las apreciaciones subjetivas de la persona que eventualmente las profiere, sino que para poder emitir juicios de peso es necesario basarlos en amplios conocimientos jurídicos. No podrá afirmarse la validez de un argumento jurídico cuando se encuentre basado única y exclusivamente en el pensamiento o el querer del sujeto que lo piensa o expresa. Para contrarrestar esto, cuando emitimos una opinión jurídica generalmente viene apoyada por referencias doctrinales o jurisprudenciales. En ese sentido, no es lo mismo que cuando se defiende una concreta posición en una cuestión, esta tenga un respaldo por parte de los tribunales o un amplio consenso doctrinal, que, por contrario, su respaldo sea minoritario o inexistente. En definitiva, una conclusión bastante lógica[12].

Esto supone asumir la idea aristotélica de que es posible conocer «las dimensiones centrales del bien o la perfección humana por medio de la razón práctica normativa»[13]. En el caso del derecho ese bien o perfección al que habría que aspirar, si entendemos que es posible aproximarse a la interpretación jurídica desde un prisma objetivo, sería la justicia, en la medida que se correspondería con el efecto o la consecuencia práctica de la virtud «justicia». Por tanto, el saber o conocimiento al que aspiramos cuando queremos hacer una interpretación correcta y objetiva sería la interpretación justa. De modo que, la interpretación justa sería la interpretación más correcta del dilema jurídico planteado. Así, la justicia sería «la dimensión del bien común político a la que se ordena el derecho»[14].

Para llegar a este entendimiento, KALINOWSKI habla del ya conocido «silogismo de aplicación del derecho», que se basa en una lógica deductiva[15]. Este silogismo seguiría la estructura clásica de considerar como premisa mayor a la norma y como premisa menor a la proposición concreta para el caso singular. No obstante, dicho autor señala que, como particularidad, en la interpretación jurídica, hay que recurrir al auxilio de argumentos dialécticos, giros retóricos, etc.

Claramente, este proceso es muy complejo y como hemos señalado es objetivo, en el sentido de que es posible verificar si hay error en el mismo. Por consiguiente, necesita de cierto hábito y práctica para poder llegar a

12. *Vid.* MURPHY, M. C.: *Natural Law and Practical Rationality*, Cambridge U.P., Cambridge, 2001, pp. 40 y ss.
13. MASSINI-CORREAS, C. I.: «La interpretación jurídica como interpretación práctica», *Persona y Derecho*, núm. 52 (2005), p. 435.
14. MASSINI-CORREAS, C. I.: «La interpretación», cit., p. 438.
15. KALINOWSKI, G.: «Le syllogisme d'application de droit», *APD*, núm. 9 (1964), pp. 273-285.

dominar este arte si así lo podemos calificar. Es lo que Aristóteles llamaba frónesis y luego los medievales *prudentia*. Entonces, esta conclusión nos lleva a un punto con poco misterio, para poder desarrollar adecuadamente la habilidad de la interpretación jurídica lo que es necesario es mucha práctica y años de experiencia, esta es la razón que primordialmente ordena a los jueces, por ejemplo, que para poder interpretar el derecho (la labor jurisdiccional) se les exige años de estudio y, después, para poder acceder a las instancias más elevadas, entre otras cuestiones, antigüedad.

## IV. APLICACIÓN EN LAS AULAS

Transmitir esta idea a los alumnos puede ser poco alentador, en la medida que básicamente se les está diciendo que mucho trayecto les falta para poder ser juristas completos. Sin embargo, como todo, hay que empezar desde cero y ahí estamos los docentes en derecho para comenzar a establecer los cimientos que necesitan los estudiantes para desarrollar su carrera profesional. Por ello, más allá de explicaciones teóricas, el recurso a la interpretación a través de casos prácticos o el comentario y lectura de sentencias puede ser un pilar fundamental para que los mismos puedan perfeccionar esas habilidades.

Por ejemplo, este curso, dado que voy a enseñar por primera vez a alumnos de primer curso, ya que hasta el momento había impartido docencia solo a cursos de familia de cuarto, tengo intención de subir al aula virtual un comentario de sentencia que realicé sobre la STS 31 de marzo de 2022, que vino a negar la posibilidad de que se pudiera establecer la filiación de un menor nacido por gestación por sustitución en el extranjero a través de la institución de la posesión de estado. La idea consistiría en obligar a los alumnos a reflexionar y comprender un texto legal de ciertas características, como puede ser una sentencia y su correspondiente comentario, en horario de clase. En ese sentido, se reservará una sesión para la resolución de la práctica, la cual deberán llevarla a cabo en el aula con apoyo de los textos legales que consideren oportunos, así como del material proporcionado en el aula virtual.

La práctica consistirá en una serie de preguntas sobre el tema planteado, que deberán resolver a mano y entregar al final de la sesión. Mi objetivo con ello es triple: Primero que los alumnos se familiaricen desde su más temprana andadura jurídica con la lectura de una Sentencia del Pleno del Supremo y un análisis jurídico de la misma, a modo de acompañamiento; segundo, que puedan conocer una figura que genera un intenso debate doctrinal en la actualidad (lo interesante de una práctica de estas características es que la figura analizada sea un tanto controvertida) y tercero, que puedan, al menos, seguir los argumentos que utiliza el Supremo para, por un lado, indicar la contrariedad al orden público español de la gestación por sustitución y, por otro lado, aquellos de los que se sirve para indicar que no es posible fijar una relación de filiación por medio de la posesión de estado, pero que ello no impediría que se pudiera establecer dicha filiación a través de otros métodos como la reclamación de la paternidad biológica o, en este caso concreto, la adopción.

En realidad, con ello, lo que pretendo poner en valor, más allá de cualquier consideración sobre la mayor idoneidad de un método docente u otro, es la importancia de algo que ya hemos explicado que es, ni más ni menos, el desarrollo de un hábito de estudio en los alumnos y que, al final, es la base de cualquier resultado académico exitoso. Que los estudiantes se acostumbren a leer, reflexionar sobre lo que han leído y después exponer las conclusiones de aquello que han pensado es el fundamento de la interpretación jurídica práctica, cuyo perfeccionamiento los llevará a realizar apreciaciones cada vez más correctas y objetivas y, en consecuencia, más justas.

*Capítulo 21*

# Aprendizaje jurídico a través de la exégesis

JAVIER MARTÍNEZ CALVO
*Universidad de Zaragoza*

SUMARIO: I. INTRODUCCIÓN. II. MARCO TEÓRICO. III. METODOLOGÍA DOCENTE. IV. EVALUACIÓN. *1. Evaluación del alumnado. 2. Evaluación de la actividad.* V. A MODO DE CONCLUSIÓN.

## I. INTRODUCCIÓN[1]

En las siguientes líneas voy a presentar una experiencia de utilización de la exégesis para favorecer un aprendizaje significativo de los alumnos del Grado en Derecho. Para ello, trabajan en pequeños grupos y han de ir interpretando diversas normas para determinar su contenido, sentido y alcance, mediante su aplicación a supuestos concretos. A tal fin, han de ir indicando los cánones hermenéuticos que vayan utilizando y el tipo de interpretación alcanzada. Posteriormente, se hace un debate en el que los grupos van confrontando las posturas mantenidas por cada uno de ellos, para, entre todos, tratar de buscar la interpretación más correcta de las disposiciones legales propuestas.

---

1. Este trabajo ha sido realizado en el marco de los proyectos de innovación docente de la Universidad de Zaragoza: El debate académico como estrategia para la formación transversal del jurista III: aprendizaje colaborativo a través del debate (PIIDUZ_8540/2023), La «interpretación jurídica gamificada» como estrategia didáctica en la formación práctica del jurista (PIIDUZ_4657/2023) y Aproximación a la Administración mediante un caso práctico (3.ª edición) (PIIDUZ_4788/2023).

## II. MARCO TEÓRICO

La exégesis es entendida como el estudio inicial de las normas y busca conocer su sentido y alcance, preocupándose por las palabras que la norma puede tener y por lo que quiso decir el legislador[2]. Se considera que los primeros exégetas fueron los intérpretes del llamado Código de Napoleón, pues el nombre de Escuela de la Exegesis se acuñó precisamente para «englobar a los juristas franceses que, a lo largo del siglo XIX, en especial entre 1804 y 1890, analizaron el Código de Napoleón»[3].

En cuanto a su metodología, la actividad exegética o hermenéutica comienza con la determinación de la concreta regla aplicable para regular una determinada situación de hecho o relación social y prosigue con la labor de interpretación del contenido y significación de la regla jurídica previamente identificada[4]. Y es que, el estudioso en Derecho debe asumir las normas como su punto de partida[5], por lo que la primera tarea que le corresponde al jurista es precisamente la de identificar la regla aplicable en cada caso, determinando cuál es el concreto mandato contenido en la regla identificada[6], y para ello habrá de recurrir a la interpretación.

Una vez superado el escollo de la identificación de la regla aplicable, procedería entrar en el análisis del concreto mandato legal en sus diferentes aspectos: presupuesto de hecho, régimen jurídico aplicable, efectos derivados del posible incumplimiento, etc.[7].

A tal efecto, el Código civil español regula en su art. 3.1 el modo en el que han de ser interpretadas las normas, al disponer que «*las normas se interpretarán según el sentido propio de sus palabras, en relación con el contexto, los antecedentes históricos y legislativos, y la realidad social del tiempo en que han de ser aplicadas, atendiendo fundamentalmente al espíritu y finalidad de aquellas*». Del mencionado precepto podemos extraer los principales cánones de interpretación de las normas:

2. *Vid.* SOTO BARDALES, M. J.: «El método en la investigación jurídica», *Derecho y Cambio Social*, Año 10, núm. 32 (2013), pp. 7-8.
3. *Vid.* MOISSET DE ESPANÉS, L.: «Reflexiones sobre la llamada escuela de la exégesis», *Derecho y Cambio Social*, 13 de mayo de 2008, p. 3.
4. *Vid.* SEGURA ORTEGA: *Sobre la interpretación del Derecho*, Universidad de Santiago de Compostela, 2003; BALAGUER CALLEJÓ, M. L.: *Interpretación de la Constitución y ordenamiento jurídico*, Tecnos 1997.
5. *Vid.* CEA EGAÑA, J. L.: «Sistema y problema en la investigación jurídica: para una dogmática flexible del derecho», *Revista chilena de derecho*, Vol. 10, núm. 2 (1983), p. 348.
6. *Vid.* CRUZ VILLALÓN, J.: «La metodología de la investigación en el Derecho del Trabajo», *Temas laborales*, núm. 132 (2016), p. 80.
7. *Vid.* CRUZ VILLALÓN, J.: «La metodología de la investigación», cit., p. 90.

1) El canon gramatical, de acuerdo con el cual, las normas se interpretarán según el sentido propio de sus palabras. Constituye el primer elemento de interpretación cuando debe determinarse el significado de una norma, pero cabe advertir que tiene carácter subordinado respecto al canon sistemático o al espíritu y finalidad de la ley.

2) El canon histórico, que supone que las normas se interpretarán en relación con los antecedentes históricos y legislativos, y que atiende a aspectos como el origen de las normas, la doctrina precedente, los materiales prelegislativos, etc., configurándose como un canon auxiliar de interpretación, en la medida en que puede ayudar a resolver las dudas que suscite la literalidad de una norma (ej. derivados de su ambigüedad), pero no habilita por sí solo para corregir el significado de una norma que deriva de su literalidad.

3) El canon sistemático, que supone interpretar las normas en relación con el contexto y que tiene preferencia respecto a la interpretación gramatical, distinguiéndose dentro del mismo dos subtipos de interpretación, en función del contexto que se utilice como referencia:

a) Interpretación sistemática *ad intra*: cuando se pone en relación el precepto a interpretar con otros preceptos que forman parte de la misma disposición legal.

b) Interpretación sistemática *ad extra*: cuando se pone en relación el precepto a interpretar con otros preceptos integrados en un cuerpo legal diferente[8].

4) El espíritu y finalidad de las normas (también conocido como canon teleológico de interpretación), que es lo que se denomina la *ratio legis* o razón de ser de la norma aplicable, y que tiene primacía sobre el resto de cánones de interpretación, lo que supone que, de entre los diversos significados derivados del sentido literal de una norma, se debe optar por el que mejor se acomode a su espíritu y finalidad[9];

5) La realidad social, que permite al intérprete tener en cuenta las circunstancias sociales existentes en un determinado momento (lo que supone

8. Una de las manifestaciones de la interpretación sistemática *ad extra* es la interpretación conforme a la Constitución, a la que se refiere el art. 5.1 LOPD, que responde a la primacía de la CE en nuestro ordenamiento jurídico y que exige optar por aquella interpretación de la norma que, de entre las posibles, mejor se acomode a lo dispuesto en el texto constitucional.

9. Por tanto, la sumisión del juez al «imperio de la ley» que prevé el art. 117.1 CE debe entenderse como sujeción al espíritu y finalidad de las leyes, y no como dependencia a la letra de la ley.

que la interpretación de una norma puede variar al cambiar la realidad social) y que se configura como un canon auxiliar de interpretación, pues, al igual que veíamos para el canon histórico, pueden ayudar a resolver las dudas que suscite la literalidad de la norma, pero no habilita por sí solo para corregir el significado de una norma que deriva de su literalidad.

En cualquier caso, el art. 3.1 Cc. tiene carácter de *numerus apertus*, por lo que es posible recurrir a otros cánones diferentes (ej. al derecho extranjero).

Los resultados de la interpretación llevada a cabo mediante los cánones descritos (u otros a los que pueda recurrir el jurista, dado el carácter de *numerus apertus* del precepto) pueden ser de tres tipos[10]:

1) Interpretación declarativa: cuando se atribuye a la norma un significado que coincide con el que se deriva de su sentido literal, de modo que el resultado del proceso interpretativo viene a coincidir con la previa interpretación de la norma.

2) Interpretación modificativa: cuando, como consecuencia de la interpretación, han de alterarse los términos de la formulación normativa, distinguiéndose, a su vez, tres subtipos de interpretación, en función de si se le da un sentido más amplio (en cuyo caso se habla de interpretación extensiva), más reducido (dando lugar a la llamada interpretación restrictiva) o diferente del que se deriva de su sentido literal (y entonces se habla de interpretación correctora).

3) Interpretación derogatoria: cuando la consecuencia que el intérprete extrae de la interpretación es que la norma que ha interpretado no tiene vigencia.

## III. METODOLOGÍA DOCENTE

Antes de dar inicio a la actividad es necesario explicar a los alumnos la tarea a realizar y los criterios que se van a seguir para su evaluación. Una información que habrá de ser lo más completa posible, pues es conveniente que los alumnos cuenten con instrucciones precisas acerca del plan de trabajo que se va a seguir y de las distintas fases en las que se divide su proceso de realización.

Además, es preciso que los alumnos cuenten con las nociones teóricas básicas acerca de la asignatura, por lo que es recomendable que se pongan en marcha cuando el curso ya esté avanzado y los alumnos comiencen a

10. *Vid.* DÍEZ-PICAZO Y PONCE DE LEÓN, L.: *Experiencias jurídicas y teoría del Derecho,* 3.ª ed., Ariel, Barcelona, 1999.

tener un cierto dominio de la materia. De este modo, la actividad les servirá para asentar los conocimientos adquiridos.

De igual modo, es conveniente que reciban algunas nociones sobre exégesis en general, y que se lleve a cabo un repaso de los distintos cánones hermenéuticos (pese a que, probablemente, ya los hayan estudiado en la asignatura de Teoría del Derecho —o similar— y en la parte introductoria del Derecho civil, pero un repaso nunca viene mal).

A continuación, se formarán los grupos, preferiblemente con tres integrantes cada uno. Creo que es recomendable no hacer grupos muy grandes para evitar que algunos alumnos puedan comenzar a adoptar una actitud pasiva ante el trabajo, pues entre tres personas es mucho más fácil detectarlo y corregirlo a tiempo. Por otro lado, hay diversas opciones para conformar los grupos: llevando a cabo un sorteo o cualquier otra técnica que posibilite una composición aleatoria, permitiendo que decidan los propios alumnos o estableciendo el docente su conformación. En mi caso, prefiero que sean los propios alumnos los que formen los grupos, con el objeto de que aprendan a responsabilizarse de sus decisiones.

Una vez conformados los grupos, cada uno de ellos tendrá que entregar el Acta de constitución de grupo firmada por todos sus integrantes. Dicho Acta recogerá los nombres de los componentes del grupo, así como las normas de las que decidan dotarse para desarrollar el trabajo.

Posteriormente, comienza el proceso de interpretación propiamente dicho. Para ello, tras identificar la norma aplicable al caso, los alumnos habrán de determinar su contenido mediante la aplicación de los distintos cánones de interpretación, que tendrán que mencionar expresamente. A tal efecto, podrán recurrir a los criterios de interpretación que recoge el Código civil en su art. 3.1, o bien utilizar otros, dado el carácter de *numerus apertus* del mencionado precepto.

Una vez que los alumnos han identificado la norma aplicable al caso y han determinado su contenido a través de los distintos cánones hermenéuticos, el siguiente paso consiste en que señalen el tipo de interpretación que han llevado a cabo: declarativa, modificativa (extensiva, restrictiva o correctora) o derogatoria.

Es frecuente que durante el desarrollo de la actividad vayan surgiendo dudas, tanto relativas a la propia materia como a los distintos pasos que deben llevar a cabo dentro del proceso de interpretación, por lo que se dedicará un tiempo prudencial a tratar de resolver todas las cuestiones planteadas por los alumnos. En todo caso, mientras los alumnos están trabajando, el profesor irá pasando por los grupos para que puedan explicarle los avances alcanzados y las dudas ante las que se vayan encontrando.

Seguidamente, todos los grupos entregarán el documento que han elaborado con la interpretación que han llevado a cabo de las normas propuestas y expondrán oralmente las conclusiones a las que han llegado con el desarrollo de la actividad. A continuación, se celebrará un debate entre ellos, para tratar de buscar entre todos la interpretación más correcta de las disposiciones legales propuestas.

## IV. EVALUACIÓN

### 1. EVALUACIÓN DEL ALUMNADO

Cabe tanto que la puesta en práctica de esta metodología sea objeto de evaluación como que se quede en una mera actividad formativa. Además, en el primer caso, puede incluirse o no en la calificación final de la asignatura. A mi modo de ver, es preferible que la actividad sea evaluable, ya que nos proporciona un elemento de valoración para determinar la calificación del alumno, favoreciendo una evaluación de carácter continua y formativa (y no meramente sumativa). Además de ser un modo eficaz de motivar a nuestros alumnos para el desarrollo de la propia actividad, pues, si los alumnos saben que van a ser premiados si realizan correctamente la actividad, estarán más motivados; o, visto desde otro punto de vista, si no se les evalúa, se corre el riesgo de que se desmotiven o decidan no esforzarse lo suficiente.

En cuanto a su peso concreto, considero que esta actividad podría representar alrededor de un 10% de la calificación final de la asignatura. Y es que, darle un peso inferior conllevaría un incremento en el riesgo de que los alumnos no se lo tomen en serio y los resultados terminen no siendo satisfactorios. De hecho, ya sabemos que una de las herramientas más eficaces con las que contamos para motivar a nuestros alumnos es la evaluación. Dentro de ese 10% se valorará tanto la parte escrita como su exposición, así como el proceso de realización del trabajo, a través de la observación directa. Para ello, se contará con una rúbrica que estará a disposición de los alumnos desde el inicio de la actividad, a través de la plataforma Moodle.

En todo caso, una posible alternativa a la inclusión de esta actividad dentro de la evaluación consistiría en no calificarla de forma específica, pero, posteriormente, introducir en el examen final algunas preguntas relativas a la misma. Así, se conseguiría que el alumno mantuviera un cierto grado de motivación en su realización sin necesidad de otorgarle una calificación numérica.

### 2. EVALUACIÓN DE LA ACTIVIDAD

Uno de los apartados fundamentales en todas las aplicaciones metodológicas es aquel que nos permite averiguar si hemos verificado el objetivo inicial una vez concluida la actividad, así como elegir la mejor técnica para cuantificar los avances y estudiar la naturaleza de la mejora obtenida en los procesos de enseñanza-aprendizaje del alumnado. En otras palabras, es preciso seleccionar los criterios que se tendrán en cuenta para la evaluación de la actividad propuesta.

En este sentido, se proponen una serie de herramientas para la recolección de información significativa. Primeramente, la tertulia posterior como puesta en común de valoraciones individuales y grupales de los estudiantes y del propio docente; se realizará en el aula de manera informal al término de la actividad. El objetivo es tener una primera aproximación, muy superficial, del calado de la metodología entre el alumnado, obligándoles asimismo a una reflexión previa que contribuya al éxito del instrumento subsiguiente, la encuesta de satisfacción.

A continuación, se pasa una breve encuesta a los alumnos centrada en la información relevante para el análisis y optando por respuestas del tipo dicotómico, es decir, aquellas que tienen únicamente dos repuestas: «SI» o «NO». Esta elección se debe a dos motivos: el primero, la agilidad en la cumplimentación del documento (lo que evita contestaciones sesgadas por la haraganería, como suele ocurrir en las cuestiones de solución abierta); el segundo, mayor sencillez en la codificación posterior de los datos, tarea que se facilita enormemente mediante el establecimiento de respuestas acotadas.

## V. A MODO DE CONCLUSIÓN

Es preciso resaltar el impacto positivo que esta técnica puede tener en la formación del futuro jurista, que encuentra en la interpretación uno de los instrumentos más importantes para aproximarse con éxito al ordenamiento jurídico y comprender mejor su sistemática y contenido. En este sentido, el trabajo realizado ayuda a desarrollar algunas de las competencias esenciales para el acercamiento de los estudiantes a los modelos profesionales, tanto de aquellos que se dedicarán a la investigación, como de quienes darán el salto al mundo empresarial.

Además, sirve como fuente de motivación del estudiantado y hace frente a su genuina reticencia a una participación activa. Y es que, contribuye, por un lado, a aumentar el atractivo de la colaboración, dado su carácter novedoso; y, por otro lado, a fomentar la atención del receptor, acostumbrado a tediosos discursos expositivos, que encuentra en el dinamismo de esta actividad motivos suficientes para mantener el interés.

En lo relativo a la cualidad de la experiencia para ser transferida a otros ámbitos, aspecto relacionado estrechamente con la sostenibilidad, he de remarcar que la misma es replicable en cualquier materia del Grado en Derecho, con independencia del curso al que pertenezca.

*Capítulo 22*

# La interpretación jurídica supervisada y guiada: una actividad de innovación docente para entender bien la ley

SUSANA SÁNCHEZ GONZÁLEZ
*Universidad de Granada*



## I. INTRODUCCIÓN

La Universidad debe avanzar y tratar de adaptarse a los cambios sociales. Así, en nuestra sociedad actual hoy en día prima la inmediatez por lo que las técnicas empleadas por los docentes universitarios para transmitir el contenido didáctico deben ser lo más sencillas y atractivas posibles para tratar de enseñar y transmitir los conocimientos a los alumnos en el menor tiempo posible. Queremos decir que en la actualidad, nos encontramos en un sistema universitario que exige un gran esfuerzo por parte de los profesores para proporcionar explicaciones claras, sencillas de muchos temas muy complejos en periodos de tiempo muy cortos así como la asimilación de todos esos temas y conceptos por parte de los alumnos en muy poco tiempo[1].

1. Más profundamente sobre los cambios que ha sufrido o que está atravesando la Uni-

Ante esta situación hemos de comenzar asegurándonos que los alumnos al menos interpretan de forma correcta las leyes para tener la certeza de que comprenden lo que el legislador pretende trasmitir a la sociedad. Solo de esta manera se pueden articular el resto de conocimientos que se pretende que adquieran en el grado en Derecho y solo con una buena base de conocimientos jurídicos se pueden llegar a conseguir el resto de competencias necesarias para poder ser buen jurista y desempeñar correctamente las profesiones propias del mundo jurídico. Esto nos lleva a preguntarnos ¿los alumnos conocen o cuentan con métodos necesarios que agilicen la correcta comprensión y aprehensión de los conceptos y contenidos jurídicos? Nosotros creemos que no. Precisamente por expuesto pretendemos conseguir que los alumnos interpreten las normas correctamente a través de la realización de esta actividad de innovación docente en las aulas de todas las facultades de derecho. Se pretende que los alumnos aprendan un método eficaz para la interpretación jurídica que puedan implementar en cualquiera de las disciplinas jurídicas consiguiendo que los alumnos adquieran una competencia práctica crucial para desempeñar cualquier trabajo en el mundo jurídico.

## II. LA INTERPRETACIÓN JURÍDICA

Para que esta actividad tenga éxito es necesario que el profesor tenga muy presente la importancia de que los alumnos deben entender bien el contenido de la ley a través un método que les permita obtener la correcta interpretación jurídica del contenido de las leyes. No basta con la memorización de los artículos para aprobar el examen de su asignatura, sino que el objetivo es crear un método que les permita asimilar el contenido de los artículos que componen las leyes, en puridad, lo que pretende transmitir el legislador a la sociedad a través de los distintos artículos que conforman los códigos, las leyes. Se trata de conseguir la interpretación jurídica de los códigos en las aulas tratando de entender bien la ley como punto de partida para ser buen jurista.

Así, es importante que los profesores cuenten con un bagaje de conocimientos sobre la interpretación jurídica. Lo cierto es que todos coincidimos en que la correcta interpretación es importante y necesaria para el Derecho pero no existe consenso sobre cómo debe llevarse a cabo y en qué consiste

versidad al socaire de la evolución social, *vid.* ÁLVAREZ-ARREGUI, E.: «Evolución de la Universidad en la Sociedad del Aprendizaje y la Enseñanza. El valor de las competencias en el desarrollo profesional y personal», *Aula Abierta*, núm. 4 (2019), pp. 349-372.

exactamente la interpretación jurídica[2]. Según MARTÍN FERNÁNDEZ la interpretación jurídica es una disciplina que mediante un proceso intelectual suple las deficiencias o lagunas que el legislador no ha contemplado y que se deben aplicar a los hechos no regulados o que no estén previstos en la propia ley[3]. Nosotros nos adherimos a dicha conceptualización y además añadimos que el profesor es el que debe acercar a los alumnos hacia la interpretación jurídica actual de los preceptos contenidos en las leyes tratando de explicar a sus alumnos la interpretación que en la actualidad está más aceptada por la doctrina y por la jurisprudencia sobre el concepto que se esté estudiando.

Para que se logren los objetivos anteriores los profesores deben conocer la teoría general de la interpretación jurídica, así como que existe una perspectiva clásica y una moderna. Todo ello para poder encuadrar bien el método interpretativo que pretendemos crear con esta actividad de innovación docente y explicárselo a los alumnos. Los profesores también deben tener presente que existen distintos elementos de la interpretación jurídica: gramatical, histórico lógico, sistemático y teleológico para que el docente decida a través de qué elemento interpretativo va a abordar esta actividad de innovación docente. Por supuesto, también deben conocer los distintos tipos de interpretaciones jurídicas que hoy en día se utilizan en Derecho, como por ejemplo la interpretación estricta, la interpretación auténtica, la interpretación analógica, la interpretación conforme, la interpretación doctrinal, la interpretación extensiva. La interpretación finalista o teleológica[4], entre otros tipos de interpretaciones jurídicas que existen.

## III. DESCRIPCIÓN DE UNA NUEVA ACTIVIDAD PARA MEJORAR LA INTERPRETACIÓN Y FOMENTAR EL DEBATE JURÍDICO

### 1. METODOLOGÍA DE LA ACTIVIDAD

La iniciativa de innovación docente cuenta con distintas etapas claramente definidas:

En primer lugar, la primera etapa que consiste en que el profesor explique la actividad comenzando por tratar de que los alumnos comprendan

2. Como pone de manifiesto LIFANTE VIDAL, I.: «Capítulo 37. Interpretación jurídica» en *Enciclopedia de Filosofía y Teoría del Derecho, volumen dos*, Universidad Nacional Autónoma de México, Instituto de Investigaciones Jurídicas, 2015, pp. 1349 y ss.
3. *Cfr.* MARTÍN FERNÁNDEZ, M.ª C.: «Interpretación jurídica versus Inseguridad Jurídica», *Revista Universitaria de Cultura*, núm. 24 (2022), p. 176.
4. Como podemos observar en el Diccionario Panhispánico del español jurídico en su web https://dpej.rae.es/dpej-lemas/interpretaci%C3%B3n, consultada por última vez el 01/02/2024.

qué es la interpretación jurídica, sus tipos y elementos y que van a llevar a cabo una actividad práctica en la que van a aprehender un método para conseguir interpretar correctamente lo contenido en las normas, lo que quieren decirnos las leyes.

Para realizarla, cada concepto jurídico o tema que sea explicado por el profesor en clase será buscado en el correspondiente código o bien el profesor destacará concretamente un concepto o tema más complejo o ambiguo del que exista más controversia en cuanto a su interpretación y los alumnos leerán los artículos que nuestro legislador les dedica en la ley y escribirán la interpretación a la que ellos mismos llegan tras la lectura de dichos artículos. Por ejemplo, si estamos explicando los distintos recursos, explicamos el recurso de reforma recogido en el arts. 216 a 221 y 766, los alumnos buscarán en la LECrim estos artículos, los leerán y anotarán la interpretación a la que ellos han llegado.

En segundo lugar, la segunda etapa consiste en que deben buscar un comentario doctrinal a esos artículos, bien en monografías dedicadas a comentar los códigos o en artículos de revistas jurídicas. El profesor puede aconsejarles alguna monografía que trate sobre comentarios al código que estuvieren estudiando. Continuando con el ejemplo que exponíamos, podrían buscar dichos artículos en los últimos Comentarios a la Ley de Enjuiciamiento Criminal, que ha publicado el Magistrado Barja de Quiroga[5]. El profesor también puede enviarles un artículo jurídico en el que el concepto o tema sean comentados. Todo ello para que los alumnos conozcan una interpretación de las normas o códigos que emane de personas más doctas en derecho para comprobar si lo que ellos habían entendido es verdaderamente lo que quiere decir el legislador y la doctrina considera acertado.

Tras esto, en tercer lugar, se dedicará un espacio de tiempo en clase que comenzará con la lectura del artículo o artículos del código de que se trate por parte de algún alumno voluntario que también explicará en el aula y ante el profesor la interpretación que le ha suscitado. De esta forma la tercera etapa final consiste en abrir un turno de debate conjunto en el que el resto de compañeros y compañeras podrán expresar también sus interpretaciones, matizando de manera conjunta la interpretación a la que han llegado y para concluir la actividad será el profesor el que expondrá la suya compartiendo con los alumnos la interpretación que la doctrina y la jurisprudencia tienen actualmente sobre la materia que se esté estudiando.

5. *Vid.* BARJA DE QUIROGA, J.: *Textos legales comentados, Comentarios a la Ley de Enjuiciamiento Criminal (2 Tomos)*, Valencia, Tirant Lo Blanch, 2023.

Este último paso es, quizá, el más importante porque se producirá un espacio de debate jurídico en el aula algo que tiene distintos beneficios: en primer lugar porque los alumnos compartirán sus interpretaciones jurídicas ante sus compañeros pudiendo ser aceptados o rechazados y rebatidos, algo que, con el profesor presente en el aula permite la corrección inmediata practicando y mejorando las técnicas comunicativas de los alumnos y su oratoria[6].

Con esta actividad de innovación docente se consigue combinar la técnica del debate con la interpretación jurídica en las aulas permitiendo la participación activa de toda la clase para alcanzar el objetivo final que consiste en que los alumnos de grado o máster entiendan bien lo que nuestros legisladores desean expresar en las leyes. Se procura la correcta interpretación jurídica porque el profesor guía a los alumnos para que entiendan bien lo que quiere decir nuestro legislador.

## 2. MATERIALES NECESARIOS PARA LA ACTIVIDAD

Para que esta actividad de innovación se lleve a cabo los materiales que son necesarios se encuentran al alcance de cualquier estudiante, tales serían el carnet de la biblioteca de la universidad y/o el acceso a la biblioteca electrónica a través de un ordenador o teléfono móvil. En todas las bibliotecas de las facultades de derecho españolas los alumnos van a poder encontrar monografías dedicadas a comentar artículos del código de que se trate o bien revistas en formato físico en el que se comente, como adelantamos, el instituto o figura o tema objeto de esta actividad. A estos mismos recursos también se puede acceder desde la conexión VPN de la que cada universidad dispone para que sus alumnos y personal puedan acceder a distancia.

## 3. NÚMERO DE PARTICIPANTES EN LA ACTIVIDAD

Esta actividad de innovación docente está pensada para que pueda ser desarrollada de manera conjunta por todos los alumnos matriculados en la asignatura en la que se ponga en práctica. Se trata de una actividad de innovación docente que sería llevada a cabo con los alumnos que elijan el sistema de evaluación continua y por lo tanto asistan a clase habitualmente. Si estamos ante grupos a los que normalmente asisten de veinte a cuarenta

6. Como ya explicamos en SÁNCHEZ GONZÁLEZ, S.: «Los podcast jurídicos como herramienta para generar debate en el aula» en *Aprendizaje a través del debate jurídico,* Aranzadi, Cizur Menor, 2022, pp. 380-381. Y como también podemos observar en SANTILLÁN SANTA CRUZ, R.: «La interpretación *a contrario* en la enseñanza del derecho civil: una estrategia pedagógica y medio para fomentar el debate en el aula», en *Aprendizaje a través del debate jurídico,* Aranzadi, Cizur Menor, 2022, pp. 383-389.

personas puede realizarse de manera individual por cada uno de ellos. Si se trata de grupos muy numerosos, como es muy usual, donde se encuentren matriculados unos noventa alumnos y asistan a las clases una media de setenta u ochenta personas, lo ideal es crear grupos de trabajo conformados como máximo por cinco participantes en el que cada uno de ellos realizará la tarea individual, compartirán entre ellos sus interpretaciones y escogerán un portavoz para que las trasmita al profesor en el debate que se debe abrir en el aula.

### 4. PERIODICIDAD Y EVALUACIÓN DE LA ACTIVIDAD

Lo ideal es que esta propuesta de innovación docente sea implementada en el aula asiduamente, porque, en definitiva constituye un método para mejorar la interpretación jurídica de las leyes por parte de los alumnos a través de una tarea de reflexión y debate conjunto. Por ello, como expusimos *supra,* sería realmente beneficioso para los alumnos que se realizara con cada concepto jurídico o tema que sea explicado por el profesor, sin embargo, dado el temario tan amplio que se debe abordar consideramos que lo más conveniente es que el profesor debería elegir los conceptos, temas o institutos jurídicos más dificultosos de entender para asegurarse que a través de este método, del correcto desarrollo de esta actividad, los alumnos los entienden y consiguen asimilarlos. Debe ser una tarea habitual en el aula, el profesor debería explicarla al iniciar el curso para que se pueda realizar desde los primeros temas explicados. Así al final de cada una de las clases impartidas se deberían dedicar al menos quince minutos para desarrollar el debate jurídico en el aula y que los alumnos pudiesen explicar y debatir la interpretación que le han dado a lo contenido en el articulado de la ley y que posteriormente el profesor exponga también su interpretación jurídica.

## IV. UTILIZACIÓN MULTIDISCIPLINAR

Creemos que puede ser una experiencia de innovación docente esencial y muy útil para los alumnos de grado en derecho de cualquier curso y materia o asignatura[7], pero especialmente para los alumnos de primer y segundo curso o en todas las asignaturas troncales u obligatorias ya que puede desarrollarse en todas las disciplinas jurídicas pues a través de una

---

7. Como también ocurre con otras actividades de innovación docente que he propuesto, por ejemplo, en SÁNCHEZ GONZÁLEZ, S.: «Una plataforma digital para la discusión académica de artículos», en *La comunicación en el aprendizaje jurídico,* Aranzadi, Cizur Menor, 2023, aún en prensa. O en SÁNCHEZ GONZÁLEZ, S.: «El trabajo final de grado como oportunidad para conocer e iniciar la carrera académica en ciencias jurídicas», en *Derecho y competencias prácticas,* Dykinson, 2024, aún en prensa.

correcta interpretación de los códigos con la supervisión del profesor se llegarían a entender bien las leyes por todos los alumnos constituyendo el pilar básico sobre el que sustentar el resto de sus conocimientos. Con el desarrollo de esta actividad se consigue la interpretación correcta de los artículos de las normas que componen nuestro ordenamiento jurídico que es crucial para que los alumnos de grado terminen convirtiéndose en buenos juristas que puedan poner en práctica lo aprendido en la universidad.

## V. CONCLUSIONES

Los cambios estructurales en la universidad han sido ocasionados por los cambios sociales o culturales. Los modelos y técnicas utilizadas por los docentes en el pasado ya no resultan eficientes y deben ser renovadas ante la evolución de la sociedad por ello, es necesario que nos apoyemos en nuevas técnicas docentes innovadoras como estrategia de adaptación. Con la puesta en práctica de esta actividad de innovación en las aulas se crea un método docente para lograr la correcta interpretación jurídica y orientado a la adquisición de competencias prácticas por los alumnos.

El desarrollo de esta experiencia de innovación docente permitirá a los alumnos de grado y máster indagar en las diversas interpretaciones potenciales del Derecho sustantivo adquiriendo un buen método de interpretación jurídica de las normas vigentes en nuestro ordenamiento jurídico que se podrá implementar en cualquier disciplina o materia y posteriormente en el desarrollo de su vida profesional permitiéndole un desempeño eficiente de su profesión. A través de la interpretación jurídica de los códigos en las aulas nos aseguraríamos de que los alumnos entienden bien la ley y esto, sin lugar a dudas, es el punto de partida para ser un buen jurista.

Creemos que en el sistema universitario actual la realización de esta propuesta de innovación docente no solamente es posible sino que es completamente necesaria.

*Capítulo 23*

# La innovación docente en el aprendizaje del Derecho Civil desde la perspectiva de los derechos fundamentales [1]

María del Pilar Mesa Torres
*Universidad de Córdoba*

SUMARIO: I. INTRODUCCIÓN. II. EJECUCIÓN DEL PROYECTO DE INNOVACIÓN DOCENTE. III. OBJETIVOS QUE SE HAN ALCANZADO CON LA IMPLEMENTACIÓN DEL PROYECTO. IV. EVALUACIÓN DEL PROYECTO. V. ALGUNOS INCONVENIENTES QUE ES CONVENIENTE SUPERAR EN FUTURAS EDICIONES. VI. CONCLUSIONES.

## I. INTRODUCCIÓN

La incorporación de los estudios jurídicos dentro del marco del Espacio Europeo de Educación Superior ha suscitado un debate ineludible en torno a la calidad y la estructura de los programas académicos, al concentrar las materias en el tiempo, perjudicando, en algunos casos, la calidad del aprendizaje del alumnado.

Con este trabajo se pretende, en primer lugar, sensibilizar a los estudiantes sobre la relevancia práctica de los estudios en Derecho y su vínculo con la realidad en la que opera el Tribunal Constitucional, entidad preemi-

1. Este trabajo se enmarca en el Proyecto de Innovación Docente «Derechos Fundamentales, Principios Constitucionales e Interdisciplinariedad: Innovando en el aprendizaje del Derecho». Resolución de 18 de septiembre de 2023 por la que se resuelve la Convocatoria del Plan de Innovación Docente 2023-2024 de la Universidad de Córdoba.

nente en la interpretación de la Constitución y en la salvaguarda de los derechos fundamentales, y, en segundo lugar, se busca concienciar a los estudiantes sobre el carácter interdisciplinar que posee el Derecho y que, en ocasiones, no se consigue transmitir en las aulas. Aunque el proyecto abarcaba diversas ramas del Derecho, me centraré específicamente en el ámbito que me concierne, el Derecho Civil.

Previamente a su ejecución, se establecieron objetivos que giraban en torno a cuatro ejes fundamentales: comprender el funcionamiento del Tribunal Constitucional, transferir los conocimientos teóricos a la práctica, fomentar la transversalidad y promover el trabajo en equipo.

Como resultado de estas premisas, se llevaron a cabo una serie de actividades: una visita al Tribunal Constitucional, la presentación de un caso práctico para su estudio en grupos, centrado en la defensa de los derechos fundamentales y principios constitucionales en el ámbito del Derecho Civil, un seminario impartido por profesores universitarios expertos en la materia, y la presentación oral de un dictamen sobre la resolución del caso por parte de cada equipo ante un tribunal especializado.

Sin ánimo de desvelar las conclusiones del proyecto, conviene adelantar que tanto la experiencia como los resultados han sido altamente satisfactorios y motivadores, tanto para los estudiantes como para el profesorado, evidenciando el valor y el potencial de estas iniciativas innovadoras en la enseñanza del Derecho.

## II. EJECUCIÓN DEL PROYECTO DE INNOVACIÓN DOCENTE

Este Proyecto de Innovación Docente tiene como objetivo principal exponer la experiencia llevada a cabo por un grupo de estudiantes de distintos cursos del Grado en Derecho y del Doble Grado en Derecho y Administración y Dirección de Empresas de la Universidad de Córdoba, durante el curso 2023-2024.

La metodología docente empleada se caracteriza por su naturaleza activa, fomentando una mayor participación del estudiantado en el proceso de aprendizaje. Se busca situar al alumno «en una posición más próxima a la realidad jurídica de su entorno profesional, otorgándole la capacidad de "ejercer" sus habilidades, siendo consciente también de sus limitaciones y dotándolo de la posibilidad de poner en práctica aquellos conocimientos teóricos adquiridos durante su aprendizaje» [2]. Asimismo, este proyecto se fundamenta en un enfoque multidisciplinar, permitiendo la participación

2. ZARAGOZA MARTÍ, M. F. y ZARAGOZA MARTÍ, A.: «La docencia invertida y la

equitativa de tres áreas de conocimiento: Derecho Financiero y Tributario, Derecho Penal y Derecho Civil, asegurando así una perspectiva holística y enriquecedora.

El desarrollo del proyecto se estructuró en cuatro fases claramente definidas[3]:

*1.ª fase. Presentación del caso.* En esta etapa inicial, se les facilitó a los alumnos el enunciado del caso práctico que serviría como eje central del proyecto. Se identificaron y presentaron problemáticas que abarcaban las tres disciplinas del Derecho involucradas, permitiendo así un enfoque transversal y la comprensión de la complejidad interdisciplinar en la solución del caso planteado. Esta etapa tuvo lugar el 26 de octubre de 2023, y específicamente, desde la óptica del Derecho Civil, en el caso práctico participaban conceptos como la nulidad de los contratos, la responsabilidad civil ex delito y la simulación de negocios.

*2.ª fase 2. Visita al Tribunal Constitucional.* Esta fase implicó una visita educativa al Tribunal Constitucional en Madrid el 3 de noviembre de 2023, por los integrantes del proyecto, tanto alumnos como profesores. Se coordinó un desplazamiento desde Córdoba, con el propósito de enriquecer la comprensión del funcionamiento práctico de las instituciones jurídicas y fortalecer el vínculo entre la teoría y la práctica. El estudiantado recibió una sesión formativa por parte de un Letrado del Tribunal Constitucional sobre el funcionamiento de este órgano y los distintos recursos que ante el mismo se pueden presentar.

*3.ª fase 3. Seminario formativo.* Se llevó a cabo un seminario educativo que permitió profundizar en aspectos relevantes del caso práctico, brindando una formación específica en cada una de las áreas del Derecho involucradas. Esta fase facilitó el análisis detallado de los aspectos teóricos y prácticos del caso, así como la discusión y el intercambio de ideas entre los participantes. Desde la perspectiva del Derecho Civil, se impartió una formación titulada «Efectos jurídicos derivados de la simulación de contratos», con una carga lectiva de una hora y celebrada el día 13 de noviembre de 2023.

---

simulación de juicios como nueva metodología del aprendizaje jurídico», en *Investigación en docencia universitaria: diseñando el futuro a partir de la innovación educativa*, Editorial Octaedro, Barcelona, 2017, pp. 754-755.

3. Se ha tenido en cada fase del proyecto, MARTÍN FERNÁNDEZ, C. y URBANO SÁNCHEZ, L.: «La simulación de un juicio con carácter interdisciplinar como experiencia docente en tiempos de pandemia», *Revista Docencia y Derecho*, núm. 17 (2021), pp. 195-211.

*4.ª fase 4. Resolución oral del caso.* La culminación del proyecto se celebró el 4 de diciembre de 2023, y consistió en la defensa oral de un dictamen ante un tribunal conformado por profesores especializados en las tres áreas del Derecho. Esta fase puso a prueba el conocimiento adquirido y la capacidad para resolver problemas en un contexto multidisciplinar, fomentando así el desarrollo de habilidades de argumentación y análisis crítico.

## III. OBJETIVOS QUE SE HAN ALCANZADO CON LA IMPLEMENTACIÓN DEL PROYECTO

Con la implementación del Proyecto se buscó proporcionar a los participantes una comprensión detallada del funcionamiento del Tribunal Constitucional, a través de una visita guiada y explicaciones por parte de expertos en la materia. El objetivo era que los estudiantes adquirieran un conocimiento sólido sobre la composición, competencias y procedimientos de esta institución clave en el sistema jurídico.

Además, se trabajó en la transferencia de conocimientos teóricos a la práctica jurídica mediante la resolución de un caso práctico que involucraba derechos fundamentales y principios constitucionales en diversas ramas del Derecho —Financiero y Tributario, Penal y Civil—. Se pretendía que los participantes desarrollaran habilidades para identificar aspectos sustantivos y procesales de casos jurídicos, así como para aplicar la legislación, jurisprudencia y doctrina relevante en la redacción de dictámenes jurídicos fundamentados[4]. A través de actividades interdisciplinarias, se buscaba que los estudiantes comprendieran la complejidad y la interconexión entre diferentes áreas del derecho, desarrollando así una visión integral y contextualizada de la práctica jurídica.

Finalmente, se fomentó el desarrollo de habilidades de trabajo en equipo y autonomía en el aprendizaje, mediante la realización de actividades grupales donde los participantes fueran los protagonistas de su propio proceso de aprendizaje. Se buscaba que los estudiantes aprendieran a comunicarse de manera clara y persuasiva, preparándolos así para su futura inserción en el mundo laboral.

## IV. EVALUACIÓN DEL PROYECTO

La evaluación del proyecto tuvo lugar dos semanas después de su conclusión, mediante una encuesta propuesta a cada participante con el fin de

4. *Cfr.* MONTERO CARO, M. D.: «El Tribunal Constitucional en el aula. Una experiencia de análisis jurisprudencial», en *Sobre la innovación docente universitaria y el progreso del derecho a la educación,* Tirant lo Blanch. Valencia, 2023, pp. 141-144.

obtener una visión detallada del grado de satisfacción del alumnado e identificar las fortalezas y debilidades del mismo. La encuesta se configuró utilizando la plataforma «*Google Form*» y estuvo disponible durante dos semanas para asegurar la participación de todos los estudiantes. Consistió en diez preguntas sobre aspectos relevantes como la organización del proyecto, la utilidad de las actividades realizadas, la calidad de los recursos ofrecidos y la percepción del aprendizaje obtenido. Además, se incorporó una sección de respuesta libre para que los estudiantes expresaran opiniones y sugerencias abiertamente, proporcionando información adicional sobre aspectos no contemplados en las preguntas predefinidas y permitiendo conocer las percepciones específicas de los participantes.

Los resultados de esta encuesta fueron fundamentales para identificar áreas de mejora a considerar en futuras ediciones del proyecto, con el objetivo de garantizar una experiencia educativa más enriquecedora. Las preguntas tenían tres objetivos principales: primero, evaluar el grado de satisfacción de los participantes en relación con la visita al Tribunal Constitucional y la coordinación de las diferentes fases del proyecto; segundo, determinar la percepción de los estudiantes sobre el grado de dificultad del caso práctico presentado, así como su idoneidad para su nivel de conocimiento y habilidades, y si percibían que les había permitido aplicar los conocimientos teóricos adquiridos en la práctica, y tercero, conocer la percepción subjetiva de los estudiantes sobre el impacto que la actividad ha tenido en su formación, así como su interés por participar de nuevo en actividades similares en el futuro.

A pesar de que no se logró la participación de todos los estudiantes, los resultados obtenidos fueron mayormente positivos, sugiriendo que la mayoría de los participantes tuvo una experiencia satisfactoria y percibió beneficios significativos en términos de aprendizaje y desarrollo profesional. El proyecto proporcionó a los estudiantes una valiosa oportunidad para adentrarse en la metodología del aprendizaje basado en problemas, adquiriendo habilidades para analizar y resolver cuestiones jurídicas, así como para tomar decisiones en contextos profesionales. La actividad resultó fundamental para familiarizar a los participantes con la interpretación de textos jurídicos y las técnicas de redacción de documentos legales.

Esto se reflejó en las respuestas a las preguntas de la encuesta, donde se observó un notable crecimiento en el porcentaje de estudiantes que se situaban en el valor más alto de la escala después de participar en el proyecto.

La implementación de la fase final de defensa oral ha fortalecido la capacidad de los estudiantes para defender verbalmente una posición específica utilizando un lenguaje jurídico adecuado y preciso. La dinámica ha permitido que los estudiantes pongan en práctica habilidades colaborativas, trabajen en equipo y colaboren con sus compañeros, algo a lo que se tendrán que enfrentar en su futuro laboral. Los resultados también han sido positivos pues, al preguntar «En relación con el trabajo en equipo (organización, distribución del trabajo, comunicación entre compañeros...), su grado de satisfacción ha sido: ...». Todos los estudiantes se han posicionado en los niveles más altos de la escala.

Esta actividad ha acercado a los estudiantes a la realidad profesional, ha mejorado su proceso de aprendizaje y ha generado conciencia sobre la importancia de construir una base teórica sólida durante su etapa universitaria. Este convencimiento se apoya en las respuestas de los participantes a la pregunta formulada en la encuesta: «¿Qué impacto considera que ha tenido en su formación académica la participación en esta actividad? Entiéndase impacto positivo (conocimiento de la materia, habilidades de comunicación oral y escrita, habilidades de investigación, ...)», que reveló una clara tendencia hacia la apreciación de la actividad como un componente integral y beneficioso de su experiencia educativa. Asimismo, en cuanto a la pregunta sobre si ¿Volvería a participar en una encuentra de estas características?, todos los alumnos reflejaron en sus respuestas que sí.

El enfoque multidisciplinario de este proyecto agregó un valor significativo al proceso de aprendizaje del estudiante, fortaleciendo competencias específicas para un futuro graduado en Derecho mientras abordaba habilidades más generales como la oratoria, la expresión escrita y el trabajo en equipo. Además, fomentó la autonomía, curiosidad intelectual, pensamiento crítico y capacidad de investigación del estudiante, convirtiéndolo en el protagonista de su propio aprendizaje[5].

Aunque el proyecto presentó numerosos aspectos positivos, es importante considerar posibles debilidades, como el esfuerzo requerido por parte de estudiantes y profesores coordinadores, así como el control del trabajo en equipo para garantizar una participación equitativa de todos los miembros del equipo. Estos aspectos deben ser gestionados adecuadamente para preservar la eficacia y los resultados del proyecto.

5. *Cfr.* CASTELLANOS CLARAMUNT, J.: «La importancia del aprendizaje de oratoria en la enseñanza del derecho», en *Sobre la innovación docente universitaria y el progreso del derecho a la educación,* Tirant lo Blanch, Valencia, 2023, pp. 30-38. Este autor analiza la capacidad de un jurista de ser capaz de persuadir y convencer a otros a través de la lógica y la razón.

## V. ALGUNOS INCONVENIENTES QUE ES CONVENIENTE SUPERAR EN FUTURAS EDICIONES

Durante la ejecución del proyecto, se identificaron ciertos inconvenientes que deberían paliarse en futuras ediciones. Uno de los principales, fue la gestión del estrés y la carga de trabajo asociada a la complejidad del proyecto, percibida por muchos estudiantes como una distracción de sus responsabilidades académicas habituales. Para mitigar este inconveniente en el futuro, se sugiere la implementación de estrategias como sesiones formativas adicionales, tutorías individualizadas y plazos flexibles adaptados al calendario académico.

Tras el desarrollo de la actividad, podemos concluir que un equipo compuesto por cuatro personas constituye la configuración óptima. Un número mayor podría resultar en una distribución desigual de la carga de trabajo entre los miembros del equipo, mientras que un número menor sería insuficiente para abordar la diversidad de tareas requeridas. Aunque se identificaron casos específicos de problemas comunes en el trabajo en equipo, como la falta de colaboración de algunos miembros y la limitación del trabajo grupal al mero reparto de tareas, estos incidentes fueron excepcionales. En general, todos los participantes asumieron sus responsabilidades de manera equitativa y comprometida.

Consideramos que una forma efectiva de fomentar la participación de todos los miembros del equipo es requerir que cada uno intervenga oralmente en la discusión y resolución del caso. Esta medida garantiza que todos estén activamente involucrados en el proceso y contribuyan al trabajo conjunto.

## VI. CONCLUSIONES

El proyecto ha brindado a los estudiantes una valiosa oportunidad para adquirir habilidades prácticas y cognitivas, fortaleciendo su confianza y competencia en la resolución de problemas jurídicos complejos y multidisciplinares. La actividad ha representado un puente significativo entre el entorno académico y la realidad profesional, mejorando considerablemente su proceso de aprendizaje y generando una mayor conciencia sobre la importancia de construir una base teórica sólida durante su etapa universitaria. Además, ha fomentado la interdisciplinariedad y la coordinación entre profesores de diferentes áreas, promoviendo un enfoque multidisciplinario que agrega un valor significativo al proceso de aprendizaje del estudiante.

## *Capítulo 24*

# Análisis y estudio de los documentos presentados en el Registro de la Propiedad como herramienta de interpretación jurídica en el aula[1]

Jesús Palomares Bravo
*Universidad de Málaga*

SUMARIO: I. ALGUNAS NOTAS SOBRE LA INTERPRETACIÓN JURÍDICA. II. MOTIVACIÓN DE LA PROPUESTA, OBJETIVOS DE APRENDIZAJE GENERALES Y METODOLOGÍA DOCENTE EMPLEADA. III. DESARROLLO DE LA ACTIVIDAD EN EL AULA. *1. Primera etapa. Presentación de los documentos y normas a interpretar. 2. Segunda etapa. Elaboración de una nota de calificación. 3. Tercera etapa. Resolución de la controversia en el aula.* IV. REFLEXIONES FINALES.

## I. ALGUNAS NOTAS SOBRE LA INTERPRETACIÓN JURÍDICA

Mucho se ha escrito acerca de la interpretación jurídica sobre la justificación de este fenómeno, en sí mismo entendido, que tiene una proyección en diversas áreas del ser humano. Desde antaño, la doctrina ha tratado de sistematizar los más diversos perfiles que la figura atesora. Por ello, han sido incesantes las aportaciones de cuño doctrinal que lejos agotar la mate-

1. Este trabajo ha sido realizado en el marco de los Proyectos de Innovación Docente de las Universidades de Málaga con referencia PIE 22-041 «Nuevas estrategias para proporcionar feedback efectivo a nuestros estudiantes como una herramienta clave en un proceso de evaluación continua, orientado al aprendizaje del Derecho». IP. Laura Zumaquero Gil, y de Zaragoza PIIDUZ_4657: «La "interpretación jurídica gamificada" como estrategia didáctica en la formación práctica del jurista», IP. Romina Santillán Santa Cruz.

ria de la interpretación jurídica, conforman el inicio del estudio de otros aspectos, y que, sin género de duda, seguirán siendo abordados *a posteriori*. Con base en esta premisa, sirvan este apartado para esbozar el concepto de interpretación sobre el que se fundamenta la experiencia docente.

La propia Real Academia Española define la voz «interpretar» como explicar o declarar el sentido de algo, y principalmente el de un texto[2]. Esta expresión tiene su origen en el latín *interpretatio —onis*, que deriva de la voz latina inter (entre) y la griega *praso*, entendida como hacer o acabar[3]—. De estos elementos es posible concluir que el originario «hacer entre» evoluciona hacia el significado de declarar el sentido de una cosa. Así, la Nueva Enciclopedia Jurídica precisa que la interpretación es resultado de la evolución histórica de los vocablos entre (*inter*) y comprar (*paro*), en clara alusión de la actuación del sujeto que mediaba entre las compras, extrapolándose más tarde a otros negocios y actos jurídicos. De ahí que se llamase intérprete al sujeto que mediaba entre dos personas, con el fin de traducirlas para comunicar a la otra ciertos conceptos indeterminados o incomunicados de formar que los unía para ser entendidos y comunicarlas a la otra persona[4].

Ya dentro del ámbito jurídico la interpretación tiene un papel preponderante pues la norma jurídica se origina para la disciplina o regulación de las relaciones intrasubjetivas en sociedad. La vida de la norma tiene su razón de ser en su aplicación habitual o cotidiana en un contexto social, por lo que toda aplicación de la norma conlleva, necesariamente, en el jurista una operación de interpretar los términos de la norma, su alcance, contenido y finalidad, entre otras cuestiones.

Así se extrae la presencia de una relación de necesidad entre la existencia del derecho y la sociedad, en cuanto está destinado el derecho a su aplicación. Esta última actividad está íntimamente relacionada con la interpretación, que es, sin duda, actividad necesaria previa a la aplicación del derecho. De esta forma se puede comprender que la cuestión de la interpretación normativa ocupe un lugar preeminente dentro de los fundamentos de la teoría general del derecho. Su arraigo es tal, que la actividad interpretativa

---

2. *Cfr.* REAL ACADEMIA DE LA LENGUA ESPAÑOLA.: «Voz interpretar», en *Diccionario esencial de la lengua española*, Espasa, Madrid, 2006, p. 837.
3. *Cfr.* ARISTÓTELES: *Organon* (en latín «De interpretatione»), introducción y notas de G. Colli, 1.º vol., Laterza, Bari, 1970, pp. 55-87.
4. *Cfr.* PELLISÉ PRATS, B. (Ed.).: *Nueva enciclopedia jurídica*, F. Seix editor, Barcelona, 1985, p. 260. Con más detenimiento sobre la cuestión, PARESCE. E.: «Voce interpretazione in Filosofia del Diritto e Teoria Generale», en *Enciclopedia del Diritto*, vol. XXII, Giuffrè, Milano, 1972, pp. 153 y ss.

sucede en el jurista casi de manera automática, sin cuestionarnos el por qué[5].

Señalaba TRABUCCHI que el texto de la ley es una fría sucesión de palabras que debe reavivarse. Es por esta razón que el docente debe interpelar a los alumnos para que asuman un rol más participativo[6]. Y esto lo hacemos mediante un conocimiento práctico a través de la comprensión de la realidad que les rodea, en nuestro caso, que interpreten y trabajen con documentos reales que tratan de acceder al Registro de la Propiedad para provocar alguna modificación jurídica en los bienes inscritos. Precisamente, en estos documentos como señaló el profesor DE CASTRO se puede determinar en tanto signos externos el mandato contenido en la norma[7], lo que, directamente provoca en el estudiantado una necesaria labor de interpretación jurídica de las normas hipotecarias.

Por tanto, la técnica didáctica de la interpretación de los textos jurídicos se revela útil en la enseñanza del derecho hipotecario para deconstruir los conceptos integrados en los diferentes documentos jurídicos que tratan de acceder al mismo, y los que emanan de él (certificaciones, calificaciones etc.), con el propósito de que el alumno sepa entender el significado de aquellos, e implícitamente de la norma jurídica.

Esta tarea implica una complejidad que ha de ser superada por el alumno con la previa y necesaria guía del docente que enseñe a los estudiantes a interpretar las normas jurídicas, superando la mera lectura de las normas, eludiendo asimismo clases magistrales unidireccionales, para descender a la aplicación del derecho más inmediata a través de los documentos que las contienen[8].

## II. MOTIVACIÓN DE LA PROPUESTA, OBJETIVOS DE APRENDIZAJE GENERALES Y METODOLOGÍA DOCENTE EMPLEADA

Como metodología docente empleada, se decide el uso de la interpretación jurídica como herramienta dirigida a descifrar y comprender los contratos que pretenden acceder al Registro de la Propiedad, y concreta-

5. *Cfr.* RAZ, J.: «¿Por qué interpretar?», *Isonomía*, núm. 5 (1996), p. 25.
6. *Cfr.* TRABUCCHI, A.: *Instituciones de Derecho Civil*, trad. Martínez-Calcerrada, EDERSA, Madrid, 1967, p. 46.
7. *Cfr.* DE CASTRO Y BRAVO, F.: *Derecho Civil de España*, Civitas, Madrid, 1984, p. 446. Igualmente, TARELLO, G.: «Il problema dell'interpretazione: una formulazione ambigua», *Rivista Internazionale di Filosofia del Diritto*, (1966), p. 349.
8. *Cfr.* COTTA, S.: *Itinerarios humanos del Derecho*, trad. Jesús Ballesteros, EUNSA, Navarra, 1974, p. 131.

mente, los requisitos que han de reunir. Todo ello encaminado al adecuado conocimiento de los preceptos contenidos en el Código Civil y la Ley Hipotecaria que son de pertinente aplicación a esta categoría contractual. Igualmente, que sepan leer y comprender aquellos documentos tales como notas simples o certificaciones que dan información sobre los derechos publicados en una determinada finca inmatriculada.

De igual modo, nos sustentamos en el aprendizaje basado en problemas (ABP) de forma que el estudiante adquiera conocimientos, habilidades y actitudes a través de situaciones de la vida real con la finalidad de formarlos en ser capaces de analizar y enfrentar problemas jurídicos de la misma forma en que lo hará en su vida profesional. Es decir, a través de una valoración e integración del saber adquirido en el aula que conducirá al alumno a la adquisición de competencias profesionales.

La motivación de esta propuesta de intervención innovadora en el aula tiene por objetivo de aprendizaje generales facilitar las claves de elaboración de textos jurídicos pues se les pedirá que realicen una breve calificación del documento presentado señalando su principal defecto. Asimismo, que sepa el alumnado capaz de valorar los contenidos jurídicos del documento a lo realmente pretendido por las partes, considerando los efectos que se derivan de la norma en el marco del derecho, y sus consecuencias en caso de conflicto. En definitiva, establecer pautas que permitan a los alumnos una correcta presentación de los documentos y sus requisitos en el Registro de la Propiedad.

La actividad basada en esta metodología se sustenta en tres etapas:

Primera etapa. Presentación de los documentos y normas a aplicar. En primer término, se muestra un contrato de préstamo con garantía hipotecaria protocolizado ante Notario. Se explican todas las cláusulas. A continuación, se exponen los preceptos hipotecarios y civiles a aplicar al objeto de que el contrato acceda al Registro y que el derecho real de hipoteca quede constituido eficazmente. La intervención innovadora parte de las normas a aplicar del CC y la LH al contrato para resolver adecuadamente el caso práctico. Estas versarán, naturalmente, sobre el caso concreto. Posteriormente se formularán en el aula interrogantes a resolver sobre el trabajo interpretativo del documento.

Segunda etapa. Elaboración de una nota de calificación. Los alumnos tras comprender la norma ven un supuesto, ficticio, en el que han de aplicar los preceptos explicados. En síntesis, aquí el contrato de préstamo con garantía hipotecaria no se encuentra elevado a escritura pública. El objetivo es que de esta forma puedan identificar y aplicar los requisitos necesarios para que los documentos puedan ulteriormente provocar una modificación jurídico-real en los folios registrales en relación con el caso planteado. Para ello, se les pide que elaboren una nota de calificación del documento presentado, es decir, que asuman el rol del Registrador de calificar los documentos conforme a legalidad vigente.

Tercera etapa. Resolución de la controversia en el aula. Una vez que observan los requisitos de los documentos, el alcance e interpretación de las normas de aplicación sometidas a análisis, y han efectuado la calificación registral, se les pide que compartan los defectos que han detectado en el título presentado. En particular, una reflexión sobre que debería de hacer el interesado para que finalmente se pueda inscribir dicho título. Esta etapa trae consigo un intercambio de ideas entre los estudiantes que han sabido interpretar las normas y su aplicación a través del error al que se les induce, así como el debate jurídico con el profesor.

El criterio de interpretación que se sigue en esta actividad es el criterio literal o gramatical, a través del tenor literal de los preceptos a aplicar discernir cuáles son los requisitos para que el título acceda al Registro.

## III. DESARROLLO DE LA ACTIVIDAD EN EL AULA

Esta experiencia de intervención innovadora se utilizó en un caso práctico de la asignatura Derecho Inmobiliario Registral. Considerando su complejidad y extensión se adaptó el trabajo a los estudiantes, con el objeto de que fueran capaces de identificar la inscripción constitutiva de la hipoteca en nuestro sistema, así como el principio de legalidad en su doble vertiente, tanto de titulación auténtica en cuanto el título ha de estar consignado en escritura pública, así como la actividad calificadora del Registrador cuya función es comprobar que reúnen todos los requisitos establecidos en las leyes para su validez e inscribilidad, y como consecuencia de ello, resolver si son, o no, inscribibles.

### 1. PRIMERA ETAPA. PRESENTACIÓN DE LOS DOCUMENTOS Y NORMAS A INTERPRETAR

Sintetizando los documentos exhibidos se presenta una escritura notarial que contiene un contrato de préstamo con garantía inmobiliaria sobre un bien. Posteriormente se exhibe todo el procedimiento de inscripción a través de los documentos registrales. Particularmente, se muestran e interpretan la comunicación registral de asiento de presentación, la nota de calificación positiva por la cual se practica la inscripción del derecho real de hipoteca en favor de la entidad financiera y, por último, la nota simple de la finca inmatriculada donde se refleja la modificación efectuada en las cargas y gravámenes.

*A posteriori*, se explican y ofrecen la relación de preceptos que deben interpretar los alumnos antes de la presentación del supuesto ficticio, en el que en un caso idéntico el contrato no está protocolizado ante Notario. Estos son los siguientes:

Art. 1875 CC: «Además de los requisitos exigidos en el artículo 1.857, es indispensable, para que la hipoteca quede válidamente constituida, que el documento en que se constituya sea inscrito en el Registro de la Propiedad. Las personas a cuyo favor establece hipoteca la ley, no tienen otro derecho que el de exigir el otorgamiento e inscripción del documento en que haya de formalizarse la hipoteca, salvo lo que dispone la Ley Hipotecaria en favor del Estado, las provincias y los pueblos, por el importe de la última anualidad de los tributos, así como de los aseguradores por el premio del seguro».

Art. 2.2 LH: «En los Registros expresados en el artículo anterior se inscribirán: Los títulos en que se constituyan, reconozcan, transmitan, modifiquen o extingan derechos de usufructo, uso, habitación, enfiteusis, hipoteca, censos, servidumbres y otros cualesquiera reales».

Art. 3 LH: «Para que puedan ser inscritos los títulos expresados en el artículo anterior, deberán estar consignados en escritura pública, ejecutoria, o documento auténtico expedido por autoridad judicial o por el Gobierno o sus agentes, en la forma que prescriban los reglamentos. También podrán ser inscritos los títulos expresados en el artículo anterior en virtud de testimonio del auto de homologación de un plan de reestructuración, del que resulte la inscripción a favor del deudor, de los acreedores o de las partes afectadas que lo hayan suscrito o a los que se les hayan extendido sus efectos».

Art. 18 LH: «Los Registradores calificarán, bajo su responsabilidad, la legalidad de las formas extrínsecas de los documentos de toda clase, en cuya virtud se solicite la inscripción, así como la capacidad de los otorgantes y la validez de los actos dispositivos contenidos en las escrituras públicas, por lo que resulte de ellas y de los asientos del Registro (...)».

Art. 322 LH: «La calificación negativa del documento o de concretas cláusulas del mismo deberá notificarse al presentante y al Notario autorizante del título presentado y, en su caso, a la autoridad judicial o al funcionario que lo haya expedido (...)».

La cuestión que se les formula a la vista de los documentos y la interpretación de las normas es: ¿puede inscribirse un contrato privado de préstamo con garantía hipotecaria en el Registro de la Propiedad?

### 2. SEGUNDA ETAPA. ELABORACIÓN DE UNA NOTA DE CALIFICACIÓN

Guiados por el principio de legalidad, entre otros, los estudiantes han de redactar una sencilla nota de calificación en la que detecten los defectos en el título presentado a inscripción.

De esta forma, descubrieron que la hipoteca constituida no estaba en un documento inscribible en el Registro de la Propiedad (arts.1875 CC y 3 LH). Igualmente, elaboraron una nota de calificación negativa, indicando que el titulo debía ser consignado en escritura pública para que pueda ser inscrito (art.3 LH), señalándose asimismo dicho defecto al particular.

### 3. TERCERA ETAPA. RESOLUCIÓN DE LA CONTROVERSIA EN EL AULA

Una vez realizada la experiencia docente en el aula con los documentos, así como la interpretación de los preceptos de pertinente aplicación y los errores formales que el expediente contenía contestaron a la controversia. Siempre es necesario que el derecho real de hipoteca se inscriba, pues su inscripción es constitutiva, y para ello es necesario que esté consignado en un título público válido para que acceda al Registro, es decir, en este caso en escritura notarial.

## IV. REFLEXIONES FINALES

El desarrollo de la actividad formulada en este estudio ha sido valorado por el alumnado de forma satisfactoria por diversas razones. Entre estas podemos destacar que se ha observado un fomento del pensamiento crítico entre los alumnos y una mejor interpretación de los preceptos hipotecarios y civiles a aplicar. En segundo lugar, les ha permitido visualizar el procedimiento de inscripción registral de títulos, lo que conecta, a su vez, con el alcance de las normas hipotecarias en aras a preservar la seguridad del tráfico jurídico y la implicación social que tienen, pues se les pone en antecedentes de lo que pudiera ser en su futuro inmediato la adquisición de una vivienda en la que concierten un préstamo con garantía hipotecaria.

Por último, la experiencia docente se complementa con una visita a los Registros de la Propiedad y Mercantil de Málaga donde, de mano de los propios registradores y oficiales, pueden visualizar de primera mano lo desarrollado en el aula, así como otros procedimientos registrales.

*Capítulo 25*

# El Derecho Civil a través de noticias y artículos periodísticos: interpretación, calificación y definición de conceptos[1]

ANDRÉS MARÍN SALMERÓN[2]
*Universidades de Murcia y Alicante*

SUMARIO: I. PRELIMINAR. II. EL USO DE NOTICIAS Y ARTÍCULOS PERIODÍSTICOS EN LA ENSEÑANZA DEL DERECHO. III. PUESTA EN PRÁCTICA DE LA METODOLOGÍA. IV. CONCLUSIONES: UNA EXPERIENCIA POSITIVA.

## I. PRELIMINAR

Mucho se ha hablado sobre la adaptación de los títulos universitarios al Espacio Europeo de Educación Superior[3]. Este proceso continúa provo-

---

1. Este trabajo ha sido realizado en el marco del Proyecto de Innovación Docente de la Universidad de Murcia «Noticias legales en el aula: potenciando el aprendizaje del Derecho civil a través de la actualidad», IP: Andrés Marín Salmerón; y, en el marco del Proyecto de Innovación Docente de la Universidad de Zaragoza PIIDUZ_4580: «El debate académico como estrategia para la formación transversal del jurista III: aprendizaje colaborativo a través del debate», IP: Javier Martínez Calvo.
2. Investigador postdoctoral Margarita Salas en Derecho civil.
3. Una simple muestra la encontramos en RUIZ CORBELLA, M. y VILLA SÁNCHEZ, A.: «La Red de Educación y el Espacio Europeo de Educación Superior», *RIFOP: Revista interuniversitaria de formación del profesorado: continuación de la antigua Revista de Escuelas Normales*, núm. 49 (2004), pp. 21 y ss. O, en CAZORLA GONZÁLEZ-SERRANO, M. C.: «Metodología de enseñanza y técnicas de aprendizaje aplicadas al derecho en el Espacio Europeo de Educación Superior», en *La evaluación e innovación docente en el Grado en Derecho* (coord. por Calatayud Prats, I. y Velasco Fabra, G. J.) y (dir. por Berzosa López, D.), Aranzadi, Cizur Menor, 2013, pp. 87 y ss.

cando la incorporación constante de nuevas herramientas docentes a las aulas con el objetivo de convertir al estudiante en el protagonista de su proceso de enseñanza-aprendizaje.

En la búsqueda de nuevas técnicas y prácticas docentes detecté el escaso porcentaje de alumnos que son conscientes del estado actual de la sociedad. No sólo no conocen las situaciones políticas, económicas y jurídicas de su país o del panorama internacional, sino que ni si quiera les interesa conocerlas[4].

Ante estas carencias, me propuse llevar a cabo un proyecto docente que integrara la necesaria adquisición, interpretación, calificación y definición de conocimientos jurídicos, junto con la búsqueda, lectura y análisis de noticias informativas o de prensa con contenido o enfoque jurídico. Con este propósito, el objetivo principal de esta iniciativa era promover el aprendizaje activo y la vinculación de los contenidos teóricos del Derecho con la realidad actual.

## II. EL USO DE NOTICIAS Y ARTÍCULOS PERIODÍSTICOS EN LA ENSEÑANZA DEL DERECHO

La utilización de noticias informativas o de prensa como base de la docencia puede tener beneficios significativos. En primer lugar, les brinda a los estudiantes la oportunidad de comprender y analizar la aplicación práctica de los conceptos legales que se vayan estudiando en un contexto real, así como poder interpretarlos. Esto, además, contribuye a la formación integral de los alumnos como profesionales del Derecho, alentándolos a conectar la teoría con la realidad y a desarrollar habilidades críticas y analíticas[5]. En este sentido, adquirirán un bagaje de ejemplos prácticos consi-

---

4. La disociación extrema entre la sociedad y la Universidad ha sido puesta de manifiesto en HERNÁNDEZ MOGOLLÓN, R. M. y DÍAZ CASERO, J. C.: «Método del Caso. Una Aproximación desde el EEES», en *Empresa global y mercados locales: XXI Congreso Anual AEDEM*, vol. 1, Universidad Rey Juan Carlos, p. 37. En este mismo sentido, GARCIMARTÍN MONTERO, R.: «Análisis crítico de actualidad jurídica como método docente», *REDUCA (Derecho), Serie Derecho Procesal,* vol. 5, núm. 1 (2014, pp. 18 y ss.; o, RICOY LORENZO, M. C.: «La educación de adultos y el uso didáctico de la prensa», *Comunicar. Revista iberoamericana de comunicación y educación,* núm. 19 (2002), pp. 184 y ss., muestran como este tipo de actuaciones en la enseñanza del Derecho permiten conectar los conocimientos jurídicos con los problemas que son de interés para la sociedad.
5. CREMADES CHUECA, O.: «La noticia en la docencia del Derecho: una taxonomía de sus usos» en *Un nuevo impulso de las TIC en la docencia del Derecho* (coord. por Rovira Ferrer, I. y Juanpere Anglès, B.), Huygens, 2021, p. 138, indica que la versatilidad de este tipo de actividad permite asociarla también al aprendizaje y práctica de compe-

derable que les será de gran ayuda también para entender y asimilar mejor la asignatura.

En segundo lugar, la inclusión de noticias jurídicas actualizadas en las clases permite abordar temas de actualidad y discusiones contemporáneas, lo que favorece la relevancia y el interés de los estudiantes en los contenidos académicos. De esta manera se promueve el desarrollo de habilidades de investigación y búsqueda de información, ya que los estudiantes deberán investigar y seleccionar noticias pertinentes y confiables para su análisis.

Incluso la carencia ocasional de precisión técnica en el contenido de ciertas noticias periodísticas, así como su potencial inclinación político-jurídica, pueden ser aprovechadas convenientemente en beneficio de la enseñanza del Derecho. Este tipo de noticias pueden utilizarse en la formación de una crítica constructiva que conlleva, igualmente, identificar y analizar las deficiencias y errores de naturaleza jurídica presentes en un artículo periodístico, pudiendo exponerse simultáneamente cuál sería el planteamiento correcto.

El satisfactorio desarrollo de este proyecto se basa en la profunda comprensión de los conceptos jurídicos y de su relación con las observaciones del mundo real. Esta experiencia involucra a los alumnos en su realidad social facultándoles para establecer vínculos entre los problemas cotidianos y los conceptos jurídicos que deben ir adquiriendo, además de proporcionarle un gran número de ejemplificaciones concretas.

Ahora bien, ante esta perspectiva optimista y prometedora se debe ser cauteloso. La sociedad actual está ampliamente caracterizada por la doctrina del «click rápido», la búsqueda de visitas y la simple lectura del titular de la noticia. Además, aunque aún pueden encontrarse artículos con gran rigor periodístico, también son considerables aquellos caracterizados por su parcialidad, o, incluso, por la emisión de información incorrecta —tam-

---

tencias transversales y específicas que resultan claves en su desarrollo como profesional del Derecho, como son, la competencia lectora y la habilidad de síntesis, el análisis crítico, la comunicación oral y escrita en diversos idiomas, el discernimiento crítico en el empleo de tecnologías de la información y comunicación, la aptitud para la organización y planificación, la capacidad de aprendizaje autodirigido y de adaptación a nuevas circunstancias, la utilización adecuada del vocabulario técnico-jurídico, y la capacidad para subsumir y aplicar la normativa legal, la jurisprudencia y la doctrina académica en diferentes contextos. De hecho, remarca el autor que el uso de noticias en la enseñanza del Derecho permite ejercitar y fomentar las 6 dimensiones cognitivas de la taxonomía revisada de Bloom de Anderson y Krathwohl: recordar, comprender, aplicar, analizar, evaluar y crear. *Vid.* ANDERSON, L. W. y KRATHWOHL, D. R.: A *Taxonomy for Learning, Teaching, and Assessing: a Revision of Bloom´s Taxonomy of Educational Objectives*, Abridged Edition, 2000.

bién conocidas como *fake news*—. Estas noticias representan una amenaza significativa en la realización de esta metodología docente, por lo que la figura del profesor es igualmente fundamental, pues es quien debe alejar al alumno de estas malas prácticas. Tampoco debe olvidarse, sobre todo en los supuestos de aplicación de esta metodología en los primeros cursos del Grado, que algunos alumnos pueden presentar una escasa experiencia de lectura y, por consiguiente, una baja comprensión lectora, lo que puede provocar que en una etapa inicial el docente deba ocupar un papel más intervencionista, del que irá desligándose progresivamente. Así, con este proyecto se puede concienciar y, en cierta medida, «educar» al estudiante de Derecho en este sentido.

## III. PUESTA EN PRÁCTICA DE LA METODOLOGÍA

Esta metodología es planteable, en principio, en cualquier asignatura del Grado en derecho o de aquellos donde su plan docente contenga alguna asignatura jurídica. Se ha ideado un proyecto genérico que pueda ejecutarse de manera específica en diversas asignaturas. Su desarrollo conlleva un plan de trabajo que se especifica en 3 concretas actividades, algunas de ellas con alguna subactividad.

Como primera de las actividades, se adquiere con carácter habitual la costumbre práctica de comentar las noticias jurídicas del día, asegurando con ello la contemporaneidad de las noticias. El profesor proyecta aquellas noticias que previamente haya recopilado y que crea que pueden ser interesantes en el desarrollo del temario. Para esta actividad pueden tener gran importancia no sólo aquellos medios telemáticos exclusivamente jurídicos (confilegal, noticias jurídicas, etc.), sino los medios de comunicación habituales de nuestro país e internacionales, pero siempre con el mayor de los respetos políticos y sociales y con un alto grado de rigurosidad[6]. Tras la lectura de las noticias, se abre un turno de debate en el que los alumnos intervienen voluntariamente dando su opinión sobre la noticia y la conectan con los conocimientos jurídicos ya adquiridos. Es decir, deben identificar aquellos hechos relevantes, interpretarlos y conectarlos con aquellas instituciones jurídicas que se explican en clase. Tras este turno de debate, el profesor aclara y pone de manifiesto aquellos puntos no observados por los alumnos.

6. CREMADES CHUECA, O.: *Op. Cit.*, pp. 137 y ss., pone de manifiesto que la noticia periodística, en realidad, viene siendo utilizada en la docencia del Derecho desde hace décadas, pero que, la implantación y la intensidad del uso de las TIC's, así como la posibilidad de acceder instantáneamente a noticias webs actualizadas en cualquier idioma y atendiendo a diferentes realidades globales han provocado unas ventajas importantes frente a otros fuentes o recursos.

La segunda de las actividades se desarrolla en el marco de las prácticas semanales de clase. Junto a las prácticas normales de resolución de casos prácticos tradicionales, se han planificado 3 prácticas en las que los alumnos trabajan con noticias informativas jurídicas. Esta práctica se hace de forma grupal. El profesor entrega una noticia de relevancia de los últimos años sobre la materia que corresponda y la acompaña con unas preguntas sobre los temas explicados en clase y relacionadas, a su vez, con la noticia. Los grupos generan cierta rivalidad, lo que provoca incentivos a la hora de responder correctamente las preguntas. Distribuida la noticia, los alumnos tienen un tiempo limitado de 20-30 minutos para la resolución de las preguntas. Además, en este tiempo, los grupos también deberán elaborar 2 preguntas nuevas. Tras la resolución de los casos, el profesor elige a dos grupos para que expongan a sus compañeros sus respuestas y conclusiones. Posteriormente, el resto de grupos les formulan las preguntas que hayan elaborado sobre la misma noticia, que también deben resolver *in situ*. En este caso, no sólo se valora el acierto en las respuestas, sino también la participación en el potencial debate que pueda surgir entorno a las respuestas. La idea es que a lo largo de las prácticas puedan participar todos los grupos de alumnos[7].

La tercera de las actividades se plantea como trabajo final. Los alumnos deben entregar un trabajo elaborado en el que se recaben y analicen noticias de interés jurídico que se publiquen en el período cuatrimestral de las asignaturas y siempre que estén relacionadas con cualquier aspecto del temario. Para la confección de este trabajo, se requiere la presentación de un conjunto ordenado de noticias bajo el criterio que los estudiantes estimen pertinente, acompañado de un análisis profundo, y relacionándolas con los conocimientos teórico-jurídicos adquiridos, evitando la mera descripción de estas. De hecho, en el caso de que fuese posible y dependiendo de la noticia deben proponer una solución jurídica posible si la noticia no la estipulase o por no estar todavía resuelto el asunto. Con este trabajo, el alumno es la figura principal en el aprendizaje, pues les corresponde la selección de las noticias y el resto de fuentes informativas, además de la determinación del método, localización y cadencia de labor, desempeñando un papel significativo en la configuración de su propio proceso de enseñanza. En definitiva, deben

7. Esta segunda actividad es fundamental para el desarrollo de determinadas competencias transversales como es el de una correcta y eficaz comunicación oral eficaz, elemental en el desarrollo de un buen jurista como puede comprobarse en MARÍN SALMERÓN, A.: «La corrección del discurso jurídico oral en el grado en Derecho», en *Reflexiones actuales en torno a la dialéctica, la retórica y otros métodos en la formación del jurista* (dir. por Cabrera Mercado, R. y Quesada López, P. M.), Thomson Reuters Aranzadi, Cizur Menor, 2022, pp. 259 y ss.

nuevamente identificar aquellos hechos que tengan relevancia jurídica y conectarlo con las instituciones jurídicas que sean relevantes al respecto[8].

La evaluación de este sistema, además, es muy cómodo. Pues la primera de las actividades no acarrea nota en sí más allá de la posible participación y la creación de ideas que posteriormente puedan plasmar en el trabajo final. La segunda de las actividades, al ser parte de las prácticas llevadas a cabo, queda incluida en la nota del apartado de prácticas. Por último, respecto al trabajo final, tras su valoración, puede suponer hasta 2 puntos (20%) de la nota final.

## IV. CONCLUSIONES: UNA EXPERIENCIA POSITIVA

Con este proyecto los estudiantes se erigen como agentes activos encargados de la manipulación de datos e información, la exploración de contenidos y el discernimiento de nuevos conceptos en los que profundizar su estudio y aprendizaje, susceptibles de detenidos análisis, lo que, en última instancia, incide en una enseñanza cimentada en robustos fundamentos. En este sentido, se les otorga a los alumnos la coyuntura de instruirse a partir de lo que consulten, al mismo tiempo que se promueve la gestación de su propio proceso de formación, aspecto crucial para complementar su formación académica.

En definitiva, de esta manera se pretende mejorar la enseñanza de los conceptos básicos del Derecho civil, y se hace poniendo en el centro de las cuestiones los problemas jurídicos, sociales y económicos de la actualidad del nuestro país.

---

8. Para esta tercera actividad nos basamos en la experiencia comentada por TOMÁS TOMÁS, S. y CASTILLO FELIPE, R.: «El uso de la noticia jurídica como nuevo método de enseñanza en la asignatura Sistema Judicial Español», en *XIII Jornadas de Redes de Investigación en Docencia Universitaria: nuevas estrategias organizativas y metodológicas en formación universitaria para responder a la necesidad de adaptación y cambio* (coord. por Tortosa Ibáñez, M. T., Álvarez Teruel, J. D. y Pellín Buades, N.), Universidad de Alicante, Instituto de Ciencias de la Educación, 2015, pp. 931 y ss., aunque introduciendo algunas diferencias, pues nuestro trabajo era individual y deben analizar varias noticias mientras que el planteado por los autores citados era grupal y debían trabajar únicamente sobre una noticia. Igualmente puede verse una experiencia similar y, de hecho, en una asignatura de Derecho civil en LÓPEZ SÁNCHEZ, C.: «Actualidad y Derecho: cómo mejorar la comprensión del Derecho civil a través de las noticias», también publicado en *XIII Jornadas de Redes de Investigación en Docencia Universitaria: nuevas estrategias organizativas y metodológicas en formación universitaria para responder a la necesidad de adaptación y cambio* (coord. por Tortosa Ibáñez, M. T., Álvarez Teruel, J. D. y Pellín Buades, N.), Universidad de Alicante, Instituto de Ciencias de la Educación, 2015, pp. 1087 y ss.

# *Capítulo 26*

# La interpretación y el debate en la enseñanza del Derecho de Personas. Especial referencia al Derecho Comparado

Maribel Hernández Manay
*Universidad de Zaragoza*

SUMARIO: I. INTRODUCCIÓN. II. EL TEMA OBJETO DE ESTUDIO: EL DERECHO AL NOMBRE. III. METODOLOGÍA DOCENTE UTILIZADA: BINOMIO INTERPRETACIÓN-DEBATE. IV. APLICACIÓN DE LA ESTRATEGIA EN EL AULA. V. CONCLUSIONES.

## I. INTRODUCCIÓN

En su formación integral, el futuro jurista requiere del desarrollo de competencias prácticas que le permitan un desempeño eficiente de la profesión cuando llegue el momento de su inserción laboral. En este sentido, como viene señalando la mayor doctrina, una de las estrategias que bien permitiría lograr este cometido es la implementación de la interpretación jurídica como herramienta didáctica que posibilite al estudiante de Derecho actuar como protagonista en el esclarecimiento del significado de las normas jurídicas, porque precisamente estas son el principal objeto de estudio del Derecho[1].

1. *Vid.*, por todos, SANTILLÁN SANTA CRUZ, R.: «Enseñanza-aprendizaje mediante una actividad pedagógica combinada: interpretación jurídica, debate y gamificación», en AA.VV.: *Docencia, innovación social y transferencia* (coord. por Dueñas Lorente, J. D., Alejandre Marco, J. L. y Cortés Pascual, A.), Prensas de la Universidad de Zaragoza, Zaragoza, 2023, p. 65.

En este orden de ideas, podemos señalar que aplicar la interpretación jurídica como herramienta didáctica hace posible el desarrollo de competencias prácticas como la capacidad de análisis y razonamiento, la argumentación jurídica y la resolución de problemas. Sin embargo, resulta necesario reforzar esta estrategia con otras técnicas idóneas para obtener los resultados deseados, refiriéndonos en este caso al debate.

El presente trabajo está destinado a describir y analizar estas estrategias, así como a demostrar los resultados óptimos que producen, toda vez que la metodología del binomio interpretación-debate se aplicó en una sesión práctica de aprendizaje de la asignatura de Derecho de Personas.

## II. EL TEMA OBJETO DE ESTUDIO: EL DERECHO AL NOMBRE

El nombre se define, de acuerdo a la doctrina, como el «signo estable de individualización que sirve para distinguir a cada persona de las demás»[2]. También es posible comprender el nombre como «aquella expresión lingüística que permite la identificación e individualización de las personas, cuya imposición constituye una exigencia ineludible para el desarrollo de la personalidad en la esfera social y es tutelado por el Derecho, en cuanto forma de vida humana social»[3]. El derecho al nombre, incluye el o los prenombres más los apellidos. Los segundos estarán determinados por la filiación.

Entre las diversas posturas que tratan de explicar la naturaleza jurídica del derecho al nombre, tenemos aquellas que lo conciben como: institución de policía, como derecho de propiedad, habiendo una tercera postura que lo mira como un derecho de propiedad de tipo familiar. No obstante, estas posiciones se encuentran ya superadas y, actualmente, se admite al derecho al nombre como una manifestación de los derechos de la personalidad[4].

Ahora bien, sobre el tratamiento legal y la protección que recibe el derecho al nombre, resulta necesario precisar que este derecho no se encuentra

2. NOVALES ALQUÉZAR, M.: «Orden de apellidos de la persona nacida», *Revista Chilena de Derecho*, Vol. 30, núm. 2 (2003), p. 321.
3. RODRÍGUEZ CASTRO, J.: «El nombre civil: concepto, caracteres y naturaleza jurídica», *BIMJ*, núm. 1443 (1987), p. 100, citado en ORDÁS ALONSO, M.: «Imposición al menor del apellido materno: igualdad, derecho a la propia imagen, interés del menor», *Derecho Privado y Constitución*, núm. 28 (2014). Disponible en https://www.cepc.gob.es/publicaciones/revistas/derecho-privado-y-constitucion/numero-28-enerodiciembre-2014/imposicion-al-menor-del-apellido-paterno-igual-dad-derecho-la-propia-imagen-interes-del-menor-0
4. *Cfr.* NOVALES ALQUÉZAR, M.: «Orden de apellidos de la persona nacida», cit., p. 321.

explícitamente reconocido en la Constitución Política del Perú. Sin embargo, el artículo 2[5] de esta Carta Magna sí que recoge el derecho a la identidad, artículo del cual se desprende el reconocimiento del derecho al nombre y, en consecuencia, se postula su protección.

Por su parte, el Código Civil peruano, en el artículo 19[6], regula el derecho al nombre, precisamente porque este cuerpo normativo se encuentra en concordancia con la Constitución Política peruana, que reconoce el derecho a la identidad. En este sentido, podemos señalar que el referido precepto civil regula tres aspectos[7]:

1. Toda persona goza del derecho a llevar un nombre.
2. Se constituye también, al propio tiempo, como el deber de llevarlo.
3. El nombre se compone del o los prenombres y los apellidos.

Mientras que, el artículo 20 del citado Código Civil establece que «al hijo le corresponde el primer apellido del padre y el primero de la madre», el artículo 21, por su parte, regula la inscripción del nacimiento del menor que realiza el padre o la madre respecto al nombre de la persona con quien lo hubiera tenido[8].

El Código Civil alemán, en su artículo 12, regula la usurpación de nombre y, en su libro de Derecho de Familia, norma lo relativo a los apellidos correspondientes los hijos legítimos e ilegítimos, aspectos que no son regulados en el Código Civil Peruano.

El Código Civil italiano, en su artículo 6, establece que «toda persona tiene derecho al nombre que se le atribuye por la ley» y el nombre lo componen el prenombre y el apellido, por lo que encontramos una semejanza con el Código Civil peruano, dispositivo legal que también considera al prenombre y los apellidos como parte del nombre. Además, vamos a ver que el Código Civil italiano ha previsto en su artículo 7 los criterios para la

5. Artículo 2 de la CP.— «Toda persona tiene derecho: 1. A la vida, a su identidad, a su integridad moral, psíquica y física y a su libre desarrollo y bienestar. El concebido es sujeto de derecho en todo cuanto le favorece».
6. Artículo 19 CC.— «Toda persona tiene el derecho y el deber de llevar un nombre. Este incluye los apellidos».
7. *Cfr.* GUEVARA PEZO, V.: «Nombre: Derecho y deber», en *Código Civil Comentado,* tomo I, p. 162.
8. Cabe indicar que existe actualmente un proyecto de ley 7114/2023-CR, y propone la modificación del Código Civil para equiparar el derecho del padre a inscribir a sus hijos con sus apellidos, sin develar el nombre de la madre, salvaguardando el derecho a la identidad del menor.

protección contra la usurpación, el artículo 8 reconoce el derecho de acción para la defensa del nombre, incluso sin llevarlo y que por motivos familiares deba protegerlo. Incluso, el Código Civil italiano reconoce en su artículo 9 la protección de los seudónimos, cuando estos hayan conseguido la relevancia del nombre. Los criterios regulados en los artículos 7, 8 y 9, no son contemplados en el Código Civil peruano.

Respecto al Código Civil español, podemos decir que si bien no regula explícitamente el derecho al nombre, establece en su artículo 109 que la filiación determina los apellidos. Además, le reconoce la potestad al hijo mayor de edad de alterar el orden de sus apellidos. Esta regulación se complementa con la Ley 20/2011, de 21 de julio, del Registro Civil, que sí establece que el nombre es un derecho, claramente previsto en el artículo 50; considera también este artículo que las personas serán identificadas por su nombre y apellidos, y el artículo 53 permite la inversión del orden de los apellidos.

Dada la trascendencia del derecho al nombre, la jurisprudencia peruana se pronuncia al respecto, a efectos de conceder el derecho a la tutela jurisdiccional efectiva en caso de una afectación o posible vulneración. El Tribunal Constitucional peruano, en la sentencia recaída en el Expediente 4444-2005-PHC/TC (fundamento 4), ha señalado que: «(...) el artículo 2.1 de la Constitución expresamente refiere que toda persona tiene derecho a la identidad, derecho que comprende tanto al derecho a un nombre —conocer a sus padres y conservar sus apellidos—, el relativo a tener una nacionalidad y la obligación de que el Estado reconozca su personalidad jurídica».

La Corte Suprema del Perú también reconoce el derecho al nombre como expresión del derecho a la identidad. Así, la Casación 3294-2013/LIMA, en su fundamento décimo primero ha señalado que «el derecho al nombre constituye un componente de la identidad que se manifiesta en una situación jurídica que tutela la denominación de una persona, la cual es importante a fin de distinguir su individualidad en relación a lo demás en la vida social». Por su parte, la Casación 198-2008/LIMA señala que «el derecho al nombre, además de ser un atributo de la personalidad, es una manifestación del derecho a la identidad; tiene el carácter de derecho fundamental al encontrarse amparado en el artículo segundo, inciso uno de la Constitución Política del Perú».

La Casación 592-2013/AYACUCHO indica que «la identidad tiene relación con varios otros derechos, dentro de los cuales como ya se ha afirmado encontramos el derecho al nombre, que es la designación con la cual se individualiza al sujeto y que le permite distinguirse entre los demás». De acuerdo con esta sentencia, podemos señalar que el derecho al nombre tiene una finalidad, la que consiste en individualizar a la persona y distinguirla de las otras, porque al constituirse el nombre como un derecho, este recibe protección legal y amparo de la jurisprudencia.

Luego de haber abordado brevemente la doctrina, legislación (especial referencia al Derecho comparado) y jurisprudencia, a continuación, se explicará la metodología del binomio interpretación-debate.

## III. METODOLOGÍA DOCENTE UTILIZADA: BINOMIO INTERPRETACIÓN-DEBATE

La interpretación jurídica aunada al debate como estrategia de aprendizaje posibilita al estudiante de Derecho actuar como protagonista en el esclarecimiento del significado de las normas jurídicas. Y debido a que existe «la necesidad de reforzar la tradicional interpretación jurídica con otras técnicas de carácter participativo»[9], en el presente capítulo abordaremos la relación interpretación-debate.

El debate se entiende como la discusión generada al abordar un tema, discusión que debe estar sostenida con argumentos, puntos de vista, entre dos o más intervinientes. Este intercambio de ideas permite a los estudiantes una participación más activa, posibilitando en los alumnos el surgimiento de las competencias prácticas, justamente porque los educandos se encuentran realizando una interpretación jurídica que se expresa a través de distintos argumentos, opiniones, puntos de vista (debate), contando así con un abanico de interpretaciones y cada una con su fundamento, resultado del análisis, razonamiento y, no menos importante, de la argumentación, con la finalidad de resolver el problema. En este escenario, el docente se convierte en un facilitador de herramientas didácticas, promoviendo el aprendizaje basado en competencias.

El binomio interpretación-debate es una combinación de la interpretación jurídica como herramienta didáctica y la discusión, o intercambio de ideas entre dos o más intervinientes, destinada a desentrañar, mediante el aprendizaje colaborativo, el sentido de las normas jurídicas. Promover que los estudiantes actúen como protagonistas en la interpretación de las normas «permite un aprendizaje activo, favoreciendo al mismo tiempo una dinámica colaborativa cuando la actividad se hace en equipo. Por ello, la interpretación es algo más que una mera técnica de desentrañamiento del

9. SANTILLÁN SANTA CRUZ, R.: «Enseñanza-aprendizaje mediante una actividad pedagógica combinada...», cit., p. 65.

significado de las normas; es una verdadera estrategia pedagógica, que se optimiza con el debate» [10].

Esta participación más activa posibilita en los educandos el desarrollo de competencias prácticas como la capacidad de análisis y razonamiento, la argumentación jurídica y la resolución de problemas. El binomio interpretación-debate promueve «en los alumnos un aprendizaje autónomo al potenciar su capacidad de interpretación de las normas, pudiendo incluso aquellos descubrir nuevos métodos de interpretación» [11]. Sumado a ello, podemos afirmar que «la técnica hace posible la retroalimentación en equipo, producto de las diversas interpretaciones formuladas por los alumnos, y tras el debate en el aula, es posible desvelar el completo sentido de la norma» [12].

En mi experiencia, combinar interpretación y debate en una misma actividad práctica permitió alcanzar resultados óptimos dentro del proceso enseñanza-aprendizaje, haciendo esta técnica posible que se alcanzaran las siguientes competencias prácticas:

- Optimización de la capacidad de razonamiento, argumentación, gestión y resolución de problemas.
- Motivación para realizar un adecuado contraste de ideas a través del debate e intercambio de estas y de la interacción en el equipo de trabajo.

La ventaja que podemos encontrar en el binomio interpretación-debate, puesto en marcha como técnica de aprendizaje, es su aplicación en una sesión de aprendizaje presencial y virtual, en las cuales los estudiantes sin limitación alguna podrán resolver problemas, complementar sus debates, conocer las distintas interpretaciones de los diferentes grupos de trabajo y realizar actividades prácticas. Esta técnica también permite que el estudiante desarrolle habilidades que le acerquen cada vez más al conocimiento

10. SANTILLÁN SANTA CRUZ, R.: «Enseñanza-aprendizaje mediante una actividad pedagógica combinada...», cit., p. 70.
11. SANTILLÁN SANTA CRUZ, R.: «La interpretación *a contrario* en la enseñanza del Derecho civil: una estrategia pedagógica y medio para fomentar el debate en el aula», en AA.VV.: *Aprendizaje a través del debate jurídico* (dir. por Martínez Calvo, J. y Mayor del Hoyo, M.ª V.), Aranzadi Thomson-Reuters, Cizur Menor, 2022, p. 389.
12. SANTILLÁN SANTA CRUZ, R.: «La interpretación *a contrario* en la enseñanza del Derecho civil...», cit., p. 389.

práctico del Derecho, sin ser, por tanto, un simple conocer teórico del fenómeno jurídico[13].

## IV. APLICACIÓN DE LA ESTRATEGIA EN EL AULA

Apliqué esta estrategia en una de mis sesiones prácticas en la asignatura de Derecho de Personas[14], cuyo tema fue la interpretación del artículo 20 del Código Civil peruano, que se refiere al derecho al nombre.

Para la aplicación de esta metodología los estudiantes analizaron el orden que deben ocupar los apellidos paterno y materno de un menor. Los alumnos prepararon previamente el tema para ser debatido en clase con todos los grupos de trabajo (cada equipo de trabajo estuvo constituido por 5 estudiantes).

Los estudiantes compartieron sus ideas a través del debate aperturado en la clase, en el que cada equipo expresó su posición y brindó los argumentos que sostenían su interpretación.

Para mayor abundamiento del tema, y con la finalidad de encontrar el significado último de la norma en cuestión, los estudiantes recurrieron a la doctrina, la jurisprudencia y al Derecho comparado, además del análisis, razonamiento y argumentación que realizaron en aras del resolver el problema (interpretar adecuadamente la norma).

Tras el desarrollo de la actividad antes indicada los estudiantes concluyeron que:

1. El mismo artículo puede recibir diferentes interpretaciones.

2. Interpretar y debatir requiere de argumentos sólidos generados por el razonamiento y el análisis, a efectos de fundamentar una posición jurídica, competencias necesarias para un desempeño eficiente de la profesión.

---

13. *Cfr.* SANTILLÁN SANTA CRUZ, R.: «Conocimiento jurídico, razón práctica y "método del caso inductivo" en la formación del futuro jurista», en AA.VV.: *Reflexiones actuales en torno a la dialéctica, la retórica y otros métodos en la formación del jurista* (coord. por Cabrera Mercado, R. y Quesada López, P. M.), Aranzadi Thomson-Reuters, Cizur Menor, 2022, p. 616.
14. Asignatura dictada en la Universidad Tecnológica del Perú.

## V. CONCLUSIONES

Aplicar la interpretación jurídica junto con el debate como herramienta didáctica permite a los estudiantes alcanzar competencias prácticas y al docente identificar los puntos de mejora en sus alumnos para fortalecerlos.

Emplear la interpretación jurídica como técnica pedagógica permite obtener mayores ventajas que si solo se comunica al estudiante el significado de la norma, pero sin promover su trabajo activo. Emplear la interpretación como una verdadera estrategia docente resulta, por tanto, fundamental, toda vez que tal operación mental siempre tendrá que aplicarse en la impartición de las asignaturas de las distintas disciplinas jurídicas; y esto es así porque en la carrera de Derecho, precisamente, el estudiante debe conocer e interpretar las normas que componen el ordenamiento jurídico[15].

15. *Cfr.* SANTILLÁN SANTA CRUZ, R.: «Enseñanza-aprendizaje mediante una actividad pedagógica combinada...», cit., p. 66.

*Capítulo 27*

# Los *moot court* como herramienta para la enseñanza de la interpretación jurídica en el ámbito de la contratación mercantil: actividad práctica «MiniMOOT»

JUAN MANUEL RAMÍREZ CIRERA[1]
*Universidad Carlos III de Madrid*



## I. INTRODUCCIÓN: LA RELEVANCIA DE LA FORMACIÓN EN MATERIA DE INTERPRETACIÓN JURÍDICA EN EL ÁMBITO DE LA CONTRATACIÓN MERCANTIL

La importancia de la interpretación jurídica en el ámbito de la contratación mercantil es innegable. En primer lugar, porque los operadores jurí-

1. Doctorando en Derecho Mercantil en la Universidad Carlos III de Madrid. Beneficiario de una ayuda FPU del Ministerio de Universidades.

dicos que participan en el mercado, como puede comprenderse, han de interpretar las normas de Derecho imperativo y dispositivo a las que están sujetos (art. 3 del CC) —tarea hermenéutica que cada vez presenta una mayor complejidad, a la luz del contexto de inflación legislativa en que nos hallamos—. En segundo lugar, estos sujetos están sometidos a la ardua tarea de interpretar los contratos que suscriben, en virtud del principio de autonomía de la voluntad (*cfr.* art. 1255 del CC y art. 53 del Código de Comercio), para regular sus transacciones comerciales (arts. 1281 a 1289 del CC).

En este sentido, puede afirmarse que, en línea con lo defendido por nuestro Tribunal Supremo en la STS de 9 de octubre de 1993 (RJ 1993, 8174), la tarea interpretativa está siempre presente en el ámbito del Derecho de contratos; de hecho, la interpretación es necesaria incluso cuando el tenor literal del contrato es claro:

> «*La reiterada doctrina de esta Sala ha establecido que si los términos de un contrato son claros y no dejan lugar a dudas sobre la intención de los contratantes, habrá de estarse al sentido literal de sus cláusulas, sin que sea necesario acudir a otras exégesis interpretativas que no sean las que manda el art. 1281 del CC, interpretación gramatical que siempre presupone la interpretación, pues al afirmar que una cláusula es clara implica una valoración de las palabras y de la congruencia que guardan con la voluntad, por lo que es falso el axioma "in claris non fit interpretatio"*».

Así las cosas, la omnipresencia de la tarea interpretativa en el ámbito de la contratación mercantil determina que su enseñanza en las asignaturas correspondientes de los estudios del Grado en Derecho (y dobles grados en los que éste se incluye) goce de una importancia notable. Tradicionalmente, la formación en estas materias se ha realizado mediante explicaciones teóricas de las reglas hermenéuticas que rigen en nuestro ordenamiento jurídico (esto es, de las contenidas en el art. 3 del CC para la interpretación de las normas y de las reguladas en los arts. 1281 a 1289 del CC para la interpretación de los contratos) y, en algunos casos, mediante casos prácticos que abordan cuestiones concretas. Estas técnicas, a mi juicio, son inidóneas, pues determinan que los estudiantes no participen activamente en el proceso de aprendizaje (es el caso de la primera descrita) o no resultan suficientemente inmersivas (es el caso de la segunda, pues la complejidad del caso se adapta para ser abordado en una sola sesión).

En este contexto, las competiciones académicas de tipo *moot court* se presentan, como veremos enseguida, como un instrumento idóneo para avanzar en la senda de una mejor enseñanza de la interpretación jurídica en el ámbito de la contratación mercantil.

## II. LAS COMPETICIONES ACADÉMICAS DE TIPO *MOOT COURT*

### 1. DEFINICIÓN

Los *moot court* son una herramienta de *learning by doing* en el ámbito del Derecho cuyo origen se halla varias décadas atrás en las facultades de Derecho de los países anglosajones. En los últimos años estamos asistiendo a su expansión cuantitativa y cualitativa.

Habitualmente, los *moot court* pasan por simular un proceso arbitral completo[2]. La organización de la competición correspondiente prepara y difunde un caso práctico y los estudiantes, agrupados en equipos (normalmente, de entre dos y seis personas), han de adoptar el rol de abogados (y, en ocasiones, el de árbitros), y ello tanto respecto de la parte demandante como de la demandada. A tal efecto, deben indagar en cuáles son los mejores argumentos para defender los intereses de la parte a la que en cada momento representan.

### 2. ESTRUCTURA

Tras la difusión del caso práctico, que habitualmente comprende la solicitud de arbitraje (presentada por la parte demandante) y la respuesta a tal solicitud (remitida por la parte demandada) junto a los documentos adjuntos a ambas[3], los estudiantes, representando a la parte demandante, preparan y envían su escrito de demanda. Tal escrito ha de defender, seleccionando los argumentos más apropiados y apoyándose en la doctrina y la jurisprudencia nacional e internacional, los intereses de la parte actora. Tras ello, cada equipo es asignado un escrito de demanda de otro grupo, al que han de «responder», mediante la preparación del escrito de contestación a la demanda correspondiente, en defensa de las pretensiones de la parte demandada.

Enviados sus escritos, los equipos comienzan su preparación para la fase oral, en la que tendrán que defender oralmente, en diversas ocasiones, tanto

2. Por ello, son un instrumento muy valioso para la difusión de los denominados medios alternativos de resolución de controversias (por sus siglas en inglés, «ADR», *Alternative Dispute Resolution*), tan necesarios en un contexto, como el presente, de colapso de la justicia ordinaria.
Sobre el valor de los *moot court* en esta materia, *vid*. PERALES VISCASILLAS, M. P. y RAMOS MUÑOZ, D.: «Alternative Dispute Resolution and Career Education: Mooting its Way through the Study Plans», *Spain Arbitration Review*, núm. 2 (2008), pp. 67-74.
3. La solicitud de arbitraje determina, en la práctica habitual del arbitraje comercial, el inicio del procedimiento arbitral (así, *vid*., por ejemplo, el art. 5.1 del Reglamento de 2024 del Centro Internacional de Arbitraje de Madrid).

a la parte demandante como a la demandada. Esta fase se articula mediante la simulación de audiencias de arbitraje, dirigidas por árbitros. Habitualmente, la fase oral se divide en rondas generales y eliminatorias. Los equipos que exhiban un mejor desempeño en las primeras se clasificarán para las segundas, participando en sucesivas eliminatorias hasta, eventualmente, alzarse vencedores de la competición.

Adicionalmente, algunas competiciones, como señaladamente el *Moot Madrid*, cuentan con una tercera fase, consistente en la elaboración de la decisión arbitral correspondiente (esto es, el laudo arbitral). En ésta, los estudiantes abandonarán el rol de abogados para adoptar el de árbitros a cargo de la resolución de la controversia.

## 3. PROPUESTA DE VALOR

La propuesta de valor de las competiciones académicas de tipo *moot court* pasa por propiciar el aprendizaje jurídico mediante la defensa de posturas contrapropuestas ante expertos en Derecho (árbitros). Esto está claramente en línea con la propia naturaleza del término «*moot*», que ya en el medievo se relacionaba con aquello que es objeto de debate y discusión, asociándose entonces con las reuniones de nobles que se celebraban para debatir acerca de los asuntos comunitarios más relevantes[4].

En materia de interpretación jurídica, la naturaleza de estas competiciones determina que los estudiantes deban indagar en las diversas interpretaciones potenciales del Derecho aplicable y de la documentación contractual, seleccionando aquellas opciones que, siendo razonables, resultan más apropiadas para la defensa de los intereses de su cliente. Además, en aquellos *moot court* que prevean la redacción de la decisión arbitral correspondiente, los estudiantes deberán elegir, entre las interpretaciones de la ley y de los contratos esgrimidas por las partes, aquella que resulte más ajustada a Derecho. La dificultad —y el aprendizaje derivado— de esta actividad se intensifica cuando la competición se desarrolla en inglés.

4. *Cfr*. PERALES VISCASILLAS, M. P., ARROYO VENDRELL, T., RODRÍGUEZ DELGADO, J. P. y LASTIRI SANTIAGO, M.: «El Moot Madrid como herramienta de aprendizaje», en *Innovación docente y renovación pedagógica en derecho internacional y relaciones internacionales: El impacto de la investigación en la docencia*, Dykinson, Madrid, 2021, p. 196; y ARROYO VENDRELL, T.: «La implementación de las experiencias *moots* en el Grado en Derecho», en *74 experiencias docentes del Grado en Derecho*, Octaedro, Barcelona, 2016, pp. 37-38.

### 4. LOS PRINCIPALES *MOOT COURT* EN EL ÁMBITO DE LA CONTRATACIÓN MERCANTIL

Aunque existen competiciones *moot court* en diversas disciplinas jurídicas (por ejemplo, en el ámbito del Derecho Internacional Público, el *Philip C. Jessup International Law Moot Court Competition,* Washington D.C.), en el ámbito de la contratación mercantil sobresalen aquellas que, inscribiéndose en el ámbito del Derecho Mercantil Internacional, involucran la interpretación de textos de Derecho Uniforme de amplia difusión, así como de contratos.

En este campo, debemos destacar, a nivel internacional, el *Moot Madrid* (organizado por la Universidad Carlos III de Madrid en colaboración con UNCITRAL)[5], cuya 16.ª edición está en marcha, y el *Willem C. Vis International Commercial Arbitration Moot* (Viena)[6], que ya va por su 31.ª edición[7]. En el plano nacional, puede identificarse, entre otras competiciones, la *ELSA Spain Moot Court Competition,* cuya 7.ª edición está desarrollándose con éxito.

## III. EXPERIENCIA DOCENTE DE IMPLEMENTACIÓN DE LA METODOLOGÍA *MOOT COURT* EN LA ASIGNATURA *DERECHO DE LAS OBLIGACIONES Y LOS CONTRATOS MERCANTILES* (GRADO EN DERECHO): ACTIVIDAD PRÁCTICA «MINIMOOT»

### 1. CONSIDERACIONES PREVIAS

El autor de este trabajo cuenta con experiencia en las tres competiciones identificadas *supra*. Por un lado, forma parte, desde su 15.ª edición, del comité organizador del *Moot Madrid*. Por otro lado, es entrenador, desde su

---

5. Acerca del desarrollo de las diez primeras ediciones del *Moot Madrid, vid.* PERALES VISCASILLAS, M. P., RAMOS MUÑOZ, D. y ARROYO VENDRELL, T.: «Moot Madrid: diez años de historias», *Spain Arbitration Review,* núm. 32 (2018), pp. 141-148.
6. Sobre esta competición, *vid.* PERALES VISCASILLAS, M. P. y RAMOS MUÑOZ, D.: «Participación en concursos internacionales (Moot Viena)», en *74 experiencias docentes del Grado en Derecho,* Octaedro, Barcelona, 2016.
La Universidad Carlos III de Madrid —que participa ininterrumpidamente en el *Vis Moot* desde 1998— es, hasta la fecha, la única institución española que ha resultado ganadora absoluta en la fase oral de esta competición (premio *Frederic Eismann*). Tal hazaña fue lograda, frente a 203 equipos de todo el mundo, en el año 2008. Una reseña de este hito se encuentra en PERALES VISCASILLAS, M. P.: «Victoria de la Universidad Carlos III de Madrid en la XV edición del MOOT de Viena», *Arbitraje: revista de arbitraje comercial y de inversiones,* núm. 2 (2008), pp. 500-506.
7. Sobre el *Moot Madrid* y el *Vis Moot, vid.* ARROYO VENDRELL, T.: «Las herramientas de aprendizaje y de formación de los "moots" y en particular del Vis Moot (The Willem C. Vis International Commercial Arbitration Moot) y del Moot Madrid (competición internacional de arbitraje y derecho mercantil)», en *Innovación docente y ciencia jurídica,* Thomson Reuters-Aranzadi, Cizur Menor (Navarra), 2017.

30.ª edición, del equipo que representa a la Universidad Carlos III de Madrid en el *Willem C. Vis International Commercial Arbitration Moot*. Finalmente, entrena, desde su 6.ª edición, diversos equipos participantes en la *ELSA Spain Moot Court Competition*. Son estas experiencias las que han llevado al autor al convencimiento del enorme valor que los *moot court* ofrecen para la enseñanza de la interpretación jurídica y, en fin, las que impregnan la implementación, mediante la actividad práctica «MiniMOOT», de la metodología *moot court*, junto a la Prof. Pilar PERALES VISCASILLAS, en su docencia práctica de la asignatura *Derecho de las obligaciones y los contratos mercantiles* (6 créditos ECTS), correspondiente al Grado en Derecho[8].

## 2. FASE ESCRITA

En línea con la estructura habitual de estas competiciones, la actividad práctica «MiniMOOT» comienza con la difusión por parte de los profesores de la asignatura del caso práctico. Éste, de una extensión de entre 20 y 30 páginas, presenta una disputa entre dos o más empresarios en el marco del cumplimiento de un contrato mercantil. El supuesto práctico abarca problemáticas jurídicas relativas a buena parte de las materias comprendidas en el programa de la asignatura. En este mismo momento, se comunica a los equipos (que habrán sido previamente conformados incluyendo a los estudiantes que siguen el régimen de evaluación continua) la parte que habrán de representar (demandante o demandada) y, consecuentemente, se les informa del escrito que han de elaborar (esto es, de demanda o de contestación a la demanda)[9].

A continuación, en una de las sesiones posteriores, se discute con los alumnos la metodología a seguir y se les orienta en torno a las cuestiones jurídicas que presenta el caso. Además, se les facilita una guía relativa a las principales bases de datos nacionales e internacionales que han de manejar en materia de contratación mercantil internacional.

Tras ello, los equipos cuentan con, aproximadamente, un mes y medio para la elaboración y entrega de su escrito de demanda o de contestación a la demanda, de unas 25 páginas de extensión. Tras ello, los profesores evalúan los distintos trabajos (particularmente, de acuerdo con su corrección

8. En todo caso, la actividad práctica «MiniMOOT» es tributaria del acervo de experiencias en materia de *moot court* con que cuenta el Área de Derecho Mercantil de la Universidad Carlos III de Madrid, destacando especialmente el papel de la Prof. Pilar PERALES VISCASILLAS, directora del *Moot Madrid* y pionera en la tutela de los equipos de esta institución participantes en el *Vis Moot*.

9. Como puede advertir el lector, esto supone una desviación de la metodología habitual de los *moot court*, cuya justificación yace en la adaptación de la actividad al marco de una asignatura curricular de 6 créditos ECTS.

formal, rigor, originalidad de los argumentos y riqueza de fuentes) y remiten comentarios de mejora a los estudiantes, de modo que puedan implementarlos para la mejor defensa de los intereses de su cliente en la fase oral.

### 3. FASE ORAL

Concluida la fase escrita, los equipos comienzan con la preparación de la fase oral, para lo cual disponen de, aproximadamente, un mes. A tal efecto, entre otras cosas, se invita a los equipos a asistir a audiencias de otras competiciones de tipo *moot court* (particularmente, del *Moot Madrid*).

La fase oral se articula mediante audiencias de arbitraje en las que los distintos equipos se enfrentan entre ellos. Los profesores de la asignatura actúan como árbitros, moderando la audiencia y evaluando el desempeño de los estudiantes. Para ello, prestan especial atención no sólo al rigor formal de su exposición, sino también a su conocimiento del caso, los argumentos que presentan y las autoridades (jurisprudencia, laudos arbitrales y doctrina) que alegan.

Con la finalización de la fase oral, concluye la actividad práctica «MiniMOOT».

## IV. CONCLUSIONES

La enseñanza de la interpretación jurídica en el ámbito de la contratación mercantil goza de una importancia capital. Sin embargo, las técnicas docentes tradicionales en esta materia son, a juicio del autor, inidóneas. En este sentido, el autor, que cuenta con experiencias diversas en torno a las competiciones académicas de tipo *moot court*, ha implementado, junto a la Prof. Pilar PERALES VISCASILLAS, la metodología de éstas en su docencia práctica de la asignatura *Derecho de las obligaciones y los contratos mercantiles* (Grado en Derecho), a través de la actividad «MiniMOOT».

El «MiniMOOT» permite a los estudiantes acercarse a la interpretación de textos normativos y contratos enmarcados en el programa de la asignatura para seleccionar y sostener, entre todas las opciones posibles, aquellas que mejor representen los intereses de su cliente, y ello tanto por escrito (en la fase escrita, mediante la elaboración de un escrito de demanda o de contestación a la demanda) como oralmente (en la fase oral, mediante la simulación de audiencias de arbitraje).

*Capítulo 28*

# La gamificación como cambio metodológico innovador en el proceso de enseñanza-aprendizaje en un alumno de Derecho

CARLOS PALANCO CÁRDENAS
*Universidad de Sevilla*

SUMARIO: I. INTRODUCCIÓN. II. LA INNOVACIÓN Y EL PERFIL DEL DOCENTE INNOVADOR EN EL S. XXI. III. LA GAMIFICACIÓN EN EL PROCESO DE ENSEÑANZA-APRENDIZAJE. *1. ¿Qué es la gamificación? 2. Aportaciones de la gamificación. 3. Los elementos de los juegos en el aula. 4. Aplicación práctica.* IV. CONCLUSIONES.

## I. INTRODUCCIÓN

En el presente trabajo vamos a acentuar la importancia de la gamificación como metodología en el proceso de enseñanza-aprendizaje en un alumno de Derecho. No obstante, debemos subrayar previamente la ineludible realidad a la que se enfrenta la educación en el ámbito de las Ciencias Jurídicas ya que, al igual que en el resto de las disciplinas propias de la Educación Superior, actualmente se encuentra frente al arduo desafío de mantener el interés y la motivación de los estudiantes en el aula como consecuencia de la densidad y la complejidad que implica el aprendizaje significativo de determinados conceptos jurídicos más complejos.

En este contexto, innovar implica promover la investigación, el desarrollo a través del uso de nuevas técnicas y basar el conocimiento en pilares sostenibles que busquen una mejora constante y permanente de la educación. La innovación, por tanto, se encuentra íntimamente relacionada con la cultura de la actuación, esto es una filosofía que pretende afrontar los desafíos actuales a los que se enfrenta la sociedad y que debe calar en todos los niveles y ámbitos, prestando especial atención al sector educativo.

En tal sentido, la gamificación surge como una metodología innovadora que resurge como una respuesta al complejo reto educativo, ofreciéndose como una herramienta idónea para transformar el aula y convertirla en una espacio más dinámico, participativo y motivador, ya que ofrece un enfoque pedagógico único que permite mejorar la experiencia educativa, siendo capaz de mantener el interés y la participación de los estudiantes.

Pese a un escepticismo extendido en cuanto al uso de la gamificación, este término comienza a resonar cada vez con mayor pujanza en la enseñanza del Derecho, erigiéndose como un medio idóneo para trasladar las reglas concernientes de los juegos clásicos a ámbitos no lúdicos como sería la enseñanza del Derecho para llevar a cabo un aprendizaje significativo de la materia que los profesores pretenden impartir. Así, la consecución de esta metodología se llevará a cabo mediante los llamados *serious games*.

## II. LA INNOVACIÓN Y EL PERFIL DEL DOCENTE INNOVADOR EN EL S. XXI

Como se venía anticipando, existe un evidente y extendido escepticismo entre el profesorado en cuanto al uso de la gamificación como método de enseñanza. Sin embargo, no se trata de hacer uso de juegos sin reparo ni consideración, sino de usar técnicas orientadas para que el alumno pueda adquirir determinadas competencias y desarrolle sus capacidades mediante la motivación y el refuerzo de su conducta. Por consiguiente, la gamificación, así como el resto de métodos pedagógicos innovadores no deberán ser nunca un fin, sino un instrumento. De esta manera, seremos capaces de ver los beneficios que esto podría llegar a reportar en el aula.

Respecto a la innovación didáctica, los profesores juegan una formidable postura a nivel organizativo, en la selección y el empleo de materiales pedagógicos. Esto podría generar multitud de oportunidades que introducen mejoras significativas en el proceso de enseñanza-aprendizaje de los alumnos. Por consiguiente, la innovación se proclama como una herramienta necesaria para el avance de la sociedad general, convirtiéndose en un elemento imprescindible en el ámbito docente. La ambición y la búsqueda de la mejora continua, así como el deseo de emprender y de encontrar soluciones novedosas debe ser uno de los pilares fundamentales que erijan a la educación de los futuros juristas, por ello debemos prestar especial atención al perfil del docente que presente un espíritu innovador.

Se localizan características comunes en la actitud y la predisposición del docente que presenta, como establece BOSS, una inclinación hacia la innovación. En primer lugar, se encuentran orientados a la acción, ya que van a ser capaces de identificar mucho antes oportunidades de aprendizaje con el ánimo de aprovecharlas al máximo en el aula. En segundo lugar, estos docentes saben consolidar colaboraciones gracias a que consideran compartir sus ideas con otros profesionales que mantienen sus mismas inquietudes y motivaciones, a través de multitud de herramientas digitales que favorecen la comunicación como los blogs o las redes sociales. En tercer lugar, toman riesgos bien calculados ya que no temen aplicar nuevos enfoques e, incluso, cuestionar determinadas formas de educación que puedan limitar el aprendizaje de sus alumnos. Por tanto, tenderán a participar de forma proactiva en distintas iniciativas. En cuarto lugar, el docente innovador es capaz de anticiparse a beneficios que otros no preveían, reconociendo nuevas ideas sin desecharlas como simples casos utópicos. Finalmente, cabe destacar que participan en el desarrollo de ideas originales. Una vez que son capaces de identificar una buena idea que pueda ser aplicada, van a difundirla con el propósito de que otros compañeros les faciliten la ayuda necesaria para desarrollarla[1].

## III. LA GAMIFICACIÓN EN EL PROCESO DE ENSEÑANZA-APRENDIZAJE

### 1. ¿QUÉ ES LA GAMIFICACIÓN?

La gamificación[2] se presenta como una estrategia cuya razón de ser es la motivación orientada a grupos de personas y que trata de utilizar mecánicas aplicadas en el juego en entorno de carácter no lúdicos, como es el caso de la educación. La finalidad que persigue este método de innovación es conseguir, como objetivo concreto, un aprendizaje significativo generando una experiencia positiva en el alumno.

Si entramos a analizar cada parte que compone la definición de este concepto podremos advertir que cada una de ellas presenta un significado propio[3]:

*1.º) El uso de mecánicas aplicadas en el juego.* Se hace uso de las reglas y elementos propios de los juegos clásicos que todos podemos llegar a cono-

1. *Vid.* BOSS, S.: *Bringing innovation to school: Empowering students to thrive in a changing world*. Solution Tree Press, Bloomington (Indiana), 2012.
2. *Cfr.* PRADAS MONTILLA, S.: *Neurotecnología educativa. La tecnología al servicio del alumno y del profesor*. Ministerio de Educación, Cultura y Deporte, Madrid, 2016.
3. *Cfr.* FERRÁN, T.: *Gamificación. Motivar jugando*. Editorial UOC, Barcelona, 2015.

cer. La finalidad que persigue este sistema es obtener la misma atracción que provocan los juegos mediante su aplicación en contextos totalmente diferenciados.

*2.º) Entornos de carácter no lúdicos*. La gamificación persigue un objetivo totalmente distinto al que se establece en los juegos. El abanico de aplicación es amplio y puede ser utilizado en muchos sectores de la educación.

*3.º) Aprendizaje significativo mediante una experiencia positiva*. La finalidad última que persigue la gamificación es que los alumnos desarrollen conductas alineadas con unos objetivos preestablecidos.

*4.º) Motivación orientada a grupos de personas*. Se puede obtener un cambio de comportamiento en los participantes apelando a la motivación de estos. Para obtener unos resultados permanentes en el tiempo es necesario trabajar directamente sobre la motivación intrínseca que es la que nace de la propia persona.

En definitiva, con la gamificación logramos que el aprendizaje sea significativo y que, por tanto, el alumno retenga mejor y durante más tiempo la información que está recibiendo gracias a que la actividad se presenta de una forma sugerente para el estudiante[4].

## 2. APORTACIONES DE LA GAMIFICACIÓN

La base de la cual parte este medio de innovación docente es la creatividad que, junto con las funciones cognitivas más complejas, puede trabajarse partiendo desde el uso de las reglas que se aplican en los juegos. Algunas de las aportaciones son[5]:

Efecto inmediato al producirse un estímulo en la respuesta del alumno: los estudiantes obtienen un *feedback* inmediato respecto a las acciones y decisiones que van tomando. Al emplearse elementos de recompensa o puntos pueden recibir una retroalimentación inmediata que refuerza la conexión entre la acción y la consecuencia.

Disponibilidad y flexibilidad: la gamificación puede adaptarse sin mayores inconvenientes a cualquier estilo de aprendizaje y distintos ritmos individuales, lo que permite que cada uno pueda avanzar según sus propias necesidades y capacidades.

4. *Cfr*. BORRÁS GENÉ, O.: *Fundamentos de la gamificación*. Gabinete de Tele-Educación de la Universidad Politécnica de Madrid, Madrid, 2015.
5. *Cfr*. PRADAS MONTILLA, S.: *Neurotecnología educativa. La tecnología al servicio del alumno y del profesor*, cit. pp. 30-31.

Concentración: los elementos lúdicos que se utilizan durante el proceso de enseñanza-aprendizaje, como son los desafíos o las competiciones amistosas, son capaces de capturar la atención de los estudiantes mediante el aumento de su nivel de concentración.

Respeto por las normas establecidas: ya que los juegos están definidos mediante reglas y normas que los participantes han de seguir para poder avanzar. El respeto por las normas fomenta en los alumnos la disciplina y el cumplimiento de los objetivos establecidos para el aprendizaje.

Autonomía e independencia: la gamificación permite que los estudiantes tomen el control de sus decisiones y, por tanto, asumir la responsabilidad de su propio aprendizaje. En este sentido, los alumnos deberán adoptar estrategias, rutas de aprendizaje y macar el ritmo que deben seguir durante el juego.

Relación entre las decisiones y el éxito: esta metodología recompensa el éxito de las decisiones y acciones que los alumnos van tomando en cada momento. Al superar retos y obstáculos experimentan un éxito que está íntimamente relacionado con el esfuerzo, lo que refuerza en los alumnos una vinculación entre el éxito académico y el trabajo diligente.

## 3. LOS ELEMENTOS DE LOS JUEGOS EN EL AULA

Para crear una actividad gamificada o un juego debemos tener en cuenta que tenemos que incluir una serie de técnicas que sean capaces de captar, retener y hacer evolucionar al jugador mediante dinámicas, mecánicas y componentes para que cada alumno pueda participar y proponerse ganar[6].

Entre los distintos elementos más populares que conforman el diseño de los sistemas gamificados nos encontramos con los denominados «PBL» (*Points, Badges* y *Leaderboards*). Por puntos podemos entender que son valores numéricos que se consiguen en los juegos tras la consecución de una acción concreta. Estos existen para guiar a los jugadores hacia un objetivo concreto y sirven para realizar un primer seguimiento del progreso del jugador que está siendo premiado por sus decisiones o acciones. Los puntos que nos podemos encontrar pueden ser de experiencia, compensables, moneda y sociales o de reputación. Por otro lado, las medallas son representaciones gráficas de los logros que el estudiante va consiguiendo durante el desarrollo del juego y su característica principal es que son coleccionables.

6. *Cfr*. WERBACH K. y HUNTER, D.: *For the win: How game thinking can revolutionize your business*. Wharton School Press, Philadelphia, 2015.

La forma más interesante de hacer uso de los *badges* es como indicadores visuales del progreso del jugador y no como una recompensa final, ya que si la finalidad fuera exclusivamente la adquisición de los mismos, la motivación del estudiante podría verse comprometida ya que esta quedaría limitada exclusivamente a una motivación extrínseca. Finalmente, el uso de los *leaderboards* o clasificaciones, como elemento gamificador, permite ordenar de forma visual a los jugadores en función de las metas logradas, exponiendo de forma clara y evidente el nivel alcanzado en las distintas partidas o niveles del juego[7].

Además de los anteriormente mencionados, existen otros elementos que se suelen utilizar con frecuencia como serían los niveles, que son pasos definidos que van mostrando la progresión de cada jugador; los retos, que hacen referencia a pruebas de mayor dificultad a las que son sometidos los participantes; los avatares, referentes a las representaciones visuales que utiliza cada alumno durante el juego o los premios y recompensas, que se utilizan para beneficiar por la realización de una actividad concreta[8].

No obstante, existen otros elementos que debemos tener en consideración y que, al igual que los anteriormente mencionados, presentan su relevancia durante todo el proceso del juego: las dinámicas. Éstos son aspectos globales a los que se orientan todo el sistema gamificado y están vinculadas directamente con las restricciones del juego; las emociones, como la curiosidad y la competitividad; la narrativa o guion que seguirá el juego; la progresión de la actividad; el estatus que puede alcanzar cada jugador y las relaciones entre los participantes[9].

## 4. APLICACIÓN PRÁCTICA

Para poder plantear un proyecto de sistema gamificado es necesario predefinir dos cuestiones fundamentales. Por un lado, establecer los objetivos que se pretenden conseguir para saber si es necesario intervenir o cambiar el comportamiento del aula, teniendo en cuenta cuál es la finalidad que persigue la gamificación. Por otro lado, debemos considerar por qué vamos a hacer uso de la gamificación, ya que no siempre resultará aconsejable o favorable su uso en la clase.

---

7. *Cfr.* TEIXES, F.: *Gamificación. Motivar jugando*, cit. pp. 49-55.
8. *Cfr.* BASTANTE GRANELL, V. y MORENO GARCÍA, L.: «Plataforma digital "ludoteca jurídica": una apuesta por la "gamificación" en Derecho», *Revista Jurídica de Investigación e Innovación Educativa*, núm. 21 (2020), pp. 25-44.
9. *Cfr.* BORRÁS GENÉ, O.: *Fundamentos de la gamificación*, cit., pp. 13-14.

Si, una vez preanalizadas ambas cuestiones resulta conveniente su práctica, procederemos al diseño del sistema gamificado. Para ello, debemos analizar el contexto, el entorno y los alumnos que intervendrán en la actividad, ya que no servirán las mismas dinámicas para todos los grupos, sino que deberán adaptarse a cada circunstancia. Así, podremos adaptar las mecánicas y dinámicas que deberemos utilizar en el juego que pretendemos aplicar en la clase.

A continuación, se deberán definir los elementos de gamificación que van a intervenir durante el proceso y ponerlos en funcionamiento para la consecución de los objeticos de enseñanza-aprendizaje que hemos marcado previamente.

Finalmente, resulta de gran utilidad establecer una actualización y mantenimiento constante del sistema aplicado según si los resultados conseguidos se ajustan o no a la métrica preestablecida, ya que un sistema que carece de control estará determinando su inminente obsolescencia[10].

## IV. CONCLUSIONES

En la enseñanza de la Educación superior y, por tanto, en el ámbito de las Ciencias Jurídicas, ha predominado siempre la formación tradicional. En este sentido, las actuales metodologías pedagógicas abogan por la aplicación de la innovación docente como consecuencia de la irrupción de las TIC's. No obstante, la gamificación sigue siendo una estrategia docente de escaso uso en las aulas de Derecho y existen pocos estudios exhaustivos que manifiesten las consecuencias de su aplicabilidad, tales como las ventajas e inconvenientes reales que implica su uso o las formas de llevarlo a cabo en la práctica, entre otros motivos, por el escepticismo generalizado en cuando a su implementación.

10. *Cfr.* TEIXES, F.: *Gamificación. Motivar jugando,* cit. pp. 80-82.

*Capítulo 29*

# Propuesta de una dinámica basada en la gamificación de la interpretación jurídica como herramienta para la enseñanza-aprendizaje del Derecho [1]

LAURA SANCHO MARTÍNEZ
*Universidad del País Vasco*



## I. INTRODUCCIÓN: LA GAMIFICACIÓN COMO METODOLOGÍA ACTIVA INNOVADORA EN LA ENSEÑANZA-APRENDIZAJE DEL DERECHO Y SU APLICACIÓN AL PROCESO DE INTERPRETACIÓN JURÍDICA

La metodología de la enseñanza-aprendizaje focalizada en la impartición de una clase magistral por el docente, relegando al alumnado a una

1. Este trabajo ha sido realizado en el marco del Proyecto de Innovación Docente de la Universidad de Zaragoza PIIDUZ_4657: «La "interpretación jurídica gamificada" como estrategia didáctica en la formación práctica del jurista», IP. Romina Santillán Santa Cruz.

mera posición de espectador pasivo, ha sido durante largo tiempo el método por excelencia en las instituciones académicas[2]; aseveración que se torna especialmente evidente en los campos integrados por un alto componente teórico, como es el caso de los estudios de Derecho. Sin embargo, la educación universitaria se enfrenta hoy a diversos retos —tales como la adaptación al Espacio Europeo de Educación Superior, la incorporación de las tecnologías de la información y la comunicación, así como la necesidad de que el alumnado desarrolle las competencias precisas para ejercitar su futura profesión en un entorno laboral altamente cambiante y competitivo[3]—, que demandan una transformación de los métodos empleados hacia metodologías activas innovadoras.

En este escenario, la gamificación surge como una técnica especialmente atractiva para impulsar la intervención proactiva y autónoma del alumnado en su proceso de aprendizaje, que se caracteriza por incorporar mecánicas, dinámicas, estéticas y elementos propios del diseño de juegos en el ámbito de la enseñanza. Se trata, en definitiva, de adoptar una estrategia gamificada en un espacio esencialmente no lúdico, como es el de la educación, a fin de que los participantes repliquen en el proceso de aprendizaje ciertos comportamientos positivos asociados a la experiencia lúdica con el objetivo de incrementar su motivación, generar un mayor compromiso y promover su capacidad de resolver problemas[4]. La gamificación se ha aplicado con éxito en diversos contextos educativos, incluyendo en el proceso de enseñanza-aprendizaje del Derecho[5];

---

2. *Cfr.* ALLUEVA PINILLA, A. I. y ALEJANDRE MARCO, J. L.: «Prólogo», en *Enfoques y experiencias de innovación educativa con TIC en educación superior*, Prensas de la Universidad de Zaragoza, Zaragoza, 2019, p. 9.
3. *Cfr.* ABELLA GARCÍA, V., DELGADO, V. y AUSÍN, V.: «Aplicación de metodologías activas en educación superior mediante la combinación de ABP, tecnología y evaluación formativa», en *Enfoques y experiencias de innovación educativa con TIC en educación superior*, Prensas de la Universidad de Zaragoza, Zaragoza, 2019, pp. 17-18.
4. *Cfr.* VÁSQUEZ GONZÁLEZ, J. M.: «Gamificación en educación: una revisión del estado actual de la disciplina», *Areté. Revista Digital de Doctorado en Educación de la Universidad Central de Venezuela*, 7, núm. 13 (2021), pp. 118-121.
5. Algunos de los últimos trabajos y experiencias en este ámbito pueden hallarse, sin ánimo exhaustivo, en GUTIÉRREZ CASTILLO, V. L. y BASTANTE GRANELL, V. (coords.): *Gamificación y aprendizaje colaborativo: experiencias en los procesos enseñanza-aprendizaje del derecho*, Dykinson, Madrid, 2022; ANGLÈS JUANPERE, B. y RUIZ OLMO, I. (coords.): *La docencia del Derecho y las TIC después de la pandemia*, Huygens Editorial, Barcelona, 2022; PICÓ I JUNOY, J., PÉREZ DAUDÍ, V., NAVARRO VILLANUEVA, C. y CERRATO GURI, E. (dirs.): *La enseñanza del derecho en tiempos de crisis: nuevos retos docentes del derecho procesal*, J.M. Bosch Editor, Barcelona, 2021; ORTEGA GIMÉNEZ, A., ARRABAL PLATERO, P. y MORENO TEJADA, S. (coords.): *Innovación docente y ciencia jurídica (ahora en tiempos del covid-19)*, Thomson-Reuters Aranzadi, Cizur Menor, 2021; y, DELGADO GARCÍA,

y, aunque no exenta de ciertos peligros y debilidades[6], cuando se diseña de manera coherente con los objetivos didácticos y se refuerza con el recurso a herramientas digitales educativas, se revela como una técnica que puede resultar efectiva para optimizar el aprendizaje del alumnado.

Partiendo de las anteriores premisas, a continuación, se pretende exponer, a modo propositivo, la estructura que podría adoptar una actividad docente basada en la gamificación de la interpretación jurídica como herramienta potencial a implementar en la enseñanza-aprendizaje del Derecho. La interpretación jurídica puede considerarse como un espacio especialmente óptimo en el que aplicar el paradigma de la gamificación, por tres razones fundamentales: primero, porque configura un elemento nuclear en la formación de cualquier jurista, por lo que resulta capital intervenir de forma activa en su enseñanza; segundo, porque, a pesar de su primordial trascendencia, los criterios y procesos de la interpretación jurídica solo adquieren protagonismo propio en fases muy iniciales de los estudios de Derecho —fundamentalmente, durante el primer curso, en las asignaturas de Teoría del Derecho e Introducción al Derecho Civil—, de suerte que el alumnado estudia de forma teórica los diversos elementos que intervienen en el proceso interpretativo en un momento en que únicamente puede representarse de manera muy limitada su alcance y significado; y, por último, porque la interpretación jurídica representa una actividad intelectiva transversal, aplicable en todas las ramas de ordenamiento; y, por tanto, el diseño de una actividad basada en su gamificación resulta virtualmente aplicable en cualquier asignatura de contenido jurídico.

---

A. y BELTRÁN DE HEREDIA RUIZ, I. (coords.): *La docencia del Derecho en línea: cuando la innovación se convierte en necesidad*, Huygens Editorial, Barcelona, 2020.

6. Entre las desventajas más trascendentes cabe destacar que la gamificación es susceptible de desvirtuar el carácter formativo de las actividades cuando se prioriza el aspecto lúdico sobre el académico; que puede, asimismo, minar la motivación intrínseca que los estudiantes han de desarrollar en su propio proceso de aprendizaje al promover la dependencia a factores externos de estimulación; y que puede llegar a representar un factor de desmotivación en el alumnado que ya se hallaba motivado internamente sin necesidad de recurrir a ese tipo de metodología. *Vid.* MALDONADO MANZANO, R. L., ESPAÑA HERRERÍA, M. E., CRUZ PIZA, I. A. y VINUEZA OCHOA, N. V.: «La gamificación de la educación jurídica», *Revista Conrado*, 18, núm. 84 (2022), p. 196; y, LOZADA ÁVILA, C. y BETANCUR GÓMEZ, S.: «La gamificación en la educación superior: una revisión sistemática», *Revista Ingenierías Universidad de Medellín*, 16, núm. 31 (2017), p. 11.

# II. LA INTERPRETACIÓN JURÍDICA GAMIFICADA: UNA PROPUESTA DE ACTIVIDAD DOCENTE

## 1. OBJETIVOS DIDÁCTICOS

La actividad docente que aquí se plantea ha sido diseñada atendiendo a tres objetivos didácticos principales. Primero, que el alumnado aprenda a delimitar y catalogar los diversos criterios interpretativos que intervienen en la producción del significado de una norma. Segundo, que sea capaz de establecer conexiones lógicas entre cada uno de dichos criterios e interiorizar los razonamientos y procesos que guían la interpretación de las normas. Y, por último, que consiga localizar y manejar analítica, crítica y sistemáticamente las diversas opiniones interpretativas mantenidas al respecto de una disposición normativa por parte de la jurisprudencia y la doctrina científica.

Para alcanzar los anteriores objetivos, se propone una actividad consistente en la búsqueda y análisis crítico de jurisprudencia y artículos doctrinales, así como en la exposición y debate de los resultados hallados, que ha sido planeada conforme al paradigma de la gamificación.

## 2. ESTRUCTURA GENERAL DE LA ACTIVIDAD

La dinámica propuesta consiste en una competición por equipos —de entre tres y cinco alumnos, dependiendo del tamaño del grupo—, que se desarrolla en su versión simple en tres rondas, en las cuales los equipos ganarán y perderán puntos —de cuya evolución quedará constancia en un ranking público— en función de la evaluación que obtengan en cada una de dichas fases[7]. Al final de la competición, cuya temporalización se estima en tres semanas, los equipos alcanzarán una clasificación definitiva en el ranking en atención a la puntuación global obtenida —sobre un máximo de 100 puntos—, en base a la cual quedará ulteriormente determinada su calificación en la actividad.

## 3. PUNTO DE PARTIDA PARA EL DISEÑO DEL JUEGO

Dado que el objetivo principal reside en que el alumnado interiorice los tipos de criterios y de procesos interpretativos existentes, el docente, como punto de partida de la actividad, tendrá que seleccionar una norma propia de su asignatura cuyo significado y alcance resulte doctrinal o jurispruden-

7. Para dotar de una estética más apelativa al juego, y teniendo en consideración que el alumnado forma parte de los denominados «nativos digitales», se propone recurrir a aplicaciones web como *Timeline (Knight Lab)*, o similares, para reflejar el avance temporal de los equipos por cada una de las rondas.

cialmente controvertido; es decir, una norma sobre la que existan varias teorías interpretativas potencialmente defendibles.

## 4. DESARROLLO DE LA ACTIVIDAD

### 4.1. Primera ronda

Una vez seleccionada la disposición normativa controvertida, en la primera ronda se facilitará a los equipos un artículo doctrinal en el que aparezcan recogidas las diversas teorías interpretativas existentes y los principales argumentos en que dichas teorías se apoyan. A partir del análisis de dicho artículo doctrinal, los equipos tendrán que atravesar dos pruebas, para cuya realización contarán con un plazo de una semana.

*1.ª Prueba: ficha de argumentos.* La primera prueba consistirá en rellenar correctamente una ficha de argumentos facilitada por el docente, y que deberán conservar hasta el final del juego. Dicha ficha se divide en columnas para las dos (o más) teorías interpretativas que existan sobre la norma seleccionada, y en filas para los distintos tipos de criterios interpretativos (literal, sistemático, teleológico, etc.). A partir del análisis del artículo que se les ha facilitado, los equipos deberán ser capaces de localizar los distintos criterios argumentativos mencionados en el texto para la defensa de cada una de las teorías interpretativas existentes y de recogerlos de manera sintética en su ficha, de suerte que, por cada casilla correctamente completada, los equipos recibirán «x» puntos sobre un máximo de 15 puntos obtenibles en esta prueba.

*2.ª Prueba: cuestionario gamificado.* Además de la prueba anterior, para poder pasar a la segunda ronda, los equipos tendrán que resolver una serie de preguntas sobre el artículo examinado, jugando para ello una partida creada en un aplicativo de cuestionarios gamificados —como *Quizizz* o similares—, en la que podrán obtener un máximo de 10 puntos.

Completadas las dos pruebas que integran la primera ronda, cada equipo obtendrá una puntuación determinada sobre un máximo de 25 puntos, en atención a la cual quedará clasificado en un ranking público y pasará a la segunda ronda.

### 4.2. Segunda ronda

En la segunda fase del juego, los equipos deberán enfrentarse al análisis de dos textos (*v.gr.* una sentencia y otro artículo doctrinal), en los que, nuevamente, aparezcan recogidas las distintas posiciones interpretativas sobre la disposición normativa que están analizando. Las pruebas que deberán atravesar los equipos en esta segunda ronda son las mismas que las explicadas para la primera fase; esto es, completar la ficha de argumentos y resolver un cuestionario gamificado con respecto a cada uno de los dos textos, en el plazo de una semana. La diferencia con la primera ronda reside en que, en esta segunda fase, los equipos no tendrán disponibles los textos que tienen que analizar desde el inicio, sino que deberán encontrarlos en la base de datos que corresponda a partir de una pista dejada por el docente[8].

A la hora de localizar dichos documentos, los equipos contarán con dos tipos de ayuda. Por un lado, los equipos podrán, una vez estimen que han encontrado el documento oportuno, preguntar al docente si ese es efectivamente el texto que tienen que analizar, a lo que aquel les responderá negativa o afirmativamente, con un máximo de cinco oportunidades por cada texto. Por otro lado, a fin de filtrar mejor su búsqueda, los equipos también podrán comprar pistas al docente a cambio de un cierto número de puntos —de entre los obtenidos en la primera ronda—, a partir de una lista de pistas y precios previamente hecha pública por el docente[9].

Una vez finalizada la segunda ronda, los equipos que hayan conseguido encontrar los dos textos y realizar las respectivas pruebas, clasificarán a la tercera ronda, sumando para ello la nueva puntuación obtenida en esta segunda fase —sobre un máximo de 60 puntos obtenibles (30 por cada texto)—, y restando los puntos que hayan podido invertir en comprar pistas.

### 4.3. Tercera ronda

La tercera y última ronda consistirá en un enfrentamiento en debate público sobre la interpretación de la disposición normativa controvertida. A tal fin, el docente emparejará entre sí a los equipos a enfrentarse en función de su clasificación en el ranking y les asignará un rol, que consistirá en defender la teoría interpretativa «a» o la teoría interpretativa «b» sobre la norma que han estado analizando. Los equipos contarán con un plazo de una semana para preparar su discurso de defensa interpretativa, pudiendo valerse para ello de todos los argumentos recabados a lo largo de la actividad en su ficha de argumentos, así como de todos aquellos elementos interpretativos en los que puedan profundizar por su cuenta a lo largo de esa semana.

---

8. Ejemplo de pista: «el primer documento es una sentencia sobre la norma x dictada por el Tribunal Supremo entre los años 2010 y 2020».
9. Ejemplo de pista adquirible: «A cambio de 3 puntos, conoceréis el año exacto en que se dictó la sentencia».

Cuando llegue el día de la defensa, el docente elegirá al azar, mediante sorteo público inmediato, a uno de los miembros de cada equipo para que lo represente y exponga oralmente su defensa en un máximo de 10 minutos. Tras cada enfrentamiento, el orador —y, junto a él, los restantes miembros del equipo representado— recibirá una puntuación que procederá de dos fuentes: del docente, que evaluará tanto la corrección material de los argumentos esgrimidos como la oratoria del expositor, sobre un máximo de 10 puntos; y del público (es decir, del alumnado no perteneciente a los equipos enfrentados), que valorará la calidad general de la exposición sobre un máximo de 5 puntos, mediante votación secreta emitida en directo.

### 5. CALIFICACIÓN FINAL

Finalizadas las exposiciones y asignadas las puntuaciones de la tercera ronda, se reordenarán las posiciones de los equipos en el ranking y, a partir del número de puntos finales alcanzados por cada equipo sobre el máximo de 100 puntos obtenibles, podrá calcularse de manera directa la calificación en la actividad mediante la correspondiente ponderación. No obstante, además de lo anterior, a fin de fomentar la competitividad entre los participantes y amplificar este elemento propio de la gamificación, se propone que los equipos clasificados en las primeras posiciones obtengan un bonus de calificación en la nota final, para premiar sus posiciones ganadoras en el ranking.

## III. CONCLUSIÓN

Por medio de la implementación de la dinámica propuesta, se espera que el alumnado participante trabaje de forma activa y autorregulada el proceso intelectivo que conduce a la exégesis de las disposiciones normativas, y que a través de ella se fomente el desarrollo de dos competencias fundamentales, como son comprender los razonamientos y procesos lógicos que intervienen en la interpretación y aplicación de las disposiciones normativas, así como localizar y manejar analítica, crítica y sistemáticamente los textos legales, la jurisprudencia y los artículos científicos doctrinales con relevancia sobre la materia estudiada.

*Capítulo 30*

# El Hall Escape como herramienta motivadora y de mejora de habilidades y competencias

Laura Brun Gil
*Universidad San Jorge*



## I. INTRODUCCIÓN

El cambio social hacia un entorno totalmente conexo con las nuevas tecnologías, nos obliga a configurar una nueva forma de acceso a la interpretación jurídica, en la que el uso del papel y de herramientas ya desterradas deviene sustituido por pantallas, referencias y contenidos cuasi infinitos y, lo que es más importante, un inédito acercamiento a la información que llega al nuevo profesional a raudales y de la que es necesario distinguir lo ajustado a nuestra tarea de lo que deviene ineficaz.

Por ello, creemos fundamental un cambio en la metodología docente que permita al alumno la aproximación a la abstracción y a la subsunción necesaria en toda interpretación jurídica, además de a la posibilidad del trabajo en equipo como forma eficiente de acometer la tarea, y para ello proponemos la inclusión de la gamificación en el aula universitaria, y más concretamente, mediante una experiencia de Hall Escape, alternativa de ocio muy extendida entre nuestros jóvenes.

De este modo, podremos aunar elementos que conforman un acercamiento dinámico a la interpretación jurídica, de forma que los estudiantes no sientan esta técnica como algo ajeno; así como una interiorización de conceptos casi espontánea, además de la necesaria colaboración con compañeros que permita la simulación de un eficiente trabajo en común.

Creemos firmemente que la gamificación educativa motivará a los estudiantes de Derecho para que se desarrollen como profesionales integrales, mejorando sus habilidades y competencias, a fin de que de esta forma puedan responder de forma mucho más segura y eficiente a las demandas y exigencias sociales y profesionales.

## II. GAMIFICACIÓN E INTERPRETACIÓN JURÍDICA

La gamificación es entendida como la aplicación de elementos propios de los juegos en entornos no lúdicos[1], totalmente conexa con la motivación del alumnado, estimulación que deviene elemento fundamental de estudio, y a la que trataremos de aproximarnos con la introducción de la figura del Hall Escape en el aula.

Entendemos primordial modificar la denominada clase magistral por unos encuentros formativos de carácter más espontáneo, en los que la participación del propio alumno sea un elemento indispensable para su inclusión en el proceso de enseñanza-aprendizaje.

Nuestra pretensión es activar la atención del estudiante universitario, y crear una conciencia de la importancia de la interpretación jurídica, actividad con la que el práctico del Derecho se va a enfrentar a diario en el desarrollo de la profesión. El acercamiento a esta técnica permitirá que el alumno pueda analizar los hechos que motivan el problema jurídico y localizar soluciones mediante la subsunción naturalmente. Tal es el motivo de aplicar la gamificación, a fin de que la interiorización de la técnica de la interpretación jurídica y las aptitudes necesarias para ello, sea cercana al mundo real en el que el estudiante se desenvolverá.

Entendemos asimismo fundamental que la relación profesor y alumnado en la educación superior se encuentre unida a la práctica profesional futura, y creemos que la inclusión de un entorno motivador con la presencia de la herramienta del Hall Escape contribuirá a que el alumno participe en esa misma construcción de su futuro tratándose de un proyecto común al

1. *Cfr*. BORRÁS-GENÉ, O.: *Introducción a la gamificación o ludificación (en educación)*, Servicio de Publicaciones de la Universidad Rey Juan Carlos, Madrid, 2022.

docente y al estudiante, que enriquecerá a buen seguro a todas las partes implicadas.

## III. EL HALL ESCAPE EN EL AULA UNIVERSITARIA

El fenómeno de la alternativa de ocio de los *room escape*[2] se ha ido asentando en nuestro país en los últimos años. Los denominados Hall Escape son una modalidad de los *room escape* que se desarrollan en una única estancia, y por ello son más acordes con el espacio físico de un aula universitaria. Comparten identidad con los primeros porque ambas variedades son juegos de rompecabezas y problemas multijugador, pero ostentan algunas características que delimitan la experiencia, tales como que el número de personas que pueden jugar simultáneamente es mayor, la finalidad no es salir de la sala sino interactuar con el material existente en la misma para lograr avanzar en la temática del reto y es necesaria una mayor integración, a fin de que el trabajo colaborativo sea más eficaz, amén una mayor implicación en la temática, puesto que se trata de ofrecer una solución intelectual a los interrogantes planteados, que redundará en la motivación del alumnado.

La temática planteada es a la interpretación jurídica en el marco de la Prevención de Riesgos Laborales, dado que es una materia común a la jurisdicción penal, social y administrativa, pudiendo aplicarse de forma ajustada a la realidad que el estudiante vivirá, los conocimientos teóricos ya adquiridos.

## IV. RECURSOS Y TIC USADOS

El material será preparado por el docente, y consistirá en tres ordenadores portátiles con acceso a internet, un smartphone por cada alumno que participe en la experiencia, un proyector y una pantalla.

Como TIC, emplearemos la herramienta Genial.ly para elaborar nuestras propias creaciones, la base de datos del Consejo General del Poder Judicial CENDOJ, la aplicación Socrative para valorar el nivel de conocimientos previos del grupo, e igualmente la app Kahoot para que cada uno de los miembros de cada equipo pueda responder a las cuestiones o enigmas que, de conformidad con el grupo, le sean asignados. De la misma forma, usaremos la herramienta Breakoutedu, que nos permite crear nuestros propios pequeños juegos dentro de la experiencia y Google Doodles, que nos servirán para la creación de los personajes de nuestros clientes y, por último,

2. *Cfr*. GARCÍA LÁZARO, I.: «Escape Room como propuesta de gamificación en educación», *Revista Educativa HEKADEMOS*, núm. 27 (2019), pp. 71-79.

usaremos la herramienta Google Forms o formularios online para que cada grupo pueda registrar sus respuestas.

## V. DINÁMICA DEL HALL ESCAPE Y METODOLOGÍA DOCENTE

El Hall Escape «Escapa de los Riesgos Laborales», como hemos denominado a nuestra experiencia, tiene un componente narrativo inicial que desgrana la historia en la que los estudiantes participantes se deben sumergir para ir completando los retos que, en clave de interpretación jurídica, deberán ir resolviendo y continuar su recorrido de diversas pruebas y enigmas hasta lograr la solución final, que no es otra que la sentencia que deberá ser en sentido favorable para los intereses de sus defendidos. Con esta secuencia, pretendemos que el proceso de enseñanza-aprendizaje del Derecho contemple una participación decisiva del propio alumno[3], y su implicación, además de ofrecer una diferencia en la interiorización de conceptos jurídicos, que se concreta en una aproximación más dinámica y en cierta conexión con lo lúdico, de manera que el acercamiento a la práctica del Derecho se entienda como algo estimulante y proactivo, permitiendo la exégesis, integrada en la actitud del alumnado como algo natural.

Para comenzar, y como quiera que el grupo se ha de dividir en tres subconjuntos de estudiantes lo más homogéneos posibles, comenzaremos con el relato planteado, indicando que existe una investigación de la Inspección de Seguridad Social a un grupo de trabajadores, otro de empresarios y uno último de prevencionistas, y que nosotros, como abogados de cada una de esas personas que desarrollan tales especialidades profesionales, debemos estudiar el comportamiento de nuestros defendidos, establecer los antecedentes de hecho, determinar los fundamentos de derecho aplicables, preparar el juicio y lograr que nuestros patrocinados no sean gravados con ninguna sanción administrativa, ni condena penal, ni declaración de responsabilidad civil ni social. Ese será el objetivo de la experiencia, y para su logro resulta imprescindible el trabajo cooperativo con los restantes grupos, fomentando con ello el aprender a aprender y el quehacer colaborativo.

Previamente a dar comienzo al Hall Escape en sí, los participantes, individualmente, suscribirán un cuestionario inicial en la herramienta Socrative con elementos de la Prevención de Riesgos laborales y su relación con el Derecho, a fin de determinar el nivel de conocimiento previo de cada alumno, su motivación y facilitar la posibilidad de la creación de grupos

3. *Cfr.* HERNÁNDEZ-FLÓREZ, A. J.: «La Motivación base fundamental en el proceso enseñanza aprendizaje», *Aibi revista de investigación, administración e ingeniería*, vol. 7, núm. 2 (2019), pp. 57-61.

homogéneos, distribución que se llevará a cabo a través de la misma herramienta citada.

Una vez conformados los tres grupos participantes, comenzarán por separado a analizar y tratar de resolver un «Reto de determinación de comportamiento» de sus defendidos. A cada conjunto de estudiantes se les facilitará un supuesto de hecho acerca de la participación y la actitud que, bien los trabajadores, bien los empresarios o bien los prevencionistas, han tenido en la sucesión de acontecimientos, y a modo de trabajo de investigación, se instará a los estudiantes a que subsuman las actitudes de sus clientes en las que las normas aplicables prevén: Para ello, utilizaremos como docentes preparadores la materia la herramienta Genial.ly, proyectando un montaje que, en imágenes, resuma las conductas de cada uno de los tres grupos citados y sean los alumnos quienes tengan que ir contestando a las cuestiones que, a través del ordenador portátil facilitado a cada uno de los conjuntos participantes, se determinen en la misma herramienta Genial.ly precitada. La corrección en sus respuestas, identificando si las conductas de sus defendidos cumplen las características reseñadas en las normas aplicables para que puedan ser merecedoras de alguna sanción, y la estrategia para evitarlas, motivará el avance en el juego y, consecuentemente, el aprendizaje práctico acerca del modo de preparar una defensa aplicando la legalidad vigente mediante la interpretación jurídica.

A continuación, como siguiente enigma, plantearemos un «Reto de los antecedentes de hecho», de forma que cada grupo de estudiantes aprenda a articular un argumento para exponer al Tribunal en el inminente juicio que tendrá lugar. Deberán elaborar razonamiento fundado respecto de la forma de ocurrencia de los hechos, ahondando en la técnica del interrogatorio. Tal puzle se llevará a cabo con la preparación por parte del docente de un pequeño escape room digital elaborado con la herramienta Breakoutedu, en el que, con el trasfondo de una sala de interrogatorios policial, cada grupo de alumnos podrá elaborar su propia estrategia de cara a la celebración de la vista oral. Deberán realizar una selección de los datos con los que cuentan y destacar los relevantes y, cumplimentando las pruebas que el reto incluye, determinar la argumentación a seguir.

Tras elaborar la estrategia de defensa de facto, los grupos acometerán el denominado «Reto de interpretación jurídica y fundamentos de derecho», mediante el cual deberán alcanzar el apoyo normativo y jurisprudencial de su táctica con la búsqueda en la base de datos del Consejo General del Poder Judicial (CENDOJ) y posterior registro de los datos localizados en un Formulario elaborado con la herramienta Google Forms que, con la introducción de las respuestas correctas, permitirá el avance en el juego.

Por último, y antes de la prueba final, cada grupo de alumnos deberá comunicarse con los otros dos conjuntos restantes para acometer en trabajo colaborativo el «Reto de preparación de la vista oral», en el que deberán intercambiar los datos y contraseñas obtenidos a lo largo de los anteriores juegos puesto que algunos de los elementos no serán de utilidad para el grupo que defiende a una de las especialidades profesionales —trabajadores, empresarios o prevencionistas— pero sí resultará valioso y eficaz para los restantes grupos. De esta forma, los estudiantes adquirirán estrategias de trabajo en equipo y fomentarán el aprender a aprender, comprendiendo que la interacción con otros profesionales del derecho es muy positiva y enriquecedora de cara a la eficacia y éxito en un caso, y que los compañeros pueden influir de manera decisiva en la creación de habilidades sociales y profesionales, además de en la afirmación del autoconcepto del propio alumno.

A continuación, cada grupo designará un portavoz que hará las veces de letrado en el juego de roles que tendrá lugar con la totalidad de los participantes, siendo los demás estudiantes asesores del delegado de su conjunto de compañeros. Con esta técnica fomentaremos que los alumnos puedan representar una situación de la vida profesional real, desenvolviéndose en una práctica que necesitará de una interpretación previamente pactada en el conjunto grupal. Se desarrollará un juicio sumario, con todas sus fases, pero en formato reducido, hasta que el propio docente, que representará al Magistrado, ponga fin al procedimiento indicando que los autos quedan vistos para sentencia.

Como colofón final, los alumnos deberán acceder a la notificación de la sentencia con una simulación de programa Avantius, herramienta real mediante la cual se llevan a cabo las notificaciones entre los Juzgados y los letrados y procuradores, elaborada nuevamente con la herramienta Genial.ly, y una vez completen los tres grupos esta última prueba, será proyectada la sentencia en la pantalla común al aula, que contendrá pronunciamientos respecto de la actuación de todos los grupos involucrados, pudiendo comprobar el alumnado en ella la adecuación de su estrategia y técnica al fin pretendido.

Tras la finalización de la dinámica, en la que se prevé que los tres grupos de alumnos consigan resolver todos los enigmas que les conduzcan a una sentencia que contenga pronunciamientos favorables para su grupo de defendidos, se evaluará la percepción del alumnado de la dinámica con un cuestionario que, individualmente, suscribirán con la herramienta Kahoot a través de sus propios teléfonos móviles con conexión a internet, a modo de retroalimentación, de forma que pueda ser valorado el nivel motivacional del alumno y la interiorización de conceptos, actitudes y habilidades.

## VI. APLICACIÓN DE LA EXPERIENCIA DE HALL ESCAPE A OTRAS MATERIAS DEL AULA UNIVERSITARIA

Como quiera que se trata de una experiencia creativa, es posible su transferencia a cualquier materia o especialidad del Derecho, pudiendo sustituir la prevención de riesgos laborales por cualquier temática jurídica que nos propongamos, siempre con la firme base de la interpretación jurídica, que será la que ayude a los participantes en la experiencia de Hall Escape a avanzar en la historia planteada, resolviendo los retos y enigmas s teniendo permanentemente presente la conexión con el mundo jurídico, que puede enriquecer notablemente el proceso de enseñanza-aprendizaje en todas las especialidades legales.

## VII. CONCLUSIONES

La inclusión de nuevas estrategias educativas en el proceso de enseñanza-aprendizaje, y especialmente las basadas en la gamificación en el aula universitaria, se está posicionando como un importante elemento motivador y de cooperación, con una mejora de la participación del alumnado y también como factor estimulador. En tal sentido, la experiencia de un Hall Escape relacionado con la interpretación jurídica, es una herramienta que promoverá la posibilidad de abstracción del alumno, subsunción en aspectos reales de la práctica jurídica diaria y cooperación entre compañeros que a buen seguro será móvil para la formación de profesionales integrales con una respuesta mejorada a las demandas de nuevas competencias laborales.

Tenemos el convencimiento de que la valoración de la introducción de esta herramienta en el aula redundará en la excelencia del proceso enseñanza aprendizaje y permitirá al alumno una interiorización de conceptos de forma mucho más natural que con una clase magistral, amén de que a buen seguro redundará en una mejora sustancial de la motivación del alumno frente a los retos de la práctica profesional, además de un palpable progreso en el nivel de autoconfianza del alumno de cara a resolver los desafíos a los que deberá enfrentarse en el futuro próximo.

*Capítulo 31*

# Estrategias didácticas avanzadas en la enseñanza jurídica: la sinfonía entre gamificación y pizarras electrónicas

PAULA GAMALLO CARBALLUDE
*Universidad de Vigo*



## I. INTRODUCCIÓN

La integración de tecnologías innovadoras y enfoques pedagógicos creativos ha surgido, en el dinámico panorama de la educación jurídica, como un tema de gran interés y debate. En este contexto, la sinergia entre las pizarras electrónicas y la gamificación ha captado la atención de educadores, investigadores y profesionales del derecho por igual.

Este capítulo se propone explorar en detalle cómo la combinación de estas dos herramientas puede transformar la enseñanza jurídica en entornos académicos. Desde la perspectiva de la investigación en el ámbito jurídico y educativo se examinan herramientas prácticas emergentes que respaldan esta integración, así como los posibles impactos en la experiencia de aprendizaje de los estudiantes de derecho.

A través de una revisión crítica de especialistas en la materia y la presentación de ejemplos clave, este capítulo pretende ofrecer una visión de cómo la combinación de pizarras electrónicas y gamificación puede enriquecer y revitalizar la enseñanza más innovadora, preparando a los estudiantes para los desafíos de un mundo en constante evolución.

## II. CONCEPTO Y CONTEXTUALIZACIÓN

La evolución constante de la enseñanza del derecho en nuestras facultades no es una cuestión baladí y, en este escenario de cambio, la integración de tecnologías educativas emergentes desempeña un papel crucial. Bajo esta premisa de estrategias didácticas en la innovación docente, se ponen en común dos conceptos significativos. Por un lado, la gamificación, entendida como la aplicación de elementos de juego en contextos no lúdicos con fines pedagógicos que ha resurgido en nuestro ámbito como una estrategia innovadora en la interpretación jurídica. Por otro lado, las pizarras electrónicas, herramientas digitales interactivas, que han transformado la dinámica de las aulas al ofrecer una plataforma versátil y colaborativa.

En el análisis que explora la sinergia entre estas dos tendencias, se reflexiona sobre cómo la integración de pizarras electrónicas y la gamificación puede enriquecer significativamente la experiencia de aprendizaje en el ámbito jurídico. Cabe señalar en este sentido las aportaciones del reconocido Congreso Internacional de Videojuegos y Educación, en cuyas actas se afirma que la gamificación en el proceso de enseñanza permite un aprendizaje más profundo y contextualizado[1]. Al combinar esta perspectiva con la visión de Marc Prensky[2] sobre la «nueva generación» de estudiantes, que son nativos digitales y responden positivamente a enfoques educativos basados en la tecnología, se obtiene un marco teórico para comprender cómo la gamificación puede potenciar la enseñanza del derecho.

---

1. La afirmación sobre el impacto positivo de la gamificación en el proceso de enseñanza, permitiendo un aprendizaje más profundo y contextualizado, se encuentra respaldada por las actas del Congreso Internacional de Videojuegos y Educación (CIVE) [Congreso Internacional de Videojuegos y Educación, «Actas del Congreso Internacional de Videojuegos y Educación (CIVE17)», 2017. Puede consultarse en: https://riull.ull.es/xmlui/bitstream/handle/915/6353/CIVE17_ACTAS_rev2.pdf;jsessio-nid=4F877A531C129C77D1F5845AF84D4B5A?sequence=1
2. *Cfr.* PRENSKY, M.: «Digital Natives, Digital Immigrants», en *On the Horizon* (MCB University Press, Vol. 9, núm. 5 (2001), Marc Prensky, pp. 1-2. https://www.marcprensky.com/writing/Prensky%20-%20Digital%20Natives,%20Digital%20Immigrants %20-%20Part1.pdf

## III. SINERGIA ENTRE EL PROCESO DE GAMIFICACIÓN Y LA HERRAMIENTA «PIZARRA ELECTRÓNICA»

### 1. APLICACIÓN PRÁCTICA. EL USO DE LA HERRAMIENTA «PIZARRA ELECTRÓNICA» EN *ZOOM*

En la práctica, su implementación como herramientas visuales e interactivas ha sido explorada por autores como Richard E. Mayer, quien destaca la importancia de la multimedia y la presentación visual en el proceso de aprendizaje a través de los principios del aprendizaje multimedia de manera gráfica, tal y como se muestra en la *Figura 1*.

Figura 1: Principios del aprendizaje multimedia

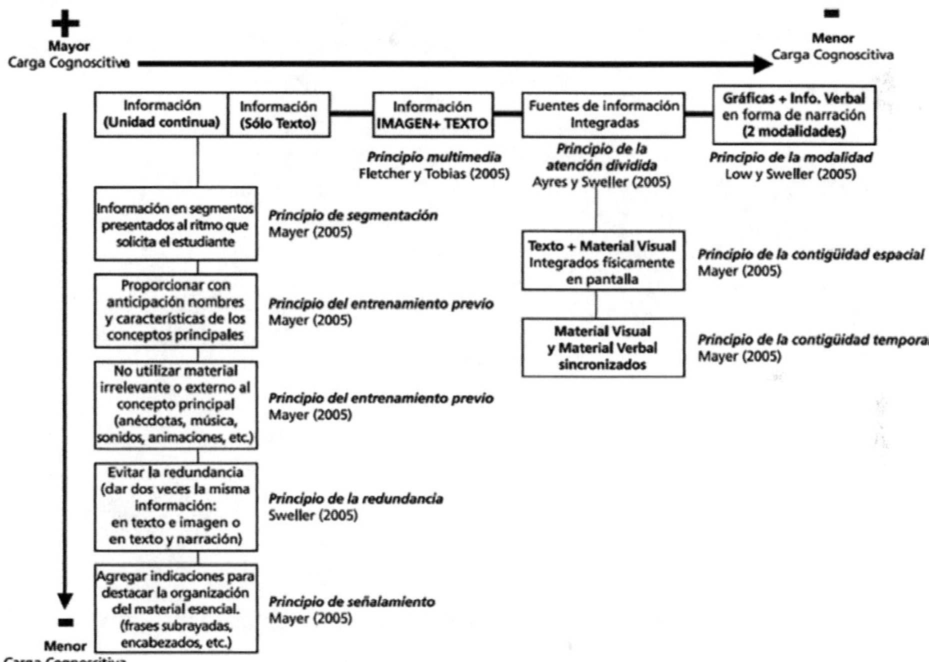


Formada a partir de la información proporcionada por Mayer, 2005, pp. 117-200[3].

3. *Vid.* FLETCHER, J. D. y TOBIAS, S.: «The multimedia principle», en MAYER, R. (Ed), *The Cambridge handbook of multimedia*), 2005, Cambridge, Cambridge University Press, *learning*, pp. 117-133.

### 1.1. Esquematización de ideas

Las pizarras electrónicas permiten la interacción digital y la creación de contenido en tiempo real, de esta manera se facilita una comprensión más profunda y participativa del público. En el contexto de la interpretación jurídica, esta tecnología puede utilizarse para esquematizar argumentos, analizar casos y fomentar la participación activa de los estudiantes. La capacidad de almacenar y revisar fácilmente las anotaciones realizadas durante la clase mejora aún más la eficiencia del proceso de aprendizaje.

Figura 2: Herramienta notas, permite introducir de manera sencilla esquemas de ideas a los estudiantes

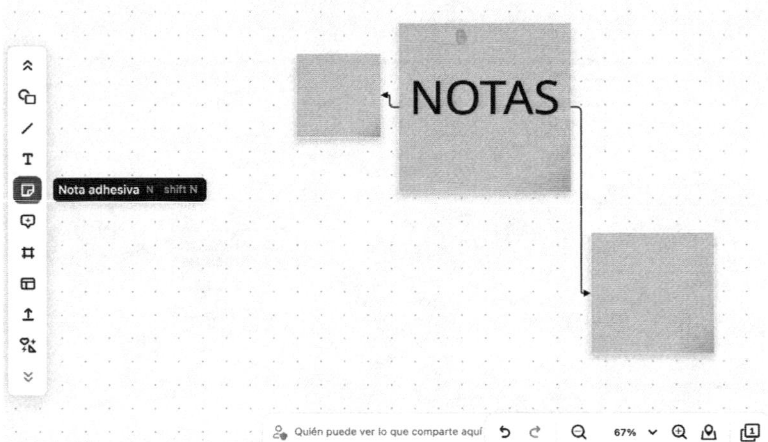


Formada a partir de la herramienta pizarra de *Zoom*.

### 1.2. Sistematización de conceptos

Al incorporar las cuestiones referidas en el apartado anterior con las perspectivas de Cornellà Canals y Estebanell, se destaca la importancia de diseñar experiencias de aprendizaje basadas en propuestas didácticas completas, a través de las cuales se fomente el aprendizaje de los estudiantes[4]. En este sentido, Detering, diseñador e investigador en el campo de la tecnología y videojuegos, formuló una pionera y reconocida definición de gamificación en relación con el flujo de aprendizaje como «el uso de ele-

4. *Cfr.* CORNELLÀ CANALS, P. y ESTEBANELL, M.: «GaMoodlification: Moodle al servicio de la gamificación del aprendizaje», en *Actas del Congreso Internacional de Videojuegos y Educación (CIVE'17)*, Santa Cruz de Tenerife, 2017, p. 2.

mentos de diseño de juegos en contextos que no están relacionado con el juego»[5].

Entonces, ¿qué papel juega en el contexto del aprendizaje de conceptos jurídicos la sinergia gamificación— pizarra electrónica? Se introducen elementos de competencia, colaboración y recompensa en el proceso educativo. En el ámbito jurídico esto puede traducirse en actividades que simulan situaciones legales, desafíos de resolución de problemas y escenarios hipotéticos. La gamificación no solo motiva a los estudiantes, sino que también refuerza la aplicación práctica de la interpretación jurídica. Integrar estas dinámicas lúdicas en las pizarras electrónicas crea una experiencia educativa envolvente y participativa. Por ejemplo, los estudiantes podrían participar en debates simulados sobre casos legales relevantes, utilizando las funciones de las pizarras electrónicas para destacar puntos clave y construir argumentos de manera visual.

Figura 3: El mapa elemental permite generar una idea marco y subtemas o temas paralelos a partir de las misma

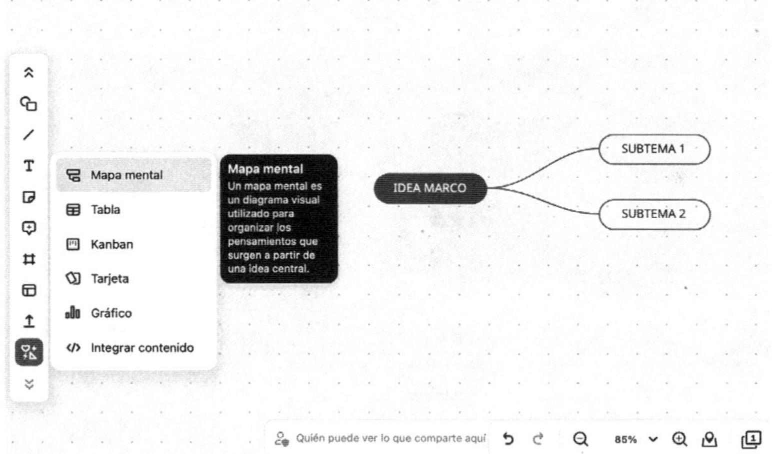


Formada a partir de la herramienta pizarra de *Zoom.*

5. DETERDING, S., DIXON, D., KHALED, R. y NACKE, L.: «From Game Design Elements to Gamefulness: Defining "Gamification"», In Proceedings of the 15th International Academic MindTrek Conference: Envisioning Future Media Environments, New York, NY, USA: ACM, 2011, pp. 9-15.

### 1.3. Planificación de actividades y tareas

La gamificación fomenta la competencia amistosa y la colaboración, mientras que las pizarras electrónicas permiten que estas interacciones se visualicen y se desarrollen de manera dinámica. Desde una perspectiva interdisciplinaria e integrando la inteligencia artificial y el análisis legal, la gamificación ofrece un enfoque innovador para involucrar a los estudiantes y facilitar un aprendizaje más profundo y efectivo de los conceptos legales[6]. Una de las ideas clave en este sentido es cómo la gamificación puede transformar la enseñanza del derecho al presentar los conceptos legales de una manera interactiva y atractiva, diseñando actividades y juegos que simulan situaciones legales del mundo real[7].

Figura 4: La herramienta *kanban* proporciona un cuadro de tareas en el que podemos visualizar las que están en curso y las finalizadas

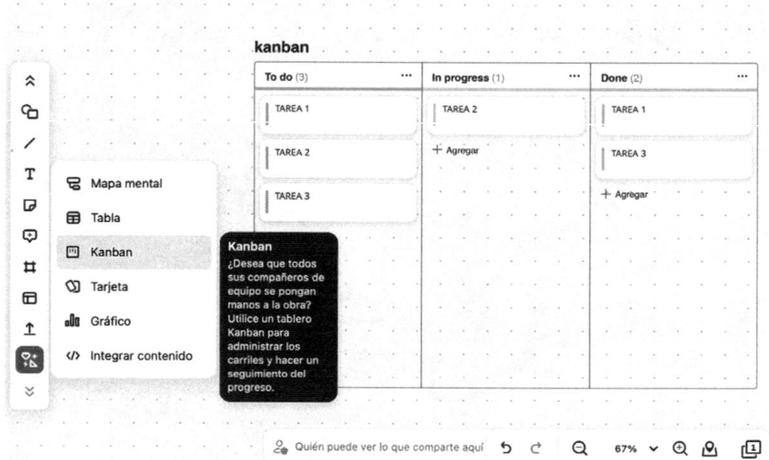


Formada a partir de la herramienta pizarra de *Zoom.*

## 2. LA CORRELACIÓN EN EL ÁMBITO JURÍDICO

La correlación entre pizarras electrónicas y gamificación no solo va a mejorar la entrega de contenido, sino que también va a promover la interacción estudiante-estudiante y estudiante-profesor. Las pizarras electrónicas emergen como una herramienta esencial en la evolución de las aulas

6. *Cfr.* ASHLEY, K. D.: *Artificial Intelligence and Legal Analytics: New Tools for Law Practice in the Digital Age,* Cambridge University Press, 2017, pp. 134-135.
7. *Cfr.* ASHLEY, K. D.: *Artificial Intelligence and Legal Analytics...,* cit., p. 136.

de derecho. Susskind argumenta que, en lugar de depender únicamente de métodos de enseñanza tradicionales como la conferencia magistral, las pizarras ofrecen a los educadores la capacidad de crear contenido visualmente atractivo, destacar puntos clave y fomentar la participación activa de los estudiantes[8].

En lo que refiere a la enseñanza telemática del derecho, las pizarras electrónicas pueden promover la accesibilidad al contenido educativo al permitir que los estudiantes accedan a él desde cualquier lugar con conexión a internet. Esto es especialmente relevante en un mundo donde la enseñanza a distancia se ha vuelto cada vez más común, ya sea por razones de conveniencia o debido a circunstancias excepcionales como la pandemia de COVID-19[9].

## IV. CONSIDERACIONES FINALES

En conclusión, la integración de pizarras electrónicas y la gamificación en la enseñanza de la interpretación jurídica crea un entorno educativo enriquecido y estimulante. Esta sinergia no solo transforma la manera en que se presentan y se asimilan conceptos legales, sino que también fomenta la participación activa y el compromiso de los estudiantes. De esta forma, en un mundo jurídico que demanda habilidades prácticas y aplicadas, esta combinación innovadora se presenta como un enfoque pedagógico eficaz para preparar a los estudiantes para los desafíos dinámicos que enfrentarán en sus futuras carreras legales.

8. *Cfr*. SUSSKIND, R.: *Tomorrow's Lawyers: An Introduction to Your Future,* Oxford University Press, 2013, pp. 78-82.
9. *Cfr*. SUSSKIND, R.: *Online Courts and the Future of Justice,* Oxford University Press, 2019, pp. 112-116.

*Capítulo 32*

# La interpretación y la analogía a través de un juicio en clase en la era digital[1]

Christian Pérez Merino
*Universidad de Alcalá*

SUMARIO: I. LA INTERPRETACIÓN COMO OBJETIVO DE APRENDIZAJE EN EL DERECHO TRIBUTARIO. II. EL CAMBIO DE METODOLOGÍA DOCENTE. III. LA PROPUESTA DE INTERVENCIÓN DOCENTE. IV. CONSIDERACIONES FINALES.

## I. LA INTERPRETACIÓN COMO OBJETIVO DE APRENDIZAJE EN EL DERECHO TRIBUTARIO

Una de las cuestiones importantes para considerar dentro de la rama de conocimiento del Derecho tributario es la diferencia entre las figuras de la interpretación y la analogía.

La interpretación jurídica podríamos definirla, en un sentido literal, como la función de analizar un texto jurídico —o conjunto de ellos— y dotar de un significado concreto a las disposiciones que contiene. Ello con la finalidad de ofrecer una respuesta jurídica a una cuestión que presente la realidad material.

1. Este trabajo se encuadra en el proyecto «Fiscalidad de la economía digital: repensando determinados parámetros de la tributación internacional», financiado por MCIN/ AEI /10.13039/501100011033 / FEDER, UE (ref. PID2021-126232OB-I00), cuyo IP es el Dr. Manuel Lucas Durán. A su vez, los resultados de este trabajo se enmarcan en la docencia impartida en la Universidad de Alcalá bajo la tutorización del prof. Manuel Lucas Durán, a quien este autor quiere mostrarle su más sincero agradecimiento por ello. Ello sin perjuicio de que cualquier error es exclusivamente imputable a este autor.

Los textos jurídicos, al margen de las resoluciones —ya sean judicial o administrativa— que son una aplicación del Derecho, suelen tener un contenido genérico y abstracto, lo cual es apropiado para poder acoger las diversas realidades que puedan acontecer y, además, adaptarse —con una mayor facilidad— a los cambios sociales que se produzcan. A parte de que el contenido de este tipo de documentos pueda ser más abstracto (*v. gr.* la Constitución Española) o menos (*v. gr.* la disposición de un contrato *inter partes*).

Así, la función del jurista es estudiar el texto jurídico, redactado en esos términos genéricos y abstractos, para ofrecer, mediante la interpretación, una respuesta específica al caso que se presente.

Esta función queda comprendida, de una manera genérica, en el artículo 3.1 del Código civil español, con las posibilidades de interpretación literal, sistemática, histórica, sociológica o teleológica del texto.

No obstante, en cuanto al ámbito, podemos distinguir en el tipo de interpretación entre una interpretación restrictiva o extensiva. Ante una duda interpretativa el jurista puede adoptar una de las dos posiciones. La restrictiva en la que intente limitar los efectos al sentido más literal de la norma y sin que resulte posible ir más allá de ese sentido reducido. O, por el contrario, realizar una interpretación que busque ir más allá de la literalidad del precepto, con la finalidad de extender la aplicación del mismo. La interpretación extensiva busca ampliar la aplicación de la norma para cubrir situaciones que, aunque no están expresamente contempladas en el texto, se subsumen dentro de su espíritu o propósito (*v. gr.* adaptar la norma a una nueva realidad como es actualmente la dimensión digital).

A su vez, en relación con el ámbito de la interpretación, en particular con la interpretación extensiva, encontramos otra figura jurídica estrechamente relacionada con ella: la analogía (o interpretación analógica)[2].

Pues bien, mientras que la interpretación extensiva en Derecho tributario siempre es posible, con la excepción de la materia sancionadora que el art. 178 de la Ley 58/2003, de 17 de diciembre, General Tributaria (en adelante, LGT) exige una interpretación restrictiva. En cambio, la aplicación analógica en materia tributaria queda prohibida «para extender más allá de sus términos estrictos el ámbito del hecho imponible, de las exenciones y demás beneficios o incentivos fiscales» (art. 14 LGT).

2. *Vid*. LUCAS DURÁN, M.: «La prohibición de analogía en el Derecho tributario», en MERINO JARA, I. (Dir.), LUCAS DURÁN, M. y RUIZ GARIJO, M. (Coord.), *Doctrina jurisprudencial aplicable tras 20 años de la Ley General Tributaria*, La Ley, 2023.

Todas las cosas puestas en consideración, resulta viable una interpretación extensiva de un hecho imponible, exención o beneficio fiscal, pero no es posible una interpretación analógica de ello. En definitiva, la diferenciación entre interpretación extensiva y analogía es una cuestión trascendental, a la vez de no ser sencilla para los estudiantes. A través de este trabajo se busca poner de manifiesto la actividad educativa desarrollada para que el alumnado sea capaz de distinguir oportunamente entre ambas figuras jurídicas.

## II. EL CAMBIO DE METODOLOGÍA DOCENTE

La realidad educativa —universitaria y no universitaria— se encuentra en un período de transición en la búsqueda de la adopción de un rol cada vez más activo por parte del estudiante[3].

La docencia ha seguido tradicionalmente la metodología de la clase magistral, especialmente en Derecho. El profesor asumía el rol activo y el alumno uno pasivo mediante la recepción de información y toma de apuntes. Sin embargo, esa realidad ha evolucionado.

La situación actual es que el estudiante dispone a su alcance de múltiples manuales y recursos bibliográficos sobre la asignatura que le permiten estudiar el temario incluso con un nivel de profundidad superior a la lección que pueda impartir un profesor en el aula, principalmente por los límites temporales a los que este se encuentra sujeto.

En este marco se encuentra el conocido como «Plan Bolonia». Este plan del Espacio Europeo de Educación Superior, para la modificación de la metodología de la enseñanza en las universidades, pone el foco en ese cambio hacia un sistema universitario en el cual el alumno asuma un rol cada vez más activo en el aula, en detrimento del tradicional protagonismo del profesor[4].

Además, resulta una prioridad llevar a cabo una innovación docente que busque, entre otros objetivos, acercar al alumnado al ejercicio de su

3. También son oportunos otros objetivos implícitos como los que destaca DOMINGO JARAMILLO, C.: «*Role play* como técnica de aprendizaje activo en Criminología», en SOLAS MARTÍNEZ, T., GARCÍA CARMONA, M., FUENTES CABRERA, A., RODRÍGUEZ GARCÍA, A. M. y LÓPEZ BELMONTE, J. (ed.), *Innovación Educativa en la Sociedad Digital*, Dykinson, 2019, p. 2782.
4. Sobre ello, *vid*. GÁLVEZ JIMÉNEZ, A.: «Simulación de juicios como herramienta de innovación docente», en LÓPEZ MENESES, E., COBOS SANCHIZ, D., MOLINA GARCÍA, L., JAEN MARTÍNEZ, A. y MARTÍN PADILLA, A. H. (ed.), *Claves para la innovación pedagógica ante los nuevos retos. Respuestas en la vanguardia de la práctica educativa*, Octaedro, 2020, p. 2654.

futura actividad profesional —en nuestro caso la actividad propia del jurista—, el desarrollo del pensamiento crítico y la transferencia del conocimiento a la sociedad.

En este sentido se incardina nuestra propuesta.

## III. LA PROPUESTA DE INTERVENCIÓN DOCENTE

La técnica didáctica propuesta se puede sintetizar en la idea de realizar una simulación de un juicio en clase. Ello con la finalidad de diferenciar entre la interpretación y la analogía. Se trata de una actividad docente subsumible dentro del Plan Bolonia[5]. Este tipo de actividad, aunque con algunas variaciones y para otros contenidos jurídicos, ya ha sido puesta en práctica por diferentes docentes[6].

En primer lugar, hay que determinar una cuestión jurídico-tributaria que sea relevante y sobre la cual exista controversia desde el punto de vista de la interpretación jurídica. Es decir, la cuestión no esté resuelta de manera pacífica.

Así, a modo de ejemplo en materia tributaria, nosotros planteamos la situación de:

> dos consejeros delegados de la sociedad A que realizan unos trabajos en el extranjero (Grecia), donde dicha sociedad tiene una sucursal (la cual cumple con los requisitos de establecimiento permanente a los efectos de Ley del Impuesto sobre Sociedades español). Por dicha actividad ambos son retribuidos con 30.000 euros cada uno y sujetos por dichos importes al impuesto de la renta griego. ¿Dichas cuantías de los consejeros delegados están sujetas también a la obligación española de retención del art. 101.2 Ley del IRPF o, por el contrario, se trataría de cuantías exentas de tributar en el IRPF español conforme al art. 7.p) Ley del IRPF?[7]

5. MARTÍN FERNÁNDEZ, C. y URBANO SÁNCHEZ, L.: «La simulación de un juicio con carácter interdisciplinar como experiencia docente en tiempos de pandemia», *Revista Docencia y Derecho*, núm. 17 (2021), p. 199: «la simulación judicial no es más que una modalidad de *flipped classroom*. El aula invertida o *flipped classroom* puede definirse como "un método de enseñanza cuyo principal objetivo es que el alumno asuma un rol mucho más activo en su proceso de aprendizaje que el que venía ocupando tradicionalmente"».
6. *Vid.*, CANO FERNÁNDEZ, S.: «La simulación de juicios en Derecho procesal penal», en VALERO REDONDO, M., TABUENCA BENGOA, M. y MOLINA HERNÁNDEZ, C. (Coord.), *Transferencia del conocimiento en humanidades y ciencias jurídicas. Innovación docente y educativa en el ámbito de las filologías, la lengua y el derecho*, Dykinson, 2022, p. 872.
7. Con Ley del IRPF hacemos referencia, por motivo de economicidad del lenguaje y facilitar la lectura, a la Ley 35/2006, de 28 de noviembre, del Impuesto sobre la Renta

En segundo lugar, la siguiente fase tiene por objeto, una vez planteada la cuestión, realizar una división del alumnado en el aula por medio de grupos, de tal manera que la división se realice en un número par de grupos. El hecho de que el número de grupos sea par es relevante para que se puedan defender ambas posturas contrarias, a las cuales nos referiremos en el siguiente párrafo. En este punto compartimos la opinión de MARTÍN FERNÁNDEZ y URBANO SÁNCHEZ de que el número óptimo posiblemente se encuentre en cuatro alumnos por grupo[8]. No obstante, los grupos podrían ser más numerosos[9].

En tercer lugar, a cada uno de los grupos se le asignará una postura que defender: (i) la del contribuyente, favorable a que se le aplique un beneficio fiscal conforme a la utilización del método de la interpretación —extensiva— (en el caso del ejemplo la exención del art. 7.p) Ley del IRPF) o, en cambio (ii) la de la Administración, contraria a que se extienda ese beneficio fiscal alegando que se trata de un supuesto de analogía y no de interpretación. Esto es, a cada grupo, aleatoriamente, se le asignará una de las dos posiciones jurídicas en conflicto.

En cuarto lugar, se les concede a los grupos de estudiantes un tiempo de 45 minutos en el aula para la preparación de sus argumentos. A tal efecto pueden disponer de todos los recursos de los que dispondría un jurista para el desempeño de su labor profesional: manuales, artículos científicos, legislación (indexada o no), acceso a jurisprudencia, etc. Con la finalidad de facilitar el trabajo y que la actividad se desarrolle en un período de tiempo reducido —como son los 45 minutos— se les indicó a los estudiantes los preceptos aplicables que necesitaban tener en cuenta para el examen de la controversia.

En quinto lugar, cada grupo ha de nombrar un representante para posteriormente presentar los argumentos que hayan preparado.

---

de las Personas Físicas y de modificación parcial de las leyes de los Impuestos sobre Sociedades, sobre la Renta de no Residentes y sobre el Patrimonio.

8. *Cfr.* MARTÍN FERNÁNDEZ, C. y URBANO SÁNCHEZ, L.: «La simulación de un juicio con carácter interdisciplinar como experiencia docente en tiempos de pandemia», *cit.*, p. 208.

9. PÉREZ DEL BLANCO, G.: «La simulación de juicios como actividad motivadora de los estudiantes», TURULL RUBINAT, M., y ALBERTÍ ROVIRA, E. (ed.), *74 experiencias docentes del grado en Derecho*, Octaedro, 2016, p. 257: «[l]a experiencia permite apreciar que un número de siete estudiantes por grupo resulta idóneo para la realización de la actividad, si bien todo lo que sea reducir dicha cifra redundará en beneficio del proceso de aprendizaje y estímulo del estudiante».

En sexto lugar, una vez que cada grupo ha preparado su argumentario y ha elegido a su representante, se procede a la realización de la simulación del juicio en clase. Cada simulación está formada por un grupo defensor de la posición de la Administración y por otro favorable a la posición del contribuyente. Ambos grupos han de tener el objetivo de convencer al profesor (quien ejerce de juez imparcial) de que su postura es la más acorde con el ordenamiento jurídico vigente.

El orden de participación se puede alterar para dar un mayor dinamismo a las simulaciones. Así, en un primer supuesto puede intervenir primero la parte favorable a la Administración y posteriormente la representante del contribuyente, y en la siguiente simulación viceversa.

En séptimo lugar, el profesor, tras el pronunciamiento de los dos grupos que participen en esa simulación y a la luz de los argumentos presentados, destacará los puntos clave de cada uno de los dos grupos y formulará preguntas a cada uno de ellos. El papel del profesor es dinamizar la actividad para que haya un verdadero debate entre las partes y contrastar la solidez de los argumentos presentados.

En todo caso, tras la participación de ambos grupos se les concede un turno de réplica para responder a las argumentaciones realizadas por la parte contraria y el profesor. Este último turno de participación tendrá el mismo orden que en el que se ha participado previamente. En esta fase se busca que cada grupo practique la improvisación y el debate respecto de los argumentos presentados por la parte contraria y las cuestiones planteadas por el profesor.

A través de esta actividad se busca conseguir que el estudiante diferencie entre interpretación y analogía tributaria, ponga a prueba sus conocimientos teóricos de Derecho tributario respecto de un problema existente y se familiarice con la práctica profesional. Todo ello con pensamiento crítico, de acuerdo con el art. 2.2.f) de la Ley Orgánica 2/2023, de 22 de marzo, del Sistema Universitario. Así, los estudiantes desarrollarán un aprendizaje significativo, conectando e integrando experiencias y conocimientos previos para desarrollar nuevos conocimientos y habilidades.

## IV. CONSIDERACIONES FINALES

El presente trabajo se finalizará —por límite de espacio— presentando algunos de los resultados obtenidos con la realización de esta propuesta de técnica didáctica.

La valoración global de la propuesta ha sido positiva. En lo concerniente a los conocimientos teóricos, se notó una progresión significativa del alumnado a la hora de diferenciar entre la interpretación jurídica y la analogía tributaria tras la realización de esta actividad. De hecho, se apreció una mejor comprensión de esta cuestión en comparación con otras partes del temario impartidas utilizando una tipología de docencia más tradicional. Esto se reflejó, a su vez, en las calificaciones obtenidas por los estudiantes sobre la evaluación de la distinción entre interpretación jurídica y analogía, las cuales también fueron más altas en comparación con otras partes del temario.

En lo relativo al desarrollo de competencias, los estudiantes —como norma general— demostraron capacidad de trabajo en grupo y las habilidades para poder realizar de manera autónoma un estudio jurídico oportuno sobre la no sencilla diferenciación entre la analogía y la interpretación tributaria. El análisis jurídico fue adecuado y las respuestas ofrecidas suficientes.

Entre las debilidades observadas sobre esta técnica docente encontramos la problemática de que en la parte de oratoria final no participan todos los integrantes del grupo, solo el representante. Por tanto, no todos los estudiantes asumen el reto planteado de la misma manera.

Uno de los resultados curiosos de este trabajo fue que se observaron ciertos grupos que, aunque su posición procesal *a priori* era más compleja, fueron más convincentes en sus argumentos en comparación con el otro grupo que disponía de mejores pronunciamientos judiciales previos a su favor.

A su vez, por medio de esta actividad se detectaron algunas carencias generales en las capacidades de oratoria y dialéctica de los representantes que expusieron los argumentos. En algunos de los casos la exposición no seguía una estructura con un orden lógico. De hecho, algunos grupos tenían argumentos trabajados (y oportunos) que no expusieron por esa falta de orden, perdiendo calidad la exposición por su ausencia.

Otra cuestión por mejorar que se puso de manifiesto es la forma de participación. Siguiendo con lo expuesto en el párrafo anterior, se dieron casos en los cuales un grupo no presentó uno de sus argumentos y, durante el turno del otro grupo, interrumpió para manifestarlo. Ello, en algunos casos disponiendo de un turno de réplica posterior en el que hubiese sido correcta y oportuna la intervención. La participación conforme a los usos procedimentales fue también una cuestión a trabajar.

# *Capítulo 33*

# La contribución del investigador predoctoral a la interpretación jurídica: metodologías utilizadas en las clases interactivas [1]

ERNESTO FRANCISCO SARRIÓN HERNÁNDEZ [2]
*Universidad de Santiago de Compostela*

SUMARIO: I. LA COLABORACIÓN EN TAREAS DOCENTES: ALGUNAS CUESTIONES CONTROVERTIDAS. II. LA INTERPRETACIÓN JURÍDICA Y LAS CLASES INTERACTIVAS DEL GRADO EN DERECHO. III. CONCLUSIONES.

## I. LA COLABORACIÓN EN TAREAS DOCENTES: ALGUNAS CUESTIONES CONTROVERTIDAS

En aras de contextualizar la interpretación jurídica en las clases interactivas del Grado en Derecho y cuál es el rol del investigador predoctoral, es necesario cohonestar, en primer lugar, esta prerrogativa con lo explicitado en el art. 4.2, titulado «Objeto del contrato predoctoral», del Estatuto del personal investigador predoctoral en formación (en adelante, EPIPF)[3], que

1. El presente trabajo se ha realizado en el marco de la ejecución del Proyecto de Investigación del Programa Estatal para Impulsar la Investigación Científico-Técnica y su Transferencia, del Plan Estatal de Investigación Científica, Técnica y de Innovación 2021-2023, sobre «LA INAPLAZABLE MODERNIZACION DEL DERECHO DE OBLIGACIONES Y CONTRATOS DEL CODIGO CIVIL ESPAÑOL» (Referencia PID2022-138909NB-I00). Investigador/a principal: GARCIA RUBIO, MARIA PAZ; MASEDA RODRIGUEZ, JAVIER.

2. Ayuda PRE2020-093400 financiada por MCIN/AEI/10.13039/501100011033 y por FSE invierte en tu futuro.

3. Real Decreto 103/2019, de 1 de marzo, por el que se aprueba el Estatuto del personal investigador predoctoral en formación.

establece un límite temporal y cualitativo a la colaboración en tareas docentes. Surge así el principal escollo, *id est*, significar esa colaboración en las clases interactivas; y a partir de esta simiente nace el interrogante de hasta qué punto el investigador predoctoral puede añadir valor a la interpretación jurídica que se propone en las clases o si, por el contrario, no agrega ningún plus en la calidad de la docencia impartida, llegando incluso a resultar un óbice para el avance de los alumnos de esta tipología de clases.

La limitación temporal es representada mediante un máximo de 180 horas de colaboración en tareas docentes durante la extensión total del contrato predoctoral, sin que puedan superarse las 60 horas anuales. Esta limitación temporal es reproducida casi con idéntico sentido en muchas de las convocatorias de contratos predoctorales de carácter nacional y autonómico. Así, puede apreciarse, sin ánimo de exhaustividad, en el art. 11.6 de las tres últimas convocatorias de las Ayudas para contratos predoctorales para la formación de doctores[4], popularmente denominadas FPI, señalando la importancia del fin formativo de esta colaboración en tareas docentes. Una matización que puede puntualizarse es aquella relacionada con el cómputo de las horas de colaboración. Podría suponerse que, cuando el EPIPF habla de 60 horas anuales, está trasladando ese límite a las horas de colaboración dentro de un determinado curso académico. Asimismo, podría entenderse que el límite de horas anuales está referido a las horas de colaboración en tareas docentes que se permiten a lo largo de un año natural. Lo cierto es que ni lo uno, ni lo otro, es de aplicación. Si se quiere ser fidedigno con la letra del art. 11 EPIPF[5], el límite de 60 horas anuales de colaboración en tareas docentes debe computarse aludiendo a cada anua-

---

4. Respectivamente: Resolución de la Presidencia de la Agencia Estatal de Investigación por la que se aprueba la convocatoria de tramitación anticipada, correspondiente al año 2020, de las ayudas para contratos predoctorales para la formación de doctores contemplada en el Subprograma Estatal de Formación del Programa Estatal de Promoción del Talento y su Empleabilidad en I+D+i, en el marco del Plan Estatal de Investigación Científica y Técnica y de Innovación 2017-2020; Resolución de la Presidencia de la Agencia Estatal de Investigación por la que se aprueba la convocatoria de tramitación anticipada, correspondiente al año 2021, de las ayudas para contratos predoctorales para la formación de doctores contemplada en el Subprograma Estatal de Formación del Programa Estatal para Desarrollar, Atraer y Retener Talento, en el marco del Plan Estatal de Investigación Científica, Técnica y de Innovación 2021-2023; y Resolución de la Presidencia de la Agencia Estatal de Investigación por la que se aprueba la convocatoria de tramitación anticipada, correspondiente al año 2022, de las ayudas para contratos predoctorales para la formación de doctores contemplada en el Subprograma Estatal de Formación del Programa Estatal para Desarrollar, Atraer y Retener Talento, en el marco del Plan Estatal de Investigación Científica, Técnica y de Innovación 2021-2023.
5. No obstante, muchas otras limitaciones quedan sin mención en el texto, como puede desprenderse de MORENO GENÉ, J.: «El nuevo estatuto del personal investigador

lidad de ayuda predoctoral y para ello deberá individualizarse cada caso, dependiendo de la fecha de entrada en vigor del contrato predoctoral del investigador en formación.

No obstante, por cuestiones de pragmatismo, muchas Universidades, haciendo gala de la autonomía organizativa que le atribuyen los arts. 27.10 CE y 3 LOSU[6], realizan este cómputo de distinta manera. Así, pese a encontrar que en muchas ocasiones las Universidades regulan la colaboración en tareas docentes reproduciendo los límites temporales que establece el EPIPF, a la hora de realizar el cómputo se tiende a hacerlo por cursos académicos en tanto que, al aglutinar personal investigador de distintas convocatorias, no solo predoctorales, sino también posdoctorales —y que no se atienen al límite del EPIPF, pues el ámbito de aplicación de este se circunscribe solo a cualquier contratación predoctoral, tal y como señala su art. 2—, cuya procedencia difiere (Estatal, autonómica, local y de entidades privadas), resulta más conveniente, aunque no respete la literalidad del precepto anteriormente señalado, ya que en muchos casos la firma del contrato del investigador no coincide con el inicio del curso académico[7].

El límite cualitativo de la colaboración en tareas docentes no es otro, sino la consecución del objeto del contrato predoctoral, de naturaleza eminentemente investigadora, que se bifurca, como presume el art. 4 EPIPF: «tareas de investigación en un proyecto específico y novedoso» y «conjunto de actividades, integrantes del programa de doctorado, conducentes a la adquisición de las competencias y habilidades necesarias para la obtención del título universitario oficial de Doctorado, sin que pueda exigírsele la realización de cualquier otra actividad que desvirtúe la finalidad investigadora y formativa del contrato».

La interpretación jurídica, de este modo, se utiliza como un instrumento imprescindible para conseguir la comprensión de los fallos judiciales y dar solución a aquella casuística presentada por los operadores. Lograr esa interpretación jurídica como competencia a través de la docencia impartida, teniendo en cuenta el rol que desempeña el investigador predoctoral en formación, nos lleva a preguntarnos si solo existe una única vía para implementarlo. En este punto es menester resaltar que el ejercicio intelectivo de

predoctoral en formación: aspectos jurídico-laborales y de seguridad social», *Temas laborales: Revista andaluza de trabajo y bienestar social*, núm. 147 (2019), p. 90.

6. Ley Orgánica 2/2023, de 22 de marzo, del Sistema Universitario.
7. Sobre la autonomía organizativa de cada Universidad en relación con la colaboración en tares docentes puede mencionarse, respecto a la Universidade de Santiago de Compostela, sin intención de individualizar, la Resolución da Vicerreitoría de Organización académica e do Campus de Lugo, para regular a colaboración na docencia do persoal investigador contratado a través de programas de recursos humanos.

dicha interpretación puede desarrollarse a través de distintas herramientas de innovación docente, en particular, el método del caso y la evaluación orientada al aprendizaje. Debido a que son clases interactivas, no se busca una asimilación de contenidos teóricos, sino que estos, en cierta medida, se presumen y lo que se pretende, al contrario, es trabajar la capacidad de lectura y comprensión de los distintos documentos jurídicos y llegar a conclusiones dotadas de sentido jurídico. Esto es, las clases interactivas, en este caso, tratan de aportar un enfoque diferente al que ya presentan *de facto* las clases teóricas, y no sustituirlas.

¿Puede complementar el investigador predoctoral en formación al docente responsable de la asignatura? Lo cierto es que el investigador en formación no supone una nueva categoría docente ni, pese a conseguir la formación requerida a través de los planes de formación e innovación docente, va a formular una metodología distinta. En cualquier caso, podrá aplicar esas herramientas de innovación docente a las que, de igual manera, también tienen acceso los profesores responsables. Es aquí donde puede atribuirse al investigador en formación una intervención positiva en la asignatura, sin entenderla como una duplicidad o una extensión del docente responsable, sino como una labor de colaboración con este y con la aportación de un enfoque distinto, desde su propia experiencia como investigador en formación. Para este caso, se presentarán algunas cuestiones controvertidas sobre la implementación de metodologías de innovación docente en asignaturas de Derecho civil.

## II. LA INTERPRETACIÓN JURÍDICA Y LAS CLASES INTERACTIVAS DEL GRADO EN DERECHO

Planteando la colaboración en tareas docentes del investigador predoctoral en formación como una posibilidad y no como una obligación de este último, señalamos a continuación algunos interrogantes que pueden surgir en el desarrollo de las asignaturas del Grado en Derecho cuando se pretende transmitir la competencia «interpretación jurídica» al alumno, llevando esta tarea a cabo como una suerte de mediador[8] para que sea el propio alumno, autorregulando el proceso de aprendizaje en conjunción con los docentes, el que tome conciencia de aquellos conocimientos necesarios para implementar una interpretación significada jurídicamente. Es necesario anteponer como criterio general que la colaboración en tareas docentes, en este caso concreto, solo puede realizarse en clases interactivas de materias ordi-

8. En este sentido, GARGALLO-LÓPEZ, B., PÉREZ-PÉREZ, C., VERDE-PELEATO, I., GARCÍA-FÉLIX, E.: «Estilos de aprendizaje en estudiantes universitarios y enseñanza centrada en el aprendizaje», *Relieve: Revista Electrónica de Investigación y Evaluación Educativa*, Vol. 23, núm. 2 (2017), p. 2.

narias de Grado y en la cotutorización de TFGs. Permitiéndose únicamente la colaboración en asignaturas de Máster cuando así lo permita expresamente la convocatoria de la ayuda predoctoral —situación que no se contempla en las convocatorias de la FPI ministerial; dándose esta circunstancia en la convocatoria da Xunta de Galicia de axudas predoutorais 2021—. Esta colaboración en tareas docentes, a pesar de formar parte del POD, no computa en la capacidad de este, es decir, no resta horas de docencia al resto del profesorado, en tanto que no lo sustituye, sino que lo complementa.

Así, la colaboración en tareas docentes de las clases interactivas del Grado en Derecho discurre como una posibilidad, en primer lugar, con las limitaciones derivadas del EPIPF, por un lado, y de la autonomía organizativa de cada Universidad, por otro. Perfilado así el campo de acción del investigador predoctoral en formación, puede definirse esta colaboración en tareas docentes como una colaboración supeditada per natura y que, por consiguiente, no puede, y quizá no debe, implementarse bajo el criterio libre y autónomo del investigador en formación; este siempre debe consultar o ser acompañado por el docente responsable de la asignatura y esto tendrá como corolario que las metodologías de innovación docente, cualesquiera que se deseen aplicar, partirán en última instancia de ese docente, aunque finalmente su puesta en práctica sea compartida con el investigador en formación.

La interpretación jurídica que se pretende transmitir a los alumnos como competencia[9] se extiende allende de lo anunciado por el art. 3 CC: «Las normas se interpretarán según el sentido propio de sus palabras, en relación con el contexto, los antecedentes históricos y legislativos, y la realidad social del tiempo en que han de ser aplicadas, atendiendo fundamentalmente al espíritu y finalidad de aquellas». Esta interpretación debe ser transversal, integradora y capaz de ejercitarse entendiendo el ordenamiento jurídico como un todo y no como un haz de compartimentos estancos no interconectados. La metodología de innovación docente que más se adecua a este menester, en clases interactivas y desde un prisma del investigador predoctoral en formación, es la metodología del caso. Evidentemente, ni es la única, ni tiene que considerarse la más adecuada, pero quizá sí la que más fácilmente permite visualizar al alumno la casuística, identificando aquellos problemas de investigación más destacados y su solución por parte de la

9. Sobre la importancia de la evaluación de competencias *vid.* CRUZ PÉREZ-PÉREZ, C., GARCÍA GARCÍA, F. J., VÁZQUEZ VERDERA, V., GARCÍA FÉLIX, E. y RIQUELME SOTO, V.: «La competencia "aprender a aprender" en los grados universitarios», *Aula abierta*, Vol. 49, núm. 3 (2020) (Ejemplar dedicado a: Aprender a aprender: una competencia clave para la ciudadanía del siglo XXI. Conceptualización, retos, estrategias y evaluación en textos múltiples), p. 313.

jurisprudencia, doctrina científica y profesionales jurídicos, y que tampoco finaliza en meros casos prácticos alojados en el Campus virtual, sino que ayuda a adentrarse en las ramificaciones jurídicas que surgen en expresiones artísticas como el cine o la literatura y que, en muchas ocasiones, facilitan que el grupo-clase empatice con la problemática que se plantea, coadyuvando a su resolución de forma satisfactoria. Junto al planteamiento de casos prácticos, la evaluación mediante rúbricas acerca al alumno a entender, con mayor certeza, el motivo de la calificación y en qué debe fijarse para perfeccionar la resolución[10].

## III. CONCLUSIONES

Por lo dicho hasta ahora, podemos extraer dos conclusiones que, aunque someras, resultan clarividentes acerca del sino de cualquier colaboración en tareas docentes de un investigador en formación —investigador predoctoral—. Primeramente, la labor de colaboración siempre va a estar condicionada por el fin del contrato predoctoral, que no esconde otra cosa, sino una finalidad investigadora y que, pese a que el EPIPF contempla expresamente la posibilidad de llevar a cabo una colaboración en tareas docentes, esto último no puede menoscabar lo primero que, sin lugar a duda, es lo que vertebra el contrato predoctoral. Asimismo, este límite viene precedido de otro aún más general que, en cierta manera, opaca la colaboración del investigador en formación: la calidad de la docencia impartida. Esto es, la colaboración en tareas docentes del investigador predoctoral en formación no puede sobreponerse a lo realmente relevante en este caso, es decir, que la docencia llegue a los alumnos, como destinatarios, con la calidad y profundidad que se espera, independientemente de las metodologías utilizadas; en este proceso de aprendizaje, el investigador en formación no puede ser un obstáculo para ello, ni debe implementarse la colaboración como un mero campo de pruebas para ganar experiencia a costa de minorar la calidad docente ignorando el plan de estudios.

En segundo lugar, la capacidad de decisión del personal investigador predoctoral en formación no es ilimitada y, en cierta medida, esto último puede vincularse con lo previamente indicado, por una razón de prioridades. Lo que prima, de nuevo, es cómo se transmiten los conocimientos para que se adquieran ciertas competencias siguiendo el plan de estudios y las guías de observación y no tanto si el investigador en formación desarrolla su planteamiento docente acorde a cómo lo desea. Esa limitación en la autonomía concedida al investigador predoctoral en formación admite tantas

10. Acerca de la utilidad de las rúbricas *vid.* ALSINA MASMITJÀ, J. (coord.): *Rúbricas para la evaluación de competencias*, Ed. Octaedro, 2013, p. 8.

configuraciones como Universidades, Facultades o Centros de investigación existan. Al no gozar de una capacidad organizativa absoluta, en términos docentes, ni encontrarse investido de las competencias para coordinar asignaturas, el investigador predoctoral en formación no hace otra cosa, sino desarrollar sus funciones de colaboración en tareas docentes sin empecer el normal desarrollo de la docencia, sin alterar la metodología generalmente implementada por los profesores responsables de la asignatura y, en definitiva, sin significarse como un elemento pernicioso en última instancia para los alumnos del grupo-clase.

# Cuarta Parte

# Propuestas de interpretación para supuestos emblemáticos y su repercusión práctica

# *Capítulo 34*

# Multilingüismo e interpretación del Derecho privado europeo

Angelo Venchiarutti
*Università degli Studi di Trieste*



## I. INTRODUCCIÓN

En la Unión Europea, el multilingüismo se considera parte integrante de los valores democráticos. Baste decir que el respeto por igual de todas las lenguas oficiales es expresión y concreción del principio democrático. Ello implica una necesaria política de formulación y traducción de los postulados normativos a un lenguaje sencillo, no técnico y capaz de llegar al ciudadano común.

Sin embargo, el multilingüismo es fuente de innumerables problemas a la hora de redactar, traducir e interpretar los actos normativos elaborados por las instituciones de la UE en las distintas lenguas oficiales.

La tarea del legislador europeo consiste en formular una norma que, traducida a todas las lenguas oficiales, produzca —una vez transpuesta en los Estados miembros— el mismo resultado (el objetivo de la armonización): no es un juego de niños, sino, al contrario, un desafío.

El reto parece especialmente difícil si se tiene en cuenta que los términos se refieren, muchas veces, a conceptos jurídicos. Por tanto, el problema no es tanto la simple «traducción» de un término o expresión jurídica a las distintas lenguas, sino la definición del concepto subyacente a ese término o expresión. Esto se debe tanto a que a veces ni siquiera existe un equivalente de una noción en todas las lenguas y porque el mismo término se presta a cubrir nociones jurídicas no coincidentes[1].

Piénsese, por ejemplo, en el término «contrato», que se traduce en las distintas lenguas por palabras aparentemente correspondientes: «*contrat*», «*contract*», «*contratto*», «*Vertrag*». En realidad, las distintas expresiones subyacen a categorías jurídicas específicas de los respectivos ordenamientos jurídicos, que no son necesariamente equivalentes. Y lo mismo puede decirse de muchas otras expresiones.

Traducir un término o un enunciado en un contexto inter lingüístico recuerda intuitivamente la producción de otro término o enunciado equivalente en la lengua de llegada. Esta operación de traducción implica un trabajo intelectual complejo, en torno al cual se han elaborado numerosas teorías. Teorías que subrayan que toda traducción implica necesariamente una actividad de interpretación. La mera reproducción de conceptos jurídicos en distintas lenguas puede conducir a resultados superficiales o inexactos. Por tanto, a la hora de traducir, es necesario identificar el contexto de referencia del concepto tanto en el sistema de origen del concepto como en el sistema al que se va a traducir[2].

En la presente exposición se investigará en la primera parte el valor de la diversidad lingüística en Europa. La segunda parte se dedicará a los retos de interpretación que conlleva el multilingüismo en el proceso de armonización jurídica europea, con especial referencia a la formación en las facultades de Derecho. El campo de investigación se centrará en las directivas sobre la protección de los consumidores.

1. *Cfr.* POZZO, B.: «Language Diversity and the Future of European Private Law», or: Why «The Language of Europe is Translation», in JANSSEN, A., LEHMANN, M. y SCHULZE, R. (eds.), *The Future of European Private Law*, Baden-Baden, Nomos, 2023, pp. 106 y ss.
2. Para las investigaciones de juristas de derecho comparado, véase entre otros: GROSSWALD CURRAN, V.: «Comparative Law and Language», in REIMANN, R. y ZIMMERMANN, M. (eds.), *Oxford Handbook of Comparative Law*, 2nd ed., Oxford University Press, 2019, p. 675; SACCO, R.: «Language and Law», in POZZO, B. (ed.), *Ordinary Language and Legal Language*, Milano, Giuffrè, 2005, pp. 1 y ss.; SHANE, S.: *Language and the Law*, London — New York, Continuum, 2006.

## II. LA DIVERSIDAD LINGÜÍSTICA COMO VALOR

La diversidad lingüística es un principio que recibe múltiples reconocimientos en los Tratados y en la Carta de los Derechos Fundamentales de la UE[3].

Por ejemplo, el artículo 24 del Tratado de Funcionamiento de la Unión Europea (TFUE) establece que cada ciudadano de la UE tiene derecho a dirigirse por escrito a cualquiera de las instituciones u órganos de la UE en una lengua oficial y a recibir una respuesta en la misma lengua.

Desde otro punto de vista, el respeto de los idiomas nacionales está en conformidad con la disposición del artículo 3 del Tratado de la Unión Europea (TUE), que prevé el respeto de las identidades nacionales de los distintos Estados miembros que componen la Unión.

El multilingüismo también encuentra un fuerte reconocimiento en la Carta de los Derechos Fundamentales de la UE. Considerando que un idioma es la expresión más directa de la cultura, el artículo 22 de la Carta establece que la Unión respetará la diversidad lingüística, mientras que el artículo 21 prohíbe la discriminación por diversos motivos, entre ellos la lengua. El respeto de la diversidad lingüística es, junto con el respeto de las personas, la apertura hacia otras culturas, la tolerancia y la aceptación de los demás, un valor fundamental de la Unión Europea.

También es necesario recordar que en el artículo 41 la Carta prevé un «*derecho a una buena administración*»: derecho que incluye que «*toda persona podrá dirigirse por escrito a las instituciones de la Unión en una de las lenguas de los Tratados y deberá recibir una contestación en esa misma lengua*». Nótese que, en la Carta, a diferencia del Tratado, la posibilidad de comunicarse con las instituciones de la Unión en una de las lenguas oficiales está reconocida a todas las personas (y no solamente a los ciudadanos de la UE).

Además, el valor del multilingüismo ha estado en el centro de numerosas iniciativas promovidas por la Unión Europea.

Entre otras, recuerdo aquí que, tras la ampliación de los miembros del 2004, por primera vez la cartera de un Comisario europeo incluye explícitamente la responsabilidad del multilingüismo. En este contexto, con la Comunicación de 2005 «*Una nueva estrategia marco para el multilingüismo*» la Comisión Europea presentó una política de multilingüismo con tres obje-

3. Sobre el tema, permítanme referirme a VENCHIARUTTI, A.: «Il multilinguismo come valore europeo», in POZZO, B. y TIMOTEO, M. (eds.), *Europa e linguaggi giuridici*, Giuffrè, Milano, 2008, pp. 303 y ss.

tivos: i) fomentar el aprendizaje de idiomas y la diversidad lingüística en la sociedad; ii) promover una economía multilingüe sana, y iii) dar acceso a los ciudadanos a la legislación, a los procedimientos y a la información de la Unión Europea en su propio idioma[4].

Esta exposición se centrará en estos últimos aspectos.

La posibilidad de acceder a los documentos y a la legislación en su propio idioma es una parte importante del principio democrático. La Unión Europea, a diferencia de otras organizaciones internacionales, adopta legislaciones que son directamente vinculantes para sus ciudadanos. Por lo tanto, es un requisito previo para la legitimidad democrática y la transparencia de la Unión que los ciudadanos puedan comunicarse con sus Instituciones, leer la legislación de la UE en su propio idioma nacional y participar en el proyecto europeo sin encontrar barreras lingüísticas. Por ello, el primer Reglamento adoptado por el Consejo define a la Comunidad Europea como una entidad multilingüe, dispone que la legislación debe publicarse en las lenguas oficiales y exige que sus instituciones se dirijan a los ciudadanos en las lenguas oficiales que estos elijan[5].

## III. LOS RETOS DEL MULTILINGÜISMO EN EL PROCESO DE ARMONIZACIÓN

El multilingüismo es un reto. Sería ilusorio no admitir que la traducción, y en particular la traducción jurídica, presenta problemas específicos en un contexto multilingüe caracterizado por veinticuatro lenguas oficiales que reflejan tradiciones diferentes.

Las instituciones de la UE tienen necesidades diferentes. Aquí solo cabe mencionar un aspecto: concretamente, la actividad de preparación y adopción de la legislación de la UE. A este respecto la elaboración de la legislación de protección de los consumidores constituye un buen ejemplo de la falta de un lenguaje jurídico común. Debido en parte al hecho de que el legislador europeo adoptó, especialmente en la primera fase de la redacción, un enfoque «fragmentario» o «poco sistemático» de la armonización, la legislación relativa a los consumidores planteó una serie de problemas de terminología jurídica.

Entre otros, cabe mencionar los siguientes.

---

4. Comunicación de la Comisión al Consejo, al Parlamento Europeo, al Comité Económico y Social Europeo y al Comité de las Regiones, *Una nueva estrategia marco para el multilingüismo*, Bruselas, 22.11.2005, COM (2005) 596 final, p. 3.
5. *Vid.* Reglamento no. 1, de 1958, por el que se fija el régimen lingüístico de la Comunidad Económica Europea.

En primer lugar, la falta de definiciones de los términos jurídicos a escala de la UE dio lugar a que asumieran significados diferentes en los distintos ordenamientos nacionales. Las directivas no definían el mismo concepto básico de «contrato»[6]. La ausencia de una definición clara de los límites de la noción de «contrato» provocó una serie de problemas en la aplicación de la directiva sobre cláusulas abusivas.

Otro problema es la falta de coherencia en la aplicación de la terminología dentro de una misma versión lingüística o cuando se traduce de una lengua a otra. Además, el significado de los términos utilizados en las distintas versiones lingüísticas no siempre se correspondía con el de la misma palabra utilizada a nivel nacional[7].

Independientemente de la terminología utilizada, también es necesario destacar el hecho de que otros factores pueden obstaculizar la armonización durante el proceso de transposición de las directivas en cada uno de los sistemas nacionales[8].

Según el artículo 288 del TFUE, las directivas especifican un resultado que debe alcanzarse, pero los Estados miembros son libres de elegir la «forma y los métodos» adecuados para ello. Las legislaciones nacionales no toman el texto de las directivas al pie de la letra: en otras palabras, la terminología utilizada en una directiva concreta no tiene por qué ser adoptada en su totalidad por las legislaciones nacionales. En efecto, el Tribunal de Justicia permite el uso de una terminología que difiera de la de una directiva, pero que no suponga una desviación sustancial de la versión original[9].

Además, la mentalidad jurídica de cada sistema nacional puede dar lugar a una aplicación diferente de las directivas de la UE. La voluntad de construir un sistema coherente de conceptos es más pronunciada en un sistema jurídico que en otros. Parece, por ejemplo, que el legislador francés ha intentado, en la transposición de las directivas de protección de los consumidores, por razones tanto técnicas como políticas, mantener o incluso

6. *Cfr.* GRAZIADEI, M.: «Variations on the Concept of Contract in a European Perspective: Some Unresolved Issues», in SCHULZE, R. (ed.), *New Features in Contract Law*, Köln, Sellier European Law Publishers, 2007, pp. 311 y ss.
7. Para más detalles, véase POZZO, B.: *Language Diversity and the Future of European Private Law, or: Why «the Language of Europe is Translation»*, cit., pp. 120 y ss.
8. Al análisis de estas cuestiones está dedicado el número especial de la *European Review of Private Law* («*ERPL*») 2012, vol. 20, núms. 5-6, «*The Impact of the Multilingualism on the Harmonization of European Private Law*».
9. *Vid.* STSJ 6 de Octubre de 1982, C-283/81, *Srl CILFIT y Lanificio di Gavardo SpA* c. *Ministero della Sanità*.

aumentar su patrimonio lexical y conceptual[10]. Diferente el planteamiento en el sistema español, donde las directivas europeas de protección de los consumidores han sido la fuente de nuevos términos jurídicos y, en algunas ocasiones, de conceptos jurídicos[11].

## IV. ALGUNAS OBSERVACIONES FINALES

La precisión de la terminología jurídica y la claridad de las normas jurídicas son importantes en varios aspectos. Unas normas inteligibles y accesibles facilitan el acceso al derecho de los profanos y, en especial, de los ciudadanos comunes, aumentan la certidumbre y la previsibilidad de las decisiones y son una condición previa necesaria para la creación de un marco jurídico armonizado en el contexto de la diversidad jurídica y lingüística europea.

La aspiración a la claridad y la inteligibilidad en el ámbito del Derecho de la UE tiene que hacer frente a la complejidad derivada del multilingüismo.

Sin embargo, debe tenerse en cuenta a este respecto, y no se trata de una particularidad poco importante, que en el sistema de la Unión la tarea de calificar los conceptos en cuestión corresponde a un órgano jurisdiccional *ad hoc*. Precisamente, el Tribunal de Justicia tiene la función institucional de velar por la interpretación uniforme del Derecho de la UE, con efectos que se proyectan directamente en los ordenamientos jurídicos nacionales. Por lo tanto, el Tribunal de Justicia desempeña la función, en términos unitarios, de definir o interpretar nociones cuando el texto normativo no proporciona ninguna indicación de sentido, y de los textos normativos con diferencias o conflictos terminológicos[12].

También se pueden mencionar algunas iniciativas lanzadas por las instituciones europeas para desarrollar una terminología coherente en el ámbito del derecho contractual y del consumo: como «*El Marco Común de Referencia (DCFR)*».

---

10. *Cfr*. MATHIEU, M. L.: «La transposition des directives en droit français: maîtrise des mots, maîtrise sur les mots», *ERPL*, núms. 5-6 (2012), pp. 1279 y ss.
11. *Cfr*. ÁLVAREZ LATA, N.: «The Impact of the Terminology of the European Directives on Consumer Rights on the Spanish Law: The Construction of a New Legal Language», *ERPL*, núms. 5-6 (2012), pp. 1305 y ss.
12. *Cfr*. POZZO, B.: «L'interpretazione della Corte del Lussemburgo del testo multilingue: una rassegna giurisprudenziale», in POZZO, B. y TIMOTEO, M. (eds.), *Europa e linguaggi giuridici*, cit., pp. 383 y ss.; y, TIZZANO, A.: «Problemi "linguistici" nell'interpretazione e applicazione del diritto dell'Unione europea», in *Il Diritto dell'Unione Europea*, 2017, pp. 862 y ss.

Sin embargo, el camino por recorrer sigue pareciendo largo y lleno de escollos. Una ayuda podría ser la introducción de cursos universitarios interdisciplinares específicos que permitieran a los juristas nacionales comprender mejor las cuestiones relacionadas con la expresión del Derecho europeo en las distintas lenguas oficiales y los problemas de la traducción jurídica.

Lamentablemente, el estudio del derecho a nivel nacional sigue anclado con demasiada frecuencia en arquetipos antiguos, que no le permiten hacer frente a los retos del mundo actual. Todavía son pocos los países que ofrecen a sus estudiantes la oportunidad de asistir a cursos de derecho que les permitan comprender las razones profundas de las diferencias entre los sistemas jurídicos europeos y —en consecuencia— entender las dificultades que plantea la traducción jurídica.

Por este motivo, en lugar de confiar únicamente en las iniciativas políticas de la Unión Europea, sería necesario desarrollar una evaluación más cuidadosa de la tarea que podrían desempeñar las universidades a la hora de sentar las bases de un sistema jurídico que, respetando las diferencias lingüísticas y culturales, pudiera definirse como verdaderamente europeo.

*Capítulo 35*

# La interpretación de las cláusulas estatutarias por las que se delimita el uso o destino de los elementos privativos en las comunidades de propietarios

JOAN ANDREU FERRER GUARDIOLA
*Universidad de las Islas Baleares*



## I. INTRODUCCIÓN

De conformidad con el párrafo primero, del art. 396 del Código civil, y del art. 3, de la Ley 49/1960, de 21 de julio, sobre Propiedad Horizontal (en adelante, LPH), la característica típica de la denominada propiedad horizontal es que en ella concurre, por una parte, un derecho singular y exclusivo de propiedad, sobre un espacio suficientemente delimitado y susceptible de aprovechamiento independiente. Y, por otra, un derecho de copropiedad sobre los restantes elementos, pertenencias y servicios comunes. Ambos derechos, aunque de distinto alcance, se reputan inherentes el uno del otro.

De esta forma, desde que en un mismo edificio convergen varios inmuebles susceptibles de uso y aprovechamiento privado, junto con diferentes elementos comunes, podrá hablarse de esta modalidad de propiedad especial. Y, como consecuencia, surgirá la necesidad de compaginar los derechos e intereses concurrentes entre los diferentes propietarios y ocupantes. Y, uno de los cauces previstos para llevar a cabo tal cometido es fijar, convencionalmente, limitaciones en cuanto al uso o destino que cada propietario pueda dar a su inmueble.

Estas cláusulas estatutarias delimitarán y configurarán el contenido del derecho de propiedad de los titulares de los inmuebles. En palabras del Tribunal Supremo «El derecho a la propiedad privada constituye un derecho constitucionalmente reconocido, concebido ampliamente en nuestro ordenamiento jurídico, sin más limitaciones que las establecidas legal o convencionalmente que, en todo caso, deben ser interpretadas de modo restrictivo»[1].

El Tribunal Supremo, ha dictado, recientemente, una serie de sentencias que recogen el pasaje anterior[2]. Es por este motivo por el que, a través de las páginas que siguen, se abordará la doctrina acerca de la interpretación restrictiva de las cláusulas estatutarias que delimitan el contenido del derecho de propiedad en los edificios sometidos a régimen de propiedad horizontal, puesto que dichas resoluciones pueden encerrar un viraje en la doctrina mantenida hasta el momento. Aunque, hay que precisar, que dichas resoluciones van referidas a un ámbito muy específico, como son las viviendas de uso turístico.

## II. LA DELIMITACIÓN DEL CONTENIDO DEL DERECHO DE PROPIEDAD DEBE CONSTAR DE MANERA EXPRESA, A TRAVÉS DE UNA ESTIPULACIÓN CLARA Y PRECISA

El art. 5.3 LPH, permite que el título constitutivo contenga, en particular, reglas relativas al uso o destino de los diferentes pisos o locales del edificio. Y, acto seguido, el art. 7.2, en su párrafo primero, reconoce que al propietario y al ocupante del piso o local no les estará permitido desarrollar en los inmuebles actividades prohibidas en los estatutos. Ahora bien, ¿de qué manera deben constar dichas cláusulas?

El Tribunal Supremo tiene declarado que, para que dichas cláusulas sean efectivas, deben constar de manera expresa[3], ya sea en el título cons-

1. STS 1 octubre 2013 (RJ 2013, 6886).
2. *Vid.* SSTS 29 noviembre 2023 (RJ 2023, 6107), 29 enero 2024 (RJ 2024, 39513) y 30 enero 2024 (JUR 2024, 39980).
3. *Vid.* STS 15 junio 2018 (RJ 2018, 2453).

titutivo o en los estatutos. Y, además, es necesario que estén redactadas de forma clara y precisa[4]. Por ende, *a priori,* ningún propietario puede ver reducida la esfera de su autonomía de la voluntad para decidir, como considere oportuno, la utilidad económica, el uso o el destino que pueda otorgarle a su inmueble siempre que, como se ha dicho, éste no esté prohibido de forma singular en el título constitutivo o en los estatutos[5].

Y, para que sean oponibles frente a terceros, han de estar inscritas en el Registro de la Propiedad, tal y como lo prevé el art. 5 LPH, en su párrafo tercero.

## III. LA INTERPRETACIÓN RESTRICTIVA DE LAS CLÁUSULAS ESTATUTARIAS QUE DELIMITAN EL CONTENIDO DEL DERECHO DE PROPIEDAD

Las cláusulas estatutarias por las que se delimita el contenido del derecho de propiedad, como hemos vista *supra,* deben constar de manera expresa, clara y precisa. Por ello, cuando las palabras sean claras, y no admitan duda, en principio, no habrá lugar a interpretación. Pero, en caso de duda, la interpretación de tales cláusulas deberá ser siempre de carácter restrictivo, sin extender su tenor, ya que éstas conllevan un menoscabo del derecho a la propiedad privada[6].

Interpretar de manera restrictiva las cláusulas que delimitan el contenido del derecho de propiedad es acorde con la manifestación vertida en su momento por el legislador en la LPH, al reconocer en su Exposición de Motivos que «Los derechos de disfrute tienden a atribuir al titular las máximas posibilidades de utilización». Afirmación que fue reiterada por el Tribunal Supremo, en su sentencia de 27 noviembre 2008[7], añadiendo que «las restricciones a las facultades dominicales han de interpretarse limitadamente». Y, agrega, que la «doctrina jurisprudencial de esta Sala ha declarado con absoluta reiteración la libertad de los derechos dominicales y la posibilidad que cada uno de los propietarios bajo el régimen de Propiedad Horizontal pueda realizar cuantas actividades parezcan adecuadas sobre su inmueble».

## IV. ¿HACIA UN CAMBIO DE CRITERIO DE INTERPRETACIÓN?

Recordemos que, las cláusulas que delimiten el contenido del derecho de propiedad deben constar de manera expresa en el título constitutivo o

4. *Vid.* STS 24 octubre 2011 (RJ 2021, 431).
5. *Vid.* STS 20 octubre 2008 (RJ 2008, 5705).
6. Así lo recogen las ya citadas SSTS 29 noviembre 2023, 29 enero 2024 y 30 enero 2024.
7. *Vid.* RJ 2008, 6069.

en los estatutos, de forma clara y precisa. Y, para que sean oponibles frente a terceros, estar inscritas en el Registro de la Propiedad.

Un problema en relación con los usos o destinos prohibidos en los edificios sometidos a régimen de propiedad horizontal es que son muchos y variados los usos y destinos que pueden darse en los inmuebles. Y, una cláusula estatutaria que los recoja todos es, prácticamente, una tarea imposible.

A ello, hay que añadirle, que, en ocasiones, existen determinados usos que no son vistos con buenos ojos por parte de los comuneros, como puede ser, en este momento, el de vivienda de uso turístico. El motivo es que dicho uso es tachado, casi de plano, de molesto. Cuando, realmente, no debería ser así. O, al menos, no reputarse más molesto que otros usos o destinos diferentes al de vivienda.

Pero, además, cabe tener en cuenta que las viviendas de uso turístico son una modalidad de alojamiento que, actualmente, goza de una regulación específica, tanto a nivel estatal —en el art. 5, letra e), de la Ley 29/1994, de 24 de noviembre, de Arrendamientos Urbanos, y art. 17.12 LPH—, como a nivel autonómico, a través de las correspondientes normas sectoriales en materia turística. Motivo por el cual, una cláusula expresa limitando, condicionando o prohibiendo dicho uso resulta más necesaria que nunca.

Recientemente, el Tribunal Supremo ha dictado varias sentencias que podrían encerrar un cambio en la doctrina mantenida hasta el momento, por cuanto tales cláusulas, en caso de duda, deben interpretarse de forma restrictiva. Al menos, por lo que se refiere al ámbito de las viviendas de uso turístico sometidas a régimen de propiedad horizontal.

En la STS 29 noviembre 2023, se plantea si el uso o destino turístico queda comprendido dentro del tenor de la siguiente cláusula estatutaria: «Queda terminantemente prohibido la realización de actividad económica alguna en las viviendas (oficina, despacho, consulta, clínica, etc.) [...]».

Efectivamente, el Tribunal Supremo considera que el uso turístico queda comprendido dentro del supuesto de hecho contemplado en la cláusula transcrita, y ello a pesar de que dicho destino no aparece expresamente recogido en ella. Afirma, que las viviendas de uso turístico suponen: «una actividad económica, equiparable a las actividades económicas que a título ejemplificativo se enumeran en la Norma Quinta de los Estatutos, caracterizadas todas ellas por ser usos distintos del de vivienda, y en los que concurre un componente comercial, profesional o empresarial»[8].

8. Reitera esta doctrina la STS 24 enero 2024 (JUR 2024, 31833). La cláusula en cuestión prevé: «a) Viviendas. Las viviendas se consideran como residencias familiares exclu-

Este no es el momento para abordar si las viviendas de uso turístico han de considerarse siempre, y en todo caso, una actividad económica. Sino en sí la interpretación llevada a cabo por el Tribunal es acorde con su doctrina jurisprudencial, habida cuenta de que las cláusulas estatutarias que delimiten el contenido del derecho de propiedad han de interpretarse de forma restrictiva.

Si nos fijamos, la cláusula, por una parte, prohíbe toda actividad económica y, entre paréntesis, recoge una serie de usos que, de forma no exhaustiva, puesto que utiliza la expresión «etcétera», se consideraran actividad económica: oficina, despacho, consulta, clínica.

Como puede apreciarse, el uso turístico no aparece previsto, expresamente, en la cláusula transcrita. No obstante, el Alto Tribunal lo considera un uso proscrito por ser subsumible en el supuesto de hecho que acoge la cláusula, al recoger ésta un listado a «título ejemplificativo». Ofrecer un listado a «título ejemplificativo» no casa bien con el hecho de que las limitaciones al contenido del derecho de propiedad deban constar de manera expresa, clara y precisa y, en caso de duda, interpretarse de manera restrictiva.

Además, téngase en cuenta que, para que dichas cláusulas sean oponibles frente a terceros deben estar inscritas en el Registro de la Propiedad. Y un tercero que pretende adquirir un inmueble situado en esta concreta comunidad de propietarios no tendrá conocimiento, a ciencia cierta, de qué usos o destinos están prohibidos en el edificio, incluido el uso turístico. Cosa que no sucedería si la cláusula fuera clara y precisa.

La segunda resolución es la STS 29 enero 2024. La cláusula objeto de controversia es la que sigue: «los pisos deberán destinarse a vivienda u oficio de profesiones liberales o industriales ya establecidas. En ningún caso podrán dedicarse los pisos a colegio, fonda, pensión, clínica para hospitalización de enfermos de cualquier clase y a fines vedados por la moral o la Ley, a industria o depósitos que atenten a la comodidad o higiene de los demás condueños o a la seguridad o integridad de la finca».

De nuevo, las viviendas de uso turístico no aparecen, de forma expresa, como actividad prohibida en el edificio. No obstante, el Tribunal Supremo afirma que: «la inclusión de la actividad turística es perfectamente coherente con su letra y espíritu, ya que es claro que la contraposición entre la

sivamente y en consecuencia no podrá desarrollarse en ellas, por sus propietarios, familiares o inquilinos o terceras personas, ninguna actividad profesional, comercial o industrial o cualquier otro uso no mencionado expresamente que altere el principio de "residencia familiar". [...]».

vivienda y la pensión como destinos de los pisos debido y prohibido, respectivamente, refleja una diferencia de fines expresiva de la voluntad comunitaria de que aquellos se dediquen a la residencia habitual o permanente de personas y no al simple hospedaje o alojamiento mediante la ocasional estancia de estas a cambio de precio». Por ello, declara que las viviendas de uso turístico constituyen una actividad prohibida por los estatutos de la comunidad.

No existe una cláusula clara y precisa que vete, no el destino turístico, sino las viviendas de uso turístico en la comunidad, como modalidad de alojamiento diferenciada del resto, y que goza de una regulación específica a día de hoy. Por tanto, la resolución podría encerrar una interpretación extensiva de la cláusula, abarcando supuestos de hecho que no aparecen expresamente proscritos.

Y, finalmente, encontramos la STS 30 enero 2024. La cláusula controvertida, que se transcribe a continuación, prohíbe: «Cambiar el uso de la vivienda por otro distinto de su habitual y permanente, transformándola en local comercial o industrial, ni destinarla, ni aún en parte, a colegios, academias, hospederías, depósitos, agencias, talleres ni a fines vedados por la moral o por Ley».

En este caso, el Tribunal Supremo alega que las viviendas de uso turístico están prohibidas en el edificio en virtud de la anterior cláusula, a pesar de no estar mencionadas expresamente. Y, en concreto, por aludir a «hospedería». Afirma que: «[...] el art. 9.1 de los estatutos veda el destino de las viviendas al uso turístico, mediante la utilización de un persuasivo conjunto argumental, conforme al cual la prohibición estatutaria del destino a "hospedería" proscribe la actividad desempeñada por la sociedad demandada; puesto que si hospedería, según la RAE, es una "casa destinada al alojamiento de visitantes o viandantes, establecida por personas particulares, institutos o empresas", dentro de su contenido semántico tendría cabida la actividad de la demandada por la existencia de identidad de razón».

El Tribunal, en vez de acudir a la RAE en busca del término «hospedería», y su consecuente definición genérica, podría haberse servido de la Ley 13/2016, de 28 de julio, de Turismo del País Vasco, y advertir que «hospedería» y «vivienda para uso turístico» aparecen contemplados en el texto normativo como dos modalidades de alojamiento turístico diferenciadas; cada una con sus respectivas características. En concreto, el art. 52.1 define «hospedería» como «aquellos establecimientos que formando parte de un santuario, convento o monasterio destinan algunas de sus dependencias al servicio de alojamiento al público en general». Y, de acuerdo con el art. 53,

«Son viviendas de uso turístico las viviendas, cualquiera que sea su tipología, que se ofrezcan o comercialicen como alojamiento por motivos turísticos o vacacionales, siendo cedidas temporalmente por la persona propietaria, explotadora o gestora y comercializadas directamente por ella misma o indirectamente, a terceros, de forma reiterada o habitual y a cambio de contraprestación económica, en condiciones de inmediata disponibilidad».

Al comprender a las viviendas de uso turístico dentro de la modalidad de alojamiento que representa la «hospedería», creemos que el Tribunal Supremo hace una interpretación extensiva, y no restrictiva, de la cláusula.

## V. CONCLUSIONES

El Tribunal Supremo tiene —o tenía—, un cuerpo sólido de doctrina, por cuanto las cláusulas que delimiten el contenido del derecho de propiedad en los edificios sometidos a régimen de propiedad horizontal han de constar de manera expresa, ya sea en el título constitutivo o en los estatutos, y ser claras y precisas. Y, en caso de duda, interpretarse de forma restrictiva. Por tanto, las limitaciones no pueden deducirse. Y, si existen, interpretarse de modo extensivo. Con ello, se refuerza la salvaguarda de la esfera de poder que otorga a su titular el derecho de propiedad.

Somos conscientes que las resoluciones abordadas se circunscriben en un ámbito muy particular, como son las viviendas de uso turístico. No obstante, ponen de relieve la problemática práctica que dicho uso puede generar en el devenir de la vida en comunidad y lo relevante que resulta la interpretación del contenido de las cláusulas. Y, además, por cuanto aquí interesa, puede que encierren un viraje en la doctrina mantenida hasta el momento.

Téngase en cuenta que las viviendas de uso turístico gozan de una regulación específica, tanto a nivel estatal, como a nivel autonómico. Y, más aún, a nivel estatal, en sede de propiedad horizontal, cobra una especial importancia el art. 17.12 LPH, puesto que este precepto establece un régimen particular para adoptar un acuerdo estatutario por el que se «limite» o «condicione» la modalidad de alojamiento de las viviendas de uso turístico: tres quintas partes del total de los propietarios que, a su vez, representen las tres quintas partes de las cuotas de participación. En cambio, para «prohibir» las viviendas de uso turístico o limitar cualquier otra modalidad de alojamiento —diferente del de las viviendas de uso turístico— deberemos acudir al art. 17.6 LPH, y adoptarse los concretos acuerdos por unanimidad de propietarios y cuotas. Por este motivo, se hace más acuciante que nunca que las viviendas de uso turístico si quieren ordenarse por parte de la comunidad de propietarios, consten de manera singular en la cláusula estatutaria, como modalidad de alojamiento expresamente regulada, independiente y diferenciada.

*Capítulo 36*

# Una línea de interpretación en relación con los pactos sobre herencia futura. La solidaridad familiar

María Victoria Metzadour

Martín Andrés Flores
*Universidad Nacional de Córdoba*

SUMARIO: I. INTRODUCCIÓN. II. CONSIDERACIONES METODOLÓGICAS. III. PERSPECTIVA FORMAL. *1. Supuesto de inconsistencia entre el artículo 1002 inciso d) y el artículo 1010, segundo párrafo del Código Civil y Comercial de la Nación Argentina. 2. Análisis de la regla de interpretación jurídica aplicable al problema jurídico planteado.* IV. PERSPECTIVA AXIOLÓGICA: TEORÍAS APLICABLES. V. IDENTIFICACIÓN DEL DERECHO DE FAMILIA COMO OBJETO COMÚN. VI. CONCLUSIÓN.

## I. INTRODUCCIÓN

En la República Argentina, en el año 2015, se sancionó el Código Civil y Comercial de la Nación como primer cuerpo unificado de normas civiles y comerciales.

Como novedad, en materia de objeto de los contratos, se receptó por primera vez la posibilidad de concertar los llamados «Pactos sobre herencia futura».

Específicamente, y si bien se mantiene la regla de la prohibición de la herencia futura como objeto de los contratos, así como los derechos eventuales sobre objetos particulares, el art. 1010 —en su segundo párrafo— establece la posibilidad de celebrar pactos relativos a una explotación productiva o a participaciones societarias de cualquier tipo, con miras a la conservación de la unidad de gestión empresarial o a la prevención o solución de conflictos.

Si bien la figura ha sido regulada en el Título de los Contratos, su contenido y alcance impacta en otros órdenes del derecho argentino; principalmente el sucesorio, familiar y societario.

Dicha excepción no se encontraba prevista en el Anteproyecto del Código Civil y Comercial sino que fue introducida directamente en el Proyecto que el Poder Ejecutivo remitió al Congreso de la Nación, por lo que no se acompañó ningún fundamento de la misma.

Asimismo, debido al carácter joven de la incorporación, a la fecha aún no tenemos fallos judiciales que hayan resuelto sobre el sentido y alcance de la norma.

De allí que, frente a un caso concreto, debemos remitirnos al art. 2 que establece la regla de interpretación jurídica, que nos impone, en términos hermenéuticos, descubrir la finalidad de la norma.

Nos planteamos dilucidar, entonces, frente a un problema jurídico de inconsistencia: ¿Cuáles son las herramientas de interpretación que debemos utilizar? ¿Cuáles son los principios y valores jurídicos aplicables? Creemos que la solución podría encontrarse en el principio de solidaridad familiar.

## II. CONSIDERACIONES METODOLÓGICAS

En nuestro ordenamiento jurídico existe una norma innovadora que refleja una flexibilización al orden público sucesorio. Esto es así ya que el pacto sobre herencia futura incorporado en el segundo párrafo del art. 1010, hace posible que la transmisión hereditaria se organice de manera anticipada, protegiendo la empresa familiar.

El art. 1010 establece: «Herencia futura. La herencia futura no puede ser objeto de los contratos ni tampoco pueden serlo los derechos hereditarios eventuales sobre objetos particulares, excepto lo dispuesto en el párrafo siguiente u otra disposición legal expresa.

Los pactos relativos a una explotación productiva o a participaciones societarias de cualquier tipo, con miras a la conservación de la unidad de la gestión empresarial o a la prevención o solución de conflictos, pueden incluir disposiciones referidas a futuros derechos hereditarios y establecer compensaciones en favor de otros legitimarios. Estos pactos son válidos, sean o no parte el futuro causante y su cónyuge, si no afectan la legítima hereditaria, los derechos del cónyuge, ni los derechos de terceros».

Sin embargo, advertimos que la norma presenta algunos aspectos débiles, a saber: la novel incorporación en el ordenamiento jurídico; su ubicación dentro del cuerpo codificado; las especialidades jurídicas en las que se sustenta dentro del derecho civil patrimonial; la ausencia de fundamentos legislativos y la falta de fallos judiciales que fijen criterios teleológicos de interpretación, entre otros.

Todo ello da causa a un problema jurídico de tipo sistémico normativo y de orden formal y axiológico.

Conforme sostiene ITURRALDE SESMA[1], el derecho como sistema puede ser analizado desde tres perspectivas:

1) Como sistema formal, por el carácter sistémico del derecho que viene dado por la presencia de características formales de completitud y coherencia.

2) Como sistema axiológico, considerando que las normas son una expresión de ciertos valores que dotan de coherencia a todo el conjunto.

3) Como sistema dinámico, donde la cadena de validez normativa debe dar respuestas a las necesidades del hombre actual.

En los pactos sobre herencia futura, encontramos que el problema radica en las dos primeras perspectivas, es decir, la perspectiva formal y la perspectiva axiológica del derecho.

## III. PERSPECTIVA FORMAL

### 1. SUPUESTO DE INCONSISTENCIA ENTRE EL ARTÍCULO 1002 INCISO D) Y EL ARTÍCULO 1010, SEGUNDO PÁRRAFO DEL CÓDIGO CIVIL Y COMERCIAL DE LA NACIÓN ARGENTINA

Abordando el problema desde su forma, hallamos un supuesto de inconsistencia en el que, en el mismo Título de los Contratos en General, existen dos soluciones igualmente válidas para un mismo problema, pero que se excluyen entre sí.

1. *Cfr.* ITURRALDE SESMA, V.: «El Derecho como sistema: análisis de tres perspectivas», *Anuario de Filosofía del Derecho*, núm. XXIV (2007), pp. 346-364.

Por un lado, el art. 1002, referido a inhabilidades especiales, en su inciso d) dispone que los cónyuges que se encuentren bajo el régimen patrimonial matrimonial de comunidad de ganancias, no pueden contratar en interés propio, entre sí.

Si bien está cuestionada la inhabilidad para contratar de los cónyuges entre sí bajo el régimen de comunidad de ganancias, por ir en contra de los avances en pos de la autonomía de la voluntad que el Código Civil y Comercial plantea, sumado a la contradicción que se genera respecto de los avances vinculados a la libertad que tienen los cónyuges para elegir el régimen patrimonial por el cual desean regirse, esta norma tiene un alcance prohibitivo.

Por otro lado, el mencionado art. 1010, en su segundo párrafo, permite que el cónyuge celebre el pacto de herencia futura.

Tal como se refirió anteriormente, la prohibición de la herencia futura como objeto de los contratos fue sostenida como regla tanto en el código derogado así como en el actual. Sin embargo, con el correr de los años, las empresas familiares tuvieron un progreso significativo que, a su vez, en nuestro país generan un porcentaje muy elevado del producto bruto interno (PBI) y representan otro gran porcentaje de la actividad económica regional. Pese a ello, sólo un número reducido de ellas trasciende la tercera generación familiar. De allí que el objetivo de los legisladores fue preservar estas empresas y velar por la conservación de esas fuentes económicas.

En pos de ello, se instrumenta como excepción a la regla genérica de prohibición sobre la herencia futura como objeto de los contratos, la posibilidad de concertar pactos relativos a una explotación productiva o a participaciones societarias de cualquier tipo, con miras a la conservación de la unidad de gestión empresarial o a la prevención o solución de conflictos.

De la confrontación de ambas normativas, nos encontramos con una contradicción que el art. 1002 establece fijando una prohibición que opera como límite a la libertad contractual de los cónyuges sometidos al régimen de comunidad de ganancias frente al espíritu que subyace de la autonomía de la voluntad reflejado, tanto en el ámbito matrimonial, en general, como en la excepción contemplada en el segundo párrafo del art. 1010.

De allí que nos planteamos como interrogante qué ocurriría frente a un supuesto en el cual un matrimonio, cuyos efectos patrimoniales estén sometidos al régimen de comunidad de ganancias, decide celebrar un pacto de familia del art. 1010 segundo párrafo. ¿Ese pacto sería válido? Según el art.

1010 segundo párrafo, es válido. Sin embargo, de acuerdo a lo establecido en el art. 1002 inciso d), no lo es.

Ante un problema como el planteado, resulta menester encontrar una solución dentro del ordenamiento jurídico que permita resolverlo.

## 2. ANÁLISIS DE LA REGLA DE INTERPRETACIÓN JURÍDICA APLICABLE AL PROBLEMA JURÍDICO PLANTEADO

A la luz del Código Civil y Comercial de la Nación, su metodología se encuentra anclada en reglas y principios generales. Conforme anticipáramos, nuestro ordenamiento jurídico establece la regla de interpretación jurídica en su art. 2, que dice: «Interpretación. La ley debe ser interpretada teniendo en cuenta sus palabras, sus finalidades, las leyes análogas, las disposiciones que surgen de los tratados sobre derechos humanos, los principios y los valores jurídicos, de modo coherente con todo el ordenamiento».

Analizaremos de manera pormenorizada dicho artículo con el objeto de dar respuesta a nuestro planteo.

En primer lugar, sus palabras: Método de interpretación gramatical. Lo que de acuerdo a la literalidad de ambas disposiciones (arts. 1010 y 1002), se excluyen entre sí. Una permite y la otra lo invalida. Esto significa que el método es insuficiente.

Luego, hace referencia a sus finalidades: Método teleológico. El fin de ambas reglas no es claro. En ambos casos, no existen fundamentos de parte de los codificadores. Incluso, carecemos de antecedentes. De hecho, la prohibición de no contratar es sólo para los cónyuges que estén sometidos al régimen de comunidad de ganancias, no así para los que hayan optado por el régimen de separación de bienes. En conclusión, este método también resulta insuficiente *per se*. Se requiere de otros elementos para aplicar este método. Allí tomamos las que nos proporciona el legislador.

Finalmente, el artículo se refiere a leyes análogas, disposiciones que surgen de los tratados de derechos humanos, principios y valores jurídicos, de modo coherente con todo el ordenamiento.

Este ha sido un primer paso para arribar a una posible solución al problema planteado, respecto de la tensión normativa que surge entre los arts. 1010, segundo párrafo y el art. 1002 inciso d).

Si aplicamos el método teleológico, complementándolo con otros elementos, a saber, principios y valores jurídicos de modo sistemático, debemos preguntarnos a qué principios se hace referencia.

La regla del art. 1010 se nutre del corazón del derecho sucesorio que, a su vez, depende del derecho de familia. El pacto sobre herencia futura constituye una herramienta prevista para la preservación de la unidad económica familiar y se instrumenta por medio de un contrato, que define su naturaleza jurídica y se fulmina por el mismo art. 1002.

Al mencionar el legislador a los principios, interpretamos que se hace referencia a los principios generales del derecho. Para este supuesto, sería el principio de especialidad, por tratarse de una ley especial que se prioriza por sobre la ley general.

Sin embargo, ambas reglas referenciadas se encuentran dentro de la misma especialidad, que es la de los Contratos, por lo que no es posible arribar a una solución en este sentido.

Analizada la cuestión, se advierte que la regla del art. 2 en su última parte establece *«de modo coherente con todo el ordenamiento»*. Es decir, nos proporciona el método de interpretación sistemático.

Así, regresamos a los postulados del comienzo en cuanto a las perspectivas problemáticas y, en vez de abordarlo como un problema de forma, lo haremos desde la perspectiva axiológica.

## IV. PERSPECTIVA AXIOLÓGICA: TEORÍAS APLICABLES

Desde su dimensión axiológica, partiendo de la base de la subordinación existente del derecho de las sucesiones al derecho de familia, que le impone al primero una función fortalecedora o deber protectorio del legado familiar, identificamos nuestro problema para ser abordado desde dos teorías:

Por un lado, la teoría de realización de fines y valores de CANARIS. Para él, el ordenamiento jurídico está dirigido básicamente a la realización de fines y valores, ya que «la tarea del concepto de sistema es presentar y realizar la coherencia valorativa y la unidad interna del ordenamiento jurídico»[2].

Por ende, si logramos identificar un principio que resulte aplicable al art. 1010, independientemente de su especialidad, ello nos permitirá arribar a una conclusión sobre si el problema —en su sentido axiológico— puede ser resuelto conforme lo indica el art. 2.

2. CANARIS, C. W.: *El sistema en la jurisprudencia*, Fundación Cultural del Notariado, Madrid, 1988, p. 55.

Por otro lado, la teoría de la integridad de DWORKIN, quien entiende al sistema jurídico como una coherencia de valores morales y políticos que subyacen al derecho. Por lo que «el proceso de interpretación se verifica en tres estadios: pre-interpretativo, interpretativo y post-interpretativo»[3].

DWORKIN nos enseña que «debemos tratar de representar los principios y las soluciones jurídicas a las que podemos reconocer por aplicación o asentamiento en nuestra historia y nuestra cultura jurídica, rasgos estables y abstractos de nuestra práctica y nuestra tradición»[4].

## V. IDENTIFICACIÓN DEL DERECHO DE FAMILIA COMO OBJETO COMÚN

De dicho análisis extraemos que, por un lado, el art. 1010 prevé una herencia futura como objeto de contratación a través de un pacto que busque preservar una fuente económica familiar. A su vez, el derecho de sucesiones depende del derecho de familia, con una función fortalecedora y protectoria.

Por otro lado, el art. 1002 inciso d) prevé la inhabilidad para contratar entre cónyuges bajo el régimen de comunidad de ganancias, institución matrimonial regulada por el derecho de familia.

De esta manera, advertimos que el punto de contacto en el objeto regulado se encuentra en el derecho de familia, sus principios y valores.

De los principios que iluminan al derecho de familia, consideramos que el principio de solidaridad familiar puede ser aplicable a nuestro interrogante, pues es un principio inspirado en una responsabilidad para con las personas con las que se comparte una vida familiar, impregna las normas de nuestro código y nuclea los intereses vertidos en las distintas relaciones jurídicas en las que se vea involucrado el instituto familiar.

## VI. CONCLUSIÓN

Del análisis vertido, comprendemos que el pacto sobre herencia futura al que refiere el art.1010 constituye una herramienta de planificación sucesoria que pondera, no sólo la suma de intereses individuales sino la conjunción valorativa de todos los que integran ese núcleo familiar de manera solidaria; pues se busca, a través de dicha planificación, el bien común de ese grupo.

---

3. DWORKIN, R.: *El imperio de la justicia*, Gedisa, Barcelona, 1988, pp. 57-58.
4. DWORKIN, R.: *El imperio de la justicia*, cit., pp. 57-58.

De esta manera, creemos que el límite de orden público establecido por la norma contemplada en el art. 1002 inciso d) del Código Civil y Comercial de la Nación, cede frente a la autonomía de la voluntad del pacto de familia del art. 1010, en virtud de la aplicación del principio de solidaridad familiar que constituye la base de esa planificación sucesoria familiar.

*Capítulo 37*

# Relaciones socioafectivas y la figura jurídica del progenitor en Argentina: un análisis judicial

Martín Andrés Flores

José Luis Báez
*Universidad Nacional de Córdoba*

SUMARIO: I. INTRODUCCIÓN. II. LA LEGISLACIÓN ACTUAL Y SUS POSIBLES CATEGORÍAS. III. SITUACIÓN DEL REFERENTE AFECTIVO. IV. ANÁLISIS JUDICIAL. V. EFECTOS DE LA RESOLUCIÓN JUDICIAL. VI. CONCLUSIÓN.

## I. INTRODUCCIÓN

El derecho familiar argentino ha sido objeto de fuertes cambios normativos a partir del año 2015, con la entrada en vigencia del código civil y comercial de la nación (en adelante CCCN). Esas modificaciones, aportaron dudas sobre la naturaleza jurídica de la figura legal del progenitor.

Regularmente, la figura legal de «progenitor» se ajustaba únicamente a la existencia de un «vínculo jurídico filiatorio», entre el progenitor y el hijo, sujetos a la causa fuente del emplazamiento.

Es decir, que al referirnos a la expresión progenitor, presuponíamos la existencia de un vínculo jurídico con el hijo, ya sea de fuente «natural», «adoptiva», o a través de la «voluntad procreacional» en las técnicas de reproducción humana asistida.

Pero a la luz de la actual legislación, en razón a la «ligera» utilización de la expresión «progenitor» de parte del legislador del 2015, resulta que la referencia ya no es clara y, en consecuencia, resultan una serie de posibles «categorías» de progenitores.

Para encuadrar el análisis propuesto, nos situaremos sobre una posición, que denominaremos «tesis amplísima de la figura legal del progenitor», a los efectos de dar visibilidad al desajuste de la figura del progenitor de fuente del emplazamiento.

Ya que como veremos a continuación, el legislador nomina «también» como «progenitores», a aquellos que no se encuentran emplazados en el Estado de Familia Primario.

## II. LA LEGISLACIÓN ACTUAL Y SUS POSIBLES CATEGORÍAS

Una primera categoría de progenitor, a la que podríamos denominar «progenitor de fuente». Es aquel emplazado en el Estado de Familia Primario de Progenitor, constituyendo por definición, un vínculo jurídico filial con el hijo, y a causa de las fuentes reconocidas por la regla nro. 558 del CCCN.

Este progenitor a raíz del emplazamiento detenta en pleno, el uso y goce del estado de familia primario de progenitor y, por consiguiente, de los derechos y deberes que este impone, sobre la persona y los bienes de sus hijos, a través de la titularidad y el ejercicio de la responsabilidad parental.

Cabe aclarar que esta categoría no requiere de la presencia de una relación afectiva entre el progenitor con su hijo. No debemos confundir con el modo esperado por el legislador (la sociedad) en cuanto al ejercicio del Estado de Progenitor.

Pero como ya advertimos, a la luz de la nueva legislación, es que detectamos otros tipos de categorías, a las cuales el legislador califica como «progenitores» en una supuesta razón al «principio jurídico de la socioafectividad». Entre ellas encontramos:

El progenitor «técnicamente» afín. Es aquel progenitor sin emplazamiento, y que precisa necesariamente un previo vínculo jurídico de matrimonio con el progenitor de fuente y, en consecuencia, obtiene un vínculo jurídico de parentesco por afinidad con el hijo (conf. arts. 536,672 y ss. del CCCN).

En términos de seguridad jurídica, como es evidente, esta figura al sostenerse sobre las instituciones del matrimonio y del parentesco, obtiene de ellas el carácter de «permanencia».

En suma, es un progenitor impuesto por imperio de la ley, sin necesidad de la presencia de una relación afectiva con el hijo de su cónyuge.

También encontramos al progenitor «por accesión», mal denominado afín. Progenitor sin emplazamiento que, por imperio de la ley, posee deberes y derechos, por la coexistencia o preexistencia de un vínculo jurídico de convivencia con el progenitor de fuente que ejerza el cuidado personal del hijo.

En este caso, el legislador importa la permanencia de la institución convivencial. Constituyéndose un progenitor por imperio de la ley, sin necesidad de la presencia de una relación afectiva con el hijo de su conviviente.

Por último, nos encontramos con el progenitor «por accesión» sin vínculo jurídico con el progenitor de fuente. Conforme establece la regla nro. 672 del CCCN, se denomina progenitor afín «al cónyuge o conviviente que vive con quien tiene a su cargo el cuidado personal del niño o adolescente (...)».

Esta norma, abre el juego para los supuestos de guarda y delegación del ejercicio de la responsabilidad parental a cargo de un pariente (conf. los arts. 611 y 643 del CCCN), y en consecuencia, por imperio de la ley, se le atribuye deberes y derechos al cónyuge o conviviente del pariente, no progenitor de fuente, que posee el cuidado personal.

En este caso, y estirando la regla en pro al principio de seguridad jurídica (en términos de la fórmula de goma de Geny), la permanencia resultaría de las instituciones del parentesco, y sobre esta, el matrimonio y/o la unión convivencial.

Entonces, es de manifiesto el impacto que provocó el legislador del 2015 sobre la figura legal del progenitor, incluyendo así, un amplio número de posibles sujetos con poder de decisión en la vida del hijo, en mayor o menor medida, y en particular, sobre su persona y sus bienes.

## III. SITUACIÓN DEL REFERENTE AFECTIVO

Sin tener aún resultados claros sobre estos desafíos legislativos, surge a nuestro asombro, y por vía jurisprudencial, una posible y novedosa categoría que reposaría exclusivamente sobre la «relación afectiva del hijo con un tercero denominado referente afectivo».

Es claro en este caso, y a diferencia de las categorías analizadas, que la naturaleza jurídica de este eventual progenitor no se sostiene sobre instituciones familiares con poder de permanencia, como lo son el parentesco, el matrimonio y las uniones convivenciales.

Si bien no es nuestra intención aquí dar un concepto unívoco de relación afectiva, incluso entendemos que es una misión un tanto inviable, debido a que existirán tantas definiciones como casos se presenten; entendemos que es necesario realizar la siguiente aclaración relativa a la incorporación de la expresión en el derecho positivo argentino.

Conforme nuestro derecho interno, se puede identificar como fuente expresa del reconocimiento legal de la figura del referente afectivo, la regla nro. 7 del decreto reglamentario 415/06, ordenatoria del art. 7 de la ley 26.061.

Esta pretensiosa, pero necesaria regla, propone un aparente concepto jurídico de familia, pero lo hace como «herramienta» para la protección y preservación de los derechos de las niñas, niños y adolescentes que, para el caso de una vulneración directa de sus derechos, facilite al operador jurídico la identificación de los «anillos» o «niveles» de contención dentro de la Familia, clasificándola en «nuclear», «ampliada» y «comunitaria».

Pero fuera de este campo de emergencia, en ningún momento, identifica al referente afectivo dentro de la categoría técnica de familia nuclear, incluso es la misma regla la que se encarga de separar los tantos, al utilizar la formula «además de los progenitores (...)».

Por ello, que al encontrarnos con resoluciones judiciales que argumentan el emplazamiento filial sobre una relación afectiva entre el hijo y el referente, no es más que una creación estrictamente judicial, donde el progenitor afectivo superó el debido escrutinio propuesto por el Juez.

Menuda es la tarea que se le impone al juzgador, que debe suplir por medio de sus decisiones, la falta de regulación legislativa.

En particular, debe tomar el vínculo afectivo, y por medio de su sentencia, darle el poder suficiente para convertirlo en un vínculo de tipo jurídico, y dentro de este, de tipo filial; y con la complejidad de no poder echar mano a la permanencia que contienen otras instituciones del derecho de familia, como lo son el parentesco, el matrimonio y la unión convivencial.

Es un claro caso difícil el que se le plantea al juzgador; y dadas las herramientas que le provee el legislador, es más bien, un caso claro de textura abierta del derecho.

En suma, se pretende que el Juez brinde seguridad jurídica a algo tan volátil como es el «afecto», dándole por medio de su resolución la categoría de vínculo jurídico y consecuente fuente de derechos y deberes subjetivos familiares.

Pero la incompletitud del sistema normativo no es el único obstáculo que se le presenta al sentenciante, sino también, las reglas básicas de la teoría general de derecho de familia.

Esto se debe a que si el juzgador toma al vínculo afectivo entre el «referente» y el «presunto hijo», como una posesión de estado de familia de hijo/progenitor; al no existir fuente posible de emplazamiento, recaería en un supuesto de «estado aparente de hecho», es decir que por falta de fuente, la posesión del Estado de Progenitor no coincidirá nunca con el individuo susceptible de ser emplazado, «ya que en la República Argentina se admiten solo tres tipos de fuentes filiales, y dentro de las cuales, no se encuentra el afecto».

De acuerdo a la escasa jurisprudencia nacida a la fecha, los jueces subsanan este obstáculo por medio de la institución más noble del derecho, en términos de García de Solavagione, que es la adopción, y por vía de la inconstitucionalidad de los arts. 611, 613 y 634 del CCCN.

Ya que el legislador ha previsto como único ingreso a la vía adoptiva de quienes pretenden acceder a este tipo filial, la previa inscripción en el Registro de Aspirantes a Guarda con fines de adopción.

Entonces, por medio de la adopción, el referente afectivo, con posesión de aparente estado de familia, adquiere la «categoría» de progenitor, y dentro de esta, la de «progenitor de fuente».

Por consiguiente, a partir de ese momento asirá todos los derechos y deberes sobre la persona y bienes del adoptado, conforme el estatuto de la responsabilidad parental impone.

Pero, conforme algunos fallos, como por ejemplo para citar uno de nuestra ciudad de Córdoba, la pretensión es mayor con respecto al tema que nos convoca.

## IV. ANÁLISIS JUDICIAL

En el año 2020 se dio lugar a una adopción plena pluriparental sobre la base de una relación socioafectiva. En los hechos: en el año 2010 a un matrimonio cordobés se le otorgó la guarda con fines de adopción de una niña. Este matrimonio luego se disuelve por divorcio vincular, y con posterioridad uno de los ex cónyuges contrae nuevo matrimonio con aquel que luego genera con la niña un lazo afectivo significativo.

Posteriormente, se presentan los (3) tres adultos en el expediente de la adopción y solicitan una adopción plena pluriparental.

La jueza, frente a este caso difícil, se ajusta a la observancia de todas las garantías de un proceso de adopción, imperando el respecto al derecho de participación de la pretensa adoptada.

En conclusión, resuelve hacer lugar a la adopción plena pluriparental y, en consecuencia, dar lugar a un caso de triple filiación.

Pero analizando la resolución, entendemos que previo a haber arribado a este resultado, se le presentaron (2) dos problemas jurídicos:

1. Juridizar el afecto del tercer pretenso adoptante («referente afectivo»), que no había participado *ab initio* en el trámite de adopción, y, por lo tanto, no se encontraba inscripto en el Registro de Pretensos Adoptantes.

Para superar este valladar, como advertimos previamente, recurrió a la inconstitucionalidad de las normas prohibitivas en materia de adopción que imposibilitaban el pedido. Por lo que, a las ya citadas, sumó la declaración de inconstitucionalidad del inc. d) del art. 634 del CCCN, que fulmina con nulidad absoluta la adopción simultánea.

2. Luego se enfrentó a un nuevo obstáculo, de naturaleza de orden público, e impuesto a través del sistema binario de emplazamiento filial argentino, receptado normativamente en el último párrafo del art. 558 del CCCN.

Impedimento que, analizado bajo las reglas de la teoría general de los hechos y actos jurídicos familiares, constituye un peligro de recaer en un estado aparente de derecho por la existencia de una prohibición legal expresa.

Para ello, y en razón de lo resuelto en el citado fallo, la Jueza se limitó a declarar la inconstitucionalidad de la norma prohibitiva, y así poder dar lugar a un caso de triple filiación.

## V. EFECTOS DE LA RESOLUCIÓN JUDICIAL

Conforme lo desarrollado hasta el momento, la resolución de la Jueza impacta de manera directa en el mapa parental de la «hija», ya que lo triplica. Como así también, da lugar a la presencia de «otros» eventuales progenitores. Es decir, si con dos progenitores de «fuente» es posible la presencia de «otros progenitores afines», con un «tercero», se triplicaría tal situación.

En consecuencia, se da lugar a la eventual presencia de diferentes actores en la vida de la hija, los cuales tendrán, en mayor o menor medida, un poder de decisión sobre su cuidado, y que para el caso de desacuerdo entre «adultos», cualquiera de ellos podrá judicializar la situación.

Entonces, frente a estos eventuales casos de triple filiación, donde el Juez solo puede declarar la inconstitucionalidad de las normas prohibitivas, por carecer de una adecuada reglamentación, avizoramos las posibles inquietudes:

1. En materia de desacuerdos en el ejercicio de la Responsabilidad Parental. Si consideramos que uno de los fundamentos de la actual legislación es evitar el conflicto judicial como causa de destrucción familiar, y en virtud de la alta tasa de desacuerdos judicializados por los progenitores (conf. el art. 642 del CCCN), es dable pensar que la inclusión de un tercero actor adulto, con derechos subjetivos filiales, abonaría aún más la judicialización.

Que en términos domésticos sería, si se observa la dificultad de acuerdo entre dos, que podremos esperar entre tres o más; y en términos de dignidad, presentaría el peligro de una eventual instrumentalización del hijo como recurso de poder en los conflictos familiares.

2. En materia de Cuidado Personal Compartido de tipo Alternado. Donde el hijo deberá distribuirse en cada uno de los hogares de los múltiples progenitores.

3. En materia de traslados inconsultos, y más dentro del territorio del país, lo que constituye en la actualidad un novedoso caso difícil en los tribunales, dado principalmente por la incompletitud del sistema en esta materia.

4. Por último, en lo que respecta al derecho de las sucesiones, principalmente sobre la porción legítima de ascendientes, la cual reposa en cuanto a su porcentaje, sobre el sistema binario de filiación. Lo que también impactaría en el supuesto de excepción de la intangibilidad de la legítima, para el caso de múltiples progenitores con discapacidad.

Por la situación descripta es que nos preguntamos, ¿estas «previsiones» jurídicas son las que el legislador quiso crear? ¿Se protegen verdaderamente los derechos de los niños y niñas?

## VI. CONCLUSIÓN

A modo de reflexión, creemos que la responsabilidad debe ser asumida por el legislador, teniendo como límite la coherencia sistémica conforme manda el art. 2 del CCCN.

Observamos que a ocho (8) ocho años de la incorporación de la figura del progenitor afín, se presentan los mismos problemas jurídicos que allá por el 2015, pero conforme con nuestra cultura jurídica, en vez de revisar la figura y hacerla funcional, decidimos seguir sumando actores con poder de decisión sobre las niñas, niños y adolescentes, y en consecuencia, seguir categorizando progenitores.

En suma, como ha sostenido el profesor Fulchiron: «Es a partir de una valoración completa de la necesidad de una ley, necesidad práctica y simbólica, que se debería tomar la decisión de intervenir o no en materia familiar en general y en el caso de los progenitores afines en particular. Se deberá tomar una posición desde la sabiduría, se diría. Pero el legislador, sobre todo el legislador en materia familiar, ¿es siempre sabio?»[1].

1. FULCHIRON, H.: «¿Un estatuto para el progenitor afín? Algunas reflexiones sobre la necesidad de legislar en materia familiar», *Conferencia dictada en el Aula Magna de la Facultad de Derecho de la Universidad Nacional de Córdoba*, 5 de junio de 2015.

# *Capítulo 38*

# Perspectiva de género en el proceso: cuestiones judiciales y docentes[1]

FRANCISCO DE ASÍS GONZÁLEZ CAMPO
*Universidad de Zaragoza*

SUMARIO: I. INTRODUCCIÓN. II. PERSPECTIVA DE GÉNERO Y ADMINISTRACIÓN DE JUSTICIA. III. CONCLUSIONES: LA PERSPECTIVA DE GÉNERO EN EL ÁMBITO JUDICIAL Y DOCENTE.

## I. INTRODUCCIÓN

El Derecho procesal ofrece a los ciudadanos la garantía de una misma solución y trato en sus pretensiones. La igualdad entre mujeres y hombres, sin perjuicio de que, en nuestra Constitución supone ser valor superior del ordenamiento jurídico, principio y derecho fundamental, ha sido recogido, en el ámbito comunitario, con motivo del Tratado de Ámsterdam, como principio rector de la política de la Unión Europea, estableciéndose la necesidad de adoptar acciones transversales de perspectiva de género, siguiendo el concepto de *«transversalidad o mainstreaming de género», que* es entendido como el establecimiento de dicha perspectiva en todas las acciones y actividades políticas, jurídicas o sociales en todo su ciclo o recorrido (desde su inicial diseño, implantación, ejecución y evaluación de su resul-

1. Este trabajo ha sido realizado en el marco del Proyecto «Autonomía privada y formas y efectos de la litigación civil en una sociedad de masas» (PID 2019-108844RB-I00), financiado por la Agencia Estatal de Investigación (Ministerio de Ciencia e Innovación, Gobierno de España), y del Grupo de Investigación de Referencia «De Iure» (S26-20R), financiado por el Gobierno de Aragón.

tado) mediante una variedad de estrategias y herramientas[2]. Actualmente, se recoge en el artículo 23 de la Carta de los Derechos Fundamentales de la Unión Europea.

Con ello, la transversalización de la perspectiva de género supone, también, la evaluación del impacto de la legislación sobre las mujeres a fin de considerarla una estrategia para el final objetivo de la igualdad de género[3]. Dichos objetivos pueden lograrse mediante la utilización de la perspectiva de género como criterio interpretativo de la norma procesal en los ámbitos judicial y docente.

La introducción de la perspectiva de género en la Administración de Justicia se fomenta en las cuatro Conferencias mundiales sobre Mujeres celebradas de Naciones Unidas, ya desde 1975, siendo en la cuarta de Beijing (1995), cuando se impulsó siendo objeto de posterior recogida en acuerdos y organizaciones[4].

## II. PERSPECTIVA DE GÉNERO Y ADMINISTRACIÓN DE JUSTICIA

La perspectiva de género en la Administración de Justicia, entendida como estrategia global para la igualdad, y como técnica que permite enfrentar las desigualdades entre mujeres y hombres y la discriminación a mujeres, favorece la tutela judicial efectiva, «como una dimensión particularmente importante del acceso a la justicia»[5]. A través de la misma, se obtendrá una visión distinta a la tradicional que contribuirá a dicho objetivo mediante la comprensión de que «el sexo, el género, la orientación sexual y la identidad de género desempeñan un papel en la conformación de las experiencias de la delincuencia y la justicia penal, y de que las leyes y políticas provocan un impacto diferenciado en los hombres, las mujeres y las personas de características sexuales, orientación sexual y/o identidades de género diversas».

---

2. *Vid.* LOMBARDO, E.: «El mainstreaming. La aplicación de la transversalidad en la Unión Europea», *Aequalitas: Revista jurídica de igualdad de oportunidades entre mujeres y hombres*, núm. 13 (2003), pp. 6-11.
3. *Vid.* NACIONES UNIDAS, Oficina de las NN.UU. contra la Droga y el Delito, *Incorporación de la perspectiva de género en proyectos y programas en materia de Justicia*, Viena, 2020, p. 2.
4. Sobre dicha evolución y antecedentes, *vid.* POYATOS I MATAS, G.: «Juzgar con perspectiva de género: una metodología vinculante de justicia equitativa», *Iqual, Revista de género e igualdad*, núm. 2 (2019), pp. 1-21.
5. GAUCHÉ-MARCHETTI, X. *et al.*: «Juzgar con perspectiva de género. Teoría y normativa de una estrategia ante el desafío de la tutela judicial efectiva para mujeres y personas», *Revista Derecho del Estado*, núm. 52 (2022), pp. 247-278.

Se logrará, precisamente partiendo de la desigual situación histórica y presente, comprender las situaciones de discriminación y proponer nuevas «nuevas medidas, mecanismos o instituciones que logren y promuevan situaciones y condiciones de igualdad efectiva entre hombres y mujeres», evitando con ello prácticas normativas o judiciales que perpetúan la discriminación[6].

El artículo 9.2 CE obliga a los poderes públicos a remover los obstáculos que impidan o dificulten la plena, real y efectiva libertad e igualdad del individuo y grupos en que se integra. Dicha igualdad muestra una concurrente naturaleza (principio, valor superior y derecho fundamental: arts. 1, 9 y 14 CE). Sobre tal base cabe contemplar las finalidades antedichas que, para su efectiva vigencia, deben ser objeto de desarrollo legal que ha venido dado por varias normas sucesivamente reformadas.

La Ley Orgánica 3/2007, de 22 de marzo, para la Igualdad Efectiva de Mujeres y Hombres (L.O. 3/07) preconiza la ordenación general de las políticas públicas, bajo la óptica del principio de igualdad y la perspectiva de género, mediante criterios de actuación de todos los poderes públicos en los que aquellos se integran activamente (apartado III, Exposición de Motivos), recogiendo, así, expresamente la transversalidad del principio de igualdad de trato entre mujeres y hombres.

En lo relativo al proceso civil, la L.O. 3/07 supuso varias relevantes medidas:

- Configura la igualdad de trato y de oportunidades entre mujeres y hombres como canon hermenéutico y principio informador del ordenamiento (art. 4 L.O. 3/07); lo que debe, a su vez, ponerse en valor por su relación con el criterio de la «realidad social» del momento en que la norma debe aplicarse (art. 3 del Código Civil)[7].
- Proclamó la adopción mediante acciones positivas de medidas específicas —razonables y proporcionadas— en favor de las mujeres para corregir situaciones patentes de desigualdad de hecho respecto de los hombres. Tales medidas, aplicables en tanto subsistan dichas situaciones, habrán de ser razonables y proporcionadas en relación con el objetivo perseguido en cada caso (art. 11 L.O. 3/07).

6. *Cfr.* FUENTES SORIANO, O.: «La perspectiva de género en el proceso penal. ¿refutación? De algunas conjeturas sostenidas en el trabajo de Ramírez Ortiz "el testimonio único de la víctima en el proceso penal desde la perspectiva de género"», *Quaestio facti. Revista Internacional sobre Razonamiento Probatorio*, vol. 1 (2020), pp. 271-284.
7. *Cfr.* FUENTES SORIANO, O.: *op. cit.*, p. 276.

- La tutela judicial efectiva es dable, conforme al artículo 53.2 CE, «incluso tras la terminación de la relación en la que supuestamente se ha producido la discriminación» (art. 12.1 L.O. 3/07), otorgando capacidad y legitimación según las normas procesales (art. 12.2 L.O. 3/07) que son reformadas a tal efecto como, también, al respecto de la prueba de la ausencia de discriminación en las medidas adoptadas y su proporcionalidad, con exclusión de los procesos penales, según se verá a continuación.

- Atribuyó legitimación para la defensa del derecho a la igualdad de trato entre mujeres y hombres, mediante un nuevo artículo 11 *bis* de la Ley 1/2000, de 7 de enero, de Enjuiciamiento Civil (LEC), modificado por sucesivas leyes que luego se comentarán, pues, por un lado, además de a los afectados y siempre con su autorización, estarán también legitimados los sindicatos y las asociaciones legalmente constituidas cuyo fin primordial sea la defensa de la igualdad de trato entre mujeres y hombres, respecto de sus afiliados y asociados, respectivamente; por otro, cuando los afectados estuvieren en supuesto de pluralidad de personas indeterminada o de difícil determinación, exclusivamente a los organismos públicos con competencia en la materia, a los sindicatos más representativos y a las asociaciones de ámbito estatal cuyo fin primordial sea la igualdad entre mujeres y hombres, sin perjuicio, si los afectados estuvieran determinados, de su propia legitimación procesal. En todo caso, cuando el proceso versare sobre acoso sexual o acoso por razón de sexo, la legitimación corresponde únicamente a la persona acosada.

- Reguló la inversión de la carga de la prueba, mediante la modificación del artículo 217 LEC, mediante un nuevo apartado 5, estableciendo tal probanza por el demandado cuando las alegaciones del demandante versaren en discriminación por razón de sexo.

Avanzando en la introducción de la perspectiva de género en el ámbito procesal y judicial, la Ley 15/2022, de 12 de julio, integral para la igualdad de trato y la no discriminación (L. 15/22), potencia la misma cuando:

- Reitera la naturaleza del derecho a la igualdad de trato y la no discriminación con consideración de principio informador y, expresamente, como criterio «transversal» de interpretación y aplicación de las normas (art. 4.3 L. 15/22);

- expresamente menciona la «perspectiva de género» como elemento a valorar en las políticas contra la discriminación e impacto en el acceso a la justicia (art. 4.4 L. 15/22);

- señala que tiene una función interpretadora y de norma de mínimo nivel de protección en tanto lo es sin perjuicio de otras disposiciones más favorables en cuyo caso prevalece «el régimen jurídico que mejor garantice la no discriminación» (art. 7 L. 15/22);

- contiene similar precepto regulador de la legitimación en cuestiones de defensa de la igualdad de trato, pero ampliándolo en tanto extiende la misma a otros colectivos y concreta diversos supuestos a ejercer en los términos establecidos por las leyes procesales (art. 29 L. 15/22), a cuyo efecto modifica el artículo 11 *bis* LEC —a su vez modificado posteriormente según se dirá— e introduce el artículo 15 *ter* LEC (disposición final 2.ª L. 15/22); y,

- mantuvo la previsión sobre reglas sobre la carga de la prueba antedichas y la amplió al ámbito administrativo, manteniendo, igualmente su no aplicación en los procesos penales y administrativos sancionadores ni relativos a centros docentes (art. 30 L. 15/22).

Resulta, finamente, relevante, además de la ya mencionada referencia al acceso a la justicia (art. 4.4 L. 15/22), la expresa —si bien no literal— introducción de tal perspectiva de género en la Administración de Justicia en la configuración:

a) Del «derecho a la igualdad de trato y no discriminación en la administración de justicia» que realiza la norma cuando señala, de modo imperativo, la obligación de los poderes públicos de velar por la supresión de estereotipos y promover la ausencia de cualquier forma de discriminación en la administración de justicia por razón de las causas previstas en esta ley (art. 19.1 L. 15/22).

b) Del contenido de la tutela judicial del derecho a la igualdad de trato y no discriminación que «comprenderá, en los términos establecidos por las leyes procesales, la adopción de todas las medidas necesarias para poner fin a la discriminación de que se trate y, en particular, las dirigidas al cese inmediato de la discriminación, pudiendo acordar la adopción de medidas cautelares [...] indemnización de los daños y perjuicios [...] y el restablecimiento de la persona perjudicada en el pleno ejercicio de su derecho, [...]» (art. 28 L. 15/22).

Ha de resaltarse, también, cómo, en el sentido de la evolución tuitiva del ordenamiento español en relación con los vulnerables, obliga a las administraciones públicas —debe entenderse que a las que ostentan competencias en materia de Administración de Justicia— a favorecer la información y accesibilidad a la justicia de los grupos especialmente vulnerables según las causas establecidas en esta ley (art. 19.2 L. 15/22).

La Ley Orgánica 10/2022, de 6 de septiembre, de garantía integral de la libertad sexual (L.O. 10/22), en su artículo 2.c), contempla el «enfoque de género», también expresamente, como tal perspectiva en tanto que es considerado principio rector de la actuación de los poderes públicos con similar contenido de las anteriores previsiones.

Por ello, se sostiene que debe introducirse tal perspectiva de género superando la apriorística neutralidad de la norma jurídica[8], pues la misma no permite, en tales situaciones, garantizar la igualdad[9] y, en tanto que, en este ámbito y obtención de la igualdad plena, su defensa se torna en «falacia» que puede suponer, precisamente, mantener la desigualdad[10].

Por último, la Ley 4/2023, de 28 de febrero, para la igualdad real y efectiva de las personas trans y para la garantía de los derechos de las personas LGTBI (L. 4/23), amplía los supuestos antes mencionados al incorporar, por un lado, la legitimación para la defensa del derecho a la igualdad de trato y no discriminación por las organizaciones antes mencionadas en relación con los derechos de las personas LGTBI o de sus familias —igualmente «en los términos establecidos por las leyes procesales» a cuyo efecto modifica la ley procesal introduciendo *ex novo* el artículo 11 *ter* LEC y 15 *quater* LEC— (art. 65 L. 4/23); por otro, la inversión de la carga de la prueba en igual sentido que el expuesto en las normas anteriores si bien referido al ámbito de dicha ley —para lo que modifica la redacción del art. 217.5 LEC— (art. 66 L. 4/23).

En definitiva, se constituye, la perspectiva de género como herramienta de análisis, criterio de interpretación de la norma y, por ello, elemento para lograr la igualdad de trato al observarse como «novedoso planteamiento de interpretación judicial que pretende poner en manos de quienes realizamos esa labor, un nuevo elemento de juicio [...] aplicándola en los casos prácticos que a diario realizamos»[11]. «No reivindica un derecho específico para las mujeres», sino que tiene un carácter propositivo, pues pretende repensar y

8. *Cfr.* FUENTES SORIANO, O.: *op. cit.*, p. 276.
9. *Vid.* POYATOS I MATAS, G.: *op. cit.*
10. *Vid.* GAUCHÉ-MARCHETI, X.: *op. cit.*, pp. 247-278.
11. SÁNCHEZ CORDERO DE GARCÍA VILLEGAS, O.: «Perspectiva de género e interpretación judicial», *Revista del Instituto de la Judicatura Federal*, 2023.

redefinir conceptos e interpretaciones conforme a las «necesidades específicas de las mujeres» y al impacto del derecho en las mujeres[12]. Con ello, «juzgar con perspectiva de género, puede definirse como metodología judicial de resolución del conflicto jurídico, contextualizada y conforme al principio pro persona en la búsqueda de soluciones justas ante situaciones desiguales de género. La diferencia sexual será jurídicamente relevante, cuando exista distinción, exclusión o restricción lesiva de género»[13].

## III. CONCLUSIONES: LA PERSPECTIVA DE GÉNERO EN EL ÁMBITO JUDICIAL Y DOCENTE

De lo expuesto cabe concluir con la existencia de un marco normativo adecuado para la aplicación de la perspectiva de género y con la necesidad de juzgar con perspectiva de género; en puridad, de aplicar la norma procesal en las relaciones de hombres y mujeres con la Administración de Justicia bajo tal perspectiva.

La evolución de la jurisprudencia analizada permite concluir con la sucesiva introducción de dicha perspectiva en la Administración de Justicia, destacando las siguientes las STS 99/19 (agravante de género, diferenciando entre «sexo» y «género»), STS 119/19 (criterios de valoración de la declaración de la víctima de violencia de género), STS 24-5-18 (aplicación de la agravante de género) y STS Sala 4.ª Pleno de 21-12-09 (primera ocasión en que se aplica tal perspectiva).

La aplicación en el ámbito procesal también cabe en el ámbito docente, señalándose la inclusión del principio de igualdad en la educación y, específicamente, en los planes de estudios del ámbito superior (arts. 24 y 25 L.O. 3/07). Se proyecta, específicamente, en el derecho procesal civil y penal dado la finalidad y naturaleza de dicha disciplina y el necesario estudio de las específicas previsiones que, en dicha materia, contienen las normas procesales; se dan diversas posibilidades y supuestos en cuanto a su inclusión en las guías docentes, adquisición de competencias, uso de lenguaje inclusivo, dinámicas docentes, docencia conjunta entre disciplinas distintas o previsión de específicas asignaturas[14].

---

12. *Vid.* SUBIJANA ZUNZUNEGUI, I. J.: «La perspectiva de género en la interpretación de las leyes penales, sustantivas y procesales», *Revista del Parlamento Vasco,* núm. 4 (2023), pp. 114-137.
13. POYATOS I MATAS, G.: *op. cit.*
14. Así, entre otros, GONZÁLEZ CAMPO, F.d.A.: «Mejora en el aprendizaje de Derecho Procesal Penal mediante actividades transversales en temas específicos», en *Materiales e Innovación Educativa en la Sociedad del Conocimiento,* Instituto de Ciencias de la Educación, Universidad de Zaragoza, 2019, pp. 158-162; NEIRA PENA, A. M.: «La perspectiva de género en la docencia del derecho procesal: una innovación imprescindible

para educar en igualdad», en *La enseñanza del derecho en tiempos de crisis: nuevos retos docentes del derecho procesal*, Bosch, 2021, pp. 457-464; y, SÁNCHEZ BARRIOS, M. I.: «Innovación docente y perspectiva de género en el derecho: especial referencia al derecho procesal» en *La enseñanza del derecho en tiempos de crisis: nuevos retos docentes del derecho procesal*, Bosch, 2021, pp. 493-505.

*Capítulo 39*

# Sesgos de género en la Inteligencia Artificial. Seminario experimental sobre las lagunas de la IA en la pornografía no consentida[1]

ANA FERNÁNDEZ QUIROGA
*Universidad Pablo de Olavide*

SUMARIO: I. LA INTELIGENCIA ARTIFICIAL COMO LAGUNA JURÍDICA. II. LA INTERVENCIÓN DE LA IA EN LA PORNOGRAFÍA. DESARROLLO DEL CASO PRÁCTICO. III. LA EXPERIENCIA DE INCORPORACIÓN DEL CASO DE LA PORNOGRAFÍA NO CONSENSUADA POR MEDIO DE LA IA A LAS AULAS. IV. CONCLUSIONES Y FUTURAS LÍNEAS DE INVESTIGACIÓN.

## I. LA INTELIGENCIA ARTIFICIAL COMO LAGUNA JURÍDICA

La plenitud del ordenamiento jurídico supone que éste cuenta con una calificación normativa para cada caso o supuesto de hecho, que no existen vacíos legales en el mismo. Este principio está reforzado por la llamada prohibición de *non liquet*, que implica que la autoridad judicial debe resolver todos los casos que se le presentan[2]. Lo que lleva a los órganos jurisdiccio-

1. Esta publicación ha sido financiada por la Unión Europea «NextGenerationEU», por el Plan de Recuperación, Transformación y Resiliencia y por el Ministerio de Universidades, en el marco de las ayudas Margarita Salas, Maria Zambrano, Recualificación para la Recualificación del sistema universitario español 2021-2023 convocadas por la Universidad Pablo de Olavide, de Sevilla.

2. *Cfr*. KOATZ, R.: «A proibição do non liquet e o princípio da inafastabilidade do controle jurisdicional», *Revista de Direito Administrativo*, (2015), pp. 171-205.

nales a tener que buscar mecanismo de solución de conflicto para cada problemática que se les presenta.

Sin embargo, asumimos que nuestro ordenamiento jurídico cuenta con una plenitud relativa y no absoluta, debido a que faltan normas, existen lagunas, pero frente a estos vacíos, se utilizan mecanismos para solucionar los asuntos a través de procedimientos de integración jurídica. Algunos de estos procedimientos de integración se basan en mecanismo auto-integradores, buscando recursos en otras normas del ordenamiento, y otros se basan en mecanismos hetero-integradores, buscando normas en el Derecho Comparado.

Estos principios básicos del derecho se tratan de transmitir en la asignatura de Teoría del Derecho, dentro del grado de Derecho de todas las Universidades. Sin embargo, en la presente comunicación se trata de exponer la posibilidad de relacionar estas concepciones teóricas con la adversidad que supone la Inteligencia Artificial («IA»), especialmente con perspectiva de género.

La Inteligencia Artificial crea claras lagunas en el ordenamiento jurídico que han ido solucionándose por medio de distintas formas de integración[3]. Una de las principales lagunas que presenta está relacionada con la autoría de la producción audiovisual. Todavía está por definirse si se considerará a la IA como una persona jurídica, quiénes serán responsables de su producción y que tipo de dolo puede imputársele, ya que teóricamente cuadraría más el dolo eventual.

A finales del año 2023, la Unión Europea se atrevía con una norma pionera que trataba de regular por primera vez la Inteligencia Artificial. Esta norma tiene como uno de sus ejes de análisis la relación entre la IA y los Derechos Humanos, y como establecer limitaciones que garanticen un respeto de estos derechos[4]. En esta línea ya se están llevando a cabo distintas investigaciones, especialmente con perspectiva de género y los sesgos que esta puede contener.

3. *Cfr.* CREGO, J.: *Una clasificación de la inteligencia artificial jurídica desde la perspectiva de la filosofía del derecho,* Coimbra, Almedina, 2023.
4. *Vid.* Real Decreto 817/2023, de 8 de noviembre, que establece un entorno controlado de pruebas para el ensayo del cumplimiento de la propuesta de Reglamento del Parlamento Europeo y del Consejo por el que se establecen normas armonizadas en materia de inteligencia artificial.

## II. LA INTERVENCIÓN DE LA IA EN LA PORNOGRAFÍA. DESARROLLO DEL CASO PRÁCTICO

El desarrollo de herramientas de IA entra en juego en un momento de máxima atención a una nueva manifestación de violencia de género denominada pornografía no consentida. Este tipo de violencia ya ha sido considerado por el Instituto Europeo para la Igualdad de Género como un tipo de ciberviolencia[5]. En esta línea algunas autoras se refieren a ella como la difusión o amenazada de difusión de un contenido audiovisual explícito sexualmente de una persona sin su consentimiento. Otras autoras en la literatura anglosajona están utilizando el término del abuso sexual por medio de imágenes no consensuado[6].

Dentro de esta manifestación de violencia se da el llamado porno de venganza, que se daba como forma de controlar o castigar a las víctimas cuando estas querían impedir la relación o para evitarlo[7]. Pero la utilización de la IA da un paso más, ya que no hablamos de que una pareja o expareja utilice un material pornográfico creado en el seno de una relación para generar un daño moral, es que se permite la creación de material pornográfico no consentido. Esta realidad se encuentra en pleno crecimiento y cada vez son más las páginas web que se nutren de material pornográfico no consentido[8].

Entre los grandes problemas, por un lado, se encuentra la falta de un delito específico en nuestro ordenamiento jurídico, lo que lleva a los órganos judiciales a buscar respuestas en otras normas y aplicar analogía. En algunos casos se está aplicando el delito de revelación de secretos del artículo 197 del CP, como puede comprobarse en la ST del TS de 17/2021 de la Sala de lo Penal.

Por otro lado, se encuentra la dificultad de determinar la autoría de estos hechos, debido a que son producidos por un programa y es difícil encajar el concepto de dolo tal y como está configurado en la actualidad[9]. En este

5. *Cfr.* LOZADA, F.: «Inteligencia artificial y ciberviolencia de género: El caso de la pornografía no consentida», *Derecom*, (2021), p. 7.
6. *Cfr.* MCGLYNN, C. y RACKLEY, E.: «Image-based sexual abuse». *Oxford Journal of Legal Studies*, núm. 37 (2017), pp. 534-561.
7. *Cfr.* STROUD, S. R.: «The dark side of the online self: A pragmatist critique of the growing plague of revenge porn», *Journal of Mass Media Ethics*, vol. 29, núm. 3 (2014), pp. 168-183.
8. *Cfr.* UHL, C. A., RHYNER, K. J., TERRANCE, C. A. y LUGO, N. R.: «An examination of nonconsensual pornography websites», *Feminism & Psychology*, vol. 28, núm. 1 (2018), pp. 50-68.
9. *Cfr.* BLASCO, B.: «Acerca de la relación entre inteligencia artificial y responsabilidad penal empresarial», *Revista Sistema Penal Crítico*, vol. 3, (2022), pp. 27-48.

sentido no solo surgen dudas en el ámbito penal, sino también en el civil y administrativo, porque son distintos los entes implicados.

Por último, es difícil el encaje de las víctimas del material audiovisual pornográfico no consentido generado por IA, debido a que no existen recursos específicos para estos casos, pero son diversos los estudios que ya han recogido los daños psicológicos que sufren las personas que se ven implicadas en esta serie de prácticas[10]. Además, este tipo de prácticas está teniendo un marcado carácter patriarcal que reproduce los sesgos machistas de la pornografía y que afecta mayoritariamente a las mujeres y la comunidad LGTBQ+[11]. Es por ello por lo que este tipo de prácticas está reconocido como una manifestación de ciberviolencia, aunque todavía no existan recursos o formación específicos de las personas expertas en violencia de género para dar respuesta.

Respecto de este tipo de prácticas, en los últimos años han tenido especial relevancia el material pornográfico no consentido generado por IA sobre algunas mujeres especialmente relevantes como Rosalía o Taylor Swift, pero estas personas no han tomado medidas legales, si no que han utilizado sus redes sociales como forma de denuncia. Sin embargo, si se ha dado un caso en un pueblo de Albacete, España, donde un grupo de jóvenes menores de edad han utilizado imágenes de sus compañeras de clase para generar material pornográfico utilizando herramientas de IA. Los materiales han sido difundidos por grupos de redes sociales a más personas, pero las principales personas responsables son menores de edad[12].

## III. LA EXPERIENCIA DE INCORPORACIÓN DEL CASO DE LA PORNOGRAFÍA NO CONSENSUADA POR MEDIO DE LA IA A LAS AULAS

Enmarcada en los seminarios de la asignatura de Teoría del Derecho del grado de Derecho se desarrolla una actividad que trata de incorporar la problemática presentada para profundizar sobre la temática e incluir nuevos desafíos en las aulas.

Para ello, se expone el caso del uso de la inteligencia artificial para la producción de material pornográfico usando la imagen de menores de edad

10. *Cfr.* CITRON, D. y FRANKS, M. A.: «Criminalizing revenge porn». *Wake Forest L. Rev.*, vol. 49, (2014), p. 345.
11. *Cfr.* UHL, C. A., RHYNER, K. J., TERRANCE, C. A. y LUGO, N. R.: «An examination of nonconsensual pornography websites», cit., pp. 50-68.
12. *Vid.* EFE. La Policía investiga fotos de menores «desnudas» creadas con IA. 18 de septiembre de 2023.

de una escuela en España. Para ello, nos valemos de la información del caso publicada hasta el momento por medio de medios de comunicación.

Para realizar la actividad, se les informa que todas las personas van a formar parte en una primera fase de la acusación, que han sido contratados por las familias de las personas afectadas, ya que estas son menores. Para organizar la acusación se divide al alumnado en tres grupos y se les asignan el área penal, civil y administrativo.

En cada área se les indica que deben buscar cuál es el bien jurídico que ven afectado; que tipo de medida podría interponer (una denuncia, una demanda, una queja, etc.); en qué normativa se basan para argumentar su vía de acusación y si encuentran lagunas en las mismas; a qué órgano acudirían para interponer una primera instancia, así como futuros recursos.

Debido a la complejidad del caso, se les da una semana para que trabajen en grupo cada área y presenten en la actividad de la siguiente semana una defensa del caso de cinco minutos en la que contesten a los interrogantes presentados.

En las presentaciones quedo patente que el mayor peso de la acusación lo llevaba el área penal, debido a que eran los delitos que se veían de forma más clara. Sin embargo, las dificultades de las lagunas jurídicas dificultaban definir tanto la norma aplicable como quién es realmente el autor material del material audiovisual, ya que realmente es producido por una aplicación. Aunque el grupo se centró en los delitos relativos a la producción y difusión de material pornográfico del 189 del CP, en el análisis de la jurisprudencia posterior descubrimos que no es ese delito el que se está aplicando hasta el momento, si no el delito de relevación de secretos del 197 del CP.

Igualmente, en relación con las víctimas, se hacían referencias en el ámbito penal y civil de los recursos para las mujeres que han sufrido violencia de género, así como las que han sido prostituidas. Sin embargo, sin negar las posibles consecuencias emocionales de haber sido implicada en el material, se debe diferencias que las jóvenes no han participado realmente en ellas, no han sido prostituidas o han realizado material pornográfico. Estas diferencias van a orientar en gran medida la cantidad de la indemnización.

Respecto del ámbito administrativo, el alumnado identificó a la agencia de protección de datos como una institución que va a tener que ampliar sus competencias para tener presencia en estos casos. Hasta la actualidad no existe ningún proceso específico, si no que se debería de interponer un escrito de alegaciones, como en cualquier otro caso en el que esté implicado la Agencia. Sin embargo, deberemos observar que cambios supone en el ámbito administrativo la incorporación del Reglamento de la UE.

## IV. CONCLUSIONES Y FUTURAS LÍNEAS DE INVESTIGACIÓN

La inteligencia artificial se presenta como el gran desafío de los próximos años, que modificará todas las áreas del derecho. Por ello, es positivo que el alumnado se familiarice con su incorporación y las dificultades que puede llegar a causar. Además, es un caso práctico muy evidente de los problemas a los que se enfrentan las autoridades judiciales para garantizar el principio de *non liquet* y de plenitud del ordenamiento jurídico.

En concreto, la producción de material pornográfico no consentido a través de herramientas de IA está creciendo de forma exponencial en los últimos años y suponen un gran reto para el sistema judicial. Es difícil determinar la autoría, en qué concepto de dolo y qué delito puede imputarse. Trata de encajarse una nueva forma de ciberviolencia en un sistema judicial que todavía no tiene los instrumentos para resolverla y que trata de dar respuestas aisladas por medio de procesos de integración insuficientes.

La perspectiva de género y el respeto de los derechos humanos son clave para garantizar que estos procedimientos no causan revictimización de las personas afectadas, que no exista una sobreexposición de estas y que las herramientas de reparación del daño sean las adecuadas.

# Guía de uso

¡ENHORABUENA!

ACABAS DE ADQUIRIR UNA OBRA QUE **INCLUYE LA VERSIÓN ELECTRÓNICA.**
APROVÉCHATE DE TODAS LAS FUNCIONALIDADES.

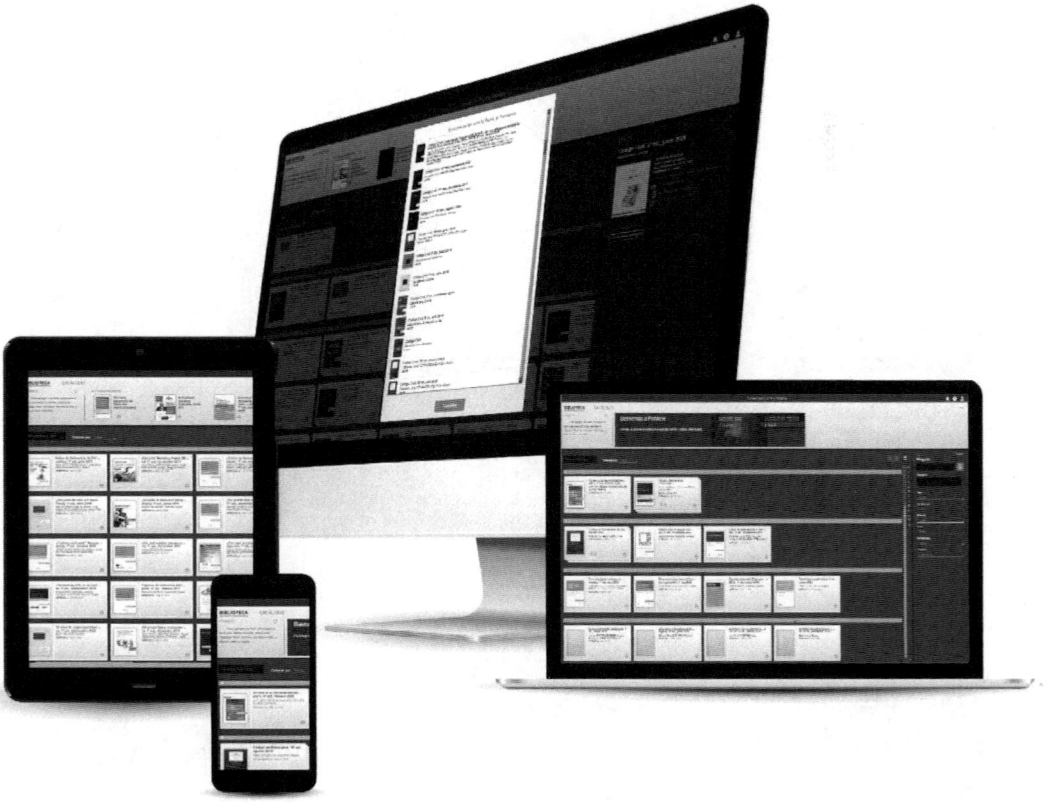

**ACCESO INTERACTIVO A LOS MEJORES LIBROS JURÍDICOS**

# FUNCIONALIDADES

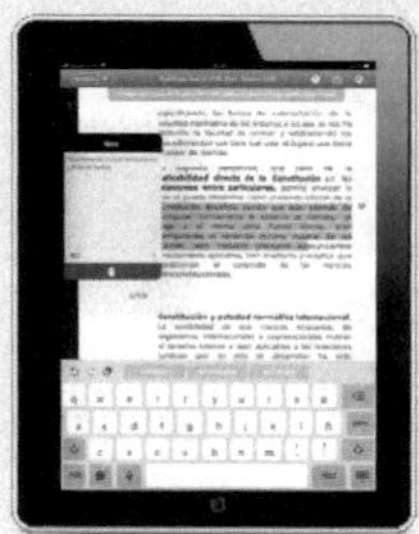

**SELECCIONA Y DESTACA TEXTOS**

Crea anotaciones y escoge los colores para organizar tus notas y subrayados.

**USA EL TESAURO PARA ENCONTRAR INFORMACIÓN**

Al comenzar a escribir un término, aparecerán las distintas coincidencias del índice del Tesauro relacionadas con el término buscado.

**HISTÓRICO DE NAVEGACIÓN**

Vuelve a las páginas por las que ya has navegado.

**ORDENAR**

Ordena tu biblioteca por: Título (orden alfabético), tipo (libros y revistas), editorial, jurisdicción o área del Derecho.

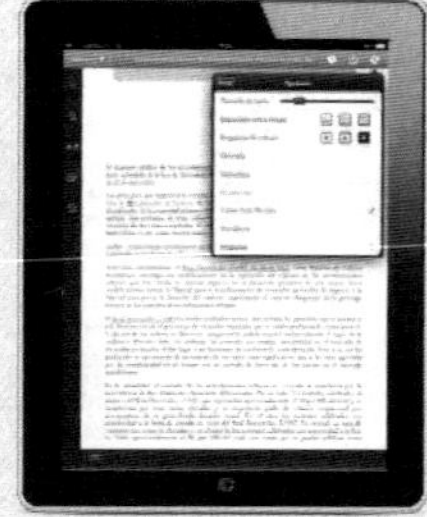

**CONFIGURACIÓN Y PREFERENCIAS**

Escoge la apariencia de tus libros y revistas cambiando la fuente del texto, el tamaño de los caracteres, el espaciado entre líneas o la relación de colores.

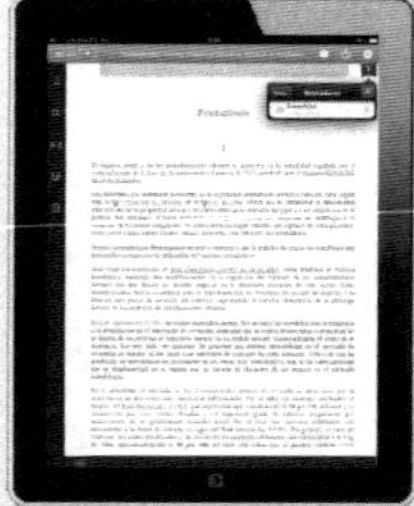

**MARCADORES DE PÁGINA**

Crea un marcador de página en el libro tocando en el icono de Marcador de página situado en el extremo superior derecho de la página.

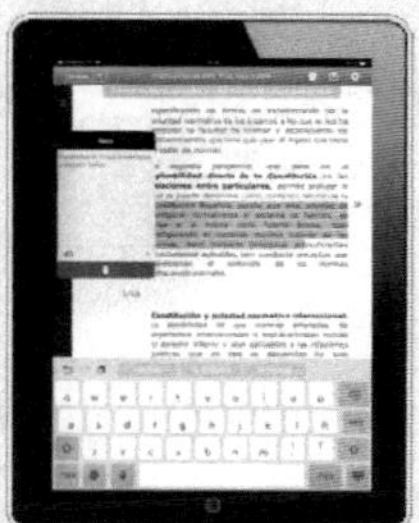

**BÚSQUEDA EN LA BIBLIOTECA**

Busca en todos tus libros y obtén resultados con los libros y revistas donde los términos fueron encontrados y las veces que aparecen en cada obra.

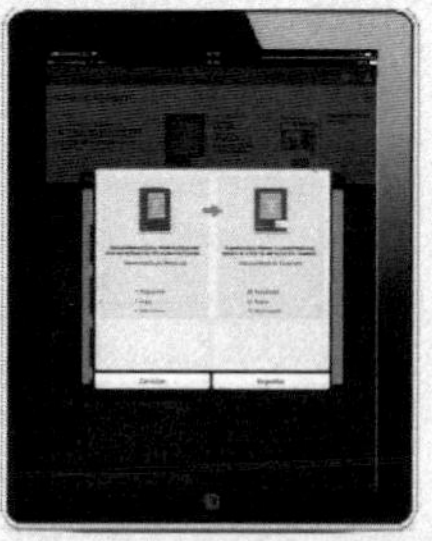

**IMPORTACIÓN DE ANOTACIONES A UNA NUEVA EDICIÓN**

Transfiere todas sus anotaciones y marcadores de manera automática a través de esta funcionalidad.

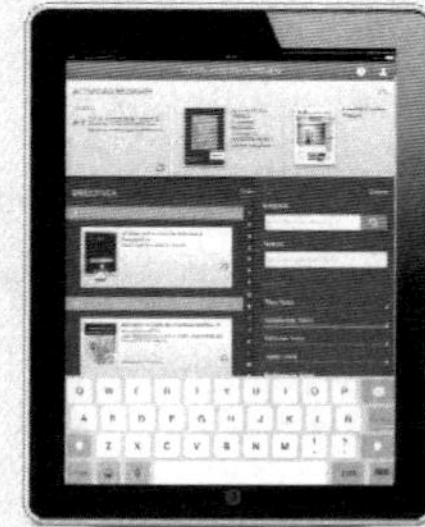

**SUMARIO NAVEGABLE**

Sumario con accesos directos al contenido.

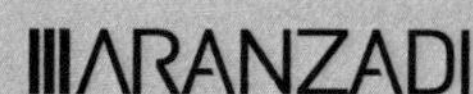

**INFORMACIÓN IMPORTANTE:** Si has recibido previamente un correo electrónico deberás seguir los pasos que en él se detallan.

Estimado/a cliente/a,

Para acceder a la versión electrónica de este libro, por favor, accede a **http://onepass.aranzadi.es** Tras acceder a la página citada, introduce tu dirección de correo electrónico (*) y el código que encontrarás en el interior de la cubierta del libro.

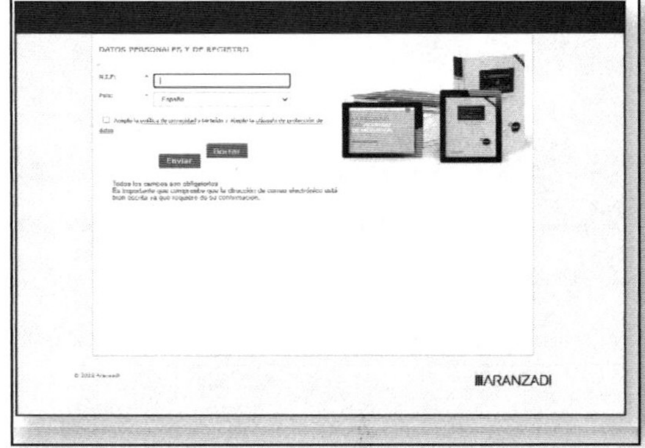


A continuación pulsa enviar.

Si te has registrado anteriormente en OnePass, en la siguiente pantalla se te pedirá que introduzcas el NIF asociado al correo electrónico.

Finalmente, te aparecerá un mensaje de confirmación y recibirás un correo electrónico confirmando la disponibilidad de la obra en tu biblioteca.

Si es la primera vez que te registras en **OnePass,** deberás cumplimentar los datos para crear tu cuenta y poder acceder a tu libro electrónico.

- Los campos **"Nombre de usuario"** y **"Contraseña"** son los datos que utilizarás para acceder a las obras que tienes disponibles a través del navegador en la ruta www.proview.thomsonreuters.com

## Servicio de Atención al Cliente

Ante cualquier incidencia en el proceso de registro de la obra no dudes en ponerte en contacto con nuestro Servicio de Atención al Cliente. Para ello accede a nuestro Portal Corporativo y una vez allí en el apartado del Centro de Atención al Cliente selecciona la opción de Acceso a Soporte para no Suscriptores (compra de Publicaciones).